天津師範大學馬克思主義學院學術文庫

古代帝範文獻薈要解題

貳

主編 翟雙萍 周延良

學苑出版社

本册目録

御製日知薈説 （清）愛新覺羅·弘曆 撰……八四三

五倫書 （明）朱瞻基 敕命編撰……九二九

御定資政要覽

（清）愛新覺羅·福臨　敕命編撰

解題

翟雙萍

《御定資政要覽》三卷，順治十二年，清世祖（福臨）敕命大學士額色赫、大學士吕宮等編纂，大學士傅以漸等十七人作《後序》。初爲内務府刊行，分漢、滿兩種文字，《四庫》所輯爲重抄本。後仍有仿刻本，今未之絶也。

本編據文淵閣《四庫全書》本影印。卷首有清世祖愛新覺羅·福臨作《〈御製資政要覽〉序》，卷末有《後序》一卷凡十七篇，爲清蔣赫德、宋之繩、麻勒吉、方拱乾、成克鞏、馮溥、黨崇雅、張玄錫、金之俊、王永吉、胡兆龍、吕宮、李霨、傅以漸、陳之遴、折庫訥、王熙等十七位當時最具有文化權利的重臣撰寫〔一〕。《後序》或由傅以漸爲檢裁。

另，清聖祖玄燁曾有一篇《跋〈資政要覽〉》，輯録于《聖祖仁皇帝御製文集》之中（卷二十八），而且，乾隆朝尚存清聖祖康熙手卷于乾清宮，乾隆朝敕撰《石渠寶笈·乾清宮》著録曰：『聖祖仁皇帝御書跋語一卷，宣德箋本，凡二則：第一則小楷書，《跋〈資政要覽〉》後有康熙稽古右文之璽。……』（卷一）未知此物今尚在故宮否？

《資政要覽》在流傳過程中，確定編修者主要有三種之説：一謂清世祖章皇帝御撰，一謂世祖章皇帝

〔一〕除王熙當時爲内翰林國史院修撰之外（康熙朝加封大學士），其他十六人皆爲大學士。又，王熙于清康熙二十一年，奉詔修纂《平定三逆方略》爲總裁官。

敕撰，一謂世祖章皇帝御定。如爲『御撰』，自然是清世祖福臨所撰修，如是『敕撰』或『御定』，當是皇帝敕命文臣修纂而由皇帝審稿最後定稿刊行。近十幾年來，有幾種重刊或影刊本就編撰者的署名也不甚一致。很重要的原因是受了《四庫·子部》輯此書以及《四庫全書總目提要》確定此書撰者的不一致。《四庫全書總目提要》以此書撰者爲清世祖，其説曰：『《御定資政要覽》三卷，《後序》一卷，順治十二年，世祖章皇帝御撰。』據此可以認爲撰者是清世祖章皇帝，而此書卷一、卷二正文前均署名爲『大學士吕宫等恭纂』其實，此書爲吕宫等儒臣受命清世祖所纂修，并非清世祖親爲，清世祖只是作了一篇《序》文而已。清世祖即愛新覺羅·福臨是清朝第三代皇帝，作爲皇帝，應屬第二代，努爾哈赤還不能算作皇帝，可爲皇帝是從清太宗愛新覺羅·皇太極開始的。

愛新覺羅·福臨，六歲登大寶，在位十八年，二十四歲賓天，是非常短暫的人生。福臨生于清太宗崇德三年正月，即公元一六三八年，生母爲莊妃，清太宗的第九子。清高宗乾隆敕撰《皇清開國方略·太宗文皇帝》載：『崇德三年春正月甲午，世祖章皇帝生。世祖章皇帝，太宗第九子也，母孝莊文皇后，時爲永福宫莊妃，娠十有一月。……』[一]『崇德』是清太宗的年號，崇德三年是公元紀年的一六三八年。福臨在崇德八年即皇帝位，廟號『世祖』，次年改元『順治』。清和珅等奉敕編撰《皇朝文獻通考·帝系考》載曰：

[一] 據文淵閣《四庫全書》本卷二十五。

世祖……章皇帝，太宗文皇帝第九子，聖母孝莊文皇后誕生正月十三日萬壽聖節。崇德八年八月丁亥，嗣登大位，改元順治，以明年爲元年。時流寇肆逆，明祚已終。入關靖寇，建都燕京，天下傳檄底定。六龄踐阼，八年親政，十八年正月丁巳，上賓，聖壽二十有四，在位十八年。……（據文淵閣《四庫全書》本卷二百三十九）

據此文所記，清太宗崇德八年，時年六歲的福臨即皇帝位，第二年改元『順治』，以和碩鄭親王濟爾哈朗、和碩睿親王多爾衮輔政。當時，明朝氣運已盡，順治元年六月，『睿親王多爾衮及諸王、貝勒、貝子、大臣定議建都燕京』[一]，順治八年（一六五一）親政，十八年賓天，繼任皇帝便是愛新覺羅·玄燁。

清世祖皇帝敕命修撰《資政要覽》，按照清世祖所作《序》文，留款是在順治十二年正月，考預修儒臣仕履，中涉此事，亦在順治十二年，但此書必在十二年之前，順治十二年是完稿甚至刊行之際。清世祖福臨作爲年輕的統治者在十八年的皇帝位上，時值清代初年，國事興基，民望待建。十四歲親政，傾心圖治。當時政治環境險惡，滿、漢臣屬任氣。吏治黑暗，社會腐敗。清世祖皇帝深有感受，立意以聖賢修身之道教化臣民，在他主持之下編纂了除《資政要覽》之外，還有《太宗文皇帝聖訓》六卷（順治末，清世祖章皇帝編次，未竟，康熙二十六年，清聖祖皇帝續成，凡一百一十一則，分二十三門）、《勸善要言》一卷（清世祖章皇帝采擇諸書中要語，輯爲一編，以示勸掖，順治十三年刊行）、《人臣儆心録》一卷

[一] 語見《清史稿·世祖本紀》。

（順治十二年敕撰。以大臣譚泰、石漢、陳名夏等先後以驕怙伏誅，乃命王永吉編纂此書，以示警戒。凡八篇）、《世祖章皇帝聖訓》六卷（康熙二十六年，康熙皇帝編次，凡一百一十三則，分三十二門）、《御定内則衍義》十六卷（順治十三年，世祖章皇帝御定）等等——在當時，以上編修的書籍，用于社會、人倫教化，無疑具有重要的意義，同樣，作爲繼往開來的君主也有規範治理國家的參考價值。

愛新覺羅·福臨六歲登基，十四歲親政，二十四歲走到了人生的終點——不僅在于十八年皇帝位給予繼位之君有基礎的江山，還在于責己不掩的風範，福臨最後留下的文章《遺詔》，堪爲『罪己詔』，既没有張揚自己的輝煌政績，也無誇飾自己完成入主中原的大業，而是滿懷愧疚地歷數自己的過失，向天下臣民謝罪。此文傳于清代，不失爲鑒戒。

《資政要覽》書成，内務府刊板，當時有漢、滿兩種文字行世。清乾隆朝敕撰《詞林典故·恩遇》載：

> 世祖順治十三年二月，以右庶子王熙精通國書，賜御服貂裘一襲并《表忠録》一部，是月，復賜王熙等八人滿文《資政要覽》《人臣儆心録》各一部。（據文淵閣《四庫全書》本卷四）

可知，當時確有滿文《資政要覽》本，可能没有在社會上流通，但作爲恩遇，在朝廷之中用爲頒賜，《詞林典故》的記載可爲實證。在順治時代，滿人并未完全接受漢文化（含漢字），甚至包括歷職官員，殊多滿人連漢字都不認識。另，《清史稿·世祖本紀》載：『（順治）十二年……九月……丙午，頒《御製資政要覽》《範行恒言》《勸善要言》《儆心録》，异姓公以下，文三品以上各一部。……』〔二〕此載所述是皇帝的頒賜行爲，此次頒賜之書凡四種，都是清世祖于順治年間敕撰書，其中就有《資政要覽》。據此推定，是書在朝廷官員中以頒賜而流播。

《資政要覽》，清順治以後的著録，大抵釐爲兩種著作權：一是『御撰』或『御製』，把著作權歸之于清世祖，一是『奉敕撰』或『御定』，把著作權歸之于儒臣。下略舉數例：

關于『御撰』『御製』者

清梁國治等奉敕修纂《欽定國子監志·經籍志》録曰：『《御製資政要覽》三卷，世祖章皇帝御製。』〔三〕民國趙爾巽等主編的《清史稿》因之，《清史稿·藝文志》三著録謂：『《資政要覽》三卷，《後序》一卷。順治十二年，世祖御撰。』〔三〕所謂『御撰』『御製』即皇帝撰修或編製，可以理解爲皇帝躬親爲之。

關于『奉敕撰』或『御定』者：

清乾隆朝敕撰《皇朝通志·藝文略》載曰：『《御定資政要覽》三卷，《後序》一卷，順治十二年奉敕撰。』〔四〕又，《四庫全書簡明目録·子部·儒家類》：『《御定資政要覽》三卷，《後序》一卷，順治十二

〔二〕據《二十五史》本卷五。
〔三〕據文淵閣《四庫全書》本卷五十一。
〔三〕據《二十五史》本卷一百四十七。
〔四〕據文淵閣《四庫全書》本卷一百一。

年，奉世祖章皇帝御定，凡三十篇，篇各標目，……』[一]所謂『奉敕撰』『御定』即儒臣奉皇帝詔命編修，再由皇帝審閱定稿。

依史料記載，《資政要覽》是滿、漢官員預修的結果，預修的滿洲官員額色赫任總裁官，主要撰修人是漢官吕宫，《後序》由漢官傅以漸檢裁。

一、關于預修《資政要覽》總裁官富察額色赫的記載

根據清代的史料記載，任《資政要覽》總裁官是滿族官員富察額色赫。額色赫，滿洲鑲白旗人，姓富察，清太宗天聰初年，任兵部理事官，清太宗崇德中，擢秘書院學士。在明總督洪承疇等固守錦州之際，額色赫獻困城之策，擒明將洪承疇、祖大壽。順治元年，隨征入關，定都燕京，是定都燕京重要的功臣之一。順治八年，擢國史院大學士，預修《太宗實録》充總裁官。順治十二年（一六五五），加封少保兼太子太保。時，纂輯《太祖太宗聖訓》并《資政要覽》，充總裁官。順治十五年（一六五八），改保和殿大學士。順治十六年（一六五九），洊加少師兼太子太師。康熙十八年（一六七九）卒，謚文恪。清和珅等奉敕撰修《欽定大清一統志·奉天府志》載曰：

[一] 據文淵閣《四庫全書》本卷九。

額色赫，滿洲鑲白旗人，姓富察。崇德時，擢秘書院學士。明敏習事，奉職恪謹。大軍先後平黑龍江，克錦州，下山東郡縣，歷著勞績。明往略洪承疇以十三萬衆援錦州，額色赫請駐久以困之，率擒承疇等。順治初，叙功加世職一等輕車都尉，累官保和殿大學士，洊加少師兼太子太師。康熙十八年卒。（據文淵閣《四庫全書》本卷四十一）

又，清雍正、乾隆朝敕撰《欽定八旗通志・人物志・額色赫》載曰：

……（順治）十二年，加少保兼太子太保，再充會試正考官。時，方纂輯《太祖太宗聖訓》，又奉諭取經、史中忠臣、孝子、賢人、廉吏之事迹，語言分類，采輯成書，名曰《資政要覽》，額色赫充總裁官。十三年，敕使朝鮮鞫獄。是年考滿，晋少傅兼太子太傅，蔭一子入監。十五年，改保和殿大學士。十六年，詔獎：奉職勤勞，晋少師兼太子太師。十八年十月，卒。（據文淵閣《四庫全書》本卷一百六十八）

又，清阿桂、于敏中、劉謹之等纂修《欽定盛京通志・國朝人物》載曰：

額色赫，姓富察，隸鑲白旗。……順治元年，從入關，定燕京。二年，叙功，授騎都尉世職。四年，加一雲騎尉。五年，遷刑部啓心郎。八年，擢國史院大學士，修《太宗實録》充總裁官，……十二年，加少保兼太子太保，纂輯《太祖太宗聖訓》，充總裁官。……（據文淵閣《四庫全書》本卷七十二）

按照可見的文獻記載，額色赫歷官名稱不一，職事有差，但他有武略，亦兼具文資。在清兵入關的軍事行爲中，戰功卓著，而且在定都燕京的過程中，他也是舉足輕重的大臣。清代初年，編修諸如《太宗實録》《太祖太宗聖訓》《資政要覽》這樣重要的文獻，他都充任總裁官，證明額色赫在清廷中的地位之高。《清史稿·額色赫列傳》載：

額色赫，富察氏，滿洲鑲白旗人，……修《太宗實録》，輯《太祖太宗聖訓》，纂《資政要覽》，并充總裁官，……（據《二十五史》本卷二百三十八）

當然，額色赫未必躬親編纂事務，作爲總裁官，或許主要提供思路與方略。額色赫得以善終，與他的『明敏習事，奉職恪謹』有關。

二、關于吕宫預修《資政要覽》的記載

據今見文淵閣《四庫全書》本《資政要覽》的署名爲『大學士吕宫等恭纂』，可從兩個方面理解：其一，吕宫是主要的纂修人；其二，署爲『……吕宫等恭纂』，可見還有其他人參與，但史料無載，其他預修官員究爲誰氏，不得而知。

吕宫，字長音，江蘇武進縣（今常州）人。明末舉人。清順治四年（一六四七）殿試一甲一名進士（狀元及第），授秘書院修撰。順治九年（一六五二），擢右中允。順治十年（一六五三），遷爲吏部侍郎。十二月，超擢弘文院大學士。順治十一年（一六五四）三月，漢官陳名夏因倡言『留髮復衣冠，天下即

易事。

三、關于傅以漸檢裁《資政要覽·後序》的記載

傅以漸是否預修《資政要覽》？史無明文，但傅氏曾受命作《〈資政要覽〉後序》見于《清史稿》本傳載。根據傅以漸在順治、康熙兩朝的地位、聲望，傅氏或同時爲十七篇《資政要覽·後序》的統攝、檢裁，誠然，此爲推定，并無史證。

傅以漸，字于磐，山東聊城人。順治丙戌（順治三年，即一六四六年）進士第一（狀元及第），授弘文院修撰。歷官國史院侍講，遷左庶子、秘書院侍講學士、少詹事，擢國史院學士、秘書院大學士，加封太子太保，改國史院大學士。傅氏貧賤時即嗜學，位極輔弼，未改舊習，仍手不釋卷。傅氏爲人質實，爲官清廉，治學嚴謹，識見淵博。精于考究，兼擅通解。天文、地理、禮樂、法律、兵農、漕運，無所不窺，道德文章，爲一時之冠。清和珅等奉敕撰《欽定大清一統志·東昌府二·人物》載：

傅以漸，字于磐，聊城人。順治丙戌進士第一，歷官秘書院大學士。以漸自諸生時嗜學，寒暑不釋卷，及貴，食不重味，尋以疾歸，凡七年，卒。（據文淵閣《四庫全書》本卷一百三十三）

傅氏除了撰《資政要覽·後序》，先後爲《太祖太宗聖訓》并《通鑒》總裁、充《明史》《太宗實

録》纂修，順治十三年，受命與曹本榮編纂《〈易經〉通注》《内則衍義》等書[一]。辭官歸鄉，預修《聊城縣志》（四卷）。《清史稿·傅以漸傳》：

傅以漸，字于磐，山東聊城人。順治三年一甲一名進士，授弘文院修撰。八年，遷國史院侍講。九年，遷左庶子。十年，歷秘書院侍講學士、少詹事，擢國史院學士。十一年，授秘書院大學士。十二年，詔陳時務，條上安民三事。加太子太保，改國史院文學士。先後充《明史》《太宗實録》纂修，《太祖太宗聖訓》并《通鑒》總裁。又命作《資政要覽·後序》，撰《内則衍義》，覆核《賦役全書》。十四年，命以漸及庶子曹本榮修《〈易經〉通注》。十五年，偕學士李霨主會試。考官入闈，例得攜書籍，言官請申禁，以漸請仍如舊例，許之。入闈病咯血，請另簡，命力疾料理。尋加少保，改武英殿大學士，兼兵部尚書。旋乞假還里，累疏乞休。十八年，解任。康熙四年，卒。（據《二十五史》本卷二百三十八）

《清史稿》傅以漸本傳唯述『命作《資政要覽·後序》』者，以爲『統攝』，蓋筆者推定。

《資政要覽》三卷，凡三十章：《君道》《臣道》《父道》《子道》《夫道》《婦道》《兄弟》《體仁》《弘義》《敦禮》（卷一）、《察微》《昭信》《知人》《厚生》《教化》《儉德》《遷善》《務學》《重農》《睦親》（卷二）、《積善》《愛民》《慈幼》《養生》《懲忿》《窒欲》《履謙》《謹言》《慎行》《愛物》

[一] 案，《〈易經〉通注》《内則衍義》爲《四庫全書》輯録。

（卷三），每篇皆有箋注。

此書以明君忠臣、慈父孝子、良友仁人、忠信禮義、敦誠務學、崇德行善、重農抑末、睦親愛人、敬老撫幼、克己制情、廉潔制欲、謹言慎行、敬畏自然等等爲編次，闡述君臣、父子、夫婦、朋友以及爲官、爲人之道，『修身、齊家、治國、平天下』是全書的總綱。以儒家理論爲經，以歷史上『正』『反』兩方面的故事爲緯，縱論敦崇世教、治國保邦的重要性，爲臣僚、百姓規定了思想行止的準則。《資政要覽》是順治皇帝按照自己理政的體會和心得以及經驗教訓所做的總結。

示例如次：

第一章《君道》，旨在闡明爲君之道，爲君之道的核心是『仁義』『惠愛』『忠信』，當然是君主對待臣民的姿態和治理國家法則，即所謂『仁義以治之，惠愛以安之，忠信以導之。務除其灾，致其利。不尚于威而威已有。……』（《君道》）；

第二章《臣道》，旨在闡述爲臣之道，臣，即臣屬，臣屬分層，故各層屬之臣，職守有别，説者把臣屬分爲：一爲『大臣』即『部、院、卿、寺之臣』；二爲『庶僚』即『臺、諫、曹、郎之官』；三爲『建旄』，『建旄』屬地方官，即所謂封疆大吏，謂之『督撫』；四爲『分猷』，『謂司道者』屬府道之官，以上均爲文官。西周以後，治理社會主張『文治武功』，『文治』居首，『武功』居次，故武官釐爲第五，是『將帥』。認爲這些朝廷和地方官員各有所司職，各有所責任：『凡爲臣者，服能然後任，省心然後受。入則上其謀，出則行其政。』（《臣道》）不同層級的官員又各自律己正人：『大臣正身以率屬，庶僚潔己以守官，建旄者澄吏以寧民，分猷者奉法而宣化，將帥嚴其紀律，守令殫其循良。』（《臣道》）這是最基本的官員素養，具備了基本的素養，纔有可能分值統一，協同輔弼皇帝治理萬民：『文武協和，士民豫附，密勿之臣，明謨諧弼，以襄一人，庶幾乎無忝于臣職矣。』（《臣道》）此所引述是正文，在箋注中，説者又强調、明瞭了正文對臣屬職責的要求。

第三章《父道》認爲父子之愛是人類的自然天性『父子之愛，天性也』，説者于此，要在闡述基于父親愛子的天性，但更應該教育兒子的心性和品德，『必教以成之。上教，子斯德可施于民；下教，子斯忠可效于君。其爲愛也至矣』。認爲教育子女使之成爲有用之人，使之成，有兩個標志，一是能施惠于民，一是能效忠于君——這纔是『愛子』的最高境界。此論的箋注做了進一步的解析，其説曰：『天下無不愛子之父，蓋天性自然，然必有以教之，而期于成，乃爲真愛。帝王之子，他日或統治天下，或分治其國，皆有社稷民人之任，必早諭教，便知所以修己安人，方能施德于民。公卿、大夫、士庶人之子，亦必素習教訓，使知所以移孝作忠，方能效忠于君，如是，以爲愛其愛也至矣。』（《父道》）

第四章《子道》認爲，無論是帝王還是臣下以至于庶人，最應該修煉、堅守的是『孝』，所謂『執一術而衆善從，百邪去者，其惟孝乎！帝王得民以事親，臣庶立身以揚名，位有崇卑，孝無終始也』。衆善行于社會，百邪不得出現的景象是『孝』的作用。無論是帝王，還是臣屬、黎民，無論是地位高上，還是地位卑下，『孝』是唯一的。而且，説者把『孝』别爲『小孝』『中孝』和『大孝』，其謂曰：『故小孝思愛而忘勞，中孝尊仁而安義，大孝博施而備物。博施而備物，可謂不匱矣。』認爲孝于親人是『思愛』，

『思愛』可以『忘記耕作之勞』——此爲庶人之孝或曰普通百姓的『孝』；在『小孝』的基點上延伸到官屬是『中孝』，『諸侯、卿、大夫、士尊重于仁，安行于義，惠澤足以及物，此立身顯親之事也，故爲中孝』（《子道》箋注文），官屬的『孝』不僅僅是事親，還在于『尊重于仁，安行于義，惠澤足以及物，此立身顯親之事』——『孝』的普遍施予，要在『尊重于仁，安行于義』，尊行『仁義』可以施予的不僅是親人以外的人民，還有人以外的『物』，施惠于『物』就是鐘愛自然生態，敬畏物類，『仁義』之舉不僅是立身之本，也可以榮顯親人；大孝是天子之孝，博施恩惠于四海、百姓，故謂之『大孝』。

《資政要覽》三十章，所及有論説之定讞，有歷史故事以爲實證，論、證統一，因果明白，不是封建糟粕，而是一部有價值的歷史文獻。清乾隆朝編纂《世祖章皇帝聖訓》，『四庫館臣』有説：『《御撰資政要覽》則敦叙綱常，砥礪世教。凡聖賢之理藴，無不闡明；凡帝王之治法，無不講貫。固己本心，出治舉措咸宜……』（據文淵閣《四庫全書》本）是殊客觀評價。

欽定四庫全書　子部一

御定資政要覽　儒家類

提要

臣等謹案

御定資政要覽三卷後序一卷順治十二年

世祖章皇帝御撰凡三十章曰君道曰臣道曰父道曰子道曰夫道曰婦道曰友道曰體仁曰宏義曰敦禮曰察微曰昭信曰知人曰厚生曰教

化曰儉德曰遷善曰務學曰重農曰睦親曰積善曰愛民曰慈幼曰懲忿曰窒欲曰履謙曰謹言曰慎行曰愛物每篇皆有箋注亦

御撰也體裁雖仿周秦諸子而鎔鑄古籍闡為

聖謨義理一本於經法戒兼裁于史大旨闡明修身齊家之道又多為羣臣百姓而言伏考堯典有曰平章百姓百姓昭明協和萬邦黎民於變時雍又說命有曰惟天聰明惟聖時憲惟臣欽若惟民從乂蓋治天下者治臣民而已矣使百官咸禔躬飭行以奉其職守萬姓咸講讓型仁以厚其風俗則唐虞三代之治不過如斯明之季年三綱淪而九法斁讒妄興於上姦宄生於下日偷日薄人心壞而國運隨之天數乃終

世祖章皇帝監夏監殷深知勝國之所以敗故丁寧

誥誡

親著是書俾朝野咸知所激勸而共躋太平

御題曰資政要覽見澄叙官方敦崇世教為保邦之

切務

聖人之情見乎詞矣傳諸萬年所宜聽聽而敬守也

乾隆四十六年九月恭校上

總纂官臣紀昀臣陸錫熊臣孫士毅

總校官臣陸費墀

御製資政要覽序

朕惟帝王為政賢哲修身莫不本於德而成於學如大匠以規矩而取方圓樂師以六律而正五音凡古人嘉言善行載於典籍者皆修己治人之方可施於今者也朕孜孜圖治學於古訓覽四書五經通鑑等編得其梗槩推之十三經二十一史及諸子之不悖於聖經者莫不根極理道成一家言但卷袠浩繁若以之教人恐未能一時盡解其義亦未能一時盡得其書因思夫記事

宜提其要纂言當鉤其玄乃採集諸書中之關於政事者為三十篇又慮其渙而無統於是每篇貫以大義聯以文詞於忠臣孝子賢人廉吏略舉事迹其奸貪不肖悖亂者亦載其內使法戒炯然加之訓詁詳其證據譬之萃衆白以為裘範六金而成鼎旨約而易明文簡而易閲名曰資政要覽觀是書者熟思而體之可以為篤行之善人推類而廣之可以為博雅之君子毋徒求之語言文字之間則朕諄諄教喻之心庶乎其不虚矣

順治十二年正月吉日序

御定資政要覽卷一

大學士呂宮等恭纂

君道章第一

得道者必靜靜而寧可以為天下貞故至精無象而萬物以成至聖無事而千官盡能苟有事則必有所不事此事所以察也譬之為車者數官然後成夫治天下豈特為車哉衆智衆能之所持也蒼頡作書后稷作稼陶倫作律昆吾作陶皆臣作而君任之以竟其用夫何為哉 道帝王平治天下之要道也靜謂心不忘動寧謂所處而安貞正而固也至精天地生物之理也數官衆材也蒼頡生而知書倣鳥跡以造文字后稷堯臣能植百穀教衆稼倫黃帝臣取竹於嶰谷制十二筩以別十二律昆吾顓頊之後為夏伯作陶治埏埴為器凡得治天下之要道者其心必靜靜則安而不擾然後可以寧萬物制羣動而為天下建標作則自中正而堅固矣故天地位萬物之成而實然無象至聖盡千官之能而濬然無事非真無事也天下之事皆其事苟偏於一事則一人之耳目心思有限所遺者必多欲以集事而事反廢矣譬之為車者必聚衆材而後成況天下至大治天下至難必以天下之智為智而後慮周不周必以天下之能為能而後力周不竭此古帝王所以創制立法為萬世準繩者皆作之自臣在之自君竟衆智衆能之用

而恭己無為也 其使民也若御良馬善御馬者輕任新節不完其力故致千里善用民者民日祈用而不可得苟得為上用其赴之也若決積水於千仞之谿孰能當之 新節新其馬之轡銜也八尺曰仞千仞高山之谷也人君之愛民如御者之愛良馬善御者欲得良馬之用必輕其載新其轡銜養其有餘之力故能一日而致千里君不忍盡民之材不忍盡民之力則民思効用而君卒不輕用故一旦有事而為上之用自爾踴躍爭先君決積水於高上而下深谿沛然莫之能禦也 然聖人之養民非為用也性不能已猶慈父之愛子非為報也不可內解於心故仁義以治之惠愛以安之忠信以導之務除其災致其利不尚於威而威已有託否則令苛不聽禁多不行動之而彌擾矣故漢武之多欲不若文帝之無為書曰惟厥攸居政事惟醇 此又詳言愛民之實書商書說命中篇居居心也醇不雜也上言民皆樂為上用然聖人非欲其為我用而後養之也猶慈父愛子豈盡望報於子乃天性淡治自不可解於治之以仁義而不傷其生不蕩其性安之以惠愛而有欲必脹有痛必恤導之以忠信而心無不盡言無不實除其病民之災致其樂生之利是全不尚刑威而所以懾民之心志者已在平日所養之中故不威自畏不然則禁令雖嚴徒滋扞格動多彌擾其何為以天下負乎漢武帝好大喜功紛然多事而海內虛耗視文帝之恭儉仁恕清靜不擾而漢治稱隆者相去遠矣旨哉傅說之告高宗曰政事惟醇而本之惟厥攸居明乎君道之貴靜也

臣道章第二

士不可辱則大大則尊於富貴故利不足以虞其意名不足以挺其心斯人也有勢則心不自私處官則必不為汚將衆則必不撓北苟便於主利於國則必危身出生以狥之若此乃可謂國有臣矣士之所以立身行己者禮義廉恥故士不可辱不可辱則大節不虧大事可託雖富貴無以踰其尊矣故其意澹泊無營利不足以感之其心卓然有主名不足以動之及一旦秉時藉勢必不苟便私圖治民必不玷辱素行統師馭衆必不逗撓喪敗凡有益於君國者必忘其身家以求有濟如是乃不曠其職而可謂之國有臣也三王之佐伯益伊呂之倫其名榮其實安皆公忠以翼其主後之臣不然患其身之不貴於國也而不患其君之不顯於天下患其家之不富也而不患其民之不安既辱且危名實喪矣李斯張禹盧杞蔡京阿合馬之流道穢萬世嗚呼戒之哉自昔伯益伊呂之事其主皆公而不私忠而勿欺視名實若遺而名之榮實之安卒歸之後之臣則有不然者上不顯致君為明聖之君下不欲使民為樂利之民而止患其身之不貴家之不富所以圖富貴者無所不至不知既已負君又復剝民即富貴可保聲名已敗況禍患隨之豈不名實俱喪乎如李斯之貪權逢惡張禹之奢淫阿諛盧杞之陰賊險毒蔡京之作亂威法阿合馬之專愎網利戳之史冊令人切齒可不深以

為戒耶凡為臣者服能然後任省心然後受入則上其謀出則行其政大臣正身以率屬庶僚潔己以守官建旄者澄吏以寧民分猷者奉法而宣化將帥嚴其紀律守令彌其循良文武協和士民豫附密勿之臣明謨諧弼以襄一人庶幾乎無忝於臣職矣百爾有官可不勉與詩曰靖共爾位正直是與大臣部院卿寺之臣也庶僚臺諫曹郎之官也建旄謂督撫也分猷謂司道也將師統兵之官也守令知府知州知縣也密勿之臣謂侍從大臣也詩小雅小明之四章也觀於古之人臣可法可戒如此則凡為臣者事不易任必自量其能集此事而後任之官不易受必自省其

克稱此官而後受之入則以嘉謨嘉猷告之君出則以良法美意施之民大臣則務公正以率其屬庶僚則務廉潔以守其官建旄者必思所以澄清吏治又安民生分猷者必思所以振飭法紀宣揚教化將師之紀律嚴則兵習民安而戰守咸宜守令之循良著則賦薄刑清而教養攸賴文武同心以綏戢其士民士民必感激而欣附至於侍從大臣最為切近必陳善以明其謨和衷以諧其衛乃克輔君德而贊國政內外大小諸臣皆能如此盡職庶幾無愧於臣道矣為人臣者可不勉諸故引小明之詩謂居職位者當安靜恭敬惟正直之人是助以見人臣不可有圖富貴之念也

父道章第三

父子之愛天性也必教以成之工教子斯德可施於民

下教子斷忠可效於君其為愛也至矣天下無不愛子之父蓋天性自然然必有以教之而期於成乃為真愛帝王之子他日或統治天下或分治其國皆有社稷民人之任必早諭教使知所以修己安人方能施德於民公卿大夫士庶人之子亦必素習教訓使知所以移孝作忠方能致忠於君如是以為愛其愛也至矣故有國者之教子也始生而舉以禮下士之士者宿齋朝服而負之自為亦子而教已行矣周成王在襁抱之中召公為保周公為傅太公為師左右前後莫非正直故其恭敬而溫文若性成然是以德教施民而國祚永也周成王名誦武王之子也保太保傅太傅師太師也左右前後少師少保

少傅及諸侍從之官也古者國君生子始生之日即接以太牢之禮三日擇官之善者先期齊戒服朝服于寢門外抱之以桑弧蓬矢射四方是當亦子時已教之以成人之禮矣成王幼時有召公奭為太保以安其身體周公旦為太傅以輔之德義太公望為太師以導之教訓又有三少及諸侍從之官皆正直之人與之侍而衛翼之故其德之成也內懷恭敬之心外著溫文之度與性生自然者無異是以成王為純君以德教化民刑措不用而享國之長久惟周為最也有家者之教子也幼學退讓長惇孝弟遜友視士方物發慮四民之子不易其業皆可以保世而效忠於君如韋賢楊震劉殷孫盛之為父至今稱焉詩曰教誨爾子式穀似之四民士農工商也韋賢鄒人漢宣帝時丞相也楊震華陰

人漢安帝時太尉也劉殷孫盛皆晉時人詩小雅小宛之篇凡有家而能教子者幼則教以退讓之風出入門戶及卽席飲食必後長者長則教以惇行孝弟事親事長必篤盡其誠至于交友則教之遜順以觀其志意之所為處事則教之度量事理務求確當而後發于念慮故四民之子咸不易其父之業少而習焉長而安焉不見異物而遷焉則可以長保家世而各致其力以忠於朝廷如韋賢以一經教四子楊震以清白貽子孫劉殷七子受五經史記漢書七業俱成孫盛性方嚴雖子孫班白訓之愈峻此皆能教子以善而盡其為父之道者詩所以云不惟獨善其身又當教其子使為善也故父之愛子必教以義方弗納於邪驕奢矜誇所自邪也之愛而僻莫知所裁其不

惡終者鮮矣縱州吁之好兵任博望之通客教之不端貽譏後世可為炯鑒若夫樂羊易牙之徒滅絕天性則人倫所不齒也義方謂君義臣行父慈子孝兄友弟敬六順之方也州吁衛莊公嬖妾所生也博望苑名漢武帝戾太子所居也樂羊魏文侯時人易牙齊桓公時人上言有國有家者而能教子其明效如此可見真能愛子之父未有不教子以六順之方使之一軌于正而弗仰于邪否則義方無聞必至恣肆而驕淫佚慢而矜誇欲其無邪不可得也既納于邪又復溺愛不明不能裁制則鮮不以惡終而覆敗其家國矣如州吁好兵而莊公弗禁卒至大逆武帝使戾太子廣通賓客無冤雜進竟成禍亂皆教之不端以至於此若夫樂羊殺其子以享士易牙殺其子而和羹以獻之君此又滅絕天性而與禽獸無異者甚矣真能愛子者必貴有以教之為父者不可不知也

子道章第四

執一術而衆善從百邪去者其惟孝乎帝王得民以事親臣庶立身以揚名位有崇卑孝無終始也孝為百行之首能孝則衆善固之備百邪無所容故孝之一道為最大也帝王當有天下當合萬國之懽心以事其親臣民念此身親生之當立身行道揚其名以顯父母雖始自天子終於庶人位有崇卑之殊而致孝之心則無分也虞舜躬耕致養周文視膳問安曾參甘旨必具斯三者亦何以異於人乎然惟其身為聖賢也是以百世傳之其親亦與之為不朽故人子必慎行其身而毋遺父母惡

名乃稱孝焉居處不莊事君不忠涖官不敬朋友不信戰陳無勇皆謂之不孝舜事瞽瞍躬耕歷山以盡其養文王事王季日三至寢門外視其飲食問其安否曾參事曾皙飲食必備以承順親心此三者皆無以甚異於人然所以能傳於後世而顯其親之名於不朽者則以其身為大聖大賢之身也故人子於立身之道必無所不慎不以惡名遺父母乃可謂之孝耳當其居處則貴莊使身無敗度當其事君則貴忠無能致其身當其涖官則貴敬不隳身於罪戾當其交友則貴信不失身於匪人而言語可復當其戰陳則貴勇成功則膺榮罹殃身則顯忠義此皆慎行其身而不遺父母惡名者反是則謂之不孝矣昔樂正子春下堂而傷足既瘳矣數月不出猶有憂色人問之曰今子忘孝之道是以憂

也夫孝子一舉足而不敢忘父母故道而不徑舟而不游一出言而不敢忘父母故惡言不出於口忿言不反於身豈致虧體以辱親與樂正子春曾子弟子也人子之身受之父母不敢毀傷樂正子春傷足既瘳數月之後猶憂形於色憂其忘孝之道而有傷於身也可見為孝子者時刻不敢忘父母即一舉足之間擇而後蹈履其安不履其危即一出言之頃審而後發恐其悖而出即悖而入如是以致其慎庶免於虧體辱親矣故小孝思愛而忘勞中孝尊仁而安義大孝博施而備物博施而備物可謂不匱矣詩曰孝子不匱永錫爾類詩大雅既醉之篇自天子以至於庶人雖致孝之心無異而名分不同是以有小孝中孝

大孝之別庶人思父母之慈愛而忘己耕作之勞此竭力養親之事也故為小孝諸侯卿大夫士尊重於仁安行於義恩澤足以及物此立身顯親之事也故為中孝天子則博施而德教加於百姓刑于四海故能備物以事親此尊以天下養以天下之事也故為大孝至於大孝則孝道無一不具故詩人之言曰君子既孝則人皆孝其孝斯以孝治天下而源源不竭矣嗟乎緹縈女子尚知救父彼劉劭楊廣拓跋紹者犬豕豈食其肉哉緹縈淳于意之女也因父有罪當刑願沒身為官婢以贖其罪漢文帝感其孝因除肉刑劉劭前宋文帝長子也作亂自立孝武帝誅之楊廣隋文帝次子也作亂自立後身死國亡拓跋紹北魏道武帝子也封清河王因母賀氏有譴帝將殺之紹遂作亂明元帝誅之皆不孝之極者夫緹縈一女子耳尚知救父彼大逆不道若劉劭之徒真人倫大變而天地所不容也

夫道章第五

天地合而萬物興焉婚姻人道之始也娶於異姓所以附遠而厚別初娶則男下女取易之咸柔上而剛下居室則夫帥婦取易之恒剛上而柔下夫婦之道參配陰陽天地相合萬物始興夫婦相配宗祀以傳此婚姻所以為人道之始也娶必於異姓者託於遠嫌之義重其有別之禮其初娶也禮儀備而後親迎取易之咸卦柔上剛下少男少女婚姻之義故以男而下於女其居室也夫主唱而婦主隨取易之恒卦剛上柔下長男長女正家之義故以女而承乎男凡此皆所以重人道也夫也者以智帥人者也刑于妻至于兄弟以御家邦苟不能制義

則必有從婦之凶矣故三代之興皆有內助其衰也咸因女寵下至漢唐傾輈繼路斯固經禮弛防先色後德者也內助賢后妃也女寵嬖幸也能為夫者其道莫先於智明於家道興衰之由國政治亂之兆見幾察微不為婦女所惑故能專制其義其妻順之其兄弟效之家邦亦感而化之不然則惟婦言是用而家道索矣故禹娶塗山氏之女而生啓契生於有娀之女湯娶有莘之女帝嚳娶有邰氏之女而生稷太任生文王太姒生武王此三代所以興也桀嬖妹喜紂嬖妲己幽王嬖褒姒此三代所以衰也漢危於呂氏移於王氏唐亂於武氏韋氏楊貴妃張良娣覆敗相尋有同一轍此皆輕棄禮法弛縱防維以色為先以德為後之所致也故詩人之言思窈窕而不淫其色賤者秩進各得厥職以

廣繼嗣此家國之道義也冀缺相待如賓張湛矜嚴好禮跡其持敬可為家範若恩極則必有嬖溺之愆怨成則必有反目之咎梁冀妖惑荀粲隕生祖約遭傷孫秀被詈過與不及其不智一也窈窕幽閒貞靜也冀缺春秋晉人張湛後漢扶風人梁冀東漢順帝時大將軍妻孫壽甚美善為妖態荀粲晉時人妻艷色當病熱粲以身向外取冷而還熨之及亡粲傷神而卒祖約晉時人妻妒而無子約不敢忤嘗夜寢於外為人所傷疑妻為之孫秀晉時人妻妒嘗罵秀秀大不平遂出不復入觀於先色後德禍敗如此所以關雎之詩以幽閒貞靜咏太姒之德見君子之重其妃非為色而然夫既不重色則宴媵皆得循序而進不相參亂見義公溥乎嗣可廣有國有家者無異義也皆

冀缺耨而妻饁之相敬如賓張湛動止有則而遇妻嚴肅皆治身以正家可為後世之範若過於情而恩勝則必被惑於淫艷不及情而怨成則必難免於乖離梁冀之流雖有過不及情之殊其不明於夫道一也是以君子之為夫欲其身以帥其婦則能制義而家道正矣記曰外內和順國家理治此之謂盛德記禮記昏義之篇也君子明於為夫之道故居處動靜以敬自持為能帥其婦而得専制之義則夫夫婦婦人道立而家正矣故記有之曰男治乎外女治乎內外內各得其道則國可以治家可以理陰陽之德法乎天地非盛德而何

婦道章第六

女子始生而衣褐稍長而繫縲柔道也七歲則男女不

共食十歲則不出於戶姆教之婉娩聽從執麻枲治絲繭以共衣服觀於祭祀納酒漿葅醢自為女子而婦則已嫺矣為婦之道不自為婦始自為女子時已有其禮矣當其初生男子衣裳女子則衣裼而不如盛服及其稍長男子鞶革女子則鞶絲而但用繒帛皆示之以柔弱之道也至于七歲則男女有別雖親兄弟不共食十歲則恒處閨內不令出戶女師教之以言宜和緩貌宜謙順聽從長者之訓績治麻枲絲繭以共衣服之用收納酒漿葅醢以助祭祀之具凡此皆訓之以異日為婦之則也裼束女之被也姆女師也凡學故適於夫則能順雞初鳴盥漱笄總佩刀帨箴管以適舅姑之所下氣怡聲問衣燠寒進食則惟所欲舅姑所愛

則愛之所敬則敬之其相夫也正色而專心節言而慎行不媟黷以閑隙不忿怒以乖恩夫有善則祇遵其命有過則曲匡其失此柔順之義也笄所以固髮也總所以束髮也婦則悅嫺故適於夫而為婦能以順為正而體夫之心其事舅姑也必雞鳴而起整肅儀容佩服器物至舅姑之所聽其使令以卑下之色怡悅之聲承奉尊者問衣之寒燠以適其體進飲之甘旨以適其心況一家也人為舅姑之所愛所敬者皆曲體其意而愛敬之其相夫也靜正其色專一其心簡節其言謹慎其行不敢狎褻而近於御以開侮慢之隙不敢辨曲直而流於爭以乖和好之恩夫如有善則將以遵之而不敢違其命夫或有過則曲以諫之而不敢顯其失如是故其夫以孝于舅姑斯合於柔順之義矣自帝王之后妃以

至卿大夫之夫人及士庶之妻莫不有家焉莫不有子焉仁以睦親儉以持身勞以執務則內治修矣敬以教胎賢以逮下勤以董學則胤嗣昌矣婦德若斯庶其無咎矣易曰恒其德貞婦人吉言從一而終也易恒卦之爻辭也凡為婦者無論尊卑莫不有家有子其處家也當仁厚以睦親如曹大家之和妯娌節儉以持身如漢馬后之服大練勤勞以執務如魯敬姜之親紡績則內治修而家道興矣其有子也敬慎以教胎如太任之孕文王寬和以待下如太姒之惠眾妾勤勵以董學如孟母之斷機杼而教孟子則學成而後嗣昌矣婦德之純粹備至此驕亢之咎庶其免乎故恒卦之辭曰德能常守則貞此婦人之最吉者蓋言當一於柔順而不可改也

伯姬貞姜不辭水火孫妻殷女罔愛肌膚史策美之御叔之婦賈充之妻雖蝃蝀無以刺其淫倉庚無以療其妒矣伯姬宋共公夫人公薨姬遇火以保傅未至不肯下堂而避遂焚死貞姜楚莊王夫人從王遊漸臺王先去水至夫人以約符不至不肯下臺而避遂溺死孫妻吳孫奇范氏也配一年而亡父母強之還之還家不從遂自割耳鼻殷女廖伯妻殷氏也夫亡父母將有所許不從遂斷其指御叔之婦夏姬也宣淫而更召其亂賈充之妻郭氏也因妬而連傷其子蝃蝀天地之淫氣詩衛風刺淫奔者也倉庚黃鸝也本草云作羹可以療妬古之從一而終者如伯姬貞姜孫奇之妻殷氏之女皆捨身而取義故載之史策以為美談若夫夏姬郭氏奇淫與妬則詩不能刺藥不能療者矣

兄弟章第七

兄弟分形而連氣父子之純也弟念天顯以恭厥兄兄念鞠子哀以厚于弟居則篤其愛危則恊其力喪則懷其憂人倫之本立矣故資于事兄以事長而敬同資於師弟以帥下而愛同愛敬盡於弟兄而和豫彰於上下施於家國凡孝弟所以通神明也兄弟分體於父母有親恩以相連故父子為綱兄弟為紀弟當念天命尊卑顯然之序以恭敬其兄兄當念其父母懷抱鞠養之勞以友愛其弟平居無事則原其愛以相親患難猝迸則合其力以相濟不幸而有死喪之戚則抱憂痛以相恤如此則父子之紀明

故人倫之本立施之家者即可廣而推之國以敬兄之道移之敬長斯敬無不至以愛弟之道移之愛下斯愛無不周愛敬一盡而愉悅之氣充滿上下浹洽家國則可以感天地之和氣得祖宗之懽心孝弟之道豈非通於神明者乎

漢景車輦唐明枕被友愛之稱昭布前史而公卿士庶分財讓爵急難全孤亦往往見稱夫兒女易得兄弟難求必內不惑於妻孥外不間於讒慝則友悌斯全詩曰是究是圖亶其然乎漢景帝文帝之子也與其弟梁孝王武入則同輦出則同車唐明皇睿宗之子也製大衾長枕與其兄宋王成器申王成弟義岐王範薛王業從兄邠王守禮同至寢分財者漢薛包其弟求分居包田廬器物奴婢包之盡取其下者讓爵者如漢丁鴻上書讓侯爵於其弟盛急難者如漢趙孝其弟禮為賊所得將食之孝自縛謂身肥願代其弟賊并舍之全孤者如唐元德秀兄子幼孤無資得乳媼乃自乳之數日湩流能食乃止詩小雅常棣之篇也古之能友愛者在上則如漢景帝唐明皇史載其美在下則如薛包丁鴻趙孝元德秀古今稱之蓋兒女者身之所生故易得兄弟者同生於父母故難求從來兄弟之不協內多因妻孥之搧惑外多因小人之離間故必卓然自力不為所惑不為所間則兄友弟悌之道全矣常棣之詩以為兄弟之當親人皆知之必寔能窮究其理而力行乃深信其不誣爾

或曰使周公管蔡生居寒祚寧至骨戕是殆不然夫象每危舜而無害於國故舜以恩斷義管蔡欲危周公而有害於國故周公以義斷恩然則遼祖三釋於剌葛與舜同

仁唐文致決於建成與鄭伯同恩矣管蔡周公之兄管叔鮮弟蔡叔度也周公使管蔡監武庚管蔡流言曰公將不利於孺子遂同武庚以叛周公以其危國故奉成王之命討而誅之象處舜之弟也日以殺舜為事及舜為天子封象於有庳遼祖遼太祖也剌葛太祖弟也與其弟迭剌寅底石安端同反者再太祖貸其死而復用之後又反太祖親征擒獲杖剌葛迭剌而釋之以寅底石安端為剌葛所使皆宥其罪建成唐太宗兄也高祖立為太子時太宗方為秦王威權甚盛建成恐奪其位欲害之太宗先事圖之親射殺建成於玄武門鄭伯莊公也其弟叔段見愛於母鄭伯忌之養成其亂遂克段於鄢或謂周公管蔡若生於庶人之家無可爭競必不至於相害此論未足以知聖人也聖人以國為重以身為輕故象欲殺舜而無害於堯之國則舜之待之始終以恩管蔡欲害周公而實有害於成王之國則周公之待之不得不斷以義由是觀

之刺葛所為有害於國此義所當誅者遼祖待之雖過於恩而心則與舜同仁建成所為雖有害於秦王而無害於國乃唐文所以待之者不能法舜而手刃焉其處心積慮以成其恩與鄭伯之待叔段何以異哉

體仁章第八

天地大矣生而弗子成而弗有萬物皆被其澤獲其利而莫知所由始天地之德也人得之則為仁親親而仁民仁民而愛物始於事親中於事君終於治人人之行也

人皆本於天地天地之大德曰生生有民人而不以為已子成遂萬物而不以為已有萬物皆蒙天地之澤而得其利自以為當然而不知其所從來此天地之德所以大也人受之以生而為仁故中庸曰仁者人也

親親為人仁民愛物皆自此推之親親見前子道章仁民愛物詳見下章仁者必孝故能事親移孝作忠故能事君仁者愛人故能治人此人之德行所以全也

上下相親之謂仁故堯如天而民協和舜好生而民風動志士殺身以成仁故逢干舍生以匡君巡遠捐軀而徇節除天下之害之謂仁故文武赫怒以安民仲尼據法而誅卯仁之道至矣哉帝王溥惠於博施眾庶推心於立達大小之量雖殊而肫篤之誠惟一易曰君子體仁足以長人

上親其下上之仁也下親其上下之仁也故曰上下相親之謂仁帝堯其仁如天出史記舜好生之德洽于民心出書經仁人之本心殺身以為君乃適愜其本心故曰殺身以成仁紂之臣比干皆忠諫不聽而死張巡許遠皆唐玄宗之臣當安祿山之亂同守睢陽前後四百戰殺賊十二萬人城中食盡羅雀掘鼠而食之人無叛者後力竭城陷而死仁者之愛人必去其害人者故曰除天下之害之謂仁語出鬻子文王伐崇以救民皆武王伐紂以救民皆一怒而安天下之民者商有亂政大夫少正卯言偽而辯行僻而堅智足以移眾強足以獨立其罪犯王者之誅孔子為魯司寇攝行相事七日而按法誅之出家語易乾卦文言辭也仁之德無所不具故堯舜親民而民皆親之上下相親之仁也龍逢比干皆以死諫張巡許遠皆以死守殺身為君之仁也文武除殘仲尼誅亂為民除害之仁也是好仁所以行其愛惡不仁亦所以成其愛如是而仁之道始盡是以帝王布德行惠而不自以為功眾庶立人達人而始符其所願雖所及之分量大小不同而其能愛人之心至誠篤切實無分別也天

備元亨利貞之四德惟元為善之長君子備仁義禮智之四德必以體仁為先故易曰體仁足以長人此人所以盡性而無負天之命歟

夫仁者內慊於已而不務其名故與仁同功其仁未可知也與仁同過然後其仁可知也若夫項籍刓印於有功陽穀進酒於將戰其為仁也不亦異乎

與仁同功者如楚令尹子文之忠齊陳文子之清孔子皆以為未知其仁與仁同過者如晉獻公世子申生其父信驪姬之譖出之于外或勸其奔申生不從自縊於新城是孝而過者楚懷王大夫屈原其君信上官大夫之譖怒而疏之原幽愁憂思遂懷石自投汨羅之水而死是忠而過者項籍西楚霸王也言語姁姁人有病疾涕泣分食飲至有功當封爵者刻印刓而不與韓信以為此婦人之仁也陽穀楚司馬子反之僕也楚共王與

晉職被傷又復戰司馬子反渴而求飲陽穀操酒而進之子反飲之甘而不能絶於口以醉共王惡之遂斬子反是陽穀愛子反而反殺之也夫長人本於體仁是內盡其心無所為而為非務名于外而求人知也故如子文之忠文子之清雖事與仁同而其心尚未可知如申生之孝屈原之忠雖為仁太過而皆自盡其心故觀其過可以知其仁若夫有功不賞則仁無所用因醉致殺則害生于恩其于為仁之道遠矣

弘義章第九

得失殊致取舍攸分憧憧往來紛紜瞀眩微義其曷制之義者國之維人之路也上好義則民服下好義則民安境遇不同如富貴貧賤榮辱生死之類大約不出得失二者為得為失其致懸殊欲取欲舍其意遂分人

情貪得而惡失故取舍之念憧憧然不能自定往來而亂于心紛紛然無所取裁瞀眩而亂于目非有義焉其何以制之故管子以為禮義廉恥國之四維孟子以為義人之正路也上之人能好義則有以治其下故民服下之人能好義則有以報其上故君安義之有關于上下如此故不可以不弘也

故君子正其義不謀其利尊賢為大惟善為寶勞而不怨欲而不貪使民相觀而善以成其俗敬法而終事循分以淑身守望相助疾病相扶財毋苟得難毋苟免爭於為義而恥於為不義此治國之風也君子有治民之任者也凡舉政事必合乎義而不計其利尊賢惟文王文王得吕尚載之後車稱為太公望惟善為寶如楚王孫圉所云楚國不以玉為寶惟以觀射父左史倚相為寶勞不不怨如禹

順水之性而使民盡力溝洫稷相地之宜而教民播時百穀進勞何怨欲而不貪如孔子對季康子曰子欲善而民善矣雖欲奚貪凡此皆義也而非利也使民知上之心惟義是好各各相勉于善以成其風俗敬上之法而勤其事守己之分以善其身守望相助如北齊王昕伏身而蔽刑劭疾病相扶如西蜀何祗傾財而療張嶷財毋苟得如管寧鋤田得金揮而不顧難毋苟免如高意趨難而行不徑不竇見義所在爭先為之不義所在羞而不為民皆敬行古道豈非治國之風乎

義理彰則功利息故兵出而民知所庇矣信與民期以奪敵資敵國之民望之若父母如此則橫地滋廣而得民滋衆首仁尾義天之道也詩曰豈弟君子四方為則其是之謂乎詩大雅卷阿之篇義理之效既彰則

功利之風自息故兵出而敵國之人皆知我意在救民非貪其富皆欲得我以為護庇我以誠信與民相期故敵所聚用之民皆為我用而不為敵用是奪敵之資矣敵國之民望之若父母則四海之內罔不來歸地豈不益廣而民豈不益衆乎始乎春生之仁終乎秋成之義此天之常道也君子本仁而行義可以為法于天下詩曰豈弟君子四方為則此之謂也

若乃夷齊讓國巢由潔已爰旌目之吐餐公沙穆之辭貨程嬰李善敦節於死生虞卿孫嵩篤誼於患難田横海島相殉之徒五百臧洪東郡同難之士八千亦各言其志也嗚呼烈哉伯夷叔齊孤竹君之二子兄弟讓國巢父許由俱堯時人堯讓以天下不受爰旌目周時人餓于道狐父之盜與以壺飡既食矣乃知其為盜嘔之

遂伏地死公沙穆後漢人有富人王仲願奉百萬之資令其求位穆曰以貨求位吾不忍也不受程嬰春秋時人晉上卿趙朔之家臣屠岸賈作亂滅朔家嬰匿其孤兒武而以已子代之李善後漢人李元之僕元舉家病死所存孤兒續生纔數旬奴共謀殺續分財善負而逃親自哺養乳為生湩遂得成立虞卿戰國人為趙相其友魏齊得罪於秦秦索之急卿棄相印與之俱逃孫嵩後漢人功曹趙岐得罪於中常侍之兄唐玄遂逃出嵩遇於市載歸岐遂得免於難田橫秦末為齊王漢高被立懼誅與五百人入海島後橫赴召中途自殺五百人在島中聞之亦皆自殺臧洪三國時人為張超功曹後袁紹以洪為東郡太守曹操圍超急洪請兵於紹救之紹不從洪怨甚據郡自守為紹所圍食盡城中男女八千人相枕而死莫有叛者城陷洪死正義之君子其敦既彰彰矣亦有好義之士其誼孤高如夷齊之倫雖所行不同要之各盡其心以合于義豈非千古之烈丈夫

哉

敦禮章第十

辨上下定民志莫切乎禮其為教也微其閑邪也於未形故君子貴之 天高地下萬物散殊而禮之意已備若上下之辨不明則民志不定故聖人制禮以辨之自下而上必層累而上自上而下必層累而下公卿大夫各守其職士農工商各安其業民志有不定乎民志最微聖人先於隱微而教之不待其顯著雖有非僻之萌已潛消默化而不自覺是禁邪於未然勝刑罰之禁於已然者多矣故君子以此為貴也 禮有情有文忠信禮之情也威儀禮之文也緣情而制文貴賤有等衣服有別上不偪下下不僭上男女異路車從中央民乃知讓矣是以富者不驕貧者不濫以之居處而長幼明以之服政而官爵序以之涖戎而武功成民皆愛其死而忘其生聖人所以藏身之固也 貴賤有等如天子之堂九尺諸侯七尺大夫五尺士三尺之類衣服有別如天子龍袞諸侯黑白之黻大夫青黑之黻士民衣纁裳之類上偪下者如晏平仲之祀其先人豚肩不掩豆澣衣濯冠以朝則濫而難乎其為下矣下僭上者如管仲之鏤簋朱紘山節藻棁則僭而難乎其為上矣古者男子由路左女子由右車從中央顓頊帝高陽氏之令曰男女不相避於道者拂之四達之衢出路史富者不驕如漢樊重營產巨萬賑外孫之爭財反以田二頃與之貧者不濫如原憲繩樞甕牖而樂道自守長幼明如

曲禮所云年長以倍則父事之十年則兄事之之類官爵序如王制班爵公侯伯子男卿大夫上士中士下士各有等也武功成如晉文公大蒐以示之禮而少長皆可用之戰陣也君子既以禮為貴必合情文而兼盡之凡吉凶軍賓嘉之五禮各有登降進退之文然皆本于莊敬誠慤之情因其情而制之為文使之貴賤必有等級衣服必有分別為上則不至侵偪其下為下則不至僭越其上男女各有當行之路而車則行乎其中禮教昭明至於如此民豈有不相讓者乎是以富而好禮貧而無怨居處則有次序行政則守職分蒞三軍則步伐止齊各不相亂民皆親上敬長雖死為人之所惡禮之所在民皆知樂為死而忘其生聖人以一身安天下即以天下而安其身是藏其身于天下也其堅固為何如哉 故禮有周折之容而樂有歌舞之節正人足以副其誠邪人足以防其失和以遠

怨敬而不爭禮樂明備天地官矣詩曰淑人君子其儀不忒周折者周旋中規折旋中矩出禮記玉藻篇歌如樂記所云歌風歌雅歌商歌齊之類舞如內則所云舞句舞歌舞大夏之類詩曹風鳲鳩之篇禮樂原不相離故此節兼言樂禮之本在敬樂之本在和周折之容敬之所發也歌舞之節和之所達也正人先有忠信之心得禮樂以將之則足以宣暢其性情邪人即有僭偪之失得禮樂以導之則足以防閑其淫慝樂至無怨禮至不爭禮無不明樂無不備而天高地下各得其位詩所以稱淑人君子其心均平專一威儀必可則可象而不差忒也夫禮之禁亂猶坊之止水去舊坊者必有水敗廢舊禮者必有亂患漢承秦敝習為綿蕞猶賢乎已晉人放達以乖名教能無及乎

石大夫也軾路馬苗晉卿之下公門猶存古道若謝安之不廢音樂王珪之下同庶人胥失之矣綿蕞者以繩為闌束茅草立於其中以象朝列之位者也晉人放達如畢卓為吏部竊飲鄰酒而醉臥甕側王忱為荊州刺史追者傾朝見樹有鵲巢悅脫衣而上以探其㲉之類石大夫漢石奮也見天子路車之馬必憑軾致敬苗晉卿唐人為太守歸鄉里望縣門而步謝安晉太傅性好音樂雖有朞喪不廢絲竹王珪唐禮部尚書時三品以上准立家廟珪獨祭於寢下同庶人禮禁亂於未然猶坊止水於未至也坊雖舊不可去以為無用而去之則水至而無所遏禮雖舊不可廢以為無用而廢之則亂生而不可救秦人專尚刑法禮教大壞漢初功臣飲或妄呼拔劍擊柱叔孫通制綿蕞以定朝儀遂無喧譁失禮者可見有禮之益晉人以名教為束縛故蕩於禮法之外用兆十六國之亂下見失禮之害石奮苗晉卿之循古道尚有可取如謝安則流於過王珪則流於不及豈禮之中道哉

御定資政要覽卷一

御定資政要覽卷二

大學士吕宫等恭纂

察微章第十一

使安危災慶若高山之與深谿恒人辨之矣萬事之化莫不起於細而成於鉅惟智者以近知遠以往知來君子所貴乎察微也凡人之最難辨者莫若安危之相伏災慶之相乘蓋安危災慶無形而甚微非若山之易見其高谿之易見其深也是以萬事之變化其終至於甚大者往往起於細微恒人忽之唯智者則能以近推遠不出户而知天下以往推來因已事而知未然至凡此皆於微者辨之故察微之道為君子之所責也

長反短至短反長吉為凶始凶為吉先恩生於害害生於恩數不可以臆測者多矣至長反短至短反長者如冬至日晷甚短然陰極陽生由此漸長夏至日晷甚長然陽極陰生由此漸短吉為凶始凶為吉先者如宋人牛生三犢皆白孔子以為吉徵已乃父子俱盲及楚攻宋丁壯皆戰死父子獨以盲免見列子塞上一翁失馬人弔之翁曰安知非福後馬引駿馬歸人賀之翁曰安知非禍其子馳馬折臂人又弔之翁又曰安知非福及敵兵至人皆戰死其子以折臂免見淮南子恩生于害害生于恩者如孟孫獵而得麑使秦西巴持歸烹之巴弗忍放焉孟孫怒逐巴後思之曰麑且不忍何況于人遂取以為子傅見淮南子魯欲使吳起為將伐齊疑其妻齊人起遂殺妻魯乃以為將已而魯君惡其殘忍遂絕之見史記凡天道人事各有其數長之與短吉之與凶恩之與害相去懸遠而互相倚伏不可臆度如此故不當辨之於顯而必察之于微也

防有所不及者隄容蟻而漂邑煙一洩而燎原慮有所不周者張毅好恭而病熱單豹好術而傷虎蓋知之難如此況見善而怠時至而疑者乎騏驥珍其速至莫邪寶其立斷蚤見而豫備斯為得之子曰知幾其神乎張毅周時人性好恭過門閭必趨雖輿隸必敬用心待人以謹於外而不防其內致病熱而死單豹亦周時人好養生之術辟處巖窟離俗自守以謹於內而不防其外致為虎所食見呂覽見善而怠者如郭公善善而不能用以至國亡見春秋時至而疑如劉表不聽昭烈之言以襲曹操并表紹而益強荊州卒被其禍見三國志騏驥良馬

名也莫邪寶劍名也恒人處事未嘗不知防其始而慮其終然漂邑之水潰於蟻穴燎原之火起於薪烟此則防之所不及者矣張毅謹外而忘內單豹謹內而防外俱至喪身此則慮之所不周者矣知微之難如此彼見善而怠同於不見時至而疑終至失時者又何足云乎故凡事之來當審於未形之先而備於無事之際不遲緩以失機不悠優以取敗直與良馬同其速寶劍同其決而後可此知機之君子孔子所以贊其如神也

婦寺與政而漢危大臣爭權而魏亂儲官不慎而晉隳侈欲弗戒而唐禍抑可畏也夫國柄分散則災及其君家政旁落則災及其主故修身者謹細行圖治者防未然嗚呼慎之哉婦之與政者謂前漢以元后王氏預政而致篡後漢以靈后何氏預政而致危寺之與政者謂前漢之政

亂於弘恭石顯後漢之政亂於曹節王甫大臣爭權者謂司馬懿曹爽爭權爽為懿所殺魏因以亡儲宮不慎者謂晉武帝不聽衛瓘之言而立惠帝卒以亂國修欲弗戒者謂唐玄宗觀在藏充溢而貴用濫寵楊妃諸人而聲色靡國柄分散者如魯公族大夫孟孫叔孫季孫立三都而分公室昭公畏之至於出奔晉世卿魏修趙鞅韓不信范吉射中行寅智罃強私室而弱公家互相吞併三分晉家政旁落者如季孫之臣楊虎專制家而政而因劫其主叔孫之臣豎牛專制家政而餒死其主自古始治而終亂者其亂必有所由國之與家皆同一理故漢危於婦寺之與政魏亂於大臣之爭權晉隳於儲宮之不慎唐禍於修慾之弗戒此皆始不能察之於微而後遂不能持之於著由今思之良可畏懼是故國柄不可以分執家政不可以旁疑知幾者其修身也雖細行而必謹其圖治也當未然而已防誠有得於察微之道者也有國有家者可不慎哉

昭信章第十二

月望則蚌蛤實羣陰盈月晦則蜂蛤虛羣陰虧月形乎天而羣陰化乎淵所感者信也天非信不生地非信不成人非信不立可與為始可與為終可與尊通可與卑窮者其惟信乎月者陰之宗也蚌蛤水族陰之屬也可與始可與終者如漢昭烈聞諸葛亮賢三顧草廬遂用為相亮鞠躬盡瘁輔佐後主以報知遇鮑叔少與管仲交因其賢薦之桓公釋其囚以為相及叔有疾仲為之不食不飲兩人終始無間可與尊通者如唐臣房玄齡杜如晦少同學及為相謀斷相濟同心輔主可與卑窮者如漢隱士閔仲叔周黨同志相友含菽飲水恬靜安貧以終其身信者人之誠心也天地萬物莫不有誠故相感之理莫不以信試觀月之望與晦特形見於上耳而羣陰之盈虧遂各應於下即蚌蛤之微亦內之而虛實盈皆誠信相感故能如是其不爽也況於人之以誠信相感者乎是以天之寒暑有常而萬物得之以生地之高下不易而萬物得之以成人之言行如一而萬物得之以立舉凡終始尊卑窮通莫不宜信則知信之係於人也大矣

信於君心斯美惡不踰信於名斯上下不干信於令斯時無廢功信於事斯民從務有業信蓋在乎言前矣君心之信斯美惡不踰者如齊威王之左右常毀即墨大夫譽阿大夫威王不信使人察之即墨治而阿不治遂烹阿大夫封即墨大夫自是左右莫敢飾非皆盡其情之類信於名斯上下不干者如晉文公請隧於襄王王以為先王之名分所定遂不許文公亦不敢復請之類信於令斯時無廢功者如

魏文侯不失虞人之期而稱賢主秦孝公不爽徙木之賞而成霸業之類信於事斯民從務有業者如禮記月令所載天子每月各有應行之事以先萬民之類信為人君之大寶故存之於心則美惡不可淆惑彰之於名則上下不相凌犯布之於令則因時而動綱紀以成措之於事則因民而施庶務以立蓋皆先立其信而後播之於言故其言足以感人也

故君子不以言譽人則民作忠口惠而實不至怨菑及其身是以與其有諾責也寧有已怨昔齊桓聽管仲之說德顯於會盟晉文賞雍季之言義彰於持後雖在霸者尚以信著日中詭而殷虛烽火戲而周敗可勿凜諸易曰中孚以利貞乃應乎天也會盟者諸侯會

而相盟也齊桓公與魯莊公盟莊公劫桓公求汶地管仲曰許之及歸欲弗與管仲曰失信不可以四百里之地見信於天下君猶得也乃與魯信彰於時遂為盟主雍季晉臣也文公將與楚戰咎犯曰君亦詐之而已雍季曰詐則難復非長術也文公用犯之言而賞雍季曰其言百世之利也周武王入殷見殷之長者問殷所以亡對曰欲知之請以明日日中為期及往弗見周公謂武王曰吾知之矣期而弗信此殷之所以亡也周幽王寵褒姒而若其不笑乃戲舉烽火諸侯兵至而無寇褒姒大笑及犬戎入幽王復舉烽諸侯不信兵皆不至遂為犬戎所敗易中孚卦之彖辭也君子知言之感人必本於信故其譽人也不徒揚之於言而必實見之於事則上以誠感下以誠應而皆興起於忠矣苟不以信則惠徒在口而無其實不惟人之不感而且滋怨人怨既深天災寧有不及其身者乎是以人有求而不許始雖拂其意而終不害於信其怨小而可受諾人之求而不

踐始雖順其意而終害於信其責大而難堪君子寧受其怨而不輕於諾所以全此信也夫齊桓晉文霸主耳因其臣之言而重其信尚能顯其德而彰其義况有天下之王者反出霸者之下如殷紂周幽或以詭亡或以戲敗不信之禍一至於此豈非後人所當敬戒者哉易曰中孚之道本於正則誠信相感可以上應乎天而人可知矣

夫志士勵不期之節哲人懷可復之言故季札解其寶劍展禽明其岑鼎若新垣平之上書劉仁軌之眩己到茂灌之負交所謂匿情矜吝小人之至惡者歟

季札吳公子也使於北過徐徐君愛其寶劍札心許之而未及與後歸復過徐徐君已死札解劍懸冢樹不以死故倍其信展禽魯大夫柳下惠也字季齊求岑鼎於魯魯與他鼎齊弗信曰柳下季以為是即受之魯君請於季季以為非信不從魯君乃以真岑鼎與齊新垣平漢時人以望氣見文帝至上大夫使人持玉杯上書闕下獻之平佯語帝曰闕下有寶玉氣視之果得獻杯者刻曰人主延壽後知其詐平伏誅劉仁軌能為詭激外示長者內懷矯詐敝衣糲食善候當途每於衆中或揖一奸吏縱一孤寡眩已高名矜物無知事見冊府元龜內列茂灌名溉南梁人武帝時任昉日與溉等遊及昉死子皆流離舊交莫之恤劉孝標憐之為作廣絕交論列溉見其文擲於地終身恨焉志士哲人皆以信為重者也節之所在雖未嘗期約者必力勉而行之言之所發雖至於久遠者必深思而踐之如季札展禽其最著者若夫新垣平之流內藏其情外飾其貌矜夸吝嗇全無誠信所謂小人之至惡者其以是哉

知人章第十三

人生而有陰有陽多隱情飾貌以攻名察其所安真偽晰矣故官必擇賢游必擇交十步之間有茂草十室之邑有忠信殷紀三仁衛多君子賢才之生寧拘時地哉

殷三仁謂微子箕子比干也衛多君子謂蘧瑗史狗史鰌公子荊公叔發公子朝也凡朝廷之用人與臣庶之取友皆當遠邪辨而就中正故必以知人為重但人之真偽不同其生也內陰而外陽陰者其情陽者其貌在君子則內外如一在小人則往往深隱其情粉飾其貌以博君子之名如王莽之勤儉謙恭以邀稱循曾昇之徒步上者而飾清節苟非從其中心之所安者而察之亦何以辨其真偽乎故賢才之生不拘時地在知人者擇而取之夫十步之間至近也而必有茂盛之草十室之邑至小也而必有忠信之人是以當殷之末季而有

三仁雖衛之小國而多君子豈宜拘拘於時地而謂無可擇之人哉 才之大者上志而下求於物有不知於人有不見故曰大匠不斵人不忠信而多智能譬猶豺虎不可身邇必先其仁義而後親之木尺而節玉寸而瑕掄材不必求其備救溺者濡追逃者趨立功不必中於繩能知人斯無棄人矣三人行必有擇焉戚施直鎛籧篨蒙璆矇瞍修聲聾瞶司火人之為益不亦多乎上志者謂有志於上世之賢而模之下求者謂不恥於在下之人而問之也齊桓問相於管仲仲曰隰朋可其為人也上志而下求不忠信而多智能者如宋臣丁謂機敏多智而讒諂欺罔

是也掄材不必求備者如衛臣苟變有將材衛君因其舍人之卵而不用子思以為選爪牙之士不可棄之是也立功不必中繩者如漢臣汲黯持節視河内之火而矯詔發倉以救饑民是也鎛鐘也戚施不能仰之人也故令主鐘璆玉磬也籧篨不能俯之人也故令戴磬矇瞍無目之人也心專於聽故令審聲聾瞶不聰之人也心專於視故令司火此晉胥臣對文公之言也天下之才有不自見其才者焉有才必本於忠信者焉有一長可取之才焉有隨機應變之才焉不自見其才者志大而心虛其於物理人情莫不洞悉不必物物而知之人人而見之若大匠然不斤斤於斧鑿之事也才必本於忠信者蓋人不忠信即多智能適足以濟其惡猶之豺虎非無搏噬之能人皆畏之而不敢近故必先求其有仁義之心而後親近之此有才者所以必本於忠信也至於一長可取之才如木之至尺者不能無節玉之至寸者不能無瑕然其才有可用則不必求其全備矣隨機應變之才如人之身不宜濡而救溺則不得不濡人之行不宜趨而追逃則不得不趨但其功有可取則不必中於繩墨矣才之不同知之各異故能知人者必無棄人三人雖少中有善者亦必擇而從之此宜所以必擇賢者所以必擇交也若夫戚施之輩似皆無用先王能各因其人之質而器使之信乎天下無可棄之人矣其為益豈淺鮮哉

明珠暗投而按劍蟠木先容而不忘智者決策於愚人賢士程能於不肖自古患之況乎流言無實毀譽成黨梁國見黎丘之鬼海濱聞逐臭之夫此宋徽所以失國曹爽所以亡身也如荊文之甄賞趙襄之信倚第五倫之鑒拔郭林宗之品藻豈易得哉黎丘梁國北地之名

也地有奇鬼能效人之狀有丈人醉歸鬼效其子扶而行之丈人醒而怒其子曰無之丈人曰是必奇鬼也明日復醉而歸其真子迎之丈人反以為鬼拔劍而刺之人有大臭者無能與居苦而居海上海上人有悅臭者晝夜隨之而不能去宋徽宗哲宗之子也用蔡京童貫曾布蔡卞朱勔蔡攸王黼梁師成等而貶元祐諸正人以至失國曹爽魏曹真之子也秉政不聽曹冏傅嘏之言而用何晏夏侯玄荀璨鄧颺等以致亡身荊文即楚文王也其臣莧譆數以禮義違犯之而文王知其賢爵之五大夫趙襄子名無恤晉臣也信倚其臣任登登為今薦士膽胥己襄子不疑即以為中大夫第五倫西漢人也舉吏如鄭弘表賀等多致顯官時以為知人郭林宗漢時人名泰有知人之鑒王允黃憲茅容等皆其所稱許者知人之重如此彼不知人者有才或不用所用或非才往往偏聽愚不肖之言而進退賢智之士如夜明之珠無所先容而以暗投之反按劍而怒燃曲之木

苟有先容則以之為器而不忘若斯者從古所通患也況乎專信流蕩不實之言以致奸邪成黨是其黨者則羣起而譽之非其黨者則羣起而毀之是非不明賢奸無辨如棼卯吏人惑於鬼而殺其子海濱之夫抉人性而樂其臭宋嚴曹吏至失國亡身而終不悟也豈不謬哉以視楚文王之倫官人則能擇賢處友則能擇夫良不易得也

厚生章第十四

進業曰登再登曰平三登曰泰平泰平者極治之稱也獨以民食得之倉廩充而衣食足爭訟息而教化興其為泰平也諒矣

古之為治者專以民事為重故三年耕必餘一年之食九年耕必餘三年之食其於治民之官俱因此以考其績當三考之時餘三年食者上農工之業於天子名之曰登登則陟不登則黜十八年而餘六年之食者再登也則名之曰平二十七年而餘九年之食者三登也則名之曰泰平夫治稱泰平無以加矣乃獨以民食得之何哉國以民為本民以食為天王者能重民食為之經制使國之倉廩充溢而緩急有備則民之衣食具足而俯仰無虞由此驕淩之風可移而爭訟以息禮義之俗漸成而教化以興其為泰平也不亦信乎

神農大禹之為治也本之以穀而用弗窮通之以貨而民不倦金生粟死管仲權其重輕糴貴糶賤李悝時其斂散取之有節而制之有方使工不失務農不失時士不失養官不失祿是謂和德

貨謂布帛金貝之屬所以通有無者也穀為本貨為末本末相資則民可使富神農之世耒耨之利以教天下而食足日中為市交易而退各得其所而貨通大禹任土作貢懋遷有無食貨流通萬國作乂重農則粟盛而金衰重商則粟衰而金盛管子曰民有餘則輕之故人君斂之以輕民不足則重之故人君散之以重凡輕重斂散之以時則準平使萬室之邑必有萬鍾之藏千室之邑必有千鍾之藏大賈畜家不得豪奪吾民矣李悝魏文侯臣也其法曰糴甚貴傷民甚賤傷農善為國者使民無傷而農益勸善平糴者必謹視歲有上中下熟因其等而為糴之多寡使民適足價平而止歲饑則亦因其等而發之故雖遇饑饉水旱糴不貴而民不散取有而補不足也夫神農大禹皆泰平之世也莫不以穀為本而通之以貨本立故用弗窮貨通故民弗倦即降而管仲權金粟之重輕而齊借以霸李悝時斂散之貴賤而魏因以強況王者藏富於民出入之間可無道以處此乎故其取之也每十分

而取一可謂有節矣其制之也以三十年之通可謂有方矣使工不失其藝事之務農不失其耕斂之時士不失其饒廩之養官不失其常職之祿是上下皆取足於田也因天時盡地財用人力王化浹洽群生熙皞德之和孰有大於此者哉

夫民地著而衣食饑不食寒不衣慈母不能保其子矣魯宣秦始反裘負薪董仲舒蘇威耿壽昌之說亦猶行古之道也

魯宣公文公之子也古井田之法借民力以耕公田而不稅其私宣公因公田之入薄乃履民畝而擇取其豐茂者此變法之始也秦始皇以貪戾并天下不念田功厚賦斂以自供諸田租口賦鹽鐵之制二十倍於古民心洶洶遂以絕世董仲舒漢武帝臣也言古者稅民不過什一其求易供是以民財內足以養老外足以共稅下足以畜妻子蘇威隋文帝臣也奏減賦役務從輕簡文帝從之躬

行節儉戶口歲增府庫盈溢耿壽昌漢昭帝臣也奏令邊郡皆築倉以穀賤時增價而糴以利農穀貴時減價而糶名曰常平聖王在上而民不凍饑者非能耕而食之織而衣之也使民各歸於土著而已蓋衣食皆生於土若一夫不耕則或授之饑終歲不製則或授之寒饑寒切身不顧廉恥雖慈母不能保其子君安得有其民哉所以宣公稅畝公室四分始皇厚斂僅傳再世猶之反裘而負薪者皮之不存毛安附乎如董仲舒之論什一蘇威之減賦役耿壽昌之建常平猶不失重農之遺意者也周人井田遠而難復漢人井田踈而難行編戶逸為惰游良疇盡於豪奪良可深念欲拯其敝因田定稅莫如唐人平賦之書斂輕散重必用歷代常平之制不幸有饑荒轉徙則以富弼淄青之法濟之民生庶其無慮乎張全義之撫河南載諸史冊不以人廢意可也井田者周制也其法以地九百畝分為九區中百畝為公田其間有井其外八百畝分給八家為私田八家合力耕種公田而不復稅其私田故曰井田名田者以名繫田自列侯而下至於吏民凡置田之數各有其限雖至多者毋得過三十頃所以塞兼併之路也平賦書唐李翱所著其法曰一畝之田歲可得粟一石公收其十之一凡貢賦廩餼及供賓客鄰水旱皆取足於此鄉為公囷即將所入之粟十取其一收於其中歲饑則量家口多寡與之歷代常平法即漢耿壽昌所立之法各酌而行之是也富弼宋臣知青州時大饑勸所部豐稔者得粟十五萬斛廬舍十萬餘區散處流民用官吏分廩之山林川澤之利聽民取不禁全活五十萬人張全義唐人起羣盜後鎮河南招復流民蠲租存無每出見田疇美者

輒召田主勞賜荒蕪不治則集衆杖笞之在洛四十年遂殷富焉夫周之井田其制本善而法廢既久遽欲復而行之反足病民漢代以名繫田用抑兼併似得井田之遺意者而立法不詳未免疎畧遂致格而不行卒使編戶之氓失其本業服勤者寡游惰者多殷厚之家因秉其困歷而兼併之富者益富貧者益貧民事將何賴乎言念及此深可憫惻欲起凋敝之民而予以更生之路莫如倣唐人平賦之書及歷代常平倉之制或因田之多寡積粟以實公囷或因歲之豐歉平糴以利農民不待災荒已為預備一旦水旱則又有富弼之法以賑救之民之生計庶有恃乎彼張全義其初乃盜者之流月及撫河南知以民事為重君子不以人廢意猶有取焉況故人良法犁然史冊酌而施之輕傜薄賦勸農力田以厚天子之生端賴之矣

教化章第十五

禮正月始和縣教法於象魏以眎萬民浹日而斂之乃施於邦國都鄙禮周禮也象魏兩闕之間也鄙畿內公卿采地也都采地之界也古之治民者富而教之其法甚備故於正月歲首天地陽和之氣始動即法之以教天下而和萬民懸教法於象魏至旬日然後收之遠邇皆得見聞乃施於邦國以及都鄙使各以此法教其所屬之民而民無不被其化焉其教民也比閭相保族黨相救不獨親其親子其子皆有惻怛之愛焉老坐於里塾時民出入觀其長幼而導之遜讓田野造次之間見教化之權輿矣月吉而讀法有糾有勸小學謹其少儀大學修其三物賓之飲射之禮以

合其教學成則大比而材諸官其與於辟雍也與胄子齒蓋自邦畿以達天下無人不學無地非教休風偃物淳化玄通猗歟休哉

五家為比五比為閭四閭為族五族為黨老里之上老庶老也里塾夾里門之屋也月朔日吉小學如閭有塾黨有庠之類少儀少者所當行之儀如灑掃應對之類大學鄉學也三物為六德六行六藝也六德者知仁聖義中和六行者孝友睦婣任恤六藝者禮樂射御書數是也飲鄉飲酒禮射鄉射禮也辟雍國學也胄子自世子以至公卿大夫之適子也先王之教民也必始於鄉里乃可以成化於天下故比閭有相保之情族黨有相救之義生我者親也親其親以及人之親則不獨親其親矣我生者子也子其子以及人之子則不獨子其子矣蓋皆有惻怛之愛不忍之心以相及也凡里必有上老庶老坐於

塾因民之出入而教之父齒隨行兄齒鴈行頒白者不提挈隨其長幼而誨以遜讓是田野之間一出一入不過造次之頃耳而教化之道實始於此矣又於每月之朔屬民讀法不率教者罰之率教者勸之人生八歲則入小學而勤幼儀十有五歲則入大學而修三物教之鄉飲以尚齒教之鄉射以觀德其學既成則三年大比選其賢能漸進於上各量其材而授之官其與於國學則令與胄子齒讓焉夫教始於比閭進乎國學則自邦畿以至天下之人盡能學地盡立教所以風而物順化行而民從至教之成也顧不美歟

漢武表章而學官廣厲明帝講說而介士通經三代以還於斯為盛文翁延壽蜀潁之教興韓愈常袞潮閩之化洽所謂儒以道得民者乎

表章者謂漢武帝表章六經聽董仲舒公孫弘等言復博士官擇民端正者補博士弟子文學之士彬彬興起明帝光武子也幸辟雍引弟子升堂執經問難親為解說圜門觀聽者以萬計自太子諸王侯及大臣子弟功臣子孫莫不受經下至期門羽林之士皆通孝經論語文翁漢時人為蜀郡守蜀俗僻陋文翁起學於成都市中招弟子受學吏民爭願為學官弟子韓延壽亦漢時人為潁川太守俗多豪強難治延壽召郡中長老為陳和睦親愛之道令嫁娶喪祭畧做古禮勿過於法百姓遵之韓愈唐時人為潮州刺史潮未知學乃為置鄉校而潮文學始興常袞亦唐時人為福建觀察使時閩地未知有學袞興學召士閩人翕然從之凡教之成也達於天下蓋帝王躬行倡導風勵羣倫故被其化者罔不樂從也三代而後其最盛者如漢之武帝明帝皆能崇尚儒術篤意文治漢以下諸臣若文翁輩或撫循俗或處僻陋猶能各布其教而行其化焉然則人臣奉命分理一方均有移風易俗之責不可不勉周禮所謂儒以道得民之心者

殆謂是歟

昔之善為教者孔孟之後有王通程朱之前有胡瑗三才九疇或在布衣彼借耰鉏而德色廢學校而不修撥厥由來真名教之罪人也

王通隋人教授河汾講書談道弟子數千人唐初名臣如房玄齡杜如晦王珪魏徵輩皆出其門開唐一代之治即文中子也程顥程頤兄弟二人究養純粹動止語默皆師聖人朱熹講學教授集諸儒之大成胡瑗為湖州教授訓人有法立經義治事齋以敦實學及立太學詔取其法著為令式以上四人皆宋儒也耰鉏治田器也借耰鉏而德色者謂秦商鞅為政遺棄禮義風俗日壞民之借鉏與其父者自矜以為有恩於父廢學校而不修者謂三國時公孫瓚寵用商販庸兒所在侵刻不修學校是也古之以道得民垂世立教者莫盛於孔子而孟子繼之王通能力接其學以傳於教鄒魯

遺風賴以猶存宋儒如程朱輩相繼而起發明孔孟之學而胡瑗實開其先其教人之法良足善也是皆紹聖賢之心以裨國家之教化者雖在布衣而三才九疇之道於是乎存其有功於世道人心匪淺矣若彼借稜鋤而德色是不知有父子之親廢學校而不修其何以明綱常之理豈非得罪名教之人乎

儉德章第十六

卉褸血歠學領燔胜遂古淳風漸以文而代質有熊氏作益為黼黻玄纁之飾端璧瑞以奉天委珩牙而嫭武西陵勸織承雲導龢亦已稱備物矣燔胜者先燒其石令赤以肉加於其上而炙之也有熊氏即黄帝也黼白黑相次之文以絳帛為質而繡斧形於上黻黑青相次之文又繡為亞字

之形是也玄黑而有赤之色纁淺絳色也執玉為璧外圓而內方以玉為信曰瑞珩橫玉也牙亦玉佩也西陵黄帝妃即嫘祖始教民蠶者也承雲黄帝之樂名也凡物之始乎質者每遞變而著為文上古之世未有衣服宮室及諸飲食之制也以草木為服因棲止於其中未有火化食鳥獸之肉而飲其血質之至也有巢氏教民紩衣曲領以代卉服燧人氏教民火石燔胜以代血飲是皆淳庬之風也而以文易質之漸已肇於此矣至於黄帝染五采為文章以表貴賤斧黻玄纁益加以飾而衣裳之制燦焉且端其瑞璧所以敬天委其珩牙所以敬身西陵勸織而先蠶之禮以興承雲導和而六代之樂以開典章文物不幾備美矣乎虞暨陶唐文明彌著貢賦攸同乃復為茅茨土階葛衣糲食意儉為吉德不必裁以禮衷抑聖人制用豐約各有適耶子曰菲飲食惡衣服卑宮室禹無間然蓋以其致孝而勤民也所謂繼治者其道同歟貢者下之所供如禹貢所載珠琳琅玕齒革羽毛漆枲織纖蠙珠怪石之類是也賦者上之所取如所載九州之賦各有上中下不同是也自黄帝至堯蓋歷數世文明之會於此益九州貢賦之入亦既攸同意其漸其遠乎質而愈從事於文矣乃堯反以茅為茨土為階衣葛衣食糲食力行節嗇其故何歟夫禮不可過也不可不及也然與其奢也寧儉意者儉為吉德以儉為尚耶不必盡合於禮亦無敝歟抑聖人制天下之用當豐者豐當約者約各適其宜而不爲主乎儉也夫子稱禹之無間然而曰菲飲食惡衣服卑宮室所謂儉也然必合之致孝鬼神盡力溝洫乃稱無間向使其不然則亦未必其無間矣故治天下之道有當儉者有不當儉者所以自奉如飲食衣服宮室之類當儉者也所以敬天勤

民如郊社宗廟禮樂制度之類不當儉者也於當儉者而不儉其敝也奢於不當儉而儉其敝也鄙酌豐約之正協文質之中時措而宜施當其可天下乃以大治古之帝王皆由斯道後世所當繼之而以為法者也車酒騎炙實開亂源故章臺麗而楚衰阿房成而秦潰乃至衒衣綺珥肆設帷帳以示矜誇流弊極矣漢文克儉遂欲上追堯禹晉武雉裘唐明珠繡始雖焚棄究乃汰侈誠好名遺實有初鮮終者也車酒騎炙者紂於宮中作九市車行酒馬行炙也章華臺楚靈王所作國人苦役卒以叛亂阿房宮秦始皇所作窮極奢麗天下憤怨肴溢皆起衒衣綺珥肆設帷帳者隋煬帝於豐都市中廣置珍貨帷帳及以繒帛纏樹誇示遠人漢文帝性恭儉身衣弋綈足履革舄

以章帶劍以蒲為席集上書囊以為殿帷晉武帝初有獻雉頭裘者命於殿前焚之其後有羊車之侈唐明皇初年焚珠玉錦繡於殿前示不復用後寵楊妃縱欲奢靡卒召禍亂儉之為道也得之則治失之則亂古之不儉者莫甚於紂車酒騎炙亂之源也楚之章臺秦之阿房驕奢召禍如出一轍至若隋煬殫竭民力誇耀遠人綺珥帷帳之屬是奢之流生弊也可謂極矣漢文躬崇敦朴為天下先在位數十年始終如一堯禹而後斯為繼美晉武雉裘之棄唐明珠繡之焚初未嘗不節約而後乃侈肆也蓋好名而遺實故有初而鮮終豈真能儉者歟然則圖治者必勉其實毋徒慕乎其名必厚其終毋徒勤於其始也斯可稱儉德矣公孫布被汲黯致譏況夫棟駭仙靈艦驚丹鏤鶡冠獸炭錦幛金鋪何其怙侈而滅義乎夫儉者外以節用內以制心君

子不盡利以遺民故仕則不稼田則不漁公儀休之拔葵焚織深有取焉公孫弘漢武帝臣為御史大夫時以布為被汲黯譏之曰此飾詐以釣名也棟駭仙靈者漢梁冀大壯棟宇圖以雲氣及諸仙靈也艦驚丹鏤者吳賀齊性奢所乘船雕刻丹鏤青蓋絳襜鶡冠者春秋時鄭子臧好聚鷸為冠獸炭者晉羊琇以炭為獸形然後焚之也錦幛者晉石崇王愷以奢靡相尚愷作紫絲步幛四十里崇作錦步幛五十里金鋪者晉王濟豪侈買地為馬埒編錢滿之時人謂之金埒也公儀休魯人為相入其家見園有葵拔之見妻織帛焚之曰吾既食祿又奪園夫紅女利乎凡君之崇儉也以利民也公卿大夫皆佐君以利民者也君且不可不儉況其下焉者乎然必務其實毋飾其名而後可公孫弘布被可謂儉矣汲黯以其有近名之心猶且譏之況如梁冀之棟賀齊之艦子臧之冠羊琇之炭石崇之幛王濟之鋪縱欲敗義莫斯為甚其視公孫弘又何如哉夫所為儉者合內外而後成外以節用儉之事也內以制心儉之本也君子察於斯不欲專利而以留之民故仕則不稼不以士而侵農田則不漁不以藪而兼澤制心節用凡以為民也公儀休之拔葵焚織真有合於君子之道焉

遷善章第十七

善無常主自以為善斯不善至自知不善斯善至是以君子見善則遷有過則改過而能改善莫大焉易曰冥豫成有渝无咎殷湯不吝周宣補闕漢高吐哺光武回輿所稱无咎者乎夫人喜聞無過則諛者日進此田巴

所以致規於齊君也善無常主出書咸有一德篇易豫卦上爻之辭殷湯改過不吝見書仲虺之誥周宣王有闕仲山甫補之見詩大雅烝民篇漢高帝用酈食其謀將立六國後以撓楚權趣令刻印以問張良良曰不可帝吐哺罵曰豎儒幾敗乃公事趣令銷印後漢光武常與期門輕出衛尉銚期諫曰古今變生不測誠不願陛下微行帝即回輿而還田巴對齊王曰王召臣臣改飾問妾妾愛臣諛臣曰姣臣臨淄水而觀然後自知醜惡也今諛王者衆王能臨淄水過而自改齊國治矣天下之善無有常主所以貴乎遷也自以為善則驕矜之念生而不善至矣自知其不善則悟悔之心萌而善至矣君子不能有善而無不善也但見善則遷而勇於從義有過則改而果於去非即有善而無不善矣善孰大於此乎易所以云人雖昏冥於逸豫至於既成而能有變即可無咎此改過之說也殷之湯周之宣漢之高光率由斯道即所謂无咎者乎然改過之

道有因自知而改者有因人言而改者唯己喜聞過則忠告者至若喜聞無過則阿諛者至人日諛己日矜安望其改過以遷於善乎田巴規齊君之言良可思也故君有爭臣父有爭子士有爭友則躬備今聞而動無過舉顏淵亞聖乃稱不貳遷瑗大賢猶曰知非故履重考祥言貴忠告劄瘥至痛啜藥至苦然而為之者便於身也顏淵孔子弟子不貳者有不善未嘗不知知之未嘗復行也蘧瑗衛賢大夫行年五十而知四十九年之非視履考祥見易經夫田巴之致規所以盡忠於其君也然諫爭之義不獨君臣即父子朋友之間亦不可不絕故君有過臣諫之謂之爭臣父有過子諫之謂之爭子士有過友諫之謂之爭友果能聽之則身有令聞而善至矣動無過舉而不善遠矣如淵之亞聖瑗之大賢

可謂令聞矣而一則不貳一則知非孰非從改過中來乎故視己之履必重考祥聽人之言惟貴忠告凡人之情諛則不忠忠則不諛諛言順耳而病於行也忠言逆耳而利於行也劄瘥者非不痛也飲藥者非不苦也然而不得不為之者將以去疾而便於身也使人之改過如其去疾則無過之不可改而亦無善之不可遷矣人不可以過自棄故周處勵於忠信士安勤其博綜人不可以過棄人故鄭均曲諫於弟兄林宗訓義於鄉里君之於臣也矜其瑕而滌其累故泰釋孟明之罪漢收魏尚之功孰謂遷善而非盡善乎周處晉人少不修細行鄉曲患之父老謂曰南山猛獸長橋下蛟並子為三害矣處曰吾能除之遂入山射獸入水斬蛟勵志自修言必忠信臬而謚字

士安亦晉人少不務學游蕩無度母勸之曰修身篤學汝自得之於我何與因對之流涕感激勤學博綜典籍鄭均後漢人兄為縣吏受人餽遺均數諫不聽因脫身為傭歲餘得錢帛歸以與兄曰物盡可復得為吏坐贓終身捐棄兄感其言遂為廉潔郭泰字林宗後漢人同里左原為郡學生犯法見斥林宗謂之曰昔顏涿聚大盜也段干木大駔也卒為齊之忠臣魏之名賢責躬而已原納其言孟明視秦穆公臣初命代晉敗績穆公原其罪而用之後再代晉濟河焚舟晉人不敢出遂霸西方魏尚漢文帝臣以罪削爵馮唐曰尚守雲中數有功一言不相應文吏以法繩之罰太重矣帝即赦之復以為雲中守人各有身有身則當自愛自愛則當遷善遷善則莫先於改過謂己不能改過者自棄者也謂人不能改過者棄人者也周處士安可謂不自棄矣鄭均林宗可謂不棄人矣夫人猶不可棄人況君之於臣也不輕棄之又誰甘自棄一節之瑕矜而全之一行之累

滌而新之秦穆之於孟明漢文之於魏尚率斯道也君宥人之罪人將自遠於咎君念人之功人將益懋其功是晉天下之人而皆可與遷於善不謂之盡善也可乎厲人夜半生子急取火而視之自惡者未嘗不自知也知而遂非或乃振斧鉞以立威建官司而監謗詭辭自飾長惡靡悛何以免迷復之凶哉振斧鉞以立威者如漢桓帝時白馬令李雲上疏言帝者諦也今小人諂進財貨公行是帝欲不諦乎帝怒送獄杜衆諫帝愈怒並下廷尉殺之是也建官司而監謗者如周厲王暴虐國人謗王召公諫曰民不堪命矣王怒使衛巫監謗者得則殺之是也詭辭自飾者如漢主父偃為中大夫大臣畏其口賂遺累千金或曰太橫矣偃曰吾日暮途遠故倒行逆施之是也長惡靡悛者如漢嚴延年為河南太守用刑刻急京兆尹張敞以

書勸之延年報曰莠盛苗穢何可不鋤自矜不止是也迷復凶易復卦上爻之辭凡人之遷善也必始於自知厲人夜半生子急取火而視之惟恐其類已貌之惡者猶且知恥行之惡者寧不自愧是人未嘗不自知也知而即改則復於無過是之謂善知而不改又從而遂其非是之謂惡彼以斧鉞立威官司監謗飾辭而靡悛者是皆迷而不復者也其何以免於凶哉知遂非者之不免於凶則人之改過以遷於善也愈不容已矣

務學章第十八

學非能益也達天性也性至善無惡而習或淆之故執之於學以復性而成德人之為學非能益其所本無也不過全其所固有者而已人所固有天性是已天以性命於人而仁義禮智信之德無不具足於其中是本至善無或有惡也但有生而後日

近於習習於善則日進於高明習於不善則日趨於卑暗不獨衆人之中有善有惡即在一人之身亦或時善時惡紛紜混淆莫能自主其何以全性之本然而不負上天賦予之意哉故必正之於學以復其性而成其德蓋德本於性性稟於天學以達之未嘗益之也德成於勤荒於嬉大禹惜陰周公待旦仲尼之韋編三絕管寧之藜牀半穿所稱自強不息者乎博聞多識敦善行而不怠達天人弘道義顯仁足以利物藏用足以獨善學之大者也禹惜寸陰周公思兼三王有不合者仰而思之夜以繼日幸而得之坐以待旦仲尼孔子字晚喜易讀之韋編三絕管寧漢時人好學所坐藜牀當膝處半穿自強不息顯仁藏用俱見易經學以成德而德豈易成乎必以勤自勵日知所無月無忘所能積累不止庶幾底於成耳若安於怠惰溺於嬉戲今日不學謂有來日今年不學謂有來年鮮有不荒廢者矣禹之惜陰周公之待旦仲尼讀易韋編為之三絕管寧誦書藜牀為之半穿是皆以勤成德自強而不息者也故人之為學當以聖賢為法勤於聞從而博之勤於識從而多之匪徒聞與識已也擇其善者勤而行之終始如一敦而不怠可謂勤矣可以成矣夫然故盡己之性足以盡人而盡人之性即以達天由性而之焉是之謂道時措而宜焉是之謂義顯之仁則出其學以博濟天下豈不足以利物乎藏其用則懷其學以淑慎其身豈不足以獨善乎此皆成德之事學之大者端在是矣蓬生麻中不扶自直學必慎其所覩攻玉以石浣布以灰學必珍其所藉弓待檠而後調劍待砥而後利學必勉其所難舜禹之聖入山

詢牧入水咨漁學必廣其所納撥厥旨要歸於全天之所生而勿敗焉故曰學非能益也達天性也蓬生麻中不扶自直見論衡攻玉以石浣布以灰見王符貢實篇弓待檠而後調劍待砥而後利見淮南子入山詢牧入水咨漁見呂覽勤學之道不可以一端盡也蓬至弱也生於麻中則不扶而自直與正人居雖有非僻之心自爾漸消學有以人而益已者此類是也故所親不可以不慎也玉至美也而攻其瑕者必以石布至潔也而浣其垢者必以灰學有以粗而治精者此類是也故所藉不可以不珍也弓之調也必有待於檠劍之利也必有待於砥學必盡其功然後可收其效此類是也故所難不可以不勉也以舜禹之聖入山必問牧童入水必問漁師以其知之審耳學必質所疑然後能堅所信此類是也故所納不可以不廣也凡若此者雖不可以一端盡而

揆其旨要非有他歧蓋天賦性以與人原無不全人必盡性以達天勿或有戕無所損之即所以增之無所戕之即所以養之而學之大原已得之矣前所云學非能益也達天性也此之故耳

愛親而敬長睦衆而親仁吾必謂之學矣何必以德性問學徑別區分辨朱陸之同異哉雖然周覽圖籍研綜古今所以括而羽之墳典索邱肇自三皇而謂皋夔稷契所讀何書將與於不學無術之譏矣朱熹見前篇陸九淵亦宋儒熹所論道問學為多而九淵專尊德性互有同異晉張華周覽圖籍四海之內若指諸掌漢劉向博覽洽聞研綜古今家語子路初見孔子曰南山之竹不揉自直斬而用之達於犀革孔子曰括而羽之鏃而礪之其入之不益深乎伏羲神農黃帝之

書謂之三墳墳者言大道也帝嚳顓頊高辛唐虞之書謂之五典典者言常道也八卦之說謂之八索索者求也九州之志謂之九邱邱者聚也三皇伏羲神農黃帝也皋皋陶夔稷契皆舜臣名宋王安石謂趙抃曰君常坐不讀書耳抃曰皋陶稷契有何書可讀寇準問張詠曰何以教準詠曰霍光傳不可不讀準取而讀之至不學無術笑曰張公謂我矣夫務學既以達性是學與性相須為用者也學者果能愛其親而性達於親敬其長而性達於長睦於衆而性達於衆親於仁而性達於仁性在是學亦在是矣何必於德性學問之中別其路徑分其區隅而辨朱陸之同異哉當年朱陸之學雖有小異原歸大同而後人乃有辨朱陸之同異者真屬贅龐矣雖然此謂學必原於性也非謂性可以廢學也如張華周覽於圖籍之林劉向研綜於古今之變所以砥礪其學以成名猶之括羽其竹以成箭也墳典索邱自古傳之而乃謂皋夔稷契所讀何書抃雖賢者未免失言矣信斯言也人皆任其性而廢學不學無術之譏將同於淖矣其可以為訓乎

重農章第十九

粟者國之大用政之本務也是以帝王之道民莫先乎農民農則志樸而產重志樸則易使產重則難遷凡國之財用必當其大端之所在而務之斯其用為有本有本則用不竭粟足也苟粟多而財有餘何為而不成帝王知治國之必本於粟也故所尊以民者諸務未遑而先致力於農事豈徒為其利哉蓋亦貴其志也民務農寒則耨粟除田而至首戴苧蒲身服襏襫沾體塗足盡其四肢之力以疾從事於田野其志樸矣粟生於地長於時聚於力非可一日成數石之重中人弗勝其產重矣志樸則少私義而公法立是易使也產重則不為遊邪所

利卒然有急雖死其處而無二慮難是遷也夫如是攻則有功守則有財矣苟舍本趨末則好智而多詐產約而輕徙倉卒遇患皆有遠志而無居心然則金銀珠玉天下之大害也聖人知其然故貴五穀賤金玉以敦本抑末而務民於農夏箴曰中不容利民乃外次貴五穀賤金玉漢鼂錯語古不用銀故錯專言珠玉夏箴夏禹儆戒之書中即城市之中外次葉田之舍也夫重農之效既如彼矣苟不重農人將舍其本而趨其末商賈大者操其奇贏所賣必倍不耕不織衣采食肉因其富厚交相豪貴力過吏勢以利相傾是好智矣好智則出其聰明技巧以干法令以是為非以非為是而多詐矣且金玉在握輕微易藏可以周海內而無饑寒之患其為產也不亦約而其於徙也

不亦輕乎時有災患皆生遠志無復居心離鄉棄家猶如鳥獸雖有高城深池嚴法重刑不能禁也然則金銀珠玉豈但饑不可食寒不可衣使臣輕背其主民易去其鄉盜賊有所勸而逃亡者得輕資是天下之大害也聖人知重農之利如彼不重農之害如此故貴五穀賤用物也賤金玉賤異物也以敦本業抑末作毆民而歸之農皆著於本使天下各食力力末技游食之民轉而務南畝則蓄積足而人樂其所矣夏嵗曰城市之中不容民之逐利民乃相與務農而即於外田之次正此意也

豳風察其重穋周官辨其土宜歷代賢君躬親耕后親蠶莫不申勞農之典立勸桑之制或下詔以敦勉或設官而商度重其力俾與孝弟同科惜其功不以小故徵召故國無敖民地無曠土

而儲蓄足恃

豳國名公劉所居豳詩也周公所作以進成王令知稼穡之艱難者先種後熟曰重後種先熟曰穋周禮大司徒以土宜之法辨十有二壤而知其種以教民樹藝潤濕不可穀樹之竹葦礫石不可穀樹之葛木以為絺綌以為材用親耕者躬耕耤田天子於南郊諸侯於東郊周成王親與世子出觀農事又不但耕耤已也親蠶者君齋戒卜三宮夫人世婦之吉者使入蠶室夫人躬桑以勸蠶事供祭服君服以祀如東漢馬皇后置蠶室於濯龍中是也申勞農之典者如漢景帝勸農桑禁金玉武帝勸種宿麥宋真宗因江浙旱遣使取占城稻三萬斛給民為種仍教以種法是也立勸桑之制者如唐憲宗詔諸道每田一畝種桑兩株所在長吏檢察仍切禁採伐是也下詔敦勉者如後魏孝文詔牧守令長勤率百姓無令失時同里之內家有兼牛通借無者是也設官商度者如唐玄宗遣宇文融充勸農使乃至賦役差科於人非便者與所在官察及百姓商度處分又禁率耕牛是也與孝弟同科者漢文帝詔置三老孝弟力田常員不以小故徵召者唐高祖勸農事非急務悉皆停止獄因支證亦免追逼是也古之重農者豈獨見嵗所載乎周以農事開國后稷公劉創其業文武周公纘其緒咏七月之詩察其重穋辨六官之書辨其土宜亦可見其惓惓重農之意矣歷代之君或親耕或親蠶勤其身以為天下先天下乃以知農之重也申勞農之典立勸桑之制者則因重農而詳其法矣下敦勉之詔設商度之官者則因重農而詳其人矣至於重其力俾與孝弟同科惜其功不以小故徵召則不獨重其農之事而又且重其農之人矣上之重農至於如此故國無游惰之民地無荒蕪之土倉庾既盈儲蓄足恃天下皆知農之重而亦共受重農之利詎不美歟

夫農必敬時而愛日粟相若而舂之得時者多米米相若而食之得時者能饑

故與人以財不若毋奪其時與人以食不若毋奪其事此重農之深旨也秦隋虐使其民男不得耕女不得織丁壯盡於矢刃衰弱填於溝壑本既傾矣枝將焉附若召信臣鄭渾者其知務乎

召信臣漢南陽太守躬勸耕農起水堤數十處以廣漑浸民賴其利鄭渾魏沛郡太守興水陂開稻田民刻石頌之號曰鄭陂重農者重其時而已夫農必敬時而愛日天降時地生材不與民謀民時至而作竭時而止故敬之愛之力耕數耘疾穫非老不休非病不止乃以有穫不然時未至而逆之時既往而務之當時而薄之則粟少而失功今衆相若也而至於舂之則得時者多米米相若也而至於食之則得時者能饑時之不可失也益如此矣故與人以財與人以食其濟有限不若毋奪其

時毋奪其事其利無窮豈非重農之源旨乎秦始隋煬征伐土木虐用其民而奪其時一人耕百人食之一婦蠶百人衣之以一奉百勢不能供故男子力耕不足糧餉女子紡績不足衣服丁壯者以禦鋒鏑而盡於矢刃老弱者以苦涑餱而填乎溝壑民為邦本農為民本本既傾矣枝安附乎若名信臣鄭渾者為民興利務在富之誠知本務可為守令重農者法矣

睦親章第二十

九族和則動得所求靜得所安家國之通義也君子因睦以合族厚骨肉廣枝葉山川設險非親弗居情雖不同無絕其愛親者乃不失其為親焉九族自高祖至玄孫之親也動得所求靜得所安出向朗戒子書君子因睦以合族出禮坊記人道親親也親親故尊祖尊祖故敬宗敬宗故收族能盡睦親之道而至於九族俱和以之動動則有功有功則可大故得所求以之靜靜則無事無事則可久故得所安蓋不出家而成教於國豈非家國之通義乎君子因睦親之道以合其譜凡九族中引而近之則其骨肉也推而遠之亦其枝葉也骨肉之間寧從其厚勿從其薄枝葉之類寧欲其廣勿欲其狹名山大川亦既設險以守其國矣而屏藩之任非親不使居之雖為宗族者各懷其情或有不同而要以和睦之道行之不以小故撤廢懿親而絕其愛然後親者得以不失其為親也立愛惟親始家邦而終四海此道得焉耳

昔周人衆建維城盛則旦奭相其治衰則晉鄭扶其弱故宗親者君之所以自衛也名分既定尊卑懸異必思義術逮乃獲盡其歡心上篤於親斯民興於仁矣旦周公名奭召公名晉鄭二國名皆周之同姓也周道莫重於親親武王既平天下衆建諸侯封周公於魯召公於燕康叔於衛凡立七十一國而兄弟之國十五姬姓之國四十詩所云宗子維城者是也其於親親可謂篤矣故當其盛也陜以東周公主之陜以西召公主之而共相其治即不幸而衰也平王遷洛晉鄭是依文侯武公宣力王室而共扶其弱然則與君同休與君同戚者其宗親乎人君睦親匪但為宗親計實所以自衛也且名分既定矣天子正其為天子諸侯正其為諸侯尊卑之位截然懸殊不患不威嚴而患其太凋絕也倘無所以聯屬之不已恐乎必有恩以相洽有義以相維爵以馭其貴祿以馭其富朝會燕享以明其禮賜予賚賞以致其情然後為之宗親者曉然知君睦族之心而亦各自盡其心可與患難可與安樂上下相得歡然而無間也夫上之所以

行下之所效也上篤於親民亦知自念其親孝弟慈讓之心油然而起不其興於仁乎是不獨親親也而仁民之道亦在其中矣

周平棄族葛藟致譏晉武不親杕杜興刺縱尋斧哉秦罷分封魏疎同姓咸孰淪胥然漢初指過於股亦致釁興吳楚蓋太重則傷恩而有尾大之患太輕則傷義而有枝弱之虞故愛雖隆必節以禮體雖貴必昭以度褒表功德深固根本恩至義盡睦親之道也葛藟詩篇名周室道衰平王棄其九族故譏之杕杜亦詩篇名晉武公寡特無其宗族而不求賢以自輔故刺之宋昭公欲去羣公子樂豫曰公室之枝葉也不可縱尋斧焉秦併天下稱皇帝而子弟無尺土之封曹玉陳其骨

而不加恩禮東阿王曹植曰勢之所去雖親必輕漢初大封同姓三庶孽分天下之半賈誼上疏曰一指之大幾如股其後諸侯合縱吳楚等七國皆叛譬之於物尾大則不能掉言諸侯强則難制也叔向曰公族將平其宗族枝葉皆落王者褒有功表有德如周公有大勲勞則封以大國漢東平王蒼孝友寬仁明帝下詔異之言王者親親故大封建其衰也則有葛藟杕杜之譏而秦之矯枉魏之寡恩卒致淪滅與漢繼王侯流弊相等則恩義輕重之間務斟酌咸宜有禮以閑其邪有度以昭其品於以杜僭亂之萌絕傷心之怨而褒功表德又有以鼓舞勸導之則根本磐固恩義彰明知愚賢不肖皆各洽其性情而不至有乖離之慮矣

禮之行於家國者必統於一故寶玉可分於伯叔富貴不加於宗子公藝同居仲淹敦義其仁者之禮乎馬援樊重君

子稱之若城陽腐穀陳輿開隙懷徹分明且不能同人於宗矣分寶玉於伯叔之國見書經旅獒篇禮適子庶子祇事宗子不敢以富貴加於宗子之門張公藝唐人九世同居唐高宗幸其宅問故公藝書忍字百餘以進帝賜以縑帛范仲淹宋人樂善好施置義莊以贍宗族後漢馬援有馬牛羊數千頭穀數萬斛盡散以班昆弟身衣羊裘皮袴樊重後漢人家貲鉅萬賑贍宗族恩加鄉閭春秋時齊城陽大夫騶罷被絺綌鵞鶩含餘粮腐朽五穀而不散伯叔兄弟皆苦饑寒陳輿晉人官侍中坐與叔父稚不睦出為河內太守薛懷徹後魏人與兄弟不睦同產相朋因有爭愛顯在公府發揚疵釁時人恥焉同人於宗易同人六二爻辭夫帝王睦族與臣庶異而揆情審理自天子達於庶人無不統於一者故伯叔雖尊而寶玉可賜其國重大君也支庶雖顯而富貴不入其門敬宗子也即傳紀所載厚薄殊塗可法可戒者如此然則意主於睦親者可不慎所務歟

乾隆御覽之寶

御定資政要覽卷二

欽定四庫全書

御定資政要覽卷三

積善章第二十一

善者天人所以授受故曰繼之者善也若川然有原以卬浦而後大欲盡人以合天必謹正其所積積善者不朞慶而慶臻焉鼓宮宮動鼓角角動山雲草莽雨雲水波黄帝曰芒昧因天之威與元同氣是以堯為善而衆善至周積忠厚漢積寛仁咸昌厥祚天道彰矣繼之者善出易繼若川然有原以卬浦而後大出國語凡樂鼔皆有五音鼓宮則衆鼔之宮音皆應鼓角則衆鼔之角音皆應義以類相感也黄帝之言及堯為善而衆善至俱出吕覽積善者當明乎善之原善也者天以是授之於人人以是受之於天故易曰繼之者善蓋人之有性所以繼天之命純乎至善而無有不善也自有生之初而言則謂之繼自有生以後而言則謂之積人性之善雖足乎已無待乎外然全善之道必合内外而後成是若川然既有源矣以卬於浦滙合衆流然後能成其大欲盡人之性以合天之命者必謹正其所積善之積初非有意於求慶也而慶自臻焉蓋天人之間渾然一氣密相感應鼓宮而宮皆動鼓角而角皆動氣之微於聲者也山雲之似草莽雨雲之似水波氣之見於形者也黄帝之言曰芒芒昧昧無有窮際因天之威困敵不敵乃應乎天與元同氣可見天人雖分未嘗不合矣是以堯為善而衆善集堯其立善之極者乎周自文武至於成康

世傳忠厚之心漢自高惠至於文景歷數寛仁之政用能貽謀子孫享國久長克昌厥祚豈非積善之慶歟天之於人報施不爽於斯彰矣

積善於身者行不愧影寢不愧魂積善於家者宗族稱孝鄉黨稱弟若乃扶危難恤羈孤念乏絶通有無危言切諫以申幽慎罰緩刑而全物所謂邁種其德者乎田蚡飛語義縱摯擊牛輔笪殺劉瑀吁呼殘忍忍毒嗟何益哉行不愧影寢不愧魂者如衛武公之詩曰相在爾室尚不愧於屋漏是也宗族稱孝鄉黨稱弟者如閔子騫人不間於其父母昆弟之言是也扶危難者如後漢劉翊見張季禮奔喪塡滯以車與之恤羈孤者如周榻修旅舍供過客而不受其報念乏絶者如張範為議郎救恤窮乏家無所餘中外孤寡皆歸焉通有無者如寇恂以所得秩賜厚施朋友故人危言切諫以申幽者如唐徐有功為司刑丞武后時周興來俊臣等搆陷無辜抵以極法有功誠出之全活者數十百家以諫奏三經斷死而執志不渝慎罰緩刑而全物者如漢丙吉為廷尉治巫蠱獄武帝聽望氣者言長安獄中有天子氣遣中使捕天下獄無輕重皆殺之使夜至郡吉不納曰他人無辜死者且不可況皇曾孫在乎相守至天明不得入帝聞感悟因赦天下是也田蚡漢丞相與魏其侯竇嬰有隙誣嬰罪當死帝無殺嬰意蚡使人為飛語曰聞於帝遂殺之義縱漢定襄太守以鷹擊毛摯為治掩獄中重罪二百餘人及賓客昆弟私入相視者亦二百餘人鞫為死罪解脱盡殺之牛輔從漢人每見客先筮吉凶中郎將董越詣輔命筮之筮人常為越所敗乃假以報曰不吉即殺越劉瑀宋吏部尚書與何偃有隙瑀發癰偃亦發疽瑀聞偃死歡躍叫呼於是亦卒夫善之積也修於身焉著於

家焉達於國興天下焉盡可為不愧於影夜所夢不愧於魂善之積於身者然也孝於親宗族稱之弟於長鄉黨稱之善之積於家者然也若夫扶人之危難恤人之窮孤念其乏絕通其有無以至幽而全物則所積者不止在於身與家矣善積而德成如種植焉故謂之邁種德彼田蚡義縱牛輔劉璋之徒殘忍肆虐怨毒存心人已交損則亦何益之有哉觀此善愈不可以不積矣

雖然善積而名成非覬之也為善而近名必生事生事則釋公而就私置數而任已治不修故而事不須時其為善也與為非奚異有其善喪厥善知善之為善斯不善已釋公而就私者如後漢時甘陵周仲進與房伯武因所學不同二家賓客互相譏揣遂成尤隙由是甘陵有南北部是也置數而任已者如後漢孔融為

北海相自以智能優贍豪俊莫及欲舉軍曜甲與羣賢要功然所任用皆好奇異事無所濟治不修故者如宋王安石以治平自許初行新法天下騷然事不須時者如袁紹欲攻曹操田豐諫曰未可不如久待紹不聽求敗是也大善固不可不積矣然人果能積善名自隨之非可先有慕名之心然後為善以沽而致之也苟為善而近於名必不能行所無事而生事矣生事則亦何所不至乎善本一世之公也而必欲扶為一己之私善本衆人之數也而必欲行其獨是之見故有當革亦有當因也而必不肯仍其故時不可後亦不可先也而必不能俟其時此皆覬名之心致之也時使世之人未蒙其為善之利而先受其為善之害則其為善與為非亦奚以異乎故善不可有也自有其善斯喪其善矣為善亦不必知也知善之為善斯不善矣積善者外去其名內去其知斯不有其善者乎斯能有其善者乎

故君子慮善以動動惟厥時厚濟不居其惠多與不求其報功蓋天下不施其美澤及後世不有其名是之謂善積慮善以動動惟厥時見書說命篇君子知為善之不可以好名而好名者之流弊即入於不善也故慮善而後動謹其所積於內也動必當其時謹其所積於外也厚積於物不居其惠多與於人不求其報兢兢然不敢自謂善之已積也即至功蓋天下澤及後世人之視之以為善之至矣君子自視不過盡人之性以復天之命耳其於天人授受之初毫末有加也敢施其美而有其名乎禹之不矜不伐顏之若虛若無皆此志也天下惟無意於名者名必自歸焉是之謂善積積善者當以此準

愛民章第二十二

大道之行也選賢與能講信修睦使民老有所終壯有所用幼有所長矜寡孤獨廢疾者亦有所養男有分女有歸是謂大同夫上之視民猶赤子也赤子有欲呱呱弗能出諸口父母已意及之謹其乳保而察其寒燠亦子之欲斯適治民者亦然也凡愛民者非私恩小惠之說也固有大道存乎其中矣大道之行也與天下公人之有德者賢也則選而任之有才者能也則與而用之所講習者誠信所修為者和睦使民有送死之具而老者有所終有養生之資而壯者有所用幼者有所長即矜寡孤獨廢疾之人亦不至流離而有所養上農下商各修其職男有分也嫁娶以正婚姻以時女有歸也是以天下為一家不可謂之大同

子蓋其視民不以民視之而以赤子視之矣夫赤子始生即有所欲當其未適不能自言惟呱呱然泣耳為父母者愛之也切求之也不厭其勞不得其出諸口也即以己之意及之不惟意及之不遂已也必有事以適其意焉謀其乳保之託而察其寒煖之宜其養之也既得其人又得法赤子之欲斯無不適君子之治民亦若是則已矣君之心即百姓之心不必待百姓之自言也以不忍人之心行不忍人之政不徒意及之而已也慎選守令所以謹其乳保調劑寬猛所以察其寒煖也蓋必如保赤子然後可以為民父母耳

養其生而弗傷厚其財而弗困節其力而弗極不煩不擾民自美安如鳥覆卵無形無聲而惟見其成持家之長惠及子孫撫運之君澤流天下率斯道也無形無聲惟見其成出管子持家之長四

語出從魏甄琛表為人君者觀於父母之保赤子而得治天下之道焉夫民莫不欲壽順而壽之與民休息以養其生而不欲其傷也民莫不欲富順而富之歛從其薄以厚其財而不欲其困也民莫不欲逸順而逸之使從其時以節其力而不欲其極也如是則出令者簡要而不煩從令者寧一而不擾民自欲其美而得所安矣如鳥之覆卵然人不覩其形也不聞其聲也惟日見其成而已蓋形聲之入人者淺道德之入人者深為治不在多言顧其力行何如耳父母為持家之長以實心愛子故慈惠及於子孫元后為撫運之君以實心愛民故澍澤流於天下皆率斯道耳

天之愛民甚矣一物失所元氣為之舛盭故人勞則星動於天政乖則石言於國為人上者慎之哉唐堯加惠於民西伯施仁於無告漢文帝賑恤於孤寡明帝存養於篤癃可謂知先務矣星動者光武時中天星盡搖占曰民勞也石言者春秋時石言於晉魏榆晉侯問師曠曰石何故言對曰石不能言或憑焉怨讟動於人則有非言之物而言堯存心於天下加意於窮民一人饑曰我饑之也一人寒曰我寒之也周文王為西伯發政施仁必先於鰥寡孤獨窮而無告者漢文帝賜天下孤寡布帛絮各有差明帝賜天下篤癃粟人十斛夫人君愛民如愛赤子豈無所見而然也蓋民者生之於天天之愛其所生也不啻如父母之愛其子也諸子之中有一子不得其所則父母之心必為之惻然動矣萬物之中有一物不得其所則天之心亦為之惻然動矣天之心不可見也而形於氣則有乖盭之變以示異焉故星動者民勞之徵石言者政乖所致天人感應之際捷於影響通於呼吸大可畏也為人上者當體仰天心俯合民心不可以弗慎也如唐堯之加惠西伯之施仁漢文之

賑恤明帝之存養彼其於民無不愛也而必首及於窮困者誠知先務矣惻隱之心天人一理弘宵之道今古同風愛民者其尚知所法乎

武都綏聚桐鄉思遇清河滹沱懷州收瘞古之遺愛也彼郡無犬吠人稱卧虎誣民為叛違詔徵租所謂狼牧者歟夫烏究則啄獸究則攫故財盡必怨力盡必叛周官六養齊政九惠悅以先民而民從之惠益所以貴愛利者可思已漢虞詡為武都太守始至郡戶纔盈萬詡綏聚流亡二三年間增至四萬餘戶朱邑為桐鄉嗇夫存問耆老孤寡遇之有恩後魏杜纂為清河內史尤矜貧老問民疾苦對之流涕後漢馬棱為懷州刺史收瘞暴骨漢王溫舒為河內太守捕郡中豪猾千餘家大者族小者死

流血十餘里郡中無犬吠南齊蕭士開為益州刺史嚴用威刑人號曰卧虎後魏鄭伯猷為青州刺史誣良民為叛籍其貲入已唐李實為京兆尹政猛暴有詔蠲租賦違詔徵之六養者大司徒以保息六養萬民一慈幼二養老三賑窮四恤貧五寬疾六安富見周禮九惠者一老老二慈幼三恤孤四養疾五合獨六問疾七通窮八賑困九接絶見管子惠盎見宋康成公曰有道於此使人雖勇有力刺之不入擊之不中公曰善曰此猶辱也有道於此使人弗敢擊刺公曰善曰此猶有其意也有道於此使人無其意公曰善曰雖無其意未有愛利之心也有道於此使天下驩然皆欲愛利之公曰此寡人所欲得惠盎曰孔子是也孔子無地為君無官為長天下丈夫女子莫不願安利之萬乘之主誠志於此易於孔子多矣人君代天子民者也人臣代君子民者也愛民之道均不可以不講武都桐鄉清河懷州惠養其民猶有古遺愛之風彼温舒單紙鉛壑之欲等草菅之

視所謂使狼牧羊反為其害者歟夫鳥窮則啄獸窮則攫何況於人故歛不以節財盡則怨使不以時力盡必叛上不愛民民安能愛其上乎果能如周官之六養齊政之九惠以悅之道率先其民民未有不從之者上愛下下亦愛上理固然耳惠盎之告宋公四累而上惟貴愛利有合大道之言良可思也

慈幼章第二十三

人之生幼而後長國之政先生聚而後教訓周禮大司徒以保息六養萬民一曰慈幼居則愛之故掌幼設官胎養賜穀患則恤之故禹書鑄幣唐詔酬資罪則原之故悼不加刑罰弗及嗣德綦厚制綦詳矣周禮六養解見前古者國都皆有掌幼之官士民有子或幼弱不能自養有三幼者無婦征四幼者盡家無征五幼又予之孫受之人之食能事而後止見管子後漢章帝詔賜民胎養穀諸懷姙者人三斛復其夫勿筭一歲又嬰兒無親屬及有子不能養者廩給之禹以歷山之金鑄幣贖民之無糧賣子者唐高宗詔百姓遺棄男女有收養者聽量酬衣食之直放還本家悼者憐愛也見曲禮罰弗及嗣見禹謨凡人之生也不能頃長皆自幼始國之立政必先生聚而後教訓可施周禮大司徒之職以保息六養萬民而一曰慈幼然則幼者上之所加意培之以為國本者也古之人君有見於此故設官賜穀所以致愛於平居鑄幣酬資所以致恤於災患悼而不加以刑罰而弗及於嗣雖或有罪猶必見原不使累及之是上慈幼之德愈加厚而所以慈幼之制愈加詳矣孰非重邦本之意歟

越小國也思適於童子以能成霸故十歲以下上所長

也十一以上上所强也男子二十而始傳愛其力也越報吳成霸許見吳越春秋十歲以下見食貨志漢景帝令天下男子年二十始傅越勾踐之令曰將娩者告告令醫守之生男既以酒犬生女賜以酒豚生子三人與乳母其恩之及於童子可謂適矣用能十年生聚十年教訓以成霸業耳王者愛養斯民其慈幼之政豈反出霸者下哉故十歲以下不能自長必待上有以養之而後長也十一以上不能自强必待上有以長之而後强也長矣强矣可以用矣而王者猶不甚驟用之也必待其二十而始傅焉其所以慈之者不亦至乎仲春之月奮木鐸以令於生子者子之將生也父使人日再問之擇於諸母求其寬裕慈惠慎而寡言者使為子師咳而名之獻諸州伯能食能

言莫不有教愛而勞之親其賢而憐其無能慈之至也張裔置產朱暉受託崔琰撫恤孫權教養所謂兼愛者乎月令仲春之月奮木鐸以令兆民曰雷將發聲有不戒其容止者生子不備張裔與楊恭善恭早死遺孤未成人裔迎與分屋而居及長為娶置產業後漢朱暉與同郡張堪為友堪卒妻子貧暉贍恤之魏崔琰友人公孫方宋階早死琰撫其遺孤恩若己子吳孫權為將有功卒二子幼孫權收養宮中教之讀書乘馬常謂人曰此吾家虎子帝王之慈幼也不待其生而始然也木鐸之令所以訓誡其父母者蓋自未生之日而豫已慈之矣又制為禮節使其將生之際慰問有加既生之後保育有道夫婦之義父子之情不已無盡乎至於能食則教以右手能言則教以男唯女俞既愛之不得不勞之凡所以教誨者無不至焉賢則親無能則憐父母於

子慈之至也不幸而有喪其父母者則當委曲以成就之如張裔朱暉崔琰孫權輩真能不獨子其子而兼愛人之子者有裨風化匪淺鮮矣故君子有取焉夫人父生之君育之守令者宣上德而究之民者也武威革其妖忌陳國致其米肉任昉供資韓愈償直抑亦能其職矣苟坐觀入井而無怵惕惻隱之心其異於麻叔謀也不能以寸後漢張奐為武威太守俗多妖忌凡二月五月產子及與父母同月生者悉不舉奐示以義方嚴加賞罰風俗遂改駱駿為陳國相人有產子厚致米肉生男女者以駱為名梁任昉為義興太守歲荒民散以私俸米豆為粥活三千餘人時產子者不能養昉供孕婦資糧濟者千室唐韓愈為袁州刺史州民以男女隸於人者愈悉計傭直而償出之隋麻叔謀為開河都護好啖嬰兒山盜陶榔兒兄弟每盜以獻之大人生之者父也育之者君也父能生之不能治之君能育之未必能適及之與民最親者其守令乎守令者宜布上德而致之於民者也果存心於愛物何所不濟如張奐之革妖忌駱駿之致米肉任昉供孕婦之資韓愈償傭隸之直為民父母誠無忝矣苟不能宣上德而究之民聽其失所無以養之是猶坐觀赤子之井而漠然無所動其中也忍心害理莫此為甚其視麻叔謀食人之子者相去不遠矣為守令者其審思之

養生章第二十四

大人以厚生為生以各遂為養呼吸元氣而天之熙熙於春臺黃帝所以永年也入海求藥祠竈化金甚惑滋

甚養生者能弗損之斯益矣黃帝三百年見家語入海求藥者秦始皇遣方士徐市入海求蓬萊方丈瀛洲三神山之藥祠竈化金者漢武帝聽方士李少君言祠竈則致物而丹砂化為黃金可以益壽於是始親祠竈以上俱見通鑑夫大人者與天地合其德其生也不自以其生為生以天下之生為生也故其養生也亦不以自養為養以萬物各遂其養為養也氣之一呼與元氣出氣之一吸與元氣入而天下熙熙保合於一氣之中如當陽春之時而登高臺之上渾然太和在宇宙間矣古之善養生者永年者首推黃帝非有他術率此道爾秦皇漢武妄信方士之言或入海以求藥或祠竈以化金祇見其惑耳於養生竟何益哉故養生者不必外求所以益之也但能弗損於內即所以益之而永年之道在其中矣養而彌損者則以奉之過厚而用之過勤室大多陰臺高多陽

馳騁精神殫竭聰明皆生之累也天地之大猶節其章光況於人乎生者有道之所慎也有慎之而反害之者不達乎性命之情也今夫人奉之於外者不必不厚也而不可過於厚用之於內者不必不勤也而不可過於勤苟聲色嗜慾誘之於外喜怒哀樂攖之於內內外交損豈養生之道乎且如室過大則必多陰臺過高則必多陽馳騁其精神而不知休息殫竭其聰明而不知節當是皆生之累也夫天地之道誠至大矣有陽必有陰有動必有靜有晝明必有夜晦有生長必有收藏猶且節其章光不盡洩露何況人之一身乃過用其耳目過勞其心志久而不止寧無損耶觀於天地可以得養生之道矣故君子寧其身而天下平靜其心而天下治外不滑內則性得其宜性不攖和則德安其位全生之

道也夫形恃神以立神恃形以存生之於人大矣夫子言語有節食息有宜明道以淑人垂訓而傳世亦以善其生個夫子言語有節如寢不言食不語之類食息有宜如市沽不食狐貉以居之類詳見鄉黨篇君子之身天下之身之所取則也寧其身而天下平矣然必自靜其心始去知去故萬物無足撓其心者故靜也靜而與陰同德動而與陽同波羣生類類各得所願天下有不治者乎夫身之所接者外也心之所存者內也身寧則外不亂其內足以定性斯性得其宜心靜則性不傷其和足以成德斯德安其位有德之人必得其壽全生之道無以踰此矣夫人形不獨立恃神以立神不獨存恃形以存生之於人所以存形而立神也其所係顧不大哉夫子大聖言語必合其節食息必循其宜明聖賢之道以淑人垂詩書之訓而傳世凡以教人謂

其形養其神靜其心寧其身與大道俱以為養天下之根是不獨以天下之生為其生而且以萬世之生為其生矣斯善其生者矣若夫潛山隱谷棄智黜聰雖復久視可成猶之養其一體必也君明臣良興化勤政所養乃大語有之流水不腐戶樞不蠹養羣生者寧憚於勞心哉君明臣良興化勤政見陳摶答宋琪語夫所謂靜者非離動以為靜也若潛隱於山谷之中棄其智巧黜其聰明吐故而納新如安期羨門者雖可久視以延年然不過獨善其身弗能及人猶人於四體之中僅養其一體耳大人以羣生為生豈可若是必如陳摶之言君明於上臣良於下興起教化勤修政治斯所養不止一體而徧及天下乃為養生之大也語云流水不至於腐戶樞不至於蠹以其動也養羣生者當靜而靜耳目心志不為紛華所

搖當動而動以其身為天下樞而下今於流水之原寧憚於勞其心哉惟能治其心不過勞亦不過逸斯可以養一身可以養天下

懲忿章第二十五

以義度人則難為人以人望人則賢者可知故君子容以養德忍以濟事犯而不校從容以和所以敦恕而息爭也道不遠人故君子以人治人如必盡義以求人則精義之事非聖人不能其為人者不亦難乎惟以人之常道望之於人不失其所以為人即可以為賢則賢者可得而知也君子視天下無不可為賢者之人故於人無所不容亦無不可為賢者之事故於事無所不忍能容天下之人其量斯廣所以養一己之德也能忍

一己之性其功乃成所以濟天下之事也即橫逆之來置而不校惟從容不迫以和於衆焉以我之心推人之心而恕道以敦則人之心亦將猶我之心而爭端以息何忿之不可懲乎文書釋答箭苛蠲嫌誠帝王之休德矧分在臣民而忿戾以逞乎茍性情宕佚血氣方剛任其所偏罔知裁制輕佚成俗則睚眦必譽議論分曹則抑揚逾實甘為怨府以長厲階漢唐而降澆風接踵誠仲尼所謂惑也東漢光武克邯鄲誅王郎收其文籍得吏人與郎交關書數千章皆命焚之曰令反側子自安後唐莊宗與梁戰於河上梁將陸思鐸射帝中馬鞍帝拔箭視其名識之後下梁思鐸來降伏地請罪帝慰而釋之厚加任用輕佚成俗者如漢郭解布衣任俠以睚眦

殺人有儒生譏解奸犯公法解客聞之即斷其舌譏論分曹者如漢公族退隋魏齊卿等危言深論激揚名聲公卿以下莫不畏其貶議唐李吉甫惡牛僧孺李宗閔等對策切直其後吉甫子李德裕與李宗閔各分朋黨更相傾軋宋程頤多用古禮蘇軾謂其不近人情每加玩侮在朝者各以其類相從遂分三黨洛黨首程頤蜀黨首蘇軾朔黨首劉摯互相訾議是也帝王之大度者如光武釋文書之答莊宗蠲葥苛之嫌皆能有容是謂休德況於臣民尤當各安其分豈可忿戾以逞乎茍任性情縱血氣一往而偏不知以忍我之輕佚者報睚眦之譽議論者失抑揚之實取怨於人貽害於己或以身徇或以國亂漢唐之末習俗相沿澆漓極矣雖在賢豪或不免焉仲尼有言一朝之忿忘其身以及其親非惑歟此之謂也惟能懲之斯不惑耳夫祁奚舉善為其可嗣若藉以釋憾則矯枉失中必思怨渾忘惟國是務乃和而不同者乎婁師德公孫弘王旦庶幾近之若夫鬭女爭桑而構兵亭人灌瓜而稱謝安危之幾介於絲髮與其遇患而思懲曷如夙懲而無患歟祁奚晉大夫請老晉侯問嗣之者奚舉其仇解狐君子謂奚能舉善矣唐劉仁軌與袁異式有怨後為太司憲異式不自安衆論紛然仁軌即薦為司元大夫杜易簡曰人曰斯所謂矯枉過正者也婁師德唐臣嘗薦狄仁傑而仁傑不知數擠之於外仁傑後知之歎曰婁公盛德我為其所包容久矣公孫弘漢丞相食一肉脫粟飯汲黯曰此詐也武帝問弘弘曰有之若無汲黯忠陛下安得聞此言王旦宋真宗時參知政事常稱寇準帝曰卿雖稱其美彼專談卿惡旦曰臣在相位久政事闕失必多準對陛下無隱益見其忠此臣所以重準也爭桑者楚邊邑

女與吳邊邑女鬭爭界上之桑二家構怨以致吳楚相攻灌瓜者梁楚鄰界邊亭皆種瓜梁瓜美楚瓜惡楚亭人怒而夜往搔梁之瓜梁人欲報之以請於縣令宋就就不可夜令人代楚灌瓜楚王聞之大悅謝以重幣而請交於梁夫臣民之怨固不可以不懲然懲之是也非矯之也奚之舉狐誠為其善可以繼己之職有益於國若不必其善而惟借以釋憾如仁軌所為未免矯枉而失其中矣故為臣者不可市恩亦不必避恩不可結怨亦不必釋怨惟有益於國然後舉之乃所稱和而不同者乎師德弘有容人之度有忠事之心庶幾近此可以取法若夫吳楚之鬭女梁宋之亭人其事皆起於民也一以不能懲忿而致構兵則二國皆危一以能懲忿而致稱謝則二國皆安是安危之幾在能懲不能懲之間耳夫患則思懲懲則無患與其遇患而懲懲且無及曷若懲於未患患永不作此懲忿者所當深思也

窒欲章第二十六

多欲者必放於利放於利必重賄賄聚於公則國微聚於私則家危長國家者輕財賄而嗇令名斯欲而不貪矣凡人之欲莫先於利利莫大於賄苟不能窒之而至於多欲則必專求利專求利則必重聚賄然賄不聚則已聚於公則上行下效而國為之微矣聚於私則多藏厚亡而家為之危矣夫聚賄所以求利也而至於微且危利乎不利乎故長國家者非無賄之患而無令名之難誠能以財賄為輕不務聚之而惟令名是好雖好名之心亦欲也然而非貪矣即謂之無欲也可飲食男女節之以禮耳目娛適授之以度謀慮經營範之於道以率其下而民從之公

孫僑之相鄭也桃李之垂者莫不援錐刀之遺者莫之舉幾於賞之而弗竊焉秦人觀寶楚國莅以羣賢梁惠琫珠齊威稱其千里誠審所欲也子產相鄭十八年桃李之垂於行者莫之援也錐刀之遺於道莫之舉也見呂覽秦君使使者觀楚之寶器楚王召昭奚恤而問焉對曰此欲觀吾之得失而圖之也遂為壇與子西子方子高子反以次立使者至奚恤曰客觀楚國之寶器所寶者賢臣也理百姓實倉廩子西在此奉珪璋使諸侯子方在此守封疆謹境界子高在此理師旅正兵戎子反在此惟大國所觀使者反告秦君曰楚多賢臣未可謀也見新序梁惠王謂齊威王曰寡人之國雖小有徑寸珠照車前後十二乘者十枚威王曰寡人所寶與王異吾臣有檀子守南城楚不敢寇盻子守高唐趙不敢漁黔夫守徐州燕祭北門趙祭西門種首備盜賊道不拾遺以此為寶將照千里豈特十二乘哉見史記窒欲者先從為民上者始彼飲食男女欲之在物者也節以禮而不過焉耳目娛適欲之在身者也授以度而不惑焉謀慮經營欲之在心者也範以道而不踰焉本諸身者由顯入微微諸民者自近及遠上以此率下以此從共遵其禮秉其度守其道雖賞之使竊亦有所不欲矣公孫僑之治鄭也庶幾近此至若楚寶羣賢齊寶四臣二國賴以不微且有令名至今稱焉謂非能審所欲者乎故牧民者秉義黜利廉儉是先廉則絕私儉則寡慕伯武詢絹隱之酌泉裴潛挂牀孔奐却彼皆確乎不拔以道化人民惬所願而無競心窒己之欲以能窒人之欲其利溥矣胡威字伯武父質為荊州刺史威往省之父賜絹一疋威曰大人清高不審於何得此父曰是吾俸祿之餘乃受之威後為徐州刺史亦如父清吳隱之為晉陵太守清廉遷廣州刺史州有貪泉飲者多懷無厭之欲隱之酌飲因賦詩曰終當不易心愈勵清操裴潛為兗州刺史嘗作繩牀及其去也留以掛柱孔奐為晉陵太守居處儉素所得秩俸分贍孤寡富人殷綺餉彼一具奐却之曰太守身居美祿何為不能辦此但民有未周不容獨享耳司牧民之任者尤不可不審所欲也義之與利不容並立必秉義黜利而惟廉儉是先廉則無私於人人亦不敢干以私儉則無慕於物物亦莫能動其慕如伯武隱之裴潛孔奐皆能審於義利之辨確然自守而不可拔者是以政平而訟理吏肅而民服道化及人惬其所願各安於義而無競利之心是不獨窒己之欲而且窒人之欲矣其利不亦溥乎始乎黜利終乎利溥乃義未常不利也然必黜之乃能溥之危在秉義者耳徇利之夫厚顏斯甚割剝萌

庶譬歛貨財見金而不見人知得而不知喪欲盈惡稔而顛隕隨之故傳曰象有齒以焚其身賄也徇利厚顏者如唐張嘉貞為定州刺史製恒嶽廟碑文時遠近祈賽錢百萬嘉貞自以為文之功納其數萬剝削萌庶者如梁王筠為臨海太守侵刻芒儒而舫他物稱是聚歛貨財者如鄭伯猷為青州刺史貪惏貨賄潤及親戚戶口逃散邑落空虛乃誣民為叛籍財入己有攫金於市者見金而不見人如江祿為武寧郡守積錢於壁壁為之倒迭銅物皆鳴人戲之曰所謂銅山西傾洛鐘東應者也知得而不知喪者如後唐李存儒為衞州刺史誅歛州民防城之卒皆徵月課縱其歸去將將段凝來夜陷城存儒不覺惡盈顛隕者如後魏元汎為營州刺史貪殘人不堪命相率逐之象有齒以焚其身見左傳徇利之人既喪其心何有於顏剝削聚歛無所不至昧不知人之譏

具後也而喪已隨之矣至於顛隕果何利乎象以齒焚其身人以賄殞其能一而已矣惟不窒欲故至於此稍知愛身者可不以賄為戒耶

履謙章第二十七

登山者處已高矣左右視尚高於己非他山盡高目則然也立身者行已賢矣左右視尚賢於己非他人盡賢心則然也君子卑以自牧正內愜其心爾易謙卦地上山下夫地本卑而畫卦乃在山之上山本高而畫卦乃在山之下君子之存心如此謙之義也故觀於登山可以得謙之象焉凡人之登山者所處已高矣乃左右視尚有高於己之處豈必他山之盡高哉目所見則然也立身者所行已賢矣乃左右視尚有賢於己之行豈必他人之盡賢哉心所存則然也道義無窮學識有限自以為高則已卑矣自以為賢則已愚矣謙謙君子卑以自牧匪為是聲音笑貌以塗飾人之耳目也政以行其心之所安耳愜於心斯能見於履矣慮存正己色不矜人智而能愚勇而能怯位高而意下祿厚而志約功懋承之以畏德盛持之以恭保善於己成防慾於未發懷自盈之懼恥過實之聲見君子之心焉夫君子自愜其心則亦焉往而不謙乎積於慮則存正己不見己之有餘見於色則不矜人不見人之不足聰明睿智守之以愚不自詡其智勇力震世守之以怯不自恃其勇其位愈高其意愈下不以貴而驕其祿彌厚其志彌約不以富而舒功既懋矣承之以畏而不敢自伐其功德既盛矣持之

以恭而不肯自矜其德善雖已成思所以保之恐成而隳於既慾雖未發思所以防之恐發而不及收懷自盈之懼者知盈之不可久恥過實之聲者知名之不可居謙德如此孰非君子之所履乎而君子之心於是乎見矣故禮觴酒豆肉讓而受惡則民不犯齒袵席之上讓而坐下則民不犯貴善稱人過稱己則民不爭善稱尊過稱己則民忠孝謙之為益弘矣哉君子以謙存心而見之於履則動容周旋中禮矣且不獨履而已也禮始諸飲食觴酒豆肉讓其美而受其惡六十以上必有加則民衆著於老老之義而不犯齒矣禮行於居處袵席之間讓其上而坐於下三命以上必與席則民衆著於貴貴之義而不犯貴矣至若有善歸之於人有過歸之於己則民衆著於賢賢之義而不爭有善歸之於上有過引之於己則民

衆著於敬上之義而忠順覲之義而孝由斯以觀君子所履小民所視也君子自謙而天下之人胥化於謙禮教於是乎興禹謙之爲益不亦大乎天子有善讓於天卿大夫有善歸於君士庶人有善本諸父母率是道耳

江海之爲百谷王者以其能下易曰勞謙君子萬民服也漢光武魏孝文以之鄧克叔痤戰勝而讓功孔霸伊馘恩加而辭位樊宏䰟慚於食邑無忌心怵於要樞其亦知所履乎王渾表奏何如庾頗之負荊至於僧達樊脒子顯撝肩皆以量缺虛容致貽嫌咎傲不可長信夫

漢光武詔百僚上封事不得言聖後魏孝文有事方澤時大暑過天雲陰密咸陽王禧稱爲德感帝曰洛陽天

地之中陰陽交會自然之應豈朕寡德所致鄧克晉大夫將中軍敗齊師於鞍公勞之曰子之力也夫對曰君之訓也二三子之力也臣何力之有焉公叔痤魏將敗韓趙之師王郊迎賞賜百萬痤反走弁辭曰此吳起餘教也臣何力之有乎王曰善索吳起後賜田二十萬漢孔霸宣帝時爲大中大夫嘗稱辭位太過何德以堪帝欲相霸自陳至三乃許之後梁伊馘爲振威將軍太武欲拜爲尚書郎公馘辭曰尚書務殷公爵至重非臣所能荷任樊宏漢光武舅封壽張侯自陳無功享食大國䰟神負慙願退封食邑小鄉亭唐長孫無忌文德皇后兄爲尚書右僕射深誠滿盈懇辭機務王渾晉臣與王濬伐吳以濬先入建業受孫皓降甚懟忿興之爭功表濬違詔不受節度庾頗趙將初以藺相如位在已右欲辱之相如不與爭望見輒引避且曰吾所以爲此者先國家而後私仇也頗聞之負荊謝罪王僧達爲中書令時黃門侍郎路瓊之乃路慶之之孫也盛服往見適僧達將獵已改服謂瓊之曰昔吾騶人路慶之是君何親因焚所坐牀竟以召禍蕭子顯爲吏部尚書負其才氣見賓客不與交言但舉扇一撝人皆恨之君子知天下之不可上也故下之然謙之爲道雖卑而實尊故人未有能上之者若江海然以其善下故能爲百谷王也易之所云君子有功勞而能謙萬民所服光武孝文爲天下君不自滿假庶幾得此義乎鄧克叔痤功臣也而謙孔霸伊馘大臣也而謙樊宏無忌戚臣也而謙其皆知履謙之道者歟彼王渾負人之功與庾頗悔已之過賢不肖相去遠矣僧達子顯器小易盈自貽伊戚傲不可長不信然耶視履考祥惟謙終吉君子不可不知務也

謹言章第二十八

精諭者不待言不獲已而有言榮辱分矣居室之詞應乎千里幾事不密至於害成君子所以慎密而弗出也

口之溺人也甚於淵故言必稽其所終聽必原其所始豈特金人之慎哉

周太廟有金人三緘其口而銘其背曰古之慎言人也詳見家語天何言哉時行物生不言而喻也人之天機每發於未言之先能以精微相喻則不待於言是無言之言天下之至言也然人不皆能精喻於是不得已而有言爲榮爲辱迴然分矣居其室出其言善則千里之外應之謹之得也何榮如之幾事不密則害成不謹之失也何辱如之君子所以慎密而弗出匪終弗出也以不得已之心爲不得已之言謹之至也且不但謹於立言人當謹於聽言令淵能溺人口更能溺人溺於淵猶可游也溺於口不可救也故言之者必稽其所終成敗了然乃可以底績聽之者必原其所始貞邪立辨乃可以見心皆所當致

謹者也豈但如金人之慎緘其口而已邪宋景動天漢文懷遠郤虎勝敵千秋悟君善言之效也深而弗露者仲尼以不應為答周公以不開為納匿而反彰者東郭觀形於臂舉衛姬望色於足高故口有不言之謀耳有無聲之聽其不可忽如此剳頰舌之間乎宋景公時熒惑守心宿乃宋分野公憂之子韋曰可移於相公曰相吾之股肱曰可移於民公曰君者待民曰可移於歲公曰歲饑民困吾誰為君子韋曰天高聽卑君有君人之言三熒惑宜有動候之果徙三度漢文帝時南越王佗稱帝文帝賜佗書詞甚謙遜佗遂稱臣郤虎奇臣言勝鄭之策於趙襄子公用之而勝襄曰臣謀本於衛虎公因賞虎田千秋漢武帝臣衛太子為江充譖敗千秋力

訟其冤帝因感悟白公欲作亂問孔子曰人可與微言乎孔子不應曰以石投水奚若孔子曰善沒者能取之曰以水投水奚若孔子曰淄澠之合易牙能知之曰然則人不可與微言乎孔子曰胡為不可惟知言者可耳此孔子默止白公之作亂也勝書說周公曰延小人衆徐言則不聞疾言則人知之徐言乎疾言乎公曰徐言又曰有事於此精言之而不明勿言之而不成精言乎勿言乎公曰勿言此勝書然說周公之伐紂也齊桓公與管仲謀伐莒謀未發而聞於國公曰日有役人上視意者其是也令復役東郭牙至仲曰子何故言伐莒對曰日者望君在臺上手足矜有兵革之色舉臂而指所當者莒也口呿而不合所言者莒也桓公又與仲謀伐衛退朝衛姬下堂再拜請衛君之罪公曰吾於衛無故子曷為請曰妾望君之入也高氣強伐國之志也見妾有動色伐衛也明日公朝管仲曰君舍衛乎公曰安識之曰君之揖朝也恭而言也徐見臣而有慚色是以知

之大君子謹言則其言善矣一善所格天可動遠可懷敵可勝君可悟如宋景公舉善言之應豈不信哉且有人不言而我已知者如仲尼於白公以不應應周公於勝者以不開開皆深隱而弗露者也有我不言而人已知者如東郭細民也觀臂舉而知伐莒衛姬婦人也望足高而知謀衛是欲匿而反彰者也故言未出於口已有不言之謀未入於耳已有無聲之聽其機如此豈可忽諸況已動於頰舌之間者又何可以不謹也宋使之報寇避害而趨利澄子之援衣覩形而忘實惠子之郤炬交淺而談深言乃為天下病楊惲何綏禍成於簡傲京房張宿獲戾於漏洩始知安世併鶩魯恭潛益陸元方緘封之匣李德裕精思之亭咸慎厥樞機可為

楷範矣齊攻宋王使人候之使還曰寇近矣王怒殺之如此者三後又使人往報曰殊不知寇所在王喜賜之金寇至王馳走此人得以富於他國澄子春秋時人亡緇衣見婦人衣緇援而弗舍婦弗與澄子曰子不如速與我昔吾亡紡緇今子禪緇以禪緇易紡緇子豈不得哉惠子新與白圭相見說之以強白圭語人曰有娶新婦者婦至童子操炬火而炬新婦曰大太鉅入門有歛陷新婦曰塞之恐傷人之足言非不便也然有太甚者今惠子之說我有似於此楊惲漢平通侯免爵家居內懷不服報友人孫會宗書語涉怨望按驗坐罪何綏爵侍中尚書性輕物豁札簡傲後為東海王所害京房漢元帝時為郎與張博親每見輙道上意及諸災異事後石顯告房與博通謀誹謗得罪張宿唐憲宗時居諫列以機事不密貶彬縣丞漢張安世領尚書事謹慎周密每議大政已決輙移病出聞詔作驚使吏之丞相府問焉魯恭為三公性謙退奏議依經潛有補益唐

陸元方為相清謹所奏勑書手自緘封藏於一匣家人莫有見者李德裕為相於私第中別搆精思亭每有大事獨處亭中凝然握管左右無得預夫能謹言者必能知言故羣言淆亂不可不察如宋使之言躁也適以誤國淺子之言謬也輒以誣人惠子之言躁也適以辱身其為天下病一也或不能辨亦聽言者之過歟至於楊惲何緩以簡傲名禍京房張宿以漏泄獲戾不謹之害凜乎可畏然後愈知言之不可以不謹也安世魯恭元方德裕皆知慎其言者良可法耳

夫居其位不可無其言故鄭重四賢魯稱一諾周襄郤請隧之妄王孫折問鼎之姦莫不藉為命以安邦託立言而不朽雖復謹之又謹其亦有不獲已者歟

鄭國之辭命裨諶草創世叔討論子羽修飾子產潤色應對諸侯鮮有敗事小邾射以句

繹奔魯曰使季路要我吾無盟矣子路辭康子謂之曰千乘之國不信其盟而信子之言子何辱焉對曰彼不臣而濟其言是義之也由弗能符文公定襄王於郟勞以地辭請隧焉弗許曰王章也未有代德而有二王亦叔父之所惡也遂不敢請楚子伐陸渾之戎至於洛定王使王孫滿勞之楚子問鼎之輕重大小焉對曰在德不在鼎德之休明雖小重也其姦回昏亂雖大輕也君子之道或出或處或默或語惟其時耳苟居其位而不言雖代之言者故當言而言如四賢之為辭命不當言而不言如季路之重然諾正言以郤妄如周襄王嚴辭以折姦如王孫滿用之當世則贊討謨以安邦垂之後人則備德功而不朽雖未嘗因言而施謹亦未嘗因謹而廢言也蓋以不獲已之心立言此言之所以有益於天下也歟

慎行章第二十九

進德修業淑身以接物者其惟行歟一念肆而庶事乖一刻忽而終身悔甚哉不可以不慎也君子不患人之非已也不為可非之行而已遵道而行待時而動斯行無不宜敬以直內義以方外斯行無所疑慎也者行之所以成始而成終也詩曰小心翼翼古訓是式

詩大雅烝民之篇言仲山甫之心能極其敬而以古訓為法也凡行脩於身謂之德見於世謂之業君子進德修業淑善其身以交接於物者含行將奚以哉一念少肆遂致庶事之乖一刻少忽即貽終身之悔制行者其可以不慎乎故君子非諸己不非諸人人之非已不足患也但慎於已使無可非之行而已遵道而行非道不敢行待時而動

非時不敢動斯行而咸宜矣內主於敬則內無不直外主於義則外無不方斯行無所疑矣然則慎也者所以成行之始成行之終不可以不免也詩所云小心翼翼古訓是式者其是之謂歟

夫行起於幾微而動乎天地吉凶以之生故修政而桑枯録寃而雨澍受脤失敬執玉乖容貌之不恭遂為身咎況恃勢以自專怙權而虐物貽譏賈禍豈其不幸乎

商大戊時有桑生於朝七日大拱王懼修明先王之政三日而桑枯東漢和帝時京師旱乃録囚徒舉寃獄未及還宮大雨周大夫成肅公受脤於社不敬劉康公曰人受天地之中以生所謂命也是以有動作威儀之則以定命也今成子惰棄其命矣邾隱公朝於魯執玉高其容仰定公受玉卑其容俯子貢曰高仰驕也卑俯替也驕近亂替近疾後周鄭

譚尚梁國公主順專權擅取公材以營私第坐是除名唐許諗為尚衣奉御性貪忍嘗使奴誘殺販繒帛者而取其貨事泄流瀼州此恃勢自專者也北齊高敖曹為司徒嘗詣相府門者止之敖曹怒引弓射門者後唐盧程為平章事使嘗陽山路險阻程安坐肩輿州縣長吏驅率丁夫迎謁拜伏少有忤意即加笞辱此怙權虐物者也夫行者君子之所以動天地者也故雖幾微有其應惠迪則吉從逆則凶如影響焉商修政而桑遂枯漢錄冤而雨即降善行之吉既有明徵矣成肅公之受脤邾隱公之執玉貌之不恭似亦幾微爾遂為災咎天人感應之際良可畏也況夫恃勢怙權專恣暴虐者貽譏以敗名賈禍以辱身凶咎之來良由自取非不幸也

慎行者執虛如執盈入虛如有人蘧伯玉有之河間東平藩屏之令器曹參孔明輔弼之碩德抑其倫也夫狂

者走逐者亦走懼者顫寒者亦顫乃同形而異實廉者貧貧者未必皆廉忠者死死者未必皆忠乃同事而異情觀行者審諸

衛靈公夜坐聞車聲至闕而止過闕復有聲夫人曰此必蘧伯玉也賢者不以暗昧廢禮使人伺之果然漢河間王德身端行治篤敬愛下被服造次必於儒者後漢東平王蒼少好經書雅禮不越明帝問以處家何等最樂對曰為善最樂曹參為相一遵蕭何之法無所變更擇郡國吏謹厚者用之刻深務名者輒斥去蜀諸葛亮將伐魏與諸將謀魏延請以精兵五千出褒中當子午谷而北不十日可到長安亮以此為危計不用凡慎行者必謹於細乃可以全其大必嚴於獨乃可以孚於衆故執虛器如執盈物無微不可忽入虛室如有人心無地而不存若伯玉者不為昭昭伸節不為冥冥墮行有君子之道矣河間東平藩屏之能慎行者也曹參孔明輔弼之能慎行者也庶幾伯玉之衛乎然行之異者易辨同者難辨如病狂者東西妄走逐者非狂也隨之走有似於狂懷懼者手足俱顫寒者非懼也當其顫有似於懼其形雖同其實則異矣廉者外不取於人內不營其產故貧而貪者或靡費以耗財或矯僞以干譽則未必皆廉忠者臨陳不顧其身直言不避其禍故死而死者或失養以傷生或犯法而獲罪則未必皆忠其事雖同其情則異矣是不獨制己之行當慎即觀人之行亦當慎也可不審哉

愛物章第三十

天地訢合煦嫗覆育而滋萬物故君子之用物也有不可廢之禮而有不忍盡之心鳥獸之肉足登於俎皮骨

毛羽足供於器物具而罔有過求愛已行乎其中矣孳尾紀於堯書攸居著乎禹貢商開三面之網周憐屋上之烏抑仁政之施乎

堯命羲仲察鳥獸之孳尾因其生育以驗春氣之和禹治水洲渚既平隨陽之鳥得其居止而遂其生湯始見人張網者置四面令解其三面祝曰欲左者左欲右者右欲高者高欲下者下不用命者入吾網武王登夏臺以臨殷民周公曰愛其人者愛其屋上烏凡物之生本於天地蓋自天道下濟地道上行一陰一陽交合訢暢天以氣煦地以形嫗天以高覆地以厚育渾然太和在宇宙間而萬物滋生於其中皆天地之所愛也君子體天地之心以為心雖祭饗軍賓禮之所在不敢或廢勢必有需於物但於用物之中有不忍盡用之意鳥獸之肉取於足登於俎皮骨毛羽取其足供於器具而即止罔有過求是

愛物之道已寓於用物之中禮與心並行不悖矣如堯茨翦尾禹紀飲居高湯解網周公憐烏皆以不忍之心行不忍之政者謂非仁之施乎誠與天地合其德者也

竭澤而漁非不得魚而明年無魚焚林而獵非不得獸而明年無獸制之以節斯民用弗窮禮諸侯無故不殺牛大夫無故不殺羊士無故不殺犬豕犬馬雖微猶施帷蓋詎有暴殄之失哉君子

不忍之心所以教民節用也彼竭澤而漁者盡乎漁之利矣非不得魚然魚既盡則明年將無魚焚林而獵者盡乎獵之利矣非不得獸然獸既盡則明年將無獸甚矣物之不可盡也惟制之以制斯取之有道用之不竭仁也而禮存焉諸侯大夫士皆當秉禮者也苟無行禮之事則不殺牛羊犬豕位自尊以暨界物自大而及小

無不範於禮即無不被其仁至若犬馬雖微於其斃也猶有帷蓋之施以示憐恤之意則其於物又豈忍用之無度哉暴殄之失知其免矣

齊矜觳觫宋避螻蟻仁之端也單父舍夜得之魚中牟馴將雛之雉可以觀治焉蕭宏食品充盈朱异珍羞腐敗識者所譏若梁武之麪為犧牲則愛物而廢禮異乎夫子之存餼羊矣

齊宣王不忍牛之觳觫以羊易之宋程頤請於哲宗曰聞上起行澂水必避螻蟻有之乎上曰然誠恐傷之爾頤曰願陛下推此心以及四海宓子為單父令巫馬期往觀其化見夜漁者得而舍之問其故曰宓子不欲人之取小魚也故舍之漢魯恭為中牟令小兒不捕雉曰雉方將雛蕭宏縱恣無度珍饈盈溢食不能盡棄之道路朱异廚下珍羞腐爛每月棄十數車雖諸子別房亦不分贍二人俱佞臣梁武帝事佛不如葷以麪為犧牲之形供祭祀子貢欲去告朔之餼羊子曰我愛其禮夫仁責于施齊宣王舍牛宋哲宗避蟻不忍之心見其端矣借未能擴充以施于政耳單父舍魚中牟馴雉即下之不忍見上之不忍豈不可以觀治乎蕭宏朱异暴殄天物識者譏之若梁武以麪為牲則所全于物者小而所失于禮者大非無帆之道也其與夫子愛禮存羊豈不大異乎愛物者不廢禮亦不傷仁當以

聖人

為法

御定資政要覽卷三

欽定四庫全書

御定資政要覽後序

易曰觀乎人文以化成天下又曰上古結繩而治後世聖人易之以書契百官以治萬民以察文教之源實開於此故二帝法天而理爰著典謨三王應運而興聿宣訓誥由斯以降厥道彌彰創制顯庸之主莫不於古書講義殷殷加意者蓋戡亂以武致治以文百世不易之道也我

皇上生知天縱典學惟勤萬幾稍暇即親簡策披閱之餘遂成資政要覽一書

頒示臣下臣拜手莊誦睹其條目精詳義類深遠昭法戒而並列綜經史而靡遺大之則齊治均平細之則視聽言動内之則身心性命外之則綱紀彝倫不越此三十篇之中而儀型燦著俾在上在下咸自得師誠燕翼之鴻章牖民之要道也我

皇上與人為善適符古帝務使覽是書者觀感興起修身禔行以同為君子子孫臣庶遵而勿諼躋斯世於仁壽之域乃有合於資政之所由名而不負

皇上提撕儆戒之盛心則是書與典謨訓誥共垂不朽矣臣不揣淺陋用敢贅詞楮末竊比於蠡測之義云

太子太保内翰林弘文院大學士資政大夫臣蔣赫德謹序

皇上御製資政要覽既成梓示臣工臣備員侍從得伏而讀之大哉炳炳乎如日月之麗於天浩浩乎隆隆乎若河嶽之發於源而峙於地也臣乃拜手稽首謹綴瑣

言於卷末曰王者誕敷神慮光被遐陬邇化流風訖於無外五倫正鵠四海若望標而行猗歟盛哉我

皇上勤政十有二年撫恤黔黎務存訓育文誥所加罔不承風嚮慕矣萬幾餘晷午夜燃膏孜孜靡倦於君臣之懿榘及經史之要言旁貫百家廣蒐前籍既披尋於散軼遂博極於勸懲儆舉宏綱載詮樞要成數萬字暨三十篇洵哉牖世覺民之典也臣學淺才鄙何能仰屬

高深惟是雲霓煥采咸瞻五色之文鐘呂偕鳴共聽八音之節況復示以蕩平期諸孔易凡兹臣庶共納範圍以之追蹤前賢則增美釋回務收其益以之整身大雅則擷芳採實各足於懷下至日用之常細而言動之末規條具在則儆攸存一字昭垂終身可誦臣敢不勉其駑陋竭此研求庶祇遵

皇上式訓普天之至意乎謹因跽讀之餘爰誌管窺之畧以

進

內翰林國史院編修臣宋之繩謹序

皇上御製資政要覽既成復

命臣等序於其後臣賦性愚拙才識淺陋未能仰體萬一然幸遇

盛隆不敢不竭其愚衷也謹拜手稽首颺言簡末曰一代之興必有一代之政政者正也上以是倡下以是從同歸於正天下始可大定矣夫政必有資含古訓奚師乎然五經之旨深隱而難測諸史之文龎雜而莫紀非提其要者不能使天下之人一覽而易明而易行也

皇上稽古好學夙夜匪懈爰採往籍鎔以新裁義取資政名標要覽凡三十篇可謂燦然備矣首以君道者建其極也近乎愛物者溥其施也臣子而下言行而上無一理之不括無一事之不具無一人之可違無一時之可離善者昭然可法惡者凜然可戒播之遐方則為一代之弘規垂之奕世則為千秋之金鑑也書曰天降下

民作之君作之師我

皇上實兼之矣然臣復仰見

皇上之心非徒為是文而已將使臣民共明之共行之於政有裨也臣願與天下之人心惟而力行之以圖趨吉避凶之理庶可仰副

皇上仁育義正教養臣民之至意云爾

內翰林弘文院學士承德郎臣麻勒吉謹序

臣聞帝王淑世必有典謨以昭垂以是遜志時敏師古

有獲學而為天下先自能範天下於罔不學此上理所
繇隆也我
皇上懋中建極戩穀錫民言稽古昔動合聖賢已窮探
丘索之藴乃謂學以學為政也道德之精微彝倫之明
備民物之蕃變皆學所包括而政所範圍爰勒成書用
昭法戒題曰資政明裡治也系曰要覽志提綱也竪義
既精而不煩裒事復該而有典晰理入幽則組圖書以
通於玄渺摛詞涉博則獵乘史而茹其高深俾一展誦

間而千古之成敗勸懲燎然指掌真所謂披雲漢之章
闚康衢之軌矣蓋是書之資一身正所以資天下也智
愚雖不同治一牖其覺性即靈知能原有天良一示以
往轍即悟允懷黎庶之心固與帝舜之命契司徒用敷
五教同一肫摯凡我臣庶有不共若於則而奉
天言以遵古訓者哉臣於是而益知學之有資於政也
從來帝王之學與士庶異原以其合萬方之顓蒙視聽
總陶鑄於緝熙光明之中日就月將立政立事道岍登

而學詣其極成憲鑒而政底其隆則是書之與典謨並
傳也猗歟盛矣臣敢不拜手颺言以揚
休命
内翰林祕書院侍講學士臣方拱乾謹序
欽惟
皇上沖年登大寶親政以來揆文奮武戡定九有薄海
内外震服
德教亘古未有之大烈也臣以愚昧蒙

恩簡直宻勿每從侍從之末仰見
睿慮緝熙典學敏懋經史子傳諸載籍
省覽靡間宵旦而斷論鑒衡常得古昔聖賢未發之藴
更於萬幾暇豫取
宸衷所考訂而裁繹者著為資政要覽頒布中外臣愚
奉
命颺言簡末在昔聖帝明后秉乾御宇皆有飭躬立政
之謨而揆厥所本必以君心為起化之先誠如我

皇上遜志時敏以明德之大學昭治世之鴻範自天子以至於庶人罔不明倫而敦典由修身以迨夫順則無非遵道而率性以此編上考三代媲美典誥即以近質
祖宗足光寶訓洵為亘古明備之章程也伏願
籌時法古闡繹有加凡令臣庶奕世子孫佩銘無斁遵由不愆勿負
皇上稽古道以召來茲之
盛心庶幾時雍風動之治常在宇宙間豈不休哉豈不

休哉

太子太保內翰林祕書院大學士通奉大夫臣成克鞏謹序

皇上製資政要覽書成復序於其首文章爾雅訓詞深厚期與天下革薄從忠以臻蕩平之治既昭德以塞違復仁育而義正臣拜手稽首伏而讀之而仰
皇上至德之廣淵也竊惟致治之要始厥修身建極之主先資教化道不越於庸行事足取以寡過自古帝王身為律聲為度無非同患斯民之意時廑於懷焉爾蓋理道之原聖作而明述風俗之本上行而下效
皇上敬德於上以誕敷文教紹百王之鴻業昭至治之休聲凡茲臣民智不師古愚或多僻非所以示大順也今捧誦是書廣大悉包精微共貫上自
朝廷下逮委巷咸有成模足資勸戒聖狂分於念慮妍媸較若鬚眉雖戶說以渺論曾何以加焉且惠則吉逆則凶有心者所共喻也況以經傳之菁華入

宸衷之陶鑄如衣之有領如農之有畔習之者謹身守典以共趨於同風斯則無負
皇上以身作法之美而移風易俗還淳返樸端在是矣
臣仍得拜手稽首颺言曰惟
帝綏猷式是四國作善致祥勿遂爾愿其是訓是行以近
天子之光哉

國子監祭酒文林郎臣馮溥謹序

政莫過於唐虞臣謭協和風動之化首稱堯德曰峻舜
德曰玄蓋以德治天下其效之速且大也如此我
皇上銳意圖治萬幾之暇親覽經史擇古昔聖賢懿行
編輯成書名資政要覽頒行中外垂法萬世
廟謨抑何遠也迺
命臣序末簡臣謹拜手稽首颺言曰
皇上鎔古鑄今樂善不倦欲以德治天下又恐天下之
不能悉知悉見也故輯此書以教之崇治體敦簡要條

分縷晰俾天下是訓是行家孝弟而戶禮讓仰追唐虞
之隆其在今日乎臣忝竊院學日沐
德化雖惟日孳孳而年踰七十愧輔道無術莫裨高深
猶當遲暮之日躬遇此書之成得以誦法而興起幸矣
臣聞漢儒有云言之匪難行之為難宋人又云讀得一
尺不如行得一寸自古至今惟躬行實踐謂之德即謂
之政也
皇上生知好學固自卓越百王臣更願一動一靜之閒
較然行之不疑斷然行之不阻慎終如始久遠行之而
不易將見
皇建有極彼為會為歸者思近
天子之光實一時而萬世之
光祿大夫太保兼太子太傅實支正一品俸內翰林
國史院大學士臣党崇雅謹序
皇上御製資政要覽成復
命諸臣敘於簡末以次及臣臣不敏謹拜手稽首言曰

至矣哉
皇上之心日典於學日勤於治是編之作凡以為政也
曷言乎為政爾
皇上主政者也王公佐政者也卿大夫從政者也士庶
人稟政者也然則政者統乎天下之辭也抑曷言乎政
爾政正也內正心外正身近正家國遠正天下百官萬
民罔不敬應以底於正斯政成焉故曰政者正也然則
曷取乎資爾政正己也資資人也書不云乎皇極之敷

言是彛是訓聖人者衆人之資語有之芻蕘之言聖人擇焉衆人者亦聖人之資也且自羲軒虞夏商周秦漢晉魏唐宋以迄於今善炳炳爾可資為法惡炯炯爾可資為戒故古人之有作後人之資也多聞而擇多見而識口耳之學皆資於心資於心然後資於政也然則曷取乎要爾資博也要約也三墳五典八索九丘闕有間矣經十有三史二十有一子之家百集之家千或成一家言者又不啻萬矣夫羣言紛賾必折衷於聖人約而

擇之故其為道易行其為教易知也然則曷取乎覽爾要在心也覽在目也古人有言百聞不如一見

皇上建中和之極觀萬化之源既以獨見且欲與天下共見之此資政要覽之書所由作也首君道端本也終愛物廣化也自五倫五常之鉅以及一言一動之微既易知而易從復可大而可久也至矣哉蔑以加矣抑臣於讀是書者願有勸焉資以輔心政以格心要以省心覽以明心心者政之原要之要者也讀之者皆自求於心庶不負

皇上之心也歟臣不敏謹簪筆而附於簡末

内翰林弘文院學士臣張玄錫謹序

臣聞天生蒸民有物有則帝王代天出治必有以導其物則之性而後教化興教化興而後三綱正五常立綱常著明而後在朝則庶績咸熙在野則民風敦美雖因革損益代有異制而所以敷政之本千古同揆也孔子曰先王有至德要道以順天下民用和睦上下無怨又

曰其教不肅而成其政不嚴而治唐虞夏商周號稱上理厥由是道即下而漢之文景唐之貞觀宋之慶歷類能以孝弟節儉禮義廉恥砥礪人倫化道風俗一時亦底乂安可見世運有升降而人心不降也彰之以善咸罔弗興癉之以惡咸罔不戒是在一人執要則四方來效其機蓋捷於桴鼓矣我

皇上膺圖御籙海宇維新

親政以來良法美意史不勝書乃猶以疆圉未靖灾祲

時聞官方之叢蠧尚滋獄訟之明允寡效用是勤求治
要
宵旰靡寧博採羣書監觀往代撮其事類足資要覽者
輯成一編凡三十章今古勸懲燦然具備猗歟休哉不
獨為
御座箴銘永垂寶鏡凡百臣工以及九埏士庶咸俾提
撕共遵皇路此真至德要道之極軌移風易俗之大原
也臣之俊未窺中秘濫厠綸扉燮理既愧無能編摩又

慚踈拙恭承
皇上諭令院臣各撰後序以次及臣幸遘昌期欣瞻盛
典敢不稽首颺言用以對揚
休命
光禄大夫少保兼太子太保内翰林國史院大學士
臣金之俊謹序
皇上御極十有二年憫念教化不行人心不正
親灑宸翰編集成書共三十篇始於君臣父子終之言
行愛物名之曰資政要覽臣欽承
特恩備員密勿
命隨諸臣序於末簡臣雖固陋無文敢不對揚
休命乃拜手稽首颺言稽之書曰作之君作之師詩曰
儀式刑文王之典日靖四方禮記曰天子者與天地參
其在朝廷則道仁聖禮義之序由此觀之凡聖人在天
子位者皆以復性明倫修道立教為本務自伏羲畫卦
而後堯舜禹湯文武嘉猷懿訓炳若日星漢唐以下代
有鑒戒之文雖不能與典謨訓誥爭光然皆足以啓佑

愚蒙移易風俗錫五福而綏萬邦先後有同揆也
皇上開天立極以元后作父母君道兼師道尚德緩刑
著書立教上追五帝遠邁百王臣願天下臣民誦讀要
覽者當思隻字片語榮於華衮嚴於斧鉞上自王公侯
伯卿大夫下逮士農工商凡有血氣莫不有倫即莫不
有德惕然警醒勿迷天性勿失本心勿見義而弗為勿
知過而不改福善禍淫古今不爽痛自刻責互相勸勉

導迎和氣將見雨暘時若百穀告成物阜民安唐虞三代之盛可翹足而待也然則資政要覽一書如日月經天江河行地與六經共不朽矣厥惟休哉

内翰林國史院大學士通議大夫臣王永吉謹序

臣惟帝王之政出於學而成於教學政則立政之源清教彰則敷政之功備故稽古監憲化民成俗誠御世之鴻圖致治之隆軌也昔虞帝以玄德愼徽五典而其命契曰敬敷五教在寬故其時地平天成四方風動三代

盛王為政之道率法乎此嗣茲而降精一未傳訓行無本是以至道弗明治效寖薄間有振興教化留意典墳然或耽載籍而鮮躬修或肅紀綱而尠勸迪若乃建極綏猷章度貞教特

灑宸藻以布嘉謨則曠代以來所未有也恭惟我

皇上至仁純孝度越前古濬哲文明緝熙遜志自

親政後經史燦然塵

乙夜之覽者蓋炳乎大備矣茲復親

御天章用勸

睿慮萃古精義著為弘典名曰資政要覽冠以倫紀詳以躬修示以聖哲之言以及淑慝之行修齊治平之大經大法統括靡遺使夫覽者懼然知法而肅然知戒於以惇倫盡性持己廣愛以力致乎中和之域易易矣夫惟

皇上盛德大業高明日新而又垂意斯人期於共臻雅化故孜孜思治深切如此是書也以明大道以正彝常

以裕後昆以覺天下巍乎煥哉臣愚謭劣備員侍從曾不足仰窺

高深揄揚萬一而竊自欣幸獲頌

瑶編故不敢以固陋自辭承

命薰沐而敬序之簡末云

禮部右侍郎兼内翰林秘書院學士仍在内院辦事

儒林郎臣胡兆龍謹序

皇上御極之十有二載握金鏡調玉燭固已天德出寧

泰階入旦矣爰念國家登上理而臻長治必舉行善政取資往古乃製有裨治道者為三十篇議論精至博引古人事以實之併作詮解務令詳明用布一代之新書勒為萬年之弘訓集成名曰資政要覽

御製大序昭示來茲乃又俾院臣各得書於其末而以

次

命及臣宮臣至謭陋苟

高厚特恩得備員

禁近仰觀我

皇上開天建極作人成矩而因思道法與治法兼合者自勲華精一而外及於今而先聖後聖始有同揆也臣竊見古來憲天於聰明基命於宥密此以心法為治法者也顧談理不衡諸事僅以囊括道腴凝成於玄默投體於叟老此以身法為治法者也顧徵事不準諸理亦祇鋪張文具此雖端本天縱者深得力經術者素然各執一成未闚至極即令皐夔繹旨旦說賡謨未敢謂盛德大業千古獨歸也洪惟我

皇上英資天亶峻德日升旃廈而神交於帝驂皇馳旦明而緝熙於聖趨賢步且以敬勤者法

天以艱難者法

祖創成是書為世寶録是千古來知行合一之旨至

皇上而合千聖後道法相端之化至

皇上而成以此章往詔來懿哉爍乎至已臣宮簡畀未員仰觀

盛際欲宣敘景美莫罄萬一臣惟天苞地符與寶書為域中之三大此德位時所以立隆今古也以此光被上下於萬斯年臣愚謹稽首拜手颺言以

進

太子太保內翰林弘文院大學士臣呂宮謹序

御製資政要覽書成既以

宸翰冠於前

復命諸臣綴言簡末臣獲與跽誦之列肅然曰斯即大

舜與人為善神禹愛惜寸陰之意也大哉淵乎顧臣學
術謭庸何能窺測萬一臣惟從來有天下者莫不以興
教化正人心為先務而人心者教化之所從出也屋漏
之中隱而善遯操存偶怠嚮往無恒故誥誡刑章可以
驟令革面而提撕淪浹之效時或有未及焉理則然也
古聖王知此必於誥誡刑章之外求可以兼施而佐理
者舍稽古立訓其道蔑由誠以前事不忘後事之師載
籍所垂非徒托之空言也我

皇上右文典學遠邁前喆雖以乂安海㝢焦勞日昃乃
萬幾之暇披閱簡編理考諸經事徵諸史以及百家之
言靡不綜其要領滙厥菁華出之緒餘遂成鉅帙條分
註釋而義蘊閎深章舉類從而指歸簡當由君道以迄
愛物凡三十篇妍媸並列法戒炯如在上者讀之可以
知用人行政化民成俗之大端在下者讀之可以得修
身正家迪吉寡過之要道至於前言往行畜德博聞又
其賸義夫如是將見人心振起教化郅隆為政之源不

越乎此豈僅云相資而已乎書有之凡厥庶民極之敷
言是訓是行以近天子之光臣敢取以為天下後世勸

內翰林秘書院學士文林郎臣李霨謹序

皇上製資政要覽成臣恭捧莊誦媿不能仰贊高深謹
拜手稽首少抒芻蕘於其末曰至矣哉
皇上之學深矣哉
皇上之心苞儀象於道樞浹古今於事始事求其有據
則援政而歷歷分明道變乎無方則婉曲而殷殷鼓盪

直欲以一心通天下而櫽括天下之書為一書大文法
經註解法傳精刻如子詳確如史經傳子史合而為一
是安得不謂之要哉然以資政名則又何說也
天子綂政於上公卿百執事宣政於下士農商賈循政
而各安其業政者正也正
朝廷正百官正萬民無所不正而後謂之政下資上為
教養上資下為聰明用天下之聰明因天下之教養王
道所以約而易操也鍾無我而生大音其資惟擊不音

則擊何益石陽驅雪犀通辟水豈必徵發資有先焉者矣

皇上以資心者資政天下以資政者資學綱常倫理若是其昭性命敦修若是其摯由内及外公諸民物由外返内練諸幾微而最扼要者究不越百姓日用之間詩不云乎天保定爾亦孔之固羣黎百姓徧為爾德卜世卜年胥從此為原本創起於甲午之嘉平告成於乙未之春仲貞下起元慎終如始臣願與讀是書者共勉之

太子太保内翰林秘書院大學士奉政大夫臣傅以漸序

皇上荷

天眷命肇啓大統好學勤政臣民胥悦迺

皇上兢兢業業不敢宴寧日進諸臣咨詢治道左圖右史朝夕披覽爰審為政之要

御製成書援古證今分類以舉其綱詳註以明其義於以資治理垂儀型甚盛典也自昔開國令主為政各有崇尚篤彝倫者其化遠尊道德者其澤長臣恭繹茲編首重君臣父子夫婦昆弟之倫則政有其本矣次明仁義禮智信之德則政有其道矣至於仁民愛物謹言慎行諸事詳盡明悉則政之條理節目無不備矣

皇上學於古訓身體力行得天下以此治天下亦以此頒諸百官布諸四海傳諸萬世為政者佩服而率循之致上理康兆民豈越此三十篇哉信乎二典齊烈九經同功然

皇上恒謙讓不居臣故仰闡著作之

睿意紀其實於末簡如此

光禄大夫太子太保内翰林弘文院大學士臣陳之遴謹序

臣聞圖治之道不一大要以純王之心行純王之政乃可以久安而長治三代盛王莫不以教化為先務故化行俗美千載而下稱無間然漢唐之初治非不隆也其道雜用擇術不純去古遠矣

皇上執中之十二載用人行政興利除弊業已次第舉
行而
帝心孜孜猶日不足以為普天之下有一夫不涵育於
仁義之中非所以昭時雍奏風動也於是博稽羣書出
以心裁著為訓辭加以解釋凡三十篇
命名資政要覽頒示天下復
命諸臣各抒其見題識於後臣以迂踈小臣亦得附名
且喜且懼於是珥筆從事拜手稽首而言曰王道之本

無他治其心而已矣治心之要無他重教化而已矣使
遺其本而圖其末雖令行禁止豈治道之極隆者歟誠
使天下之民各知忠孝之當法奸邪之當戒漸漬既久
習若自然則雖驅使為非不可得矣
御製此書正治心之要務教化之弘規也臣雖庸菲獲
誦是書敢不勉力終身奉行凡厥臣民讀此書者睹其
善則奮然思齊覩其惡則怵然自省身體力行庶不負
朝廷諄切啓迪之意乎而臣之愚衷更望

皇上持此大道行之久遠以致太平無責旦夕之效則
化民成俗遠過漢唐直與三代比隆矣

內翰林弘文院侍讀學士臣折庫訥謹序

臣聞作君作師道必先於立極善政善教義統歸乎牖
民惟家國天下羣情之愚智不同然經傳典章百行之
貞邪可考欲援古證今俾景行而迪吉必博搜類集以
革薄而從忠是誠萬世不易之弘圖而盛治務先之鉅
典也臣伏覩

皇上承精一之心傳法時敏而遜志宵衣旰食勤政所
以安民右史左圖典學原以敷教迺於萬幾之暇
鑒觀載籍之文爰採人倫物理之攸關以及細行微言
之足録道可師為率履事足取為明徵者輯為一書名
曰資政要覽臣伏而讀之仰見
皇上勵精圖治之盛心矣夫以古為鑑可知興替作事
謀始貴辯從違誠小節而必詳斯一身可以寡過果盡
人而觀法則四海可以同風載誦茲編無微不著自朝

廷以逮閭巷所以為行政制事之矩者往迹備陳自經
史以及諸書可以為修身立命之模者洞觀有獲希賢
希聖道不外乎庸行尚質尚文義總期于成化
上行下效將見通治而遠安户誦家傳自底政平而刑
措澆漓者可歸于淳樸顓蒙者可進于文明無偏無黨
共覩遵義遵道之休克剛克柔聿成正直平康之盛真
有裨于治平而足傳為謨訓者也臣稽于詩曰訏謨定
命遠猷辰告書曰克綏厥猷惟后又曰凡厥庶民極之

敷言是訓是行以近天子之光是皆諄諄告誡而致蕩
平順則之效者也凡在臣民無從匪彝無即慆淫各守
爾典以承
天休斯有合于
皇上作君兼于作師善政資乎善教之
宸衷爾
司經局洗馬兼内翰林國史院修撰徵仕郎臣王熙
謹序

庭訓格言

（清）愛新覺羅·胤禛　撰

解題

翟雙萍

《庭訓格言》不分卷，清（世宗）愛新覺羅·胤禛，追述清（聖祖）愛新覺羅·玄燁遺言于雍正八年（一七三〇）輯録成編，凡二百四十六則，爲『實録』所不載。初爲雍正八年内務府刊行本，《四庫全書》爲重抄本。

本編據文淵閣《四庫全書》本影印。卷首有清（世宗）愛新覺羅·胤禛于雍正八年四月初一日所作《序》文，次爲《庭訓格言》正文。

清聖祖，諱玄燁，清世祖（皇太極）第三子。母孝康章皇后佟佳氏，順治十一年三月戊申，誕于景仁宫。順治十八年正月，清世祖駕崩，即位皇帝，時年八歲，改元康熙，廟號聖祖。遵遺詔，由索尼、蘇克薩哈、遏必隆、鰲拜四大臣輔政。《清史稿·聖祖本紀》載：康熙六十一年十一月，『上不豫，還駐申昜春園。以貝子胤禵、輔國公吴爾占爲滿洲都統。庚寅，命皇四子胤禛恭代祀天。甲午，上大漸，日加戌，上崩，年六十九。即夕移入大内發喪。雍正元年二月，恭上尊謚。九月丁丑，葬景陵』。《清史稿·聖祖本紀》論曰：

聖祖仁孝性成，智勇天錫。早承大業，勤政愛民。經文緯武，寰宇一統，雖曰守成，實同開創焉。聖學高深，崇儒重道。幾暇格物，豁貫天人，尤爲古今所未覯。而久道化成，風移俗易，天下和樂，克致太平。其雍熙景象，使後世想望流連，至于今不能已。傳曰：『爲人君，止于仁。』又曰：

『道盛德至，善民之不能忘。』於戲，何其盛歟！（據《二十五史》本卷九）

《庭訓格言》雍正八年《序》文所説：『朕四十年來，祗聆默識，夙夜凛遵。仰荷纘承，益圖繼述。追思疇昔，天倫之樂，緬懷叮嚀，告戒之言，既歷歷以在心，尚洋洋其盈耳。謹與誠親王允祉等記録各條，萃會成編，恭名爲《庭訓格言》。……』（據本編）此中言及『誠親王允祉等記録各條』，按照清世宗此《序》之説，時爲誠親王的允祉也參預《庭訓格言》的追憶、輯録之事。誠親王允祉是清聖祖（玄燁）的第三子，爲榮妃馬佳氏所生，原封和碩誠親王，雍正六年，降爲郡王。雍正八年二月，復親王爵，同年五月，坐事削爵[一]。除了《庭訓格言》清世宗《序》文言及允祉參預輯録，其他文獻均未曾記載此事。《皇朝文獻通考·封建考·聖祖系》載曰：

原封和碩誠親王允祉，聖祖皇三子。康熙四十八年三月，以多羅貝勒晋封。雍正六年六月，降多羅誠郡王。八年二月，復封。是年五月，坐事削爵，卒。（據文淵閣《四庫全書》本卷二百四十六）

允祉封爲和碩誠親王是在康熙四十八年[二]，降爲郡王是在雍正六年，以雍正二年，允祉之子弘晟得罪，削世子，爲閑散宗室，允祉索人救助而事發削爵并遭清世宗的軟禁，《清史稿·允祉傳》説：『六年六月，允祉索蘇克濟賕，事發，在上前詰王、大臣，上責其無臣禮，議奪爵，錮私第。』[三] 據此可知，允

[一] 參見《皇朝文獻通考》卷二百四十六。又，允祉削爵，《清史稿·允祉傳》載：『（雍正）八年二月，復進封親王。五月，怡親王之喪，允祉後至，無戚容。』（據《二十五史》本《清史稿》卷二百二十）以故削爵。

[二] 案，《清史稿·允祉傳》載爲四十七年。

[三] 據《二十五史》本《清史稿》卷二百二十。

祉在雍正六年已經削爵，清世宗在《庭訓格言》的序文中仍稱允祉爲『誠親王』，屬追憶之詞，按照這一時間推算，《庭訓格言》的輯録必是在雍正六年以前，而且負責輯録的人或有其他皇子，或由允祉主其事？

後世著録，皆以清世宗胤禛編定，清乾隆朝敕撰《國朝宮史·書籍二·聖訓》載曰：

《庭訓格言》一部，世宗憲皇帝侍奉聖祖仁皇帝時，敬承庭訓，念篤不忘，御極之初，紀録薈編，以昭家法，展孝思。書成，凡二百四十二則，雍正八年，奉旨校刊。（據文淵閣《四庫全書》本卷二十三）

清乾隆朝敕撰《皇朝通志·藝文略》録曰：

《庭訓格言》一卷，雍正八年，世宗憲皇帝御纂。（據文淵閣《四庫全書》本卷一百一）

此所著録，亦未及分卷。又，民國趙爾巽等編《清史稿·藝文志》著録：

《庭訓格言》不分卷。世宗御編。（據《二十五史》本卷一百四十六）

皆記清世宗御纂，又，清葉德輝《書林清話·内府刊欽定諸書》：

《庭訓格言》一卷　謹按，《四庫》同，云：雍正八年，世宗憲皇帝追述聖祖仁皇帝天語，親録成編。（據華文出版社，二〇一二年版卷九）

與《庭訓格言》相類的書是《聖祖仁皇帝聖訓》。《庭訓格言》于雍正八年付刻，《聖祖仁皇帝聖訓》在雍正九年編成，但未曾刊布，直到乾隆六年，由清高宗製序刊刻。《庭訓格言》與《聖祖仁皇帝聖訓》

都是清世宗敕命編修的，所記載的内容一是清聖祖的訓誡皇子的語録，一是清聖祖的詔命（書面語），《聖祖仁皇帝聖訓》與《庭訓格言》的編例异同各有，《庭訓格言》載清聖祖的訓示之語，而《聖祖仁皇帝聖訓》悉載清聖祖登極之後詔、誥、諭批之文，《聖祖仁皇帝聖訓》是編修《聖祖仁皇帝實録》之後，爲便查閱，以編年爲經，分類爲緯而另外纂輯的[一]，是研究清康熙六十多年統治的重要史料，也是研究清代早期歷史的重要文獻。這兩部文獻最大的區别在于《庭訓格言》是玄燁作爲皇帝教子的訓示，《聖祖仁皇帝聖訓》則是面對百官、世人的詔命、法規文本。《皇朝通志·藝文略》著録：

《聖祖仁皇帝聖訓》六十卷，雍正九年，世宗憲皇帝編次，乾隆六年，皇上御製序文刊布。（據文淵閣《四庫全書》本卷九十九）

這是大型的文獻，傳至今日。

《庭訓格言》是帝王之家經世致治之書，其中最要緊的内容是訓導親子治國安民之術，但也不乏天道人倫之思，《四庫全書簡明目録》説：

《庭訓格言》一卷，雍正八年，皇帝御纂，凡二百四十有六則。蓋至孝承顔，獨蒙眷顧，故宫廷問視之餘，訓示周詳。心法、治法，同符典、誥。嗣服之後，爰追録以成此編云。（據文淵閣《四庫全書》本卷九）

[一] 可參看《聖祖仁皇帝聖訓》清世宗製序。

此説雖内含胤禛承嗣大統合法性的藴藉，但所謂『宮廷問視之餘，訓示周詳。心法、治法，同符典、誥』不免强調是書做人做事的原則與治理國家方略等等所具備的經典訓示作用。

有人把《庭訓格言》歸之于『戒子』，這没有錯，此書確是父親戒子之言，但應該釐清的是此之戒子，貫通著治國安邦的帝王之術，也可以説其中最重要内容是做帝王的學問。因此此書首先是帝學之書。

是書題爲《庭訓格言》，其要在『訓』和『言』，全書既無卷次，亦無綱目，唯以『訓曰』作爲『訓言』的分界，『訓曰』是每一個『訓言』内容的單位，每一個『訓曰』的内容并無必然的邏輯聯繫，有些是生活瑣事，更勿論所及事物的關係，但全書貫通著一條主綫則是修身、齊家、治國、平天下的儒家思想脉絡。雖是皇帝訓誡皇子之言，是皇帝與皇帝有關的皇子等統治者所必讀，然是書的諸多訓示條陳具有普遍意義，即可實用于所有的社會人，對所有的社會人都具一定的參考價值，次略例論之：

第一條：

訓曰：元旦，乃履端令節；生日，爲載誕昌期，皆係喜慶之辰。宜心平氣和，言語吉祥，所以，朕于此等日，必欣悦以酬令節。（據本編）

按照此書的宗旨，是清聖祖玄燁訓示當時爲皇子的胤禛等人的話被輯録，此語中涉及兩個節令，一是元旦，認爲，元旦是一年之始是第一個美好的節日，故説爲『履端令節』；一是生日，認爲，生日是人生開端，昌達的起點，故説爲『載誕昌期』。説者把一年和一生開端的兩個節令都界定爲『喜慶之辰』，既然是『喜慶之辰』，所以『必欣悦以酬令節』。從文面上看，這只是對『元日』和『生日』兩個節令的態度，其内涵却是涉及做人尤其是作爲帝王的修養，仍可認爲是『修身』的現身説法。

第二條：

訓曰：吾人凡事，惟當以誠，而無務虛名。朕自幼登極，凡祀壇廟、禮神佛，必以誠敬存心。即理事務，對諸大臣，總以實心相待，不務虛名，故朕所行事，一出于真誠，無纖毫虛飾。（據本編）

此條訓示，從兩個事點上强調『真誠』。第一個事點是祭祀『必以誠敬存心』。古代社會，『祀壇廟，禮神佛』是一項非常重要的宗教活動，存心誠敬，關乎到先祖和神佛是否賜福之大事，特别是君主的祭祀活動攸關著江山社稷；第二個事點是作爲一國之君對待臣屬的心志必須『真誠』。清聖祖是否以真誠待臣屬可另當别論，但他教育皇子務事『真誠』，不能否認所必有的意義。從兩個事點上可以引申出：作爲帝王做任何事都要『真誠』。不難理解，做人處世，以『真誠』相示，不僅是人的品德，也是修養。

據此兩條『訓示』涉及的事物對象看似毫不相干，但歸之于『修身』，二者就可以互通了。

第三條：

訓曰：凡人于事務之來，無論大小，必審之又審，方無遺慮。故孔子云：『不曰如之何，如之何者，吾末如之何也已矣。』[二] 誠至言也。（據本編）

此條的基本意義指向是：慮在事前，慎于未然，如此，可以無過，亦當勉禍。此訓示雖對皇子説之，

[二] 案，此語見于《論語·衛靈公》，宋邢昺疏曰：『此章戒人豫防禍難也。如，奈也。「不曰如之何」猶言不曰奈是何。末，無也，若曰奈是何者，則是禍難已成，不可救藥，吾亦無奈之何。』（據《十三經注疏》本《論語注疏》卷十五）

其實，用于普通人也是有意義的。即如《詩經》所説：『靡不有初，鮮克有終。』[一]——處理事務，没有審慎的開始，就不會産生最終的好結果。語雖簡約，却積澱著深厚的民族思維方式——這種思考和處理問題的思維方式，至少在西周時期就形成了，不僅影響著中華民族思維形態的發展，也架構著中華文化的類型。此條，明訓理事，實爲修身之一端，或者説是修身中的重要組成部分。

第八條：

訓曰：朕八歲登極，即知黽勉學問。彼時教我句讀者有張、林二内侍，俱係明時多讀書人。其教書，惟以經書爲要，至于詩文，則在所後及。至十七、八，更篤于學，逐日未理事前，五更即起誦讀。日暮，理事稍暇，復講論琢磨，竟至過勞，痰中帶血，亦未少輟。朕少年好學如此，更耽好筆墨。有翰林沈荃，素學明時董其昌字體，曾教我書法。張、林二内侍，俱及見明時善于書法之人，亦常指示，故朕之書法，有异于尋常人者以此。（據本編）

清聖祖玄燁不僅是清代甚至可以説是中國古代歷史上具有建樹的帝王，後人譽之爲『康熙盛世』并非虚評，同時，清聖祖玄燁也是一位非常有學問的皇帝。作爲滿族，他精通滿、漢文化，而且通曉藏文、蒙文，崇信佛教，又熟知梵文。他傳世的書法，不僅深得明代書家董其昌的神韵，且有所創新，稱爲書法家，是不誇張的。如果他不在皇帝位，一定是成績突出的學者、書法家。上所引述訓誡皇子的事，可不

[一]《詩經·大雅·蕩》第一章中有：『天生烝民，其命匪諶。靡不有初，鮮克有終。』（據《十三經注疏》本《毛詩正義》卷二十五）

爲誣。

第九條：

訓曰：節飲食，慎起居，實却病之良方也。（據本編）

此謂節制飲食，慎重對待起居時間，是祛病的良方。所言是生活方式，也是養生之道，大抵本于儒家的生存觀念與爲人的態度。孔子在兩千多年前就人生壽命的長短提出了極爲科學的見解，《孔子家語·五儀》載：

哀公問于孔子，曰：『智者壽乎？仁者壽乎？』孔子對曰：『然，人有三死，而非其命也，行已自取也。夫寢處不時，飲食不節，逸勞過度者，疾共殺之；居下位而上干其君，嗜欲無厭，而求不止者，刑共殺之；以少犯衆，以弱侮强，忿怒不類，動不量力，兵共殺之。此三者死，非命也，人自取之。若夫智士仁人，將身有節。動静以義，喜怒以時，無害其性，雖得壽焉，不亦宜乎？』[一]（據清陳士珂《孔子家語疏證》卷一，上海書店影印商務印書館一九四〇年復印本，第三十七頁）

孔子此論『夫寢處不時，飲食不節，逸勞過度者，疾共殺之』與清聖祖玄燁之説『節飲食，慎起居』是一脉相承的關係，或者説清聖祖玄燁是簡化了孔子就『壽夭』問題所論。清聖祖玄燁陽壽六十九，在當時差爲高年，這與他的生活方式是有關係的。在第十條、第十一條中，亦專述健身養性之道。

[一] 案，此文亦見于《韓詩外傳》、《説苑》等文獻，文稍有异。

第十條：

訓曰：凡人修身治性，皆當謹于素日。朕于六月大暑之時，不用扇，不除冠，此皆平日不自放縱而能者也。（據本編）

第十一條：

訓曰：汝等見朕于夏月盛暑不開窗，不納風凉者，皆因自幼習慣，亦由心静，故身不熱。此正古人所謂但能心静，即身凉也[二]。且夏月不貪風凉，于身亦大有益。蓋夏月盛陰在内，倘取一時風凉之適意，反將暑熱閉于腠理。彼時不覺其害，後來或致成疾。每見人秋深多有肚腹不調者，皆因外貪風凉，而内閉暑熱之所致也。（據本編）

這兩條『訓示』都是在論説自然『暑熱』與心印『暑熱』的關係。暑熱是客觀的自然現象，心印『暑熱』却是主觀感受。聖祖皇帝引説白居易以詩唱述恒寂禪師面對著暑熱的態度、行爲，辯證地解釋自己對待暑熱的認知。其中不乏養生的體認，更重要的是顯示著清聖祖修育心性之道的内涵。

作爲皇帝，清聖祖以儒家思想爲主體統治一個國家，教育皇子自然不能脱離這一思想原則。仁恕和博愛是先秦儒、墨兩家的思想根基，在《庭訓格言》中也有所顯現。

第十六條：

[二] 唐代白居易《苦熱題恒寂師禪室》詩：『人人避暑走如狂，獨有禪師不出房。可是禪房無熱到？但能心静即身凉。』案，此詩見于《白氏長慶集》、《御定全唐詩》等文獻，另，清聖祖玄燁有《御選唐詩》，卷二十九亦選此詩，聖祖皇帝必是深味此詩之藴藉，故有此説云。

訓曰：仁者以萬物爲一體，惻隱之心，觸處發現，故極其量，則民胞物與，無所不周，而語其心，則慈祥愷悌，隨感而應。凡有利于人者，則爲之；凡有不利于人者，則去之。事無大小，心自無窮，盡我心力，隨分各得也。（據本編）

第十七條：

訓曰：仁者，無不愛。凡愛人，愛物，皆愛也。故其所感甚深，所及甚廣。在上，則人咸戴焉；在下，則人咸親焉。己逸而必念人之勞，己安而必思人之苦。萬物一體，痌瘝切身，斯爲德之盛，仁之至。（據本編）

以上兩條都是在闡述關于仁恕、博愛思想的道理。作爲一國之君，仁恕、博愛存于心，實爲民之幸，但要實施，也并非輕易之事。無論如何，從此兩條訓示語中，可以感受到，清聖祖施政，還是把仁恕、博愛放在重要的位置上。仁愛之説，始于先秦，儒、墨兩家皆所主張。儒家唱説仁者愛人，墨家鼓張兼愛、交利，雖文字不同，其意不悖，皆可統稱爲仁恕、博愛。據上述兩條訓示，其中既有儒家的仁者愛人之義，也有兼愛、交利的墨家思想——所謂的『仁者，無不愛。凡愛人，愛物，皆愛』，自然可以理解爲仁愛與兼愛的合意；所謂『凡有利于人者，則爲之；凡有不利于人者，則去之』完全可以解釋爲『交相利』的引申。皇帝，作爲最高權力的持有者，能認識到施行仁愛于民，惠利與衆，是國家之幸，人民之幸。

第十四條關于祭祀鬼神的認知，强調人禮祀鬼神，以禮敬爲主，禮敬鬼神是爲了『全吾身之正氣』，認爲人秉持『正氣』纔是立身社會的重要素養；第十八、十九、二十條强調敢于承擔自己的過失，切莫委過于他人，過而能改，亦可謂善。

《庭訓格言》與《帝範》由于時代的不同，社會的變遷以及訓誡主體（李世民和愛新覺羅·玄燁）的差异，其内容自是有别，但在訓誡皇子這一點上是一樣的。《庭訓格言》與《帝範》都是作爲皇帝的父親訓示皇子怎樣做人尤其是未來怎樣做皇帝的訓誡之語。怎樣做皇帝，怎樣做一個好皇帝，是《帝範》與《庭訓格言》的共性，故釐爲『帝範』。

世宗憲皇帝御製
聖祖仁皇帝庭訓格言序
欽惟
皇考聖祖仁皇帝性秉生安道參化育臨御悠久宇宙
清寧六十載
聖德神功超越萬古凡爲史臣所記注黎獻所覩聞者
固已備編於
實録

寶訓珍藏於金匱琅函啇啇皇皇盛矣大矣朕曩者偕
諸昆弟侍奉
宫庭親承
色笑每當視膳問安之暇
天顔怡悦倍切
恩勤提命諄詳鉅細悉舉其大者如對越
天
祖之精誠侍養

兩宫之純孝主敬存誠之奥義任人敷政之宏猷慎刑
重穀之深仁行師治河之上畧圖書經史禮樂文章之
淵博天象地輿歷律步算之精深以及治内治外養性
養身射御方藥諸家百氏之論説莫不隨時示訓遇事
立言字字切於身心語語垂爲模範葢由我
皇考質本生知而加以好學聖由天縱而益以多能舉
天地間萬事萬物之理融會貫通以其得之於心者宣
爲至教視聽言動悉合經常飲食起居咸成矩度而

聖慈篤摯啓迪周詳涵育薰陶循循善誘朕四十年來
祇聆默識夙夜凛遵仰荷纘承益圖繼述追思疇昔天
倫之樂緬懷叮嚀告戒之言既歷歷以在心尚洋洋其
盈耳謹與誠親王允祉等記録各條萃會成編恭名爲
庭訓格言於戲
聖謨弘遠包涵無際以今所紀擬昔所聞僅存什一於
千百闕畧甚多實深愧悚然而是編也文辭精要意旨
深長茍能引伸而擴充之則片語能含衆義隻字可括

千言雖卷帙簡約而格致誠正修齊治平之道罔弗無該堯舜禹湯文武周孔之傳一以貫之矣爰奉秘集壽之琬琰以昭垂於億萬世書曰監於先王成憲其永無愆詩曰詒厥孫謀以燕翼子勗哉後嗣恪循
祖訓念茲罔斁受益靡窮世世子孫尚其永久敬承哉
謹序
雍正八年四月初一日御筆

欽定四庫全書　子部一

庭訓格言　儒家類

提要

臣等謹案
庭訓格言一卷雍正八年
世宗憲皇帝追述
聖祖仁皇帝天語
親錄成編凡二百四十有六則皆
實錄
聖訓所未及載者蓋我
世宗憲皇帝至孝承
顏特蒙
眷注
宮闈問視之暇從容
溫諭指示獨詳而
帝德同符心源默合聆受亦能獨契故紬繹

舊聞編摩
實帙數由
皇極方軌六經粤考三皇五帝以逮於禹湯文武其
佚文遺教散見於周秦諸書而紀錄失真醇
疵互見故司馬遷有百稱皇帝其文不雅馴
之說蓋其識不足以知聖人故所述不盡合
本旨也是編以
聖人之筆記

聖人之言傳述既得精微又以
聖人親聞于
聖人授受尤為親切垂諸萬世固當與典謨訓誥共
昭法守矣乾隆四十六年十月恭校上
總纂官臣紀昀臣陸錫熊臣孫士毅
總校官臣陸費墀

聖祖仁皇帝庭訓格言

訓曰元旦乃履端令節生日為載誕吕期皆係喜慶之
辰宜心平氣和言語吉祥所以朕於此等日必欣悅
以酬令節
訓曰吾人凡事惟當以誠而無務虛名朕自幼登極凡
祀
壇廟禮神佛必以誠敬存心即理事務對諸大臣總以實

心相待不務虛名故朕所行事一出於真誠無纖毫
虛飾
訓曰凡人於事務之來無論大小必審之又審方無遺
慮故孔子云不曰如之何如之何者吾末如之何也
已矣誠至言也
訓曰人君以天下之耳目為耳目以天下之心思為心
思何患聞見之不廣舜惟好問好察故能明四目達
四聰所以稱大智也

訓曰凡天下事不可輕忽雖至微至易者皆當以慎重處之慎重者敬也當無事時敬以自持而有事時即敬以應事務必謹終如始慎修思永習而安焉自無廢事蓋敬以存心則心體湛然居中即如主人在家自能整飭家務此古人所謂敬以直内也禮記篇首以毋不敬冠之聖人一言至理備焉

訓曰為人上者用人雖宜信然亦不可遽信在下者常視上意所嚮而巧以投之一有偏好則下必投其所

好以誘之朕於諸藝無所不能爾等曽見我偏好一藝乎是以凡藝俱不能溺我

訓曰凡看書不為書所愚始善即如董子所云風不鳴條雨不破塊謂之昇平世界果使風不鳴條則萬物何以鼓動發生雨不破塊則田畝如何耕作布種以此觀之俱係粉飾空文而已似此者皆不可信以為真也

訓曰朕八歲登極即知黽勉學問彼時教我句讀者有張林二内侍俱係明時多讀書人其教書惟以經書為要至於詩文則在所後及至十七八更篤於學逐日未理事前五更即起誦讀日暮理事稍暇復講論琢磨竟至過勞痰中帶血亦未少輟朕少年好學如此更耽好筆墨有翰林沈荃素學明時董其昌字體曽教我書法張林二内侍俱及見明時善於書法之人亦常指示故朕之書法有異於尋常人者以此

訓曰節飲食慎起居實卻病之良方也

訓曰凡人修身治性皆當謹於素日朕於六月大暑之時不用扇不除冠此皆平日不自放縱而能者也

訓曰汝等見朕於夏月盛暑不開牕不納風凉者皆因自幼習慣亦由心静故身不熱此正古人所謂但能心静即身凉也且夏月不貪風凉於身亦大有益蓋夏月盛陰在内倘取一時風凉之適意反將暑熱閉於腠理彼時不覺其害後來或致成疾每見人秋深多有肚腹不調者皆因外貪風凉而内閉暑熱之所

致也

訓曰凡人養生之道無過於聖人所留之經書故朕惟訓汝等熟習五經四書性理誠以其中凡存心養性立命之道無所不具故也看此等書不勝於習各種雜學乎

訓曰書經者虞夏商周治天下之大法也書傳序云二帝三王之治本於道二帝三王之道本於心得其心則道與治固可得而言矣蓋道心為人心之主而心

法為治法之原精一執中者堯舜禹相授之心法也建中建極者商湯周武相傳之心法也德也仁也敬與誠也言雖殊而理則一所以明此心之微妙也帝王之家所必當講讀故朕訓教汝曹皆令誦習然書雖以道政事而上而天道下而地理中而人事無不備於其間實所謂貫三才而亘萬古者也言乎天道虞書之治歷明時可驗也言乎地理禹貢之山川田賦可考也言乎君道則典謨訓誥之微言可詳也言乎臣道則都俞吁咈告誡敷陳之忠誠可見也言乎理數則箕子洪範之九疇可敘也言乎修德立功則六府三事禮樂兵農歷歷可舉也然則帝王之家固必當講讀即仕宦人家有志於事君治民之責者亦必當講讀孟子曰欲為君盡君道欲為臣盡臣道二者皆法堯舜而已矣在大賢希聖之心言必稱堯舜朕則兢業自勉惟思體諸身心措諸政治勿負乎天佑下民作君作師之意已耳

訓曰子曰鬼神之為德其盛矣乎使天下之人齊明盛

服以承祭祀洋洋乎如在其上如在其左右蓋明有禮樂幽有鬼神然敬鬼神之心非為禍福之故乃所以全吾身之正氣也是故君子修德之功莫大於主敬內主於敬則非僻之心無自而動外主於敬則惰慢之氣無自而生念念敬斯念念正時時敬斯時時正事事敬斯事事正君子無在而不敬故無在而不正詩曰明明在下赫赫在上維此文王小心翼翼昭

事上帝聿懷多福其斯之謂與

訓曰凡理大小事務皆當一體留心古人所謂防微杜漸者以事雖小而不防之則必漸大漸而不杜必至於不可杜也

訓曰仁者以萬物為一體惻隱之心觸處發現故極其量則民胞物與無所不周而語其心則慈祥愷悌隨感而應凡有利於人者則為之凡有不利於人者則去之事無大小心自無窮盡我心力隨分各得也

訓曰仁者無不愛凡愛人愛物皆愛也故其所感甚深所及甚廣在上則人咸戴焉在下則人咸親焉已逸而必念人之勞已安而必思人之苦萬物一體痌瘝切身斯為德之盛仁之至

訓曰凡人孰能無過但人有過多不自任為過朕則不然於閒言中偶有遺忘而誤怪他人者必自任其過而曰此朕之誤也惟其如此使令人等竟至為所感動而自覺不安者有之大凡能自任過者大人居多也

訓曰虞書云宥過無大孔子云過而不改是謂過矣凡人孰能無過若過而能改即自新遷善之機故人以改過為貴其實能改過者無論所犯事之大小皆不當罪之也

訓曰曩者三逆未叛之先朕與議政諸王大臣議遷藩之事內中有言當遷者有言不可遷者然在當日之勢遷之亦叛即不遷亦叛遂定遷藩之議三逆既叛

大學士索額圖奏曰前議三藩當遷者皆宜正以國法朕曰不可廷議之時言三藩當遷者朕實主之今事至此豈可歸過於他人時在廷諸臣一聞朕旨莫不感激涕零心悅誠服朕從來諸事不肯委罪於人矧軍國大事而肯卸過於諸大臣乎

訓曰爾等凡居家在外惟宜潔淨人平日潔淨則清氣著身若近汚穢則為濁氣所染而清明之氣漸為所蒙蔽矣

訓曰朕幼年習射耆舊人教射者斷不以朕射為善諸人皆稱曰善彼獨以為否故朕能騎射精熟爾等甚不可被虛意承順讚美之言所欺諸凡學問皆應以此存心可也

訓曰人多强不知以為知乃大非善事是故孔子云知之為知之不知為不知朕自幼即如此每見高年人必問其已往經歷之事而切記於心決不自以為知而不訪於人也

訓曰人心虛則所學進盈則所學退朕生性好問雖極粗鄙之夫彼亦有中理之言朕於此等決不遺棄必搜其源而切記之並不以為自知自能而棄人之善也

訓曰朕自幼讀書間有一字未明必加尋繹務至明愜於心而後已不特讀書為然治天下國家亦不外是也

訓曰讀古人書當審其大義之所在所謂一以貫之也若其字句之間即古人亦互有異同不必指摘辯駁以自伸一偏之說

訓曰讀書以明理為要理既明則中心有主而是非邪正自判矣遇有疑難事但據理直行得失俱可無愧書云學于古訓乃有獲凡聖賢經書一言一事俱有至理讀書時便宜留心體會此可以為我法此可以為我戒久久貫通則事至物來隨感即應而不待思索矣

訓曰易云日新之謂盛德學者一日必進一步方不虛度時日大凡世間一技一藝其始學也不勝其難似萬不可成者因置而不學則終無成矣所以初學貴有決定不移之志又貴有勇猛精進之心尤貴有貞常永固不退轉之念人苟能有決定不移之志勇猛精進而又貞常永固毫不退轉則凡技藝焉有不成者哉

訓曰子曰吾十有五而志於學聖人一生只在志學一

言又實能學而不厭此聖人之所以為聖也千古聖賢與我同類人何為甘於自棄而不學苟志於學希賢希聖孰能禦之是故志學乃作聖之第一義也

訓曰子曰志於道夫志者心之用也性無不善故心無不正而其用則有正不正之分此不可不察也夫子以天縱之聖猶必十五而志於學葢志為進德之基昔聖昔賢莫不發軔乎此志之所趨無遠弗屆志之所嚮無堅不入志於道則義理為之主而物欲不能

移由是而據於德而依於仁而游於藝自不失其先後之序輕重之倫本末兼該內外交養涵泳從容不自知其入於聖賢之域矣

訓曰凡人盡孝道欲得父母之歡心者不在衣食之奉養也惟持善心行合道理以慰父母而得其歡心斯可謂真孝者矣

訓曰孝經一書曲盡人子事親之道為萬世人倫之極誠所謂天之經地之義民之行也推原孔子所以作經之意葢深望夫後之儒者身體力行以助宣教化而敦厚風俗其旨甚遠其功甚宏學者自當留心誦習服膺弗失可也

訓曰為臣子者果能盡心體貼君親之心凡事一出於至誠未有不得君親之歡心者昔日
太皇太后駕詣五臺因山路難行乘車不穩朕命備八人煖轎
太皇太后天性仁慈念及校尉請轎步履維艱因欲易車

朕勸請再三
聖意不允朕不得已命轎近隨車行行不數里朕見
聖躬乘車不甚安穩因請乘轎
聖祖母云予已易車矣未知轎在何處焉得即至朕奏曰轎即在後隨令進前
聖祖母喜極拊朕之背稱贊不已曰車轎細事且道途之間汝誠意無不懇到實為大孝葢深惬
聖懷而降是歡愛之旨也可見凡為臣子者誠敬存心實

心體貼未有不得君親之歡心者也
訓曰朕為天下君何求而不得現今朕之衣服有多年者竝無纖毫之玷裏衣亦不至少污雖經月服之亦無汗跡此朕天稟之潔淨也若在下之人能如此則凡衣服不可以長久服之乎
訓曰老子曰知足者富又曰知足不辱知止不殆可以長久奈何世人衣不過被體而衣千金之裘猶以為不足不知鶉衣袍緼者固自若也食不過充腸羅萬

錢之食猶以為不足不知簞食瓢飲者固自樂也朕念及於此恒自知足雖貴為天子而衣服不過適體富有四海而每日常膳除賞賜外所用肴饌從不兼味此非朕勉强為之實由天性自然汝等見朕如此儉德其共勉之
訓曰嘗閱明代宮闈之中食御浩繁掖庭宮人幾至數千小有營建動費巨萬今以我朝各宮計之尚不及當日妃嬪一宮之數我朝外廷軍國之需與明代略相髣髴至於宮闈中服用則一年之用尚不及當日一月之多蓋深念民力惟艱國儲至重
祖宗相傳家法勤儉敦樸為風古人有言以一人治天下不以天下奉一人以此為訓不敢過也
訓曰冠帽乃元服最尊今或有下賤無知之人將冠帽置之靴韈一處最不合禮滿洲從來舊規亦最忌此
訓曰如朕為人上者欲法令之行惟身先之而人自從即如喫烟一節雖不甚關係然火燭之起多由於此

故朕時時禁止然朕非不會喫烟幼時在養母家頗善於喫烟今禁人而己用之將何以服人因而永不用也
訓曰有子曰禮之用和為貴先王之道斯為美小大由之有所不行知和而和不以禮節之亦不可行也蓋禮以嚴分而和以通情分嚴則尊卑貴賤不踰情通則是非利害易達齊家治國平天下何一不由於斯
訓曰學問無他惟在存天理去人欲而已天理乃本然

之善有生之初天之所賦畀也人欲是有生之後因氣稟之偏動於物縱於情乃人之所為非人之固有也是故閑邪存誠所以持養天理隄防人欲省察克治所以辨明天理決去人欲若能操存涵養愈精愈密則天理常存而物欲盡去矣

訓曰曩者三孽作亂朕料理軍務日昃不遑持心堅定而外則示以暇豫每日出遊景山騎射彼時滿洲兵俱已出征餘者盡係老弱遂有不法之人投帖於景

山路旁云今三孽及察哈爾叛亂諸路征討當此危殆之時何心每日出遊景山如此造言生事朕置若罔聞不久三孽及察哈爾俱已剿滅當時朕若稍有疑懼之意則人心搖動或致意外未可知也此皆
上天垂佑
祖宗神明加護令朕能堅心籌畫成此大功國已至甚危而獲復安也自古帝王如朕自幼閱歷艱難者甚少今海內承平迴思前者數年之間如何閱歷轉覺悚然可懼矣古人云居安思危正此之謂也

訓曰今天下承平朕猶時刻不倦勤修政事前三孽作亂時因朕主見専誠以致成功惟大兵永興被困之際至信息不通朕心憂之現於詞色一日議政王大臣入內議軍旅事奏畢僉出有都統畢立克圖獨留向朕云臣觀陛下近日天顏稍有憂色上試思之我朝滿洲兵將若五百人合隊誰能抵敵不日永興之師捷音必至陛下獨不觀

太祖
太宗爭為軍旅之事臣未見眉顰一次皇上若如此則懦怯不及
祖宗矣何必以此為憂也朕甚是之不日永興捷音果至所以朕從不敢輕量人謂其無知凡人各有識見常與諸大臣言但有所知所見即以奏聞言合乎理朕即嘉納都統畢立克圖漢仗好且極其誠實人也

訓曰大雨雷霆之際決毋立於大樹下昔老年人時時

告誡朕親眼常見汝等記之
訓曰世人皆好逸而惡勞朕心則謂人恒勞而知逸若安於逸則不惟不知逸而遇勞即不能堪矣故易有云天行健君子以自强不息由是觀之聖人以勞為福以逸為禍也
訓曰世人秉性何等無之有一等拗性人人以為好者彼以為不好人以為是者彼反以為非此等人似乎忠直如或用之必然僨事故古人云好人之所惡惡

人之所好是謂拂人之性菑必逮夫身者此等人之謂也
訓曰古人有言反經合理謂之權先儒亦有論其非者蓋天下止有一經常不易之理時有推遷世有變易隨時斟酌權衡輕重而不失其經此即所謂權也豈有反經而謂之行權者乎
訓曰大凡貴人皆能久坐朕自幼年登極以至於今日與諸臣議論政事或與文臣講論書史即與爾等家庭閒暇談笑率皆儼然端坐此皆朕躬自幼習成素日涵養之所致孔子云少成若天性習貫如自然其信然乎
訓曰出外行走駐營之處最為緊要若夏秋間雨水可慮必覓高原凡近河灣及窪下之地斷不可住冬春則火荒可慮但覓草稀背風處若不得已而遇草深之地必於營外周圍將草刈除然後可住再有人先曾止宿之舊基不可住或我去時立營之處回途至

此亦不可再住如是之類我朝舊例皆為大忌
訓曰走遠路之人行數十里馬既出汗斷不可飲之水秋季猶可春時雖無汗亦不可令飲若飲之其馬必得殘疾汝等切記
訓曰天道好生人一心行善則福履自至觀我朝及古行兵之王公大臣內中頗有建立功業而行軍時曾多殺人者其子孫必不昌盛漸至衰敗由是觀之仁者誠為人之本與

訓曰凡人處世惟當常尋歡喜歡喜處自有一番吉祥景象蓋喜則動善念怒則動惡念是故古語云人生一善念善雖未為而吉神已隨之人生一惡念惡雖未為而凶神已隨之此誠至理也夫

訓曰人心一念之微不在天理便在人欲是故心存私便是放不必逐物馳騖然後為放也心一放便是私不待縱情肆欲然後為私也惟心不為耳目口鼻所役始得泰然故孟子曰耳目之官不思而蔽於物物

交物則引之而已矣心之官則思思則得之不思則不得也此天之所以與我者先立乎其大者則其小者不能奪也此為大人而已矣

訓曰大學中庸俱以慎獨為訓是為聖賢第一要節後人廣其說曰暗室不欺所謂暗室有二義焉一在私居獨處之時一在心曲隱微之地夫私居獨處則人不及見心曲隱微則人不及知惟君子謂此時指視必嚴也戰戰慄慄兢兢業業不動而敬不言而信斯誠不愧於屋漏而為正人也夫

訓曰為人上者教子必自幼嚴飭之始善看來有一等王公之子幼失父母或人惟有一子而愛恤過甚其家下僕人多方引誘百計奉承若如此嬌養長大成人不至癡獃無知即多任性狂惡此非愛之而反害之也汝等各宜留心

訓曰人之才行當辨其大小在大位者稱其清廉可矣若使役人等亦可加以清廉之名乎朕曾於護軍驍

騎中問其人如何而侍衛有以端密對者軍卒人等豈堪當此端密乃居大位之美稱軍卒止可言其樸實耳

訓曰爾等平日當時常拘管下人莫令妄干外事留心敬慎為善斷不可聽信下賤小人之語彼小人遇便宜處但顧利已不恤惡名歸於爾等也一時不謹可乎

訓曰凡人存善念天必綏之福祿以善報之令人日持

念珠念佛欲行善之故也苟惡念不除即持念珠何益

訓曰近世之人以不食肉為持齋豈知古人之齋必與戒竝行易繫辭曰齋戒以神明其德所謂齋者齊也齊其心之所不齊也所謂戒者戒其非心妄念也古人無一日不齋無一日不戒而今之人以每月之某日某日持齋已與古人有間然持齋固為善事可以感發人之善念第不知其戒心何如耳

訓曰世上人心不一有一種人不記人之善專記人之惡視人有醜惡事轉以為快樂如自得奇物者然此等幸災樂禍之人不知其心之何以生而怪異如是也汝等當以此為戒

訓曰國初人多畏出痘至朕得種痘方諸子女及爾等子女皆以種痘得無恙今邊外四十九旗及喀爾喀諸藩俱命種痘凡所種皆得善愈嘗記初種時年老人尚以為怪朕堅意為之遂全此千萬人之生者豈偶然耶

訓曰人惟一心起為念慮念慮之正與不正只在頃刻之間若一念之不正頃刻而知之即從而正之自不至離道之遠書曰惟聖罔念作狂惟狂克念作聖一念之微靜以存之動則察之必使俯仰無愧方是實在工夫是故古人治心防於念之初生情之未起所以用力甚微而收功甚鉅也

訓曰人之為聖賢者非生而然也蓋有積累之功焉由

有恒而至於善人由善人而至於君子由君子而至於聖人階次之分視乎學力之淺深孟子曰夫仁亦在乎熟之而已矣積德累功者亦當求其熟也是故有志為善者始則充長之繼則保全之終身不敢退然後有日增月益之效故至誠無息不息則久久則徵徵則悠遠悠遠則博厚博厚則高明其功用豈可量哉

訓曰朕自幼不喜飲酒然能飲而不飲平日膳後或遇

年節筵宴之日止小杯一杯人有點酒不聞者是天性不能飲也如朕之能飲而不飲始為誠不飲者大抵嗜酒則心志為其所亂而昏昧或致病疾實非有益於人之物故夏先后以旨酒為深戒也

訓曰原夫酒之為用所以祀神也所以養老也所以獻賓也所以合歡也其用固不可少然沈酣沔溺至不時不節則不可是故先王因為酒禮賓主交錯揖讓升降溫溫其恭威儀反反立監佐史常以三爵為限

況敢多飲乎此先王之所以戒酒失也奈何今之人無故而飲飲必醉而後已富家子弟敗家破產身罹疾厄皆由於此而貧窮者纔得幾文便沽飲盡醉行兇遭禍抑何比比故周書以酒為誥而曰我民用大亂喪德亦罔非酒惟行

訓曰禮義之心人皆有之未有安心為非而逆乎人道者也若或有之不過百中一二然此輩亦有所由起或有負氣而縱者或有使酒而縱者夫負氣者猶知顧忌而使酒者竟毫無所畏此非其人為之而酒為之也故古之聖王遠焉賢士戒焉世之好飲者樂酒無厭心恒狂亂遂至形骸顛倒禮法喪失其為敗德何可勝言是故朕諄諄教飭爾等斷不可耽於酒者正為傷身亂行莫此為甚也

訓曰人之養身飲食為要故所用之水最切朕所經歷多矣每將各地之水稱其輕重因知水最佳者其分兩甚重若遇不得好水之處即蒸水以取其露烹茶飲之澤布尊旦巴胡突克圖多年以來所用皆係水

蒸之露也

訓曰朕避暑時曾於烏城熱河等處捕魚見侍衛執事人中年紀幼小者憐其未習於水每懷怵惕故朕諸子自幼俱令其習水即習之未精者較之若輩亦大不同所以行船涉水總不為汝等牽掛也可見為人凡學一藝必於自身有益我朝先輩嘗言一粒之藝於身有益誠謂是與

訓曰令外邊之無賴小人及太監等慣詈罵人且動輒發誓亦如罵人之語皆出自口我等為人上者斷乎不可或使令之輩有過小則責之大則扑之詈罵之亦奚為污穢之言輕出自口所損大矣爾等切記之

訓曰凡人不能無好惡但能勝其私心則善誠見善而好之見惡而惡之則不能牽累吾心矣人於喜怒亦然喜時不能不遇可怒之事怒時不能不遇可喜之事是故大學云忿懥好樂皆難得其正者此之謂也

訓曰人生於世無論老少雖一時一刻不可不存敬畏之心故孔子曰君子畏天命畏大人畏聖人之言我等平日凡事能敬畏於長上則不得罪於朋儕則不召過且於養身亦大有益嘗見高年有壽者平日俱極敬慎即於飲食亦不敢過度平日居處尚且如是遇事可知其慎重也

訓曰古聖人所道之言即經所行之事即史開卷即有益於身爾等平日誦讀及教子弟惟以經史為要夫吟詩作賦雖文人之事然熟讀經史自然次第能之幼學斷不可令看小說小說之事皆敷演而成無實在之處令人觀之或信為真而不肖之徒竟有效法行之者彼焉知作小說者譬喻指點之本心哉是皆訓子要道爾等其切記之

訓曰詩之為教也所從來遠矣昔在虞庭命夔為典樂之官以教冑子曰詩言志蓋人性情之發不能無所寄託而詩則觸於境而宣於言者也自夫子刪定而

後三百篇之旨粲然可觀採之里巷者為風陳之朝廷者為雅薦之郊廟者為頌觀其美刺而善惡之鑒昭矣觀其正變而隆替之治判矣觀其升歌下管間歌合樂之所咏歎而祖功宗德之實著矣千載而下因言識心故曰可興可觀可羣可怨也夫子雅言之教稱引誦說惟詩最多如大學中庸孝經篇末必引詩以詠歎之亦以見古人之斯須不離乎詩也思夫伯魚過庭之訓小子何莫學夫詩之教則凡有志於

學者豈可不以學詩為要乎

訓曰禮之係於人也大矣誠為範身之具而興行起化之原也禮儀三百威儀三千大而冠昏喪祭朝聘射饗之規小而揖讓進退飲食起居之節君臣上下賴之以序夫婦內外賴之以辨父子兄弟婚媾姻婭賴之以順而成故曰動容中禮而天德備矣治定制禮而王道成矣禮經傳之者十三家而戴德戴聖為尤著聖所傳四十九篇即今之禮記是也其餘四十七

篇雖雜出於漢儒之說亦皆傳述聖門格言有切於身心之要旨爾等所習本經既熟正當學禮孔子曰不學禮無以立其宜勉之

訓曰為人上者使令小人固不可過於嚴厲而亦不可過於寬縱如小過悞可以寬者即寬宥之罪之不可寬者彼時即懲責訓導之不可記恨若當下不懲責時常瑣屑踩踐則小人恐懼無益事也此亦使人之要汝等留心記之

訓曰孔子云惟女子與小人為難養也近之則不孫遠之則怨此言極是朕恒見宮院內賤輩因稍有勤勞些須施恩伊必狂妄放縱生一事故將前所行是處盡棄而後已及遠置之伊又背地含怨古聖何以知之而為是言耶凡使人者皆宜深省此言也

訓曰太監原為宮中使令以備灑掃而已斷不可使其干預外事朕宮中之太監總不令在外行走有告假者日中出去晚必進內即朕御前近侍之太監等不過左右使令家常閒談笑語從不與言國家之政事

也

訓曰兵書云為將之道當身先士卒前者噶爾丹以追喀爾喀為名闌入邊界朕討安藩服親統六師由中路進兵逐日侵晨起行日中駐營又慮大兵遠討糧米為要傳令諸營將士每日一餐朕亦每日進膳一次未駐營時必先令人詳審水草或有乏水處則鑿井開泉蓄積澄流務使人馬給足竟有原無水處忽

爾清泉流出導之可致數里人馬資用不竭一近克
魯倫河即身率侍衛前鋒直搗其巢大兵隨後依次
而進噶爾丹聞朕親統大兵忽自天臨魂膽俱喪即
行逃竄恰遇西師於昭木多一戰而大破之此皆由
朕上得天心出師有名故爾新泉涌出山川靈應以
致數十萬士卒車馬各各安全三月之間振旅凱旋
而成茲大功也

訓曰兵丁不可令習安逸惟當教之以勞時常訓練使

步伐嚴明部伍熟習管子所謂晝則目相視而相識
夜則聲相聞而不乖也如是則戰勝攻取有勇知方
故勞之適所以愛之教之以勞真乃愛兵之道也不
但將兵如是教民亦然故國語曰夫民勞則思思則
善心生逸則淫淫則忘善忘善則惡心生沃土之民
不材淫也瘠土之民莫不嚮義勞也

訓曰我等時居塞外常飲河水然平時不妨但夏日山
水初發深當戒慎此時飲之易生疾病必得大雨一
二次後山中諸物盡被滌蕩然後潔清可飲

訓曰朕每歲巡行臨幸處居人各進本地所產菜蔬嘗
喜食之高年人飲食宜淡薄每兼菜蔬食之則少病
於身有益所以農夫身體強壯至老猶健者皆此故
也

訓曰嘗觀宋史孝宗月四朝太上皇稱為盛事孝宗於
宋固為敦倫之主然而上皇在御自當乘暇問視豈
可限定朝見之期朕事

皇太后五十餘年總以家庭常禮出乎天倫至性遇有事
奏啓一日二三次進見者有之或無事即間數日者有
之至於
萬壽誕辰嘉時令節朕備家宴恭請臨幸則自晨至暮左
右奉侍豈止日覲數次朕之巡狩江南出獵塞北也
隨本報三日一次恭請
聖安外仍使近侍太監乘傳請
安並進所獲鹿麅雉兔鮮果鮮魚之類凡有所得即令馳

進從不拘定日期且朕侍
皇太后家人禮數惟以順適為安自然為樂並不以朝見
日期限定禮法而稱孝也
訓曰嘗閱明宣宗實錄其奉侍母后和敬有禮至今覽
之猶足令人感慕朕嘗思先王以孝治天下故夫子
稱至德要道莫加於此自唐宋以來人君往往疏於
定省有經年不一見者獨不思朝夕承懽自天子以
至於庶人家庭常禮出於天倫至性何嘗以上下而

有別也
訓曰諸樣可食果品於正當成熟之時食之氣味甘美
亦且宜人如我為大君下人各欲盡其微誠故爭進
所得初出鮮果及菜蔬等類朕只略嘗而已未嘗食
一次也必待其成熟之時始食之此亦養身之要也
訓曰朕於凡事必存心分別吉凶如簡用大臣陞轉職
官本章必置之於案或置之於床若夫刑部人命事
件暫留中細閱者必別置一處決不與吉事相參朕
於此等處如此留心者吉凶異道不得相干故也
訓曰頃因刑部彙題內有一字錯誤朕以硃筆改正發
出各部院本章朕皆一一全覽外人謂朕未必通覽
每多疏忽故朕於一應本章見有錯字必行改正翻
譯不堪者亦改削之當用兵時一日三四百本章朕
悉親覽無遺今一日中僅四五十本而已覽之何難
一切事務總不可稍有懈慢之心也
訓曰世間事甚不如意者莫過於決斷秋審一事夫殺

人之人理應償命但為人君者於殺人之事必以哀
矜之心處之故朕每理秋審之事無一不竭盡心力
而詳審之也
訓曰爾等見朕時常所使新滿洲數百勿易視之也昔
者
太祖
太宗之時得東省一二人即如珍寶愛惜眷養朕自登極
以來新滿洲等各帶其佐領或合族來歸順者

太皇太后聞之向朕曰此雖爾
祖上所遺之福亦由爾撫柔遠人教化普遍方能令此輩
傾心歸順也豈可易視之
聖祖母因喜極降是旨也
訓曰王師之平蜀也大破逆賊王平藩於保寧獲苗人
三千皆釋而歸之及進兵滇中吳世璠窮蹙遣苗人
濟師以拒我苗不肯行曰天朝活我恩德至厚我安
忍以兵刃相加遺耶夫苗之獷悍不可以禮義馴束

宜若天性然者一旦感恩懷德不忍輕倍主上有內
地士民所未易能者而苗顧能之是可取也子輿氏
不云乎以力服人者非心服也力不贍也以德服人
者中心悅而誠服也寧謂苗異乎人而不可以德服
也耶
訓曰凡人於無事之時常如有事而防範其未然則自
然事不生若有事之時卻如無事以定其慮則其事
亦自然消滅矣古人云心欲小而膽欲大遇事當如

此處之
訓曰凡大人度量生成與小人之心志迥異有等小人
滿口惡言講論大人或者背面毀謗日後必遭罪譴
朕所見最多可見天道雖隱而其應實不爽也
訓曰孟子云存乎人者莫良於眸子眸子不能掩其惡
胸中正則眸子瞭焉胸中不正則眸子眊焉此誠然
也看來人之善惡係於目者甚顯非止眸子之明暗
有人焉其視人也常有一種徬徨不定之態則其人

必不正我朝滿洲耆舊亦甚賤此等人
訓曰凡人行住坐臥不可回顧斜視論語曰車中不內
顧禮曰目容端所謂內顧即回顧也不端即斜視也
此等處不但關於德容亦且有犯忌諱我朝先輩老
人亦以行走回顧之人為大忌諱時常言之以為戒
也
訓曰道理之載於典籍者一定而有限而天下事千變
萬化其端無窮故世之苦讀書者往往遇事有執泥

處而經歷事故多者又每逐事圓融而無定見此皆一偏之見朕則謂當讀書時須要體認世務而應事時又當據書理而審其事宜如此方免二者之弊

訓曰孔子云先行其言而後從之如宋周程張朱諸儒皆能勉行道學之實其議論皆發明先聖先賢之奥旨又若司馬光乃宋朝名相覲其編輯資治通鑑論斷古今盡得其當可謂言行相符然自來嘗博道學之名也今人講道學者徒尚語言文字而尤好非議

人非惟言行不符而言之有實者蓋亦寡矣朕不尚空言惟務實行尤不肯非議人蓋以人各有短長棄其所短而取其所長始能盡人之材若必求全責備稍有欠缺即行指摘非忠恕之道也

訓曰人生於世最要者惟行善聖人經書所遺如許言語惟欲人之善神佛之教亦惟以善引人後世之學每每各向一偏故爾彼此如讐敵也有自謂道學入神佛寺廟而不拜自以為得真傳正道此皆學未至而心有偏以正理度之神佛者皆古之至人我等禮之敬之乃理之當然也即今天下至大神佛寺廟不可勝數何寺廟而無僧道若以此輩皆為異端使盡還俗不但一時不能而許多人將何以聊其生耶

訓曰老者嘗云人至高年則不能耐暑朕於此言常在疑信之間厥後年至五旬即不能耐暑此須受熱則内煩悶而不能堪細思其故蓋由人年壯血氣強盛水火平均所以不顯年高血氣衰敗水不能勝火故

不能耐暑爾等此時還不在意至年漸高自覺之矣

訓曰有人見朕之鬚白言有烏鬚良方朕曰我等自幼凡祭祀時嘗以鬚鬢至白牙齒盡黃為祝今幸而鬚鬢白矣不思福履所綏而反怨老之已至有是理乎

訓曰我朝先輩有言老人牙齒脫落者於子孫有益此語誠然數年前朕詣
寧壽宮請安
皇太后向朕問治牙痛方言牙齒動搖其已脫落者則痛

止其未脫落者痛難忍朕因
奏曰
太后聖壽已踰七旬孫及曾孫殆及百餘且
太后之孫皆已鬚髮將白而牙齒將落矣何況
祖母享如是之高年我朝先輩常言老人牙齒脫落於子
孫有益此正
太后慈闈福澤綿長之嘉兆也
皇太后聞朕之言歡喜倍常謂朕言極當稱贊不已且言

皇帝此語凡如我老媪輩皆當聞之而生歡喜也
訓曰記云昏定晨省者言為子之所以竭盡孝心耳人當究其本意不可徒泥其辭必循其跡以行之如朕子孫衆多逐日早起問安汝子又早起問汝之安日暮又如此相繼問安不但爾等無飲食之暇即朕亦將終日不得一飯之暇矣決非可行之事由此觀之凡人讀書俱究其本意而得之於心可也
訓曰易為四聖之書其立象設卦繫辭廣大悉備言其理則無所不該言其用則自昔伏羲神農黄帝堯舜王天下之道咸取諸此然而深探作易之旨大抵不外陰陽而配諸人事則有吉凶悔吝之别運數所由盛衰風俗所由治亂君子小人所由進退消長鮮不於奇偶二畫屈伸變易之間見之朕惟經學為治法之要而詩書之文禮樂之具春秋之行事罔不於易會通故朕研求易理玩索精蘊前命儒臣參考諸儒註疏傳義撰為日講易經解義又命大學士李光地

纂修周易折中乙夜披覽一字一畫斟酌無忽誠以易之為書有觀民設教之方有通德類情之用恐懼修省以治身思患豫防以維世所以極天人窮性命開物前民通變盡利者其理莫詳於易故孔子嘗曰加我數年五十以學易蓋言凡為學者不可以不學而學又不可易視之也
訓曰凡事只空談若不眼見終屬無用詩云伯氏吹壎仲氏吹篪然而實見壎篪者有幾人一歲除日乾清

宮正陳設樂器朕召南書房漢大臣翰林等降旨云爾等凡作詩賦多以壎篪比兄弟問爾壎篪之形如何皆云不知因命內監將樂器中壎篪取與伊等觀看伊等看畢欣然稱奇以為臣等惟於書中見之即隨口空談誰人實見壎篪今日方得明白也凡事皆如此必親見親歷始得確實若聞之他人或書中偶見即據以為言必貽笑於有識之人矣

訓曰我朝清字各國語音俱可以叶

太宗皇帝時曾借蒙古字以代清文後來奉

勅諭學士達海修飾蒙古字加以圈點而撰清文朕慮將來或有授受之訛故特與高年人等捜輯舊語製為清文鑑頒行之既有此書則我朝清字必不至於遺漏矣

訓曰賴

祖父福蔭天下一統國泰民安遠方外國商賈漸通各種皮毛較之向日倍增記朕少時貴人所尚者惟貂其次則狐腋天馬之類至於銀鼠總未見也駙馬耿聚忠著一銀鼠皮褂眾皆環視以為奇珍而今銀鼠能直幾何即此一節而論

祖父所遺之基所積之福豈可易視哉

訓曰凡人飲食之類當各擇其宜於身者所好之物不可多食即如父子兄弟間我好食之物爾則不欲爾不欲食之物我強與汝以食之豈可乎各人所不宜之物知之即當永戒由是觀之人自有生以來腸胃自各有分別處也

訓曰人果專心於一藝一技則心不外馳於身有益朕所及明季人與我國之耆舊善於書法者俱壽考而身強健復有能畫漢人或造器物匠役其巧絕於人者皆壽至七八十身體強健畫作如常由是觀之凡人之心志有所專即是養身之道

訓曰朕決不欺人即如今凡匠役人等各有密傳技藝決不肯告人而朕問之彼若開誠明奏朕必密之不

告一人也

訓曰凡人能量已之能與不能然後知人之艱難朕自幼行走固多征剿噶爾丹三次行師雖未對敵交戰自料猶可以立在人前但念越城勇將則知朕斷不能為何則朕自幼未嘗登牆一次每自高崖下視頭猶眩暈如彼高城何能上登自已決不能之事豈可易視所以朕每見越城勇將心實憐之且甚服之

訓曰昔時大臣久經軍旅者多以人命為輕朕自出兵

以後每反諸已或有此心乎思之而益加敬謹焉

訓曰行圍打牲必用鳥鎗而鳥鎗火藥最宜小心大槩一兩火藥可以烘動二三間房屋如或一斤則其力不可言矣我知之最切且聞之亦多是故訓爾等用鳥鎗時各宜小心謹慎也

訓曰吾人燕居之時惟宜言古人善行善言朕每對爾等多教以善爾等回家各告爾之妻子爾之妻子亦莫不樂於聽也事之美豈有踰此者乎

訓曰凡人持身處世惟當以恕存心見人有得意事便當生歡喜心見人有失意事便當生憐憫心此皆自已實受用處若夫忌人之成樂人之敗何與人事徒自壞心術耳古語云見人之得如已之得見人之失如已之失如是存心天必佑之

訓曰民生本務在勤勤則不匱一夫不耕或受之饑一婦不蠶或受之寒是勤可以免饑寒也至於人生衣食財祿皆有定數若儉約不貪則可以養福亦可以

致壽若夫為官者儉則可以養廉居官居鄉只緣不儉宅舍欲美妻妾欲奉僕隸欲多交游欲廣不貪何從給之與其寡廉孰若寡欲語云儉以成廉侈以成貪此乃理之必然者

訓曰嘗謂四肢之於安佚也性也天下寧有不好逸樂者但逸樂過節則不可故君子者勤修不敢惰制欲不敢縱節樂不敢極惜福不敢侈守分不敢僭是以身安而澤長也書曰君子所其無逸詩曰好樂無荒

良士瞿瞿至哉斯言乎

訓曰國家賞罰治理之柄自上操之是故轉移人心維持風化善者知勸惡者知懲所以代天宣教時亮天功也故爵曰天職刑曰天罰明乎賞罰之事皆奉天而行非操柄者所得私也韓非子曰賞有功罰有罪而不失其當乃能生功止過也書曰天命有德五服五章哉天討有罪五刑五用哉政事懋哉懋哉蓋言爵賞刑罰乃人君之政事當公慎而不可忽者也

訓曰舜好問而好察邇言不自用而好問固美矣然不可不察其是否也故又繼之以好察孟子論用人用刑則曰詢之左右及諸大夫及國人可謂不自用不偏聽而謀之廣矣然終必繼之以察而實見其可否然後信之至若舜又曰官占惟先蔽志昆命于元龜朕志先定詢謀僉同鬼神其依龜筮協從箕子亦曰汝則有大疑謀及乃心謀及卿士謀及庶人謀及卜筮此則又先斷之以已意然後參之於人與鬼神可見古之聖人或先參眾論而後審之以獨斷或先定已見而後稽之於人神其慎重不苟如此蓋眾謀獨斷不容偏廢但先後異用而隨事因時可耳

訓曰天下事物之來不同而人之識見亦異有事理當前是非如睹出乎日學力之所至不待擬議而後得之此素定之識也有事變倏來一時未能驟斷必待深思而後得之此徐出之識也有雖深思而不能得合眾人之心思其間必有一當者擇其是而用之此

取資之識也此三者雖聖人亦然故周公有繼日之思而堯舜亦曰疇咨稽眾惟能竭其心思能取於眾所以為聖人耳

訓曰孟子言良知良能蓋舉此心本然之善端以明性之善也又云大人者不失其赤子之心者也非謂自孩提以至終身從吾心縱吾知任吾能自莫非天理之流行也即如孔子從心所欲不踰矩尚言於志學而立不惑知命耳順之後故古人童蒙而敎八歲即

入小學十五而入大學所以正其稟習之偏防其物欲之誘開擴其聰明保全其忠信者無所不至即孔子之聖其求道之心乾乾不息有不知老之將至故凡有志於聖人之學者其擇善固執克己復禮循循勉勉無有一毫忽易於其間始能日進也

訓曰朕自幼留心典籍比年以來所編定書約有數十種皆已次第告成至於字學所關尤切字彙失之簡略正字通涉於汎濫兼之各方風土不同語音各異

司馬光之類篇分部或有未明沈約之聲韻後人不無訾議洪武正韻多所駁辯迄不能行仍依沈韻朕參閱諸家究心考證如我朝清文以及蒙古西域洋外諸國多從字母而來音雖由地而殊而字莫不寄於點畫兩字合作一字二韻切為一音因知天地之元音發於人聲人聲之形象寄於字體故朕酌訂一書命曰康熙字典增字彙之闕遺刪正字通之繁冗務使詳略得中歸於至當庶可垂示永久云

訓曰朕自幼所見醫書頗多洞徹其原故後世托古人之名而作者必能辨也今之醫生所學既淺而專圖利立心不善何以醫人如諸藥之性人何由知之皆古聖人之所指示者也是故朕凡所試之藥與治人病愈之方必曉諭廣衆或各處所得之方必告爾等共記者惟冀有益於多人也

訓曰藥品不同古人有用新苗者有用曝乾者或以手折口咬撮合一處如今皆用曝乾者以分量稱合此

豈古制耶如蒙古有損傷骨節者則以青色草名綽爾海之根不令人見採取食之甚有益朕令人試之誠然驗之即內地之續斷由此觀之蒙古猶有古制藥惟與病相投則有毒之藥亦能救人若不當即人參人亦受害是故用藥貴與病相宜也

訓曰養生之道飲食為重設如身體微有不豫即當節減飲食然亦惟比尋常稍減而已今之醫生一見人病即令勿食但以藥物調治若或內傷飲食者禁之

猶可至於他症自當視其病由從容調理量進飲食使氣血增長茍於飲食禁之太過惟任諸凡補藥鮮能資補氣血而令之充足也養身者宜知之

訓曰朕從前曾往王大臣等花園遊幸覩其葢造房屋率皆效法漢人各樣曲折隔斷謂之套房彼時亦以為巧曾於一兩處效法為之久居即不如意厥後不為矣爾等俱各自有花園斷不可作套房但以寛廣弘敞居之適意為宜

訓曰朕雖於談笑小節亦必循理先者大阿哥管養心殿營造事務時一日同西洋人徐日昇進内與朕閒談中間大阿哥與徐日昇戲曰剃汝之鬚可乎徐日昇佯佯不采云欲剃則剃之彼時朕即留意大阿哥原是悖亂之人設曰我奏過皇父剃徐日昇之鬚欲剃則竟剃矣外國之人謂朕因戲而剃其鬚可乎其時朕亦笑曰阿哥若欲剃亦必啓奏然後可剃徐日昇一聞朕言淒然變色雙目含淚一言不出旣逾數日後徐日昇獨來見朕涕泣而向朕曰皇上何如斯之神也為皇子者即剃我外國人之鬚有何關係皇上尚慮及未然降此諭旨實令臣難禁受也厥後四十七年朕不豫時徐日昇聽信外邊亂語以為朕疾難愈到養心殿大哭自悲其無造化隨回至家身故夫一言可以得人心而一言亦可以失人心也

訓曰我朝先輩老者雖未深通書史然所行奇處極多即如古有結繩之政我朝先輩奏事亦嘗結帶為記

古用木簡竹簡書字我朝今用綠頭牌木牌由此觀之凡聖人應運而興者所行自暗與古合誠足異也

訓曰春夏之時孩童戲耍在院中無妨毋使坐在廊下此老年人嘗言之也

訓曰昔者喀爾喀尚未内附之時惟烏朱穆秦之羊為最美厥後七旗之喀爾喀盡行歸順達里崗阿等處立為牧場其初貢之羊朕不敢食特遣典膳官虔供

陵寢朕始食之即如朕新製法藍碗因思

先帝時未嘗得用亦特擇其嘉者恭奉
陵寢以備供荼朕之追遠致敬每事不忘爾等識之
訓曰朕自幼喜觀稼穡所得各方五穀菜蔬之種必種之以觀其收穫誠欲廣布於民生或有裨益也朕豐澤園所種之稻偶得一穗較他穗先熟因種之遂比別稻早收若南方和煖之地可望一年兩穫即如外國之亦各省之花凡所得種種之即生而且花開極盛觀此則花木之各遂其性也可知矣今塞外之野

繭大似山東之山繭朕因織為繭紬製衣衣之此皆農桑之要務至於花木皆天地生意所發故朕心深愜焉
訓曰古人嘗言三年耕必有一年之積九年耕必有三年之積此先事預防之至計所當講求於平日者近見小民蓄積匱乏一遇水旱遂致難支此皆豐稔之年粒米狼戾不能儲備之故也國計若是家計亦然故凡家有田疇足以贍給者亦當量入為出然後用度有準豐儉得中安分養福子孫常守
訓曰朕生性不喜價值太貴之物出遊之處所得樹根或可觀之石圍場所獲野獸之角或爪牙以至木葉之類必隨其質而成一應用之器即此觀之天下之物雖最不值價者以作有用之器即不可棄也
訓曰嘗見有人講論舊磁器皿以為古玩然以理論舊磁器皿俱係昔人所用其陳設何處俱不可知看來未必潔淨非大貴人飲食所宜留用不過置之案頭

或列之書廚以為一時之清賞可矣此亦富貴人家所當留心之一節故語爾等知之
訓曰諸國必有一所敬之神即如我朝之敬祀祖神者如蒙古回子番苗猓猓以及各國之人皆自有一所敬之神由此觀之天之生斯人也敬之一字凡事不可須臾離也
訓曰凡人各有一懼怕之物有怕蛇而不怕蝦蟆者亦有怕蝦蟆而不怕蛇者朕雖不怕諸樣之物然從來

不以戲人在怕蝨之人見其所怕之蝨不顧身命往往竟有拔刀者如在大君之前倘出鋒刃俱係重罪明知此故而因一戲以入人罪亦復何味爾等留心切記可也

訓曰敬重神佛惟在我心而已自唐宋以來相傳遇神佛祭日特造神佛紙像供之祭畢復焚此雖無關乎大禮然於道理甚不合外邊小人隨其俗尚可已我等為人上者知此當各戒之

訓曰朕南巡數次看來大江以南水土甚軟人亦單薄諸凡飲食視之鮮明奇異然於人則無補益處大江以北水土即好人亦强壯諸凡飲食亦皆於人有益此天地間水土一定之理令或有北方人飲食執意傚南方此斷不可也不惟各處水土不同而人之腸胃亦異勉强傚之漸至於軟弱於身有何益哉

訓曰漆器之中洋漆最佳故人皆以洋人為巧所作為佳却不知漆之為物宜潮濕而不宜乾燥中國地燥塵多所以漆器之色最暗觀之似粗鄙洋地在海中潮濕無塵所以漆器之色極其華美此皆各處水土使然並非洋人所作之佳中國人所作之不及也

訓曰邊外水土肥美本處人惟種糜黍稗稷等類總不知種別樣之穀因朕駐蹕邊外備知土脈情形教本處人樹藝各種之穀歷年以來各種之穀皆獲豐收墾田亦多各方聚集之人甚衆即各山谷中皆成大村落矣上天愛人凡水陸之地無一處不可以養人惟患人之不勤不勉爾誠能勤勉到處皆可耕鑿以給妻子也

訓曰我朝滿洲舊風凡飲食必甚均平不拘多寡必人人徧及使嘗其味朕用膳時使人有所往必留以待其回而與之食青海台吉來時朕問話中間問伊等舊風亦云如是由是觀之古昔所行之典禮其規模皆一殆無内外遠近之分也

訓曰明朝末年西洋人始至中國作驗時之日晷初製

一二時明朝皇帝目以為寶而珍重之順治十年間
世祖皇帝得一小自鳴鐘以驗時刻不離左右其後又得
自鳴鐘稍大者遂效彼為之雖能髣髴其規模而成
在內之輪環然而上勁之法條未得其法故不得其
準也至朕時自西洋人得作法條之法雖作幾千百
而一一可必其準爰將向日所珍藏
世祖皇帝時自鳴鐘盡行修理使之皆準今與爾等觀之
爾等託賴朕福如斯少年皆得自鳴鐘十數以為玩

器豈可輕視之其宜永念
祖父所積之福可也
訓曰朕所居殿現鋪氊片等物殆及三四十年而未更
換者有之朕生性廉潔不欲奢於用度也
訓曰舊滿洲忌諱之事皆如古典即如遇一忌諱之事
有年高者則子弟為年高者忌諱子孫衆多年高者
亦為子孫忌諱是皆彼此愛敬之意汝等知此必遵
而行之

訓曰大凡殘疾之人不可取笑即如跌蹼之人亦不可
哂蓋殘疾之人見之宜生憐憫或有無知之輩見殘
疾者每取笑之其人非自招斯疾即招及子孫即如
哂人跌蹼不旋踵間或即失足是故我朝先輩老人
常言勿輕取笑於人取笑必然自招正謂此也
訓曰白素之物最為吉祥佛經中以白為淨故蒙古西
番僧衆供佛見貴人必進白綾手帕以為贄見之禮
且我朝一應喜慶筵宴桌張亦必用素白布足以為

蓋袱此正古人繪事後素之義也
訓曰朕自幼凡祭祀典禮必親行以致其誠敬今因年
老於諸祭祀典禮身不能者寧遣王公大臣恭代斷
不苟且行之以塞責也今遣爾等恭代亦必如朕之
誠敬可矣
訓曰明朝十三陵朕往觀數次亦嘗祭奠今未去多年
爾等亦當往觀祭奠遣爾等去一兩次則地方官看
守人等皆知敬謹

世祖章皇帝初進北京明朝諸陵一毫未動收崇禎之屍特修陵園以禮葬之厥後親往奠祭盡哀至於諸陵亦皆拜禮觀此則我朝得天下之正待前朝之厚可謂超出往古矣

訓曰凡人平日必當涵養此心朕昔足痛之時轉身艱難足欲稍動必賴兩傍侍御人那移少著手即不勝其痛雖至於如此朕但念自罹之災與左右近侍談笑自若並無一毫躁性生忿以至於苛責人也二阿

哥在德州病時朕一日視之正值其含怒與近侍之人生忿朕寬解之曰我等為人上者罹疾却有許多人扶持任使心猶不足如彼內監或是窮人一遇疾病誰為任使雖有氣忿向誰出耶彼時左右侍立之人聽朕斯言無有不流涕者凡此等處汝等宜切記於心

訓曰人於平日養身以怯懦機警為上未寒涼即增衣服所食物稍不宜即禁忌之愈謹慎愈怯懦則大益於身但觀老大臣輩盡皆如此朕每見伊等常以機心戲之然機心第不可用之於他處若各用之於養身其有益無比也

一日指案上所置賀蘭國鐵尺

訓曰此鐵尺既不曲且無鐵繡氣味爾等其知此乎乃琢賀蘭國刀而為之者夫改兵器而設於書案亦偃武修文之意也曩者西洋人安多見之曾謂刀者兵器人人見而畏之今設於書案人人見而喜持焉亦

極吉祥之事斯言最得理也

訓曰中華城池地里圖樣雖載於直省志書但取其大槩而地里之遠近俱不得其準朕以治歷之法按天上之度以準地里之遠近故毫無差忒曾分道遣人盡山川城郭而量其形勢南至沔國北至俄羅斯東至海濱西至岡底斯俱入度內名為皇輿全圖又命善於丹青者精心繪出刊刻成圖頒賜爾等觀此圖方知我朝地輿之廣大

祖宗累積豈可輕視耶既知創業之維艱應慮守成之不易朕惟祝告上天俾天下蒼生永樂此昇平之世界耳

訓曰人生凡事固有定數然而其中以人力奪天工者有之如取火鏡指南鍼一物之微能參造化至於推步七政之運行寒暑之節候日月之交蝕皆時刻不爽又若春耕夏耘乃致西成秋穫苟徒恃天工不盡人力何以發造化之機而時亮天工乎

訓曰汝等皆係皇子王阿哥富貴之人當思各自保重身體諸凡宜忌之處必當忌之凡穢惡之處勿得身臨譬如出外所經行之地倘遇不祥不潔之物即當遮掩躲避古人云千金之子坐不垂堂況於爾等身為皇子者乎

訓曰為人上者居處宮室雖貴潔淨然亦不可太過成癖嘗見有人過於好潔其所居之室一日掃除數次家下人著履者皆不許入衣服少有沾污即棄而不用親屬所饋飲食俱不肯嘗此等人謂之犯潔癖久之反為身累蓋其性情識見鄙隘已甚實非正心修身之大道特語爾等知之

訓曰父母之於兒女誰不憐愛然亦不可過於嬌養若小兒過於嬌養不但飲食之失節抑且不耐寒暑之相侵即長大成人非愚則癡嘗見王公大臣子弟中每有癡獃軟弱者皆其父母過於嬌養之所致也

訓曰我朝舊制多合經書古典滿洲例帶馬必以右手牽犬必以左手禮記即然如斯類者儘有

訓曰古人一年四季出獵若此則人勞而禽獸亦不得遂其生朕一年兩季行幸春日水獵欲人之習於舟楫也秋日出哨欲人之習於弓馬也若此則人不勞而禽獸亦得遂其生是故我朝之兵甚强健所向無敵者實朕使之以時而養之以節之所致也

訓曰朕初次南巡閱河各樣船俱試坐之皆不甚妥厥後朕親指示作黃船盡善盡美極其堅固雖遇大風

浪坐此船毫無可慮也朕於大小事務必搜其本原復諮於衆然後行之

訓曰黃淮兩河關係漕運民生最為重要故朕不憚勤勞屢親巡閱察其險易之形勢審其疏導之機宜緩急次第具有成畫大修工程費以數百萬計歲修帑金亦以數十萬計乃康熙三十七年黃淮並漲總河董安國不堅築堤堰疏通海口因而河身墊高以致倒灌洪澤湖口湖水從六壩旁洩由運河入下河淹

沒民田於是罷董安國而以于成龍代之授以治河方略三十八年親往閱視駐蹕清口河干面諭于成龍清口宜築挑水壩挑黃河使趨北岸始免倒灌清口之患而于成龍未獲成功繼用張鵬翮為總河又令大臣官員往高堰築堤堅閉六壩使洪澤湖水暢出清口仍諭張鵬翮清口築挑水壩尤為緊要此壩不築則黃水頂衝斷不能使向北岸湖水必不得暢流張鵬翮遵奉朕言壩功築成黃流遂直趨陶莊清水因以暢流疊經伏秋大漲並無倒灌之事又命浚張福口等引河築歸仁堤疏人字芒稻涇澗等河開大通口皆一一告竣曩時黃水泛漲或與岸平或漫溢四出今黃河深通河岸距水面數十餘丈縱遇大漲亦可無虞此皆由朕深念河工國家大事夙夜廑懷未嘗少釋且簡命河臣倚任甚切所屬官吏俱聽選用凡在河工大小官員並皆勉力赴工共襄河務之所致也此係朕治河始末特語爾等識之

訓曰言治河者謂宜順其入海之性不宜障塞以與之爭此但言其理耳今河決在七里溝去海止四十餘里若聽其順流入海既可不勞人功亦且永無河患豈不甚便但淮以北二百里之運道遂成枯渠國計所關故不得不使其迂迴而入淮河之故道此由時勢與古不同也

訓曰爾等荷蒙朕恩作王貝勒貝子各自分家與居矣但當謹遵國法守爾等本分度日可也爾等王職惟

朝會大典除此凡外邊諸事不可干預朕若命以事務當覗朕之所命盡心竭意方不負朕之所用而貽人譏笑也

訓曰凡人養身重在衣食古人云愼起居節飲食然而衣服之係於人者亦為最要如朕冬月衣服寧過於厚却不用火爐所以然者蓋為近火則衣必薄出外行走必致感寒與其感寒而加服何如未寒而先進衣乎

訓曰朕出獵在外雖遇極寒時不下帽簷而龎耳輪一次未凍然而尋常在家衣必厚實蓋出獵在外必預防寒冷若尋常居家偶爾出行忽感寒氣者有之宜常防範

訓曰巽者一時作興吹筒吹者甚多朕亦嘗試之不濟於用且甚傷人氣近來皆不用矣與其用無益之物何若暇時熟習弓馬不亦善乎

訓曰朕用膳後必談好事或寓目於所作珍玩器皿如是則飲食易消於身大有益也

訓曰子平六壬奇門等學俱係後世人按五行生剋互相敷演而成其取義也雖極巧極精然其神煞名號盡是人之所定揆之正理實難信也世人習某件即偏於某件以為甚深且奥以誇耀於人朕於暇時亦曾究心此等雜學以考其根源一一洞徹知其不能確準又焉能及古聖所傳之大道耶

訓曰河圖順轉而相生洛書逆轉而相剋蓋生者所以

成其體而剋者所以弘其用大禹謨水火金木土穀惟修以五行相剋為次第可見相剋是五行作用處今術數家或以相剋取財官或以相剋取發用亦此理也

訓曰人之一生雖云命定然而命由心造福自己求如子平五星推人妻財子祿及流年月建日後試之多有不驗蓋因人事未盡天道難知譬如推命者言當顯達則自謂必得功名而詩書不必誦讀乎言當富

饒則自謂生致豈亨而經營不必謀計乎至謂一生無禍則竟放心行險恃以無恐乎謂終身少病則遂恣意荒淫可保無虞乎是皆徒聽祿命反令人墮志失業不加修省愚昧不明莫此為甚以朕之見人若日行善事命運雖凶而可必其轉吉日行惡事命運縱吉而可必其反凶是故命之一字孔子罕言之也

訓曰易云天在山中大畜君子以多識前言往行以畜其德夫多識前言往行要在讀書天人之藴奥在易

帝王之政事在書性情之理在詩節文之詳在禮聖人之褒貶在春秋至於傳記子史皆所以羽翼聖經記載往蹟展卷誦讀則日聞所未聞智識精明涵養深厚故謂之畜德非徒博聞强記誇多鬬靡已也學者各隨分量所及審其先後而致功焉其蕪穢不經之書淺陋之文非徒無益而反有損勿令入目以誤聰明可也

訓曰聖賢之書所載皆天地古今萬事萬物之理能因書以知理則理有實用由一理之微可以包六合之大由一日之近可以盡千古之遠世之讀書者生乎百世之後而欲知百世之前處乎一室之間而欲悉天下之理非書曷以致之書之在天下五經而下若傳若史諸子百家上而天下而地中而人與物固無一事之不具亦無一理之不該學者誠即事而求之則可以通三才而兼備乎萬事萬物之理矣雖然書不貴多而貴精學必由博而致約果能精而約之以貫其多與博合其大而極於無餘會其全而備於有

用聖賢之道豈外是哉

訓曰朕自幼好看書今雖年高萬幾之暇猶手不釋卷誠以天下事繁日有萬幾為君者一身處九重之內所知豈能盡乎時常看書知古人事庶可以寡過故朕理天下事五十餘年無甚差忒者亦看書之益也

訓曰凡人最要者惟力行善道能盡五倫而一心篤於行善則天必眷祐報之以祥若徒口言善而心存姦

邪決不為天所祐是以古聖人惟欲人之止於至善
也
訓曰好疑惑人非好事我疑彼彼之疑心益增前者丹
濟拉來降之時衆皆諫朕宜防備之朕心以為丹濟
拉既已來降即我之臣何必疑焉初至之日即以朕
之衣冠賜之使進朕帳幄内近坐賜食傍無一人與
伊刀切肉食彼時丹濟拉因朕之誠心相待感激涕
零終身奮勉盡力又先時臺灣賊叛朕欲遣施琅舉

朝大臣以為不可遣去必叛彼時朕召施琅至而諭
曰舉國人俱云汝至臺灣必叛朕意汝若不去臺灣
斷不能定汝之不叛朕力保之卒遣之不日而臺灣
果定此非不疑人之驗乎凡事開誠布公為善防疑
無用也
訓曰年高之人理當厚待憐恤之且其年皆與我先輩
年等憐之敬之則福壽亦增耳
訓曰朕自幼登極生性最忌殺戮歷年以來惟欲人善

而又善即位至今公卿大臣保全者不記其數即如
幼年間於田獵之時但以多殺禽獸為能今漸漸年
老園中所圈之力之獸尚不忍於射殺觀此則聖人
所言我欲仁斯仁至矣之語誠至言也
訓曰飲食之制義取諸鼎聖人頤養之道也是故古者
大烹為祭祀則用之為賓客則用之為養老則用之
豈以恣口腹為哉禮王制曰諸侯無故不殺牛大夫
無故不殺羊士無故不殺犬豕庶人無故不食珍論

語曰子釣而不綱弋不射宿古之聖賢其於犧牲禽
魚之類取之也以時用之也以節是故朕之萬壽與
夫年節有備宴恭進者即諭令少殺牲止以天地好
生萬物各具性情而樂其天人不得以口腹之甘而
肆情恣饍也
訓曰字乃天地間之至寶大而傳古聖欲傳之心法小
而記人心難記之瑣事能令古今人隔千百年覿面
共語能使天下士隔千萬里攜手談心成人功名佐

人事業開人識見為人憑據不思而得不言而喻豈非天地間之至寶與以天地間之至寶而不惜之糊牕粘壁裹物襯衣甚至委棄溝渠不知禁戒豈不可歎故凡讀書者一見字紙必當收而歸於簏笥異日投諸水火使人不得作踐可也爾等切記

訓曰孟子云為政者每人而悅之日亦不足矣是言也誠得為政之要道即如近河居民地勢窪下陰雨稍多即覺水澇近山居民地勢高阜數日不雨即覺亢

旱天道尚然何況人事故為政者應持大體府事允治自然萬世永賴久安長治之道未有以政徇人者也孟子此言深切政體特語爾等知之

訓曰茲者一兩年間春夏之交稍旱外邊無知之人即妄言以為大旱朕少時曾經正月至於六月不雨朕於交泰殿前圍席牆在內三晝夜虔禱雖鹽醬小菜一毫不食步至
天壇祈雨去時天尚晴明禮畢將回即降細雨及出壇門則大雨傾盆田畝盡濡澤矣今年未至若彼之旱且朕年高不能如彼時之齋戒步禱身誠不能為用欺衆為哉此亦朕生性不務虛飾之一端也

訓曰昔日
太皇太后聖躬不豫朕侍湯藥三十五晝夜衣不解帶目不交睫竭力盡心惟恐
聖祖母有所欲用而不能備故凡坐臥所須以及飲食肴饌無不備具如糜粥之類備有三十餘品其時

欽定四庫全書
聖祖仁皇帝庭訓格言

聖祖母病勢漸增實不思食有時故意索未備之品不意隨所欲用一呼即至
聖祖母拊朕之背垂泣贊歎曰因我老病汝日夜焦勞竭盡心思諸凡服用以及飲食之類無所不備我實不思食適所欲用不過借此支吾安慰汝心誰知汝皆先令備在彼如此竭誠體貼肫肫懇至孝之至也惟願天下後世人人法皇帝如此大孝可也

訓曰人於凡事能順理之自然則於身有益朕今年高

齒落殆半諸凡食物雖不能嚼然朕心所欲食者則必烹爛或作醢醬以為下飯並無一念自怨衰老有自幼隨朕近侍時常以齒落身衰不得食諸美味行走之處不能及人為恨每向人前訴苦此皆由於見理未明不能順其自然之故也朕鑒夫此惟寬坦從容以自頤養而已

訓曰吾人年歲老而經事多則自輕易不為人所誘每見道士自誇修養得法大言不慙但多試幾年究竟

如常人齒落鬢白漸至老憊觀此凡世上之術士俱欺誑人而已矣神仙豈降臨塵世哉又有一等術士立地數十年或坐小屋幾載然能久坐者不能久立能久立者不能久坐可知其所以能此乃邪魅之術耳此皆朕歷試之而知其妄者也

訓曰凡事暫時易久則難故凡人有說奇異事者朕則曰且待日久再看朕自八歲登極理萬幾五十餘年何事未經虛詐之徒一時所行之事日後醜態畢露者甚多此等纖細之偽朕亦不即宣出日久令自敗露一時之詐實無益也

訓曰爾等惟知朕算術之精却不知我學算之故朕幼時欽天監漢官與西洋人不睦互相參劾幾至大辟楊光先湯若望於午門外九卿前當面賭測日影奈九卿中無一知其法者朕思已不知焉能斷人之是非因自憤而學焉今凡入算之法累輯成書條分縷析後之學此者視此甚易誰知朕當日苦心研究之

難也

訓曰音律之學朕嘗留心爰知不製器無以審音不準今無以考古音由器發律自數生是故不得其數律無自生不考以律音不得正雅俗固分而聲協則一器雖代革而音調則同故曰以六律正五音今之樂由古之樂也朕考覈諸音律譜按性理內律呂新書黃鍾律分圍徑長短準以古尺損益相生十二律呂製為管而審其音復以黃鍾之積加分減分製諸樂

器而和其調實以黍而數合播諸樂而音諧因著為書辨其疑闕其義正律審音和聲定樂條分縷析一一詳明蓋天地之元聲亙古今而莫易聯中外以大同六合之內四海之外此音同此理同也百世之上百世之下此理同此音同也是故不知古樂而溺於今非特不知古并不知今也必復古樂而不屑於今非特不知今終亦無從復古也

訓曰聲音之道以和為本故書曰八音克諧無相奪倫

神人以和嘗見近世之人事儒學者空談理數拘守舊聞而於聲字之義鄙而不講工師則專肄聲音熟諳字譜而於音律之原茫然無知殊不知工尺等字即宮商之省文也工凡六五乙上尺七字而五聲二變亦七音工尺七字有出調而五聲二變亦旋宮旋宮則轉調而當二變者則出調古聖立法原自簡易而後之人反從難處探索與理却不知說愈繁而理愈晦古之雅樂惟用五正聲而間以二變謂之七音今之南曲亦止用五字而出調二字不用北曲則雜以出調二字名曰北調然則古樂今曲何嘗不以正變之聲而為宮調之準則耶要之樂以太和為本是以古聖王惟得中聲以定大樂故與天地同和薦之郊廟而神鬼享奏之朝廷而人心風俗以淳也

訓曰今者各國海外諸物畢至珍禽奇獸耳之所未聞書傳之所記者皆得見之且畜養而孳生者亦有之即此觀之凡物各遂其性雖禽獸亦如其本地之生

育焉汝等如此少年甚至於孩提之童遽能見此各種禽獸豈可易視也歟

訓曰產獅之西洋國極遠即彼處亦難得之得則進貢中國今西洋國進貢之獅朕心以為無甚奇處但念彼自極遠處進奉嘉其誠心不便發回所以收養耳朕不好奇物也

訓曰古史書載出宮女三千以為大德明時宮女至數千脂粉錢至百萬今朕宮中計使女恰纔三百況朕

未近使之宮女年近三十者即出與其父母令婚配汝等皆係朕子如此等處宜效法行之

訓曰滿洲人最忌令人扶掖是故朕至如是之年尚且不令人扶掖不持拄杖起坐時人但少助而已一立即不用扶矣閒坐亦不憑倚今之少年反令人扶掖兩手挽臂觀之甚是可厭既無病又無故如此舉動誠為怪異亦特無福之態耳又有一等人年紀不相稱即用拄杖復何心哉此等處朕實不解爾等仍當

以我朝前輩所忌諱處戒之可也

訓曰古昔征戰嘗用弩箭至我朝時弓矢甚利故棄弩箭而不用今苗蠻人尚用弩箭者彼處盡大山深澗伊等鳥鎗少而弓矢又不能遠射故仍用弩箭朕近日制弩試之所至固遠然不得準貫革力亦微上弩而又加箭亦不甚便但平日作玩具可耳實在應用之處則不可恃如我朝之弓矢連射不悮貫革力大迎敵者如何對立是故自古以來各種兵器能如我朝之弓矢者斷未之有也

訓曰古之聖人平水土教稼穡辨其所宜導民耕種而五穀成熟孟子曰五穀熟而民人育則人之賴於五穀者甚重嘗思夫天地之生成農民之力作風雷雨露之長養耕耘收穫之勤勞五穀之熟豈易易耶禮月令曰天子以元日祈穀於上帝凡為民生粒食計者至切矣而人何得而輕棄之乎奈何世之人惟知貴金玉而不知重五穀或狼籍於場圃或委棄於道

路甚至有污穢於糞土者輕褻如此豈所以敬天乎夫歉歲穀少固當珍重而稔歲穀多尤當愛惜詩曰粒我蒸民莫匪爾極貽我來牟帝命率育噫嘻重哉

訓曰每歲自南方漕運米糧一石費銀數兩蓋因地遠難致之故不肖兵丁不知運糧之艱既得糧米因暫時有餘遂賣銀錢以供幾次飽飡醉飲及米不繼之時妻子又皆不免飢餓此等處朕知之甚悉故放米之時屢降嚴旨於管轄人等嚴禁奢費與賣米者特

為兵丁之生計也無知之人以兵丁賣米為小事不知米者養人之本為人上者不留心省察可乎

訓曰世之財物天地所生以養人者有限人若節用自可有餘奢用則頃刻盡耳何處得增益耶朕為帝王何等物不可用然而朕之衣食毫無過費所以然者特為天地所生有限之財而惜之也

訓曰凡人處世有政事者政事為務有家計者家計為務有經營者經營為務有農業者農業為務而讀書

者讀書為務即無事務者亦當以一藝一業而消遣歲月奈何好賭博之人身家不計性命不顧愚癡如是之甚假賭博之名以攘人財與盜無異利人之失以為己得始而貪人所有陷入坑阱既而吝惜情生妄想復本苦戀局內囊罄產盡以致無食無居蕩家敗業雖密友至戚一入賭場頃刻反顏一錢得失怨詈旋興雅道俱傷結怨結讐莫此為甚且好賭博者名利兩失齒雖少人即料其無成家正設人決知其必敗沈溺不返汙下同羣骨肉輕賤親朋笑恥種種敗害相因而起果何樂何利而為之哉朕是以嚴賭博之禁凡有犯者必加倍治罪斷不輕恕

訓曰人承祖父之遺衣食無缺此為大幸便當讀書樂志安分修為若家貧亦惟勤學力行為鄉黨所重孔子曰素富貴行乎富貴素貧賤行乎貧賤孟子曰富貴不能淫貧賤不能移此是聖賢立志之根本操存之要道也

訓曰朕因大慶之年特集熟舊與衆老臣賜以筵宴使宗室子孫進饌奉觴者乃朕之所以尊高年而冀福澤之及於宗族子孫也觀朕之君臣如此鬚鬢皆白數百人坐於一處飲食筵宴其吉祥喜慶之氣洋溢於殿庭中矣且年高之人多自傷自歎今荷朕恩禮歸家各以告其子孫借此快樂以益壽考即養生之道也

訓曰朕自幼所讀之書所辨之事至今不忘今雖年邁

記性仍然此皆素日心內清明之所致也人能清心寡欲不惟少忘且病亦鮮也

訓曰凡書生頌揚君上或吟咏詩賦欲稱其善必先舉人之短而後方頌言之每以娩三皇邁五帝超越百王為言此豈非太過乎詩中有云欲笑周文歌宴鎬還輕漢武樂橫汾譬之欲言此人之善必先指他人之惡朕意不然彼亦善而我亦善豈不美哉總之欲言人之善但言某人之善而已何必及他人之惡是皆由度量窄狹而心不能平也朕深不然之

訓曰朱子云大率古人作詩與今人一般其間亦自有感物道情吟咏情性幾時盡是譏刺他人只緣序者立例篇篇作美刺說將詩人意思盡穿鑿壞矣即如唐人工於詩者應制賦詩後人解之以為譏刺朝廷其於前人不太冤耶朱子此言最公深得詩人之意

訓曰唐人詩命意高遠用事清新吟咏再三意味不窮近代人詩雖工然英華外露終乏唐人深厚雄渾之氣

訓曰孔子云君子有三戒少之時血氣未定戒之在色及其壯也血氣方剛戒之在鬬及其老也血氣既衰戒之在得朕今年高戒色戒鬬之時已過惟戒貪得是所當戒朕為人君何所用而不得何所取而不能尚有貪得之理乎萬一有此等處亦當以聖人之言為戒爾等有血氣方剛者亦有血氣未定者當以聖人所戒之語各存諸心而深以為戒也

訓曰孔子云民可使由之不可使知之誠為政之至要朕居位六十餘年何政未行看來凡有益於人之事我知之確即當行之在彼小人惟知目前僥倖而不念日後久遠之計也凡聖人一言一語皆至道存焉

訓曰盛京年例俱係步圍朕初次至盛京時行圍不遠即連見兩三虎步行人有被爪傷者雖不致命實視之不忍本處將軍都統目為尋常朕遂深責之曰田獵原為遊豫今目覩傷人若是何以獵為今後步圍

永行禁止自是年至今已四十餘年矣不然被傷者何所底止此四十餘年所生全者豈少哉

訓曰人有病請醫療治必以病之始末詳告醫者乃可意會而治之亦易往往有人不以病原告之反試醫人之能識其病與否以為論難則是自悞其身矣又病各不同有一二劑藥即瘳者亦有一二劑藥不能即瘳者若急望效以一二劑藥不見病減頻換醫人乃自損其身也凡人皆宜記此

訓曰古人有言不藥得中醫非謂病不用藥也恐其悞投耳蓋脈理至微醫理至深古之醫聖醫賢無理不闡無書不備天良在念濟世存心不務聲名不計貨利自然審究詳明推尋備細立方切症用藥通神今之醫生若肯以應酬之工用於誦讀之際推求奥妙研究深微審醫案探脈理治人之病如己之病不務名利不分貴賤則臨症必有一番心思用藥必有一番識見施而必應感而遂通鮮有不能取效者矣延醫者慎之

訓曰醫藥之係於人也大矣古人立方各有定見必先洞察病源方可對症施治近世之人多有自稱家傳妙方可治某病病家草率遂求而服之往往藥不對症以致悞事不小又嘗見藥微如粟粒而力等大劑此等非金石之酷烈即草木中之大毒若或藥投其症服之可已萬一不投不惟不能治病而反受其害其悞人也可勝言哉故孔子曰某未達不敢嘗正為此也

訓曰灸病者非美事而身亦徒苦朕年少時嘗灸病厥後灸虧即艾味亦惡聞矣聞即頭痛徒灸無益爾等切記勿輕於灸病也

訓曰書法為六藝之一而游藝為聖學之成功以其為心體所寓也朕自幼嗜書法凡見古人墨蹟必臨一過所臨之條幅手卷將及萬餘賞賜人者不下數千天下有名廟宇禪林無一處無朕御書匾額約計其

數亦有千餘大槧書法心正則筆正書大字如小字此正古人所謂心正氣和掌虛指實得之於心而應之於手也

訓曰善書法者雖多出天性大半尤恃勤學朕自幼好書今年老雖極忽忙時必書幾行字一日亦未間斷是故猶未至於荒廢人勤習一事則身增一藝若荒疎即廢棄也

訓曰凡人彼此取與在所不免人之生辰或遇吉事與

之以物必擇其人所需用或其平日所好之物贈之始足以盡我之心不然但以人與我何物而我亦以其物報之是彼此易物名而已矣毫無實意此等處凡人皆宜留心

訓曰孟子云或勞心或勞力勞心者治人勞力者治於人朕即位多年雖一時一刻此心不放為人君者但能為天下民生憂心則天自祐之

訓曰朱子云聖賢立言本自平易而平易之中其旨無窮今必推之使高鑿之使深是未必真能高深而已離其本指喪其平易無窮之味矣此最要處也自漢以來儒者世出將聖人經書多般講解愈解而愈難解矣至宋時朱子輩註四書五經發出一定不易之理故便於後人朱子輩有功於聖人經書者可謂大矣是以朕訓爾等但以經書為要者亦此故也

訓曰凡人學藝即如百工習業必始於易而步步循序漸進焉心志不可急遽也中庸云譬如行遠必自邇

譬如登高必自卑人之學藝亦當以此言為訓也

訓曰書云同律度量衡論語曰謹權量蓋為禁貪風除欺詐所以平物價而一人情也今市廛之上閭閻之中日用最切者無過於丈尺升斗平法其間長短大小亦或有不同而要皆以部頒度量衡法為準通融合算均歸畫一則不同而實同也蓋以大同者定制度而隨俗者便民情斯為善政自上古以迄於今幾千百年度量權衡改易非一苟一旦必欲強而同之

非惟無益於民抑且有妨於治道此又不可不留心講究者也

訓曰吉凶軍賓嘉五禮之期必選擇日時者乃古人趨吉避凶之義詩曰吉日維戊吉日庚午禮曰外事用剛日内事用柔日朱子註孟子曰天時者時日支干孤虛王相之屬也要以五行之生尅為用干支之刑衝合會為斷耳世俗相沿已久而吉凶之理推原於易是故我等尊貴之人凡有出行移徙之類自宜選

擇日時然而既用選擇之日則尤當用其選擇之時甚勿以日之吉而忽於時之吉也選擇家云選日必當選時吉日不如吉時正謂此也

訓曰論語云子貢問為仁子曰工欲善其事必先利其器此言實為學制事之要也即如今之讀書人欲應試也必平日所學淵深所記廣博自然寫得出凡遇一事經歷多者按則例而理之則失者少此即器利而事自善之理也

訓曰朕今年近七十嘗見一家祖父子孫凡四五世者大抵家世孝敬其子孫必獲富貴長享吉慶彼行惡者子孫或窮敗不堪或不肖而陷於罪戾以至凶事牽連如此等朕所見多矣由此觀之惟善可遺福於子孫也

訓曰朕於各處行伍中効力行走之人時常喚來與之談論者蓋因我朝太平已久今之少年於行兵之道未嘗經歷若問此等行軍之舊人則功臣之子孫得

聞伊祖父効力行走之處亦歡喜鼓舞循其祖父之迹而黽勉力行之也

訓曰我朝舊典斷不可失朕幼時所見老先輩極多故服食器用皆按我朝古制毫未變更今住京師已七十餘年居此漢地八旗滿洲後生微微染於漢習者未免有之惟在我等在上之人常念及此時時訓戒在昔金元二代後世君長因居漢地年久漸入漢俗竟如漢人者有之朕深鑒此而屢訓爾等者誠為我

朝之首務命爾等人人緊記著意謹遵故也

訓曰我朝

祖宗開創以來弧矢之利以威天下伐畿安民平定海内今朕上荷

祖宗庇蔭坐致昇平豈可一日不事講習故朕日率爾諸

皇子及近御侍衛人等射侯射鵠備儀備典八旗官兵以時試肄朕常臨御教場歷觀兵卒等其優劣賞賜褒嘉黜陟勸勉故爾旗分佐領各各嫻習弓馬武

備足觀禮曰男子生桑弧蓬矢六以射天地四方天地四方者男子所有事也故必先志於其所有事又曰射者進退周旋必中禮内志正外體直又曰立德行者莫如射而射者所以觀德也故孔子射於矍相之圃蓋觀者如堵牆易曰射隼射雉詩曰決拾既佽弓矢既調角弓其觩束矢其搜敦弓既堅四鍭既鈞舍矢既均序賓以賢書曰若射之有志子曰射不主皮為力不同科射有似乎君子失諸正鵠反求諸其身周禮以射法治射儀然則古聖經書射以垂訓歷歷可監習射上功實與擇士況我國家立德立功振興要務自當嚴加訓練多方教諭不可一刻廢懈也

訓曰射御居六藝之中二者相資為用古人御車雖見於經史然其法不可得而詳而我朝滿洲騎射其功用則有不可勝言者蓋騎射之道必自幼習成方得精熟未有不善於馭馬而能精於騎射者也抑且乘騎不懈方克善馭如我朝滿洲並外藩諸蒙古以及

索倫達呼里等俱嫻於騎射者蓋因自幼乘馬十餘歲即能馳驟故爾馬上純熟善於控御也當獮狩之時獵騎雲屯風生電發其中精於騎射者人馬相得上下如飛磬控追禽發矢必獲觀之令人心目俱爽誠所謂不失其馳舍矢如破也夫善馭馬者之逐獸也馳驅應範遠近合宜即馬之調習者亦知人意之所向獸遠而就之使近獸合而開之如法恰當發矢之時另有一番努力之狀是惟良驥為然也復有人

精於馭馬者不擇優劣乘之惟見其佳蓋人能顯馬
而馬亦能顯人也
訓曰朕自幼登極迄今六十餘年偶遇地震水旱必深
自儆省故災變即時消滅大凡天變災異不必驚惶
失措惟反躬自省懺悔改過自然轉禍為福書云惠
迪吉從逆凶惟影響固理之必然也
訓曰孟子云大人者不失其赤子之心者也赤子之心
者乃人生之真性即上古之淳樸處也我朝滿洲制

度亦然滿洲故制看來雖似鄙陋其一種真誠處又
豈易得者哉我等讀書宜達書中之理窮究古人立
言之意也
訓曰凡人有訓人治人之職者必身先之可也大學有
云君子有諸己而后求諸人無諸己而后非諸人特
為身先而言也
訓曰天下事固有一定之理然有一等事如此似乎可
行又有不可行之處有一等事如此似乎不可行又
有可行之處若此等事在以義理揆之決不可豫定
一必如此必不如此之心是故孔子云君子之於天
下也無適也無莫也義之與比
訓曰凡人讀書或學藝每自謂不能者乃自誤其身也
中庸有云有弗學學之弗能弗措也人一能之己百
之人十能之己千之果能此道矣雖愚必明雖柔必
强實為學最有益之言也
訓曰人於好惡之心難得其正我所喜之人惟見其善

而不見其惡若所惡之人惟見其惡而不見其善是
故大學有云好而知其惡惡而知其美者天下鮮矣
誠至言也
訓曰孟子云持其志無暴其氣人欲養身亦不出此兩
言何也誠能無暴其氣則氣自然平和能持其志則
心志不為外物所搖自然安定養身之道猶有過於
此者乎
訓曰人之一生多由習氣而成蓋自孩提以至十餘歲

此數年間渾然天理知識未判一習學業則有近硃近墨之分及至成人士農工商各隨其習習以成風雖父兄之於子弟亦不能令其習好同也故孔子曰性相近也習相遠也有必然者

訓曰程子云有實則有名名實一物也若夫好名者則徇名為虛矣如君子疾沒世而名不稱謂無善可稱耳非徇名也看來有一等好名之人惟名是務不着一毫誠實之處只管行去不惟無分毫之實究至於

名亦不能保程子此言可謂力行之要道也

訓曰程子云所謂利者不獨財利之利凡有利心便不可如作一事但尋自己穩便處皆利心也聖人以義為利義安處便是利凡人惟棄利己之心以求義之所安則為忠臣者亦此道為孝子者亦此道人人皆當以此語為至教而奉行之也

訓曰荀子云身勞而心安者為之利少而義多者為之此二語簡而要人之一世能依此二語行之過差何由而生

訓曰朱子云人作不好底事心却不安此是良心但被私欲錮蔽雖有端倪無力爭得出須是着力與他戰不可輸與他知得此事不好立定脚跟硬地行從好路去待得熟時私欲自住不得此一節語乃人立心之最要處良心能勝私欲為聖為賢皆此路也欲立身心者當詳究斯言

訓曰朱子云讀書之法當循序而有常致一而不懈從

容乎句讀文義之間而體驗乎操存踐履之實然後心靜理明漸見意味不然則雖廣求博取日誦五車亦奚益於學哉此言乃讀書之至要也人之讀書本欲存諸心體諸身而求實得於己也如不然將書汎然讀之何用凡讀書人皆宜奉此以為訓也

訓曰朱子云讀書須讀到不忍舍處方是得書真味若讀之數過略曉其義即厭之欲別求書者則是於此一卷書猶未得趣也此言極是朕自幼亦嘗發憤讀

書看書當其讀某一經之時固講論而切記之年來翻閱其中復有宜詳解者朱子斯言凡讀書者皆宜知之

訓曰凡人進德修業事事從讀書起多讀書則嗜慾澹嗜慾澹則費用省費用省則營求少營求少則立品高讀書之法以經為主苟經術深邃然後觀史觀史則能知人之賢愚遇事得失亦易明了故凡事可論貴賤老少惟讀書不問貴賤老少讀書一卷則有一

卷之益讀書一日則有一日之益此夫子所以發憤忘食學如不及也

訓曰從來有生知有學知有困知及其成功則一未有下學既久而不可以上達者但功夫不可躐等而進尤不可半塗而廢書云為山九仞功虧一簣正為半塗而廢者惜也

訓曰為學之功不在日用之外檢身則謹言慎行居家則事親敬長窮理則讀書講義至近至易即今便可用力至急至切即今便當用力用一日之力便有一日之效至有所疑爭人問難則長進通達自不可量若即今全不用力蹉過少壯時光即使他日得聖賢而師之亦未必能有益也

訓曰人在幼稚精神專一通利長成以後則思慮散逸外馳是故應須早學勿失機會朕七八歲所讀之經書至今五六十年猶不遺忘至於二十以外所讀經書數月不溫即至荒疎矣然人或有幼年遭逢坎壈

失於早學則於盛年尤當勵志蓋幼而學者如日出之光壯而學者如炳燭之光雖學之遲者亦猶賢乎始終不學者也

訓曰為學之功有三等焉汲汲然者上也悠悠然者次也懵懵然者又其次也然而懵懵者非不向學心未達也誘而達之安知懵懵者之不為汲汲也惟悠悠者最為害道因循苟且一暴十寒以至皓首沒世亦猶夫人而已古之聖人進修貴勇如湯之盤銘曰苟

日新日日新又日新夫豈有瞬息悠悠之意哉孔子曰有能一日用其力於仁矣乎蓋深憫學者之悠悠而冀其奮然用力也學而能日新則緝熙不已造次無忘舊習漸漸而消至趣循循而入欲罷不能莫知所以然而然故詩人美湯曰聖敬日躋也

訓曰先儒有言窮理非一端所得非一處或在讀書上得之或在講論上得之或在思慮上得之或在行事上得之讀書得之雖多講論得之尤速思慮得之最深行事得之最實此語極為切當有志於格物致知

之學者其宜知之

訓曰春至時和百花尚鋪一段錦繡好鳥且囀無數佳音何況為人在世幸遇昇平安居樂業自當立一番好言行一番好事使無愧於今生方為從化之良民而無憾於盛世矣朕深望之

訓曰天下未有過不去之事忍耐一時便覺無事即如鄉黨隣里間每以雞犬等類些微之事致起訟端經官告理或因一語戲謔以致角口爭鬬此皆由不能忍一時之小忿而成爭訟之大端也孔子曰小不忍則亂大謀聖人之言至理存焉

訓曰古人云盡人事以聽天命至哉是言乎蓋人事盡而天理見猶治農業者耕墾宜當勤而豐歉所不可必也不盡人事者是舍其田而弗芸也不安於靜聽者是揠苗而助之長者也孔子進以禮退以義所以盡人事也得之不得曰有命是聽天命也

訓曰子曰吾非斯人之徒與而誰與人生斯世自少而壯自壯而老孰能一日不與斯世斯人相周旋耶顧應之得其道我與世相安應之不得其道則世與我相違莊子曰人能虛己以遊世其孰能害之此言善矣

訓曰學以養心亦所以養身蓋雜念不起則靈府清明血氣和平疾莫之攖善端油然而生是內外交相養也

訓曰莊子曰毋勞汝形毋搖汝精又引庚桑子之言曰毋使汝思慮營營蓋寡思慮所以養神寡嗜慾所以養精寡言語所以養氣知乎此可以養生是故形者生之器也心者形之主也神者心之會也神靜而心和心和而形全恬靜養神則自安於內清虛棲心則不誘於外神靜心清則形無所累矣

訓曰勸戒之詞古今名論亹亹書記中無處不有其殷勤痛切反覆丁寧要之欲人聽信遵行而已夫千百年以下之人與千百年以上之人何所關切而諄諄訓戒若此蓋欲一句名言提醒千百年以下之人使知前車之覆而為後車之戒也後學讀聖賢書看古人如此血誠教人念頭豈可草草略過是故朕常教人看古人書須念作者苦心甚勿負前人接引後學之至意也

御定執中成憲

（清）愛新覺羅·胤禛　撰

解題

翟雙萍

《御定執中成憲》八卷，清（世宗）愛新覺羅·胤禛于雍正六年敕命儒臣編撰，雍正十三年夏，書成奏進，清世宗裁定，但清世宗在位時期，未曾刊行，清高宗乾隆三年，付武英殿刊版，頒行，《四庫全書》本爲重抄。

本編據《四庫全書》本影印。卷首爲清高宗弘曆撰《〈御製執中成憲〉序》，次爲《四庫全書總目》此書《提要》，次爲《欽定執中成憲目録》，次爲正文。

據清高宗此書序文所説，《執中成憲》是清世宗胤禛敕命儒臣編纂[一]，由清世宗審定，且于書的前半部分偶有『御製論』即爲清世宗就某史況所做的評論之詞，雖然清高宗以後没有推崇，是書體例，大抵以時代爲序，擷取自唐堯、虞舜以至明代帝王經世理政之文以爲説，清高宗（弘曆）在《〈御定執中成憲〉序》文中説：

惟我皇考，法天行健，一日萬幾，宵旰不遑。猶以其間，簡命儒臣，采録經、史、子、集所載，自古帝王元德顯功，訏謨大訓，以及名臣奏章，先儒語類，深切治道者，次第進呈，皇考親爲删定，命曰《執中成憲》。始于雍正六年仲春，成于十三年中夏。未及刊布，而我皇考遽遐弃臣民。……

[一]《清史稿·世宗本紀》《藝文志》均有載（見卷九、卷一百四十七）

（據本編）

此書確是經儒臣采録經、史、子、集有利于『深切治道』的嘉言善行，次第上呈清世祖皇帝，再由皇帝『親爲删定』。《清史稿·世宗本紀》載：『（雍正五年）十一月癸丑，敕修《執中成憲》。』〔二〕是雍正五年歲終，清高宗的《序》中説爲『雍正六年仲春』，是雍正六年歲首，『仲春』是舊曆二月，中間差了兩個月。姑以清高宗弘曆《序》文中所記時間爲準，《執中成憲》之書世宗皇帝敕命撰修是在雍正六年，于雍正十三年完成。書成，由清世宗審稿，直到乾隆三年，始由武英殿校刊印行。

愛新覺羅·胤禛是清聖祖玄燁的第四子，其母孝恭仁皇后烏雅氏，康熙三十七年（一六九八）封貝勒，四十八年（一七〇九）封雍親王。康熙六十一年（一七二二），清聖祖駕崩，胤禛于十一月辛丑即皇帝位，翌年，改元雍正。雍正十三年（一七三五）晏駕，享五十八年。

清世宗是後世毁譽參半的皇帝，在歷史上，就有『多疑』『猜忌』的評價，爲了取得皇位，兄弟相殘，取得皇位以後，殺戮或囚禁手足，已爲世人詬病，但在短短的十三年皇帝生涯中，他也有可以肯定的歷史功績，比如文化建設方面，爲了體現其統治的合理性，編輯《庭訓格言》。又，據《清史稿·世宗本紀》等文獻記載，清世宗亦不乏仁愛之心。《清史稿·世宗本紀》載：

（雍正）五年……秋七月……丙子，……已革貝勒蘇努塗抹聖祖朱諭，經王、大臣、刑部參奏，

〔二〕據《二十五史》本卷九。

得旨：『蘇努怙惡不悛，竟令其子蘇爾金、庫爾陳、烏爾陳信從西洋之教。諭令悛改，伊竟抗稱：「原甘正法，不能改教。」今又查出昔年聖祖朱批奏摺，敢于狂書塗抹，見者髮指。即應照大逆律概行正法。但伊子孫多至四十人，悉行正法，則有所不忍。倘分别去留，又何從分别。暫免其死，仍照前禁錮。』（據《二十五史》本卷九）

此載貝勒蘇努因爲兩椿罪爲諸王、大臣及刑部參奏，一是令其子蘇爾金、庫爾陳、烏爾陳信從西洋之教，一是曾經塗抹清聖祖時的朱批奏折。在當時，兩種行爲都是死罪，而且禍及滿門。清世祖認爲，蘇努子孫多至四十人，『悉行正法，則有所不忍』，故而『暫免其死，仍照前禁錮』，可見清世宗仍有惻隱之心。又，《清史稿·世宗本紀》載，雍正五年十二月：

……范時繹奏太倉州屬之七浦士民，原自行修濬，上不許，曰：『民間之生計，即國計也。國用不敷之時，不得不藉資民力。方今國用充裕，仍發帑銀給之。』……（據《二十五史》本卷九）

此之所記爲雍正五年，有關太倉州所屬的『七浦』興修水利費用問題。按照范時繹的奏章之請，七浦的修浚工程費用由民間自籌，但清世宗不同意。他認爲，『方今國用充裕』，不當『藉資民力』，應該由國家出資修浚。從這一件事可以看到，胤禛作爲皇帝，確有恤民之心。

另，胤禛登基之後，革除積弊，整肅吏治，懲辦腐敗，純化風俗等等都是可以肯定的。

還有一項重大的文化建設那就是《古今圖書集成》的最終編成。《古今圖書集成》原爲清聖祖時期，大學士陳夢雷發凡起例，時名爲《古今圖書彙編》。但清世宗即位，陳夢雷得罪，未能竟事。清世宗臨朝，敕命大學士蔣廷錫等人重校增訂，更名爲《古今圖書集成》。《古今圖書集成》是一部空前絶後的巨型類書，爲稽考古文獻最重要的百科全書，内容涵蓋我國一萬五千多卷經、史、子、集的典籍，幾五十萬頁、一億四千四百萬字，内容浩瀚無比。《國朝宫史・書籍十三・類書》：

《古今圖書集成》一部，聖祖仁皇帝，以載籍極博，浩如淵海，爰命廷臣仿古人左圖右史之義，統爲一書。卷帙繁富，久而未就。世宗憲皇帝繼承先志，特命詳加編校，列爲六編，析爲三十二典。……（據文淵閣《四庫全書》本卷三十四）

此文中言及清聖祖敕命廷臣修纂《古今圖書集成》事，因卷帙浩繁則久而不就，清世宗承聖祖之志，繼續編校，最終完成了今天所見的此書。又，清世宗《〈古今圖書集成〉序》説：

……皇考聖祖仁皇帝，聰明睿知，稟生知之質而又好古敏求，……乃命廣羅群籍，分門別類，統爲一書。成册府之鉅觀，極圖書之大備。而卷帙浩富，任事之臣，弗克祇承。既多訛謬，每有闕遺。經歷歲時，久而未就。朕紹登大寶，思繼先志，特命尚書蔣廷錫等董司其事，督率在館諸臣，重加編校。窮朝夕之力，閲三載之勤，凡釐定三千餘卷，增删數千萬言。繪圖精審，考定詳悉。……（據民國二十三年，中華書局影印本）

清世宗胤禛即位之後，很重視《古今圖書集成》的編訂工作，胤禛在康熙六十一年十一月即皇帝位，十二月便詔命續編《古今圖書集成》，《清史稿・世宗本紀》載曰：『（康熙六十一年十二月）癸亥，詔

《古今圖書集成》一書尚未竣事，宜速舉淵通之士編輯成書。……』[二]《古今圖書集成》的編訂與傳世，是康熙、雍正兩朝重要的歷史貢獻。

清世宗胤禛編定《執中成憲》的主旨，意在通過此書表明他的統治思想。是書爲『敕撰』，但究爲誰氏預修，文獻無徵，亦不得而知。清乾隆時期敕撰《國朝宮史·書籍十一·類纂》載：

《欽定執中成憲》一部，世宗憲皇帝命臣工采録群籍精義粹語，深切治道者，爲《執中成憲》，次第進呈，親定成書，冠以『御製』。論十五首，乾隆元年校刊，皇上御製序。（據文淵閣《四庫全書》本卷三十二）

這一著録，賅其要而備其義。按照清人的評價，是書爲『深切治道』，是唐太宗李世民《帝範》架構的大框，至明代，這一套路益發細密。《四庫全書簡明目録·子部》評曰：

《御定執中成憲》八卷，雍正六年，奉敕撰。前四卷載帝堯以來至明孝宗嘉言善政，後四卷爲名臣奏議，先儒論説，凡有資于治法者，搜精取要，靡不賅載，與御撰《資政要覽》心源符契，均爲馭世之大經。（據文淵閣《四庫全書》本卷九）

《四庫全書簡明目録》認爲，此書與《資政要覽》『心源符契，均爲馭世之大經』。此書編修宗旨，爲治國興邦立言，取法前代，昭示後世，大抵如清高宗弘曆在《序》文中所述：

[二] 據《二十五史》本《清史稿》卷九。

……予小子向雖承訓示一二節，全編則未之見也。嗣統後，每以幾暇，始發而讀之，既卒業，然後知聖心聖學，實與堯、舜、孔子同揆，而汲汲于是編，則專以啓迪後人，昭垂標準也。……（據本編）

清高宗此説，不無虚譽與誇飾，但書中所引述的文獻以及事迹，尤以引述諸家之説，不僅有俾于治國之資，而且作爲一種帝王行爲規範文化傳承，在歷史發展的進程中具有一定的意義。

《執中成憲》以選前代文獻中記載的歷史人物故事、言論爲主綫，全書八卷。以目次觀之，不免時代出現了重叠，但無傷内容。下列其目如次：

卷一：《唐帝堯》《虞帝舜》《夏王禹》《商王湯》《商王太甲》《商王盤庚》《商王武丁》《周文王》《周武王》《周成王》《周康王》《周穆王》《漢高祖皇帝》《漢太宗孝文皇帝》。

卷二：《漢孝景皇帝》《漢世宗孝武皇帝》《漢中宗孝宣皇帝》《漢世祖光武皇帝》《漢顯宗孝明皇帝》《漢肅宗孝章皇帝》《漢孝和皇帝》《晋世祖武皇帝》《南齊世祖武皇帝》《梁高祖武皇帝》《魏太宗明元皇帝》《魏高祖孝文皇帝》《魏世宗宣武皇帝》《唐高祖皇帝》《唐太宗皇帝》。

卷三：《唐太宗皇帝》《唐德宗皇帝》《唐憲宗皇帝》《唐文宗皇帝》《唐宣宗皇帝》《後周世宗皇帝》《宋太祖皇帝》《宋太宗皇帝》《宋真宗皇帝》《宋仁宗皇帝》《宋神宗皇帝》《宋高宗皇帝》《宋孝宗皇帝》《宋理宗皇帝》《金世宗皇帝》《金章宗皇帝》《元太祖皇帝》《元憲宗皇帝》《元世祖皇帝》《元仁宗皇帝》。

卷四：《明太祖高皇帝》《明成祖文皇帝》《明仁宗昭皇帝》《明宣宗章皇帝》《明憲宗純皇帝》《明孝宗敬皇帝》。

卷五：《唐》《虞》《商》《周》。

卷六：《漢》《三國》。

卷七：《晋》《南北朝》《隋》《唐》《宋上》。

卷八：《宋下》《金》《元》《明》。

體例殊覺不倫，如，卷一自『唐堯』通貫漢代，而唐、虞至商，其中的文獻大多從《尚書》選，卷五又出『唐、虞、商、周』，所用文獻亦多從《尚書》，類如補充卷一之缺。卷六一直到卷八，同樣造成了這種認識上的效果。當然，從卷一到卷五所選文獻，以唐代之後文獻分類視之，大多爲『經部』和『史部』（偶有『子部』之書，如《六韜》《孔子家語》《新書》等等）；卷六到卷八，所選文獻，多爲歷史上某某人著作中的言論，以文獻分類視之，大多爲『子部』的『儒家類』（偶有『史部』文獻，如《史記》《前漢書》《晋書》等等）。

另，卷一、卷二有『御製論』。卷一有十四條，卷二只有一條，原書并未編入『目録』。卷三以下皆無此『御製論』，似有見首不見尾之憾。

下例舉幾則文獻之義：

卷一第一目《唐帝堯》：『《書》：「稽于衆，舍己從人。不虐無告，不廢困窮，惟帝時克。」』

所謂《書》即是《尚書》或《書經》（下同）。這一則文獻出義：作爲帝王不能專制，應該從衆而施行善政，是從《尚書·虞書·大禹謨》（卷三）中引述，其文曰：

稽于衆，舍己從人。不虐無告，不廢困窮，惟帝時克。（據《十三經注疏》本《尚書正義》卷三）

孔安國傳[一]：『帝，謂堯也。舜因嘉言無所伏，遂稱堯德以成其義。考衆從人，矜孤愍窮，凡人所輕，聖人所重。』（同上）

據孔傳説可知，帝王當以嘉言善行示人，施政從衆，避免專斷；矜憐孤貧，尊重他人。

卷五第一目《唐虞》『《書》：益曰：「吁，戒哉。儆戒無虞，罔失法度。罔游于逸，罔淫于樂。任賢勿貳，去邪勿疑，疑謀勿成，百志惟熙【（宋）蔡沈曰：百志，猶百慮也。言方寸之間，光輝明白】。罔違道以干百姓之譽，罔咈百姓以從己之欲。無怠無荒，四夷來王。」』

這一則文獻的本文也是從《尚書·虞書·大禹謨》（卷三）引，其意，恪盡職守，敬慎法度，勿淫于享樂。任用賢人，不要有二心。不要違背規則而侵害百姓的利益，也不要觸犯百姓讓百姓順從自己之欲。不能荒怠政事，四邊的少數族纔可能歸附。這一文獻的元典是《尚書·虞書·大禹謨》，《執中成憲》却是從宋蔡沈《書集傳》引，而且中間又引蔡沈的『集傳』解釋之語（原爲雙行夾注，此引用方括號即

[一]《尚書》孔安國傳，清閻若璩以後，視爲『僞書』，『僞書』之説并不可靠。

是），蔡沈解釋之文曰：

先吁後戒，欲使聽者精審也。『儆』與『警』同，虞、度，罔，勿也。法度，法則、制度也。淫，過也。當四方無可虞度之時，法度易至廢弛，故戒其失墜。逸樂易至縱恣，故戒其游淫。言此三者，所當謹畏也。任賢，以小人間之，謂之『貳』，去邪不能果斷，謂之『疑』。謀，圖爲也。有所圖爲，揆之于理而未安者，則不復成就之也。百志，猶《易》所謂『百慮』也。咈，逆也。九州之外世一見曰王，帝于是八者，朝夕戒懼，無怠于心，無荒于事，則治道益隆，四夷之遠，莫不歸往，中土之民，服從可知。……（宋蔡沈《書經集傳》卷一，據文淵閣《四庫全書》本）

上例所引《尚書》之文，《執中成憲》分置在兩卷，釐爲二目。其實在《尚書》中是同篇，且爲同義。

又，卷一第十三目《漢高祖皇帝》是從《漢書·季布傳》采録之文，與《漢書·季布傳》原文已不能對校，《執中成憲》述此故事曰：

《前漢書》，項籍將季布，數窘帝。項籍滅，帝購求布千金，滕公言于上，上乃赦布，召拜郎中，布母弟丁公亦爲項籍將，逐窘帝，彭城西，短兵接，帝急顧曰：『兩賢豈相厄哉？』丁公引兵而還。及項籍滅，丁公謁見帝，以徇軍中，曰：『丁公爲臣不忠，使項王失天下者也。』遂斬之，曰：『使後世爲人臣，無效丁公也。』（據本編）

如果完整地引述《漢書》此文，字數太多。此後評論之語曰：

高祖寬明而仁恕，知人善任，使加之以誠信，好謀達于聽受。見善如不及，用人如由己。從諫如順流，趨時如嚮赴，英雄陳力，群策畢舉。

《執中成憲》中這一段文字是從《漢書・叙傳》中節録。《前漢書・叙傳》載曰：『……王莽敗，世祖[一]即位于冀州。時，隗囂據壟擁衆[二]，招輯英俊。……』隗囂與班彪論治國之策，班彪持論駁難，著《王命論》[三]，其中有論曰：

……蓋在高祖，其興也有五：一曰帝堯之苗裔，二曰體貌多奇异，三曰神武有徵應，四曰寬明而仁恕，五曰知人善任。使加之以信誠，好謀達于聽受。見善如不及，用人如由己。從諫如順流，趣時如嚮赴。當食吐哺，納子房之策；拔足揮洗，揖酈生之説。寤戍卒之言，斷懷土之情。高四皓之名，割肌膚之愛。舉韓信于行陳，收陳平于亡命。英雄陳力，群策畢舉。此高祖之大略，所以成帝業也。……（據《二十五史》本《漢書》卷一百上）

右文是班彪評漢高祖劉邦之論，務盡褒揚，屬爲聖賢之君。《執中成憲》引爲範本，立爲君主楷模。帝王受之，必有治國之益，黎庶效之，豈無宜乎？

是《執中成憲》雖帝王之書，平民受之，亦有教焉！

[一] 漢光武皇帝劉秀。

[二] 隗囂，字季孟，天水成紀人（今甘肅天水一帶）。王莽新朝地皇三年（二十二），隗囂聚衆攻略州郡，以擁戴劉漢爲號建立『復漢』（亦作『漢復』）政權（參見《後漢書》卷四十三《隗囂傳》）。

[三] 案，《後漢書・班彪傳》亦載此事（卷七十上）。

欽定四庫全書

御製執中成憲序

惟我
皇考法天行健一日萬幾宵旰不遑猶以其閒
簡命儒臣採錄經史子集所載自古帝王元德顯功訏謨
大訓以及名臣奏章先儒語類深切治道者次第進呈
皇考親為刪定命曰執中成憲始於雍正六年仲春成於
十三年中夏未及刊布而我

皇考遽遐棄臣民予小子向雖承
訓示一二節全編則未之見也嗣統後每以幾暇始發而
讀之既卒業然後知
聖心聖學實與堯舜孔子同揆而汲汲於是編則專以啓
迪後人昭垂標準也閒嘗殫思大學一書因見仲尼祖
述堯舜之實義焉其所謂明德者即虞書所謂道心也
所謂明明德者懼其為人心所蔽也所謂格物致知者
嚴辨人心道心之界以盡萬事萬物之理即書所謂惟

精也所謂正心誠意者力袪人心之雜以致道心之純
即書所謂惟一也所謂脩身齊家治國平天下而止於
至善者即書所謂允執厥中也然極乎執中之量則惟
堯舜為無歉而中之散見於萬事萬物者則不惟三代
聖王即秦漢以後仁厚英哲之君下及中主亦必有一
事二事之合焉不獨皋夔益契伊傅周召孔曾思孟即
近代羣儒文士亦必有一話一言之合焉故中庸曰舜
好問而好察邇言執其兩端用其中於民蓋中之理無

事無物而不具亦無人而不知是即明德之根於性而
不息者而惟舜能察之惟舜能執之惟舜能用之故善
與人同合德於天地我
皇考編定是書自二帝三王之事古聖賢之言下逮羣儒
文士之可節取者兼收而不遺用是道也
皇考之治天下無一事不審其則無一物能匿其情即書
所謂惟精大學所謂物格而知至無一時之不敬無一
念之不誠即書所謂惟一大學所謂心正而意誠故凡

施於政教者或予或奪或寬或嚴或抑揚遲速之稍有不同而無不立乎大中可為民極即書所謂執中大學所謂身脩家齊國治天下平而明德新民皆止於至善也而所以立綱陳紀更化善治其大者皆斷自
聖心而細者亦博採於衆議有其人不能皆入於善而一言之中必不廢焉即中庸所謂好問好察執兩用中也
然我
皇考聰明睿智夙具於

聖性而養成於
聖學者已數十年故
皇考之惟精乃不思而得
皇考之惟一乃不勉而中
皇考之執中而化成天下乃從容中道無為而成豈復有
資於是書所以
親為刪定者正恐在後之惘懵然無見於執中立極之道
爰示之以成憲也豈惟予小子奉以終身惟日兢兢無敢踰越哉世世子孫苟能服膺勿失而溯其淵源則於堯舜孔子之道一以貫之矣豈惟君人者舍是無以建其有極以消天下之偏陂反側哉凡百有位果能是訓是行則上之可輔理成化以著勲猷而下亦可以謹身而寡過於以謨明弼諧共臻喜起明良之盛無難矣

乾隆丙辰三月望日

欽定四庫全書　子部一

御定執中成憲　儒家類

提要

臣等謹案

御定執中成憲八卷雍正六年春

世宗憲皇帝勅撰雍正十三年夏書成奏

進仰蒙

裁定

宣付

武英殿校刊乾隆三年告蕆

御製序文頒行前四卷錄帝堯以來至明孝宗嘉

言善政後四卷皆唐虞至明諸臣論說有所

裨于治道者其或與古未顯疑義未明則折

衷以

論以闡發其理藴評斷其是非昔孔子刪書斷自

唐虞始著帝王經世之法後來遞相推衍互

有發明御製之書惟唐之帝範敷陳得失為

最悉官撰之本惟明之君鑒縷舉事迹為最

詳然帝範頗參雜說詞意或不深醇君鑑旁

摭諸書義例亦為冗雜至於宋之洪範政鑒

以焦贛京房之說附會於武王箕子之文益

離其宗蓋聖人之道統惟聖人能傳之聖人之

治法亦惟聖人能述之非可以強而及也我

世宗憲皇帝聖德神功上超三古闡明帝學

論定是編汰駁存精刪繁舉要凡遺文舊籍一經

持擇即作典謨猶虞帝傳心親闡執中之理殷宗典

學自述成憲之監也雖百篇之裁於洙泗何

以加茲

家法貽留以肇萬世之丕基者豈偶然歟乾隆四十

八年三月恭校上

總纂官臣紀昀臣陸錫熊臣孫士毅

總校官臣陸費墀

欽定執中成憲目錄　子部一
儒家類

卷一

卷二

欽定四庫全書

欽定執中成憲卷一

唐帝堯

書稽于衆舍己從人不虐無告不廢困窮惟帝時克

論語堯曰咨爾舜天之歴數在爾躬允執其中

六韜帝堯王天下之時吏忠正奉法者尊其位廉潔愛人者厚其祿民有孝慈者愛敬之盡力農桑者慰勉之旌別淑慝表其門閭平心正節以法度禁邪偽

所憎者有功必賞所愛者有罪必罰存養天下鰥寡孤獨賑贍禍亡之家其自奉也甚薄其賦役也甚寡故萬民富樂而無饑寒之色

家語帝富而不驕貴而能降伯夷典禮夔龍典樂流四凶而天下服其言不忒其德不回

新書帝堯曰吾存心於先古加意於窮民痛萬姓之罹罪憂衆生之不遂也故一民或饑曰此我饑之也一民或寒曰此我寒之也一民有罪曰此我陷之也

仁行而義立德博而化富故不賞而民勸不罰而民
治先恕而後行

虞帝舜

書敷奏以言明試以功車服以庸

象以典刑流宥五刑鞭作官刑扑作教刑金作贖刑
眚災肆赦怙終賊刑欽哉欽哉惟刑之恤哉

詢于四岳闢四門明四目達四聰

咨十有二牧曰食哉惟時柔遠能邇惇德允元而難

任人 蔡沈集傳元仁厚之人也難拒絶也任包藏凶惡之人也

帝曰咨汝二十有二人欽哉惟時亮天功三載考績
三考黜陟幽明庶績咸熙

帝曰皋陶惟茲臣庶罔或干予正汝作士明于五刑
以弼五教期于予治刑期于無刑民協于中時乃功
懋哉皋陶曰帝德罔愆臨下以簡御衆以寛罰弗及
嗣賞延于世宥過無大刑故無小罪疑惟輕功疑惟
重與其殺不辜寧失不經好生之德洽于民心茲用
不犯于有司

帝曰人心惟危道心惟微惟精惟一允執厥中無稽
之言勿聽弗詢之謀勿庸可愛非君可畏非民衆非
元后何戴后非衆罔與守邦欽哉慎乃有位敬修其
可願

帝曰吁臣哉鄰哉鄰哉臣哉 蔡沈曰臣以人言鄰以職言

帝曰予違汝弼汝無面從退有後言欽四鄰庶頑讒
說若不在時侯以明之撻以記之書用識哉欲竝生

哉工以納言時而颺之格則承之庸之否則威之 蔡沈曰在時指忠直為言侯射侯也明者欲明其果頑愚讒說與否也撻扑也蓋懲之使記而不忘也識誌也錄其過惡以誌於册也

帝庸作歌曰敕天之命惟時惟幾乃歌曰股肱喜哉
元首起哉百工熙哉皋陶拜手稽首颺言曰念哉率
作興事慎乃憲欽哉屢省乃成欽哉乃賡載歌曰元
首明哉股肱良哉庶事康哉又歌曰元首叢脞哉股
肱惰哉萬事墮哉帝拜曰俞往欽哉

中庸孔子曰舜好問而好察邇言隱惡而揚善執其
兩端用其中於民
孟子舜聞一善言見一善行若決江河沛然莫之能
禦也
孔子曰舜其至孝矣五十而慕
禮記有虞氏貴德而尚齒
養國老於上庠養庶老於下庠
孔子曰虞帝君天下子民如父母有憯怛之愛有忠

利之教親而尊安而敬威而愛富而有禮惠而能散
家語舜之為君也其政好生而惡殺其任授賢而替
不肖德若天地而靜虛化若四時而變物是以四海
承風暢於異類鳳翔麟至鳥獸馴德無他好生故也
虞舜寬裕而溫良敦敏而知時畏天而愛民恤遠而
親近
御製論
虞舜好生而惡殺蓋生者發育長養之意是以聖人

好之殺者閉藏收斂之威是以聖人惡之二者皆天
地四時自然之功用故下文曰德若天地而靜虛化
若四時而變物蓋天地以靜虛為德故其生殺也以
神應而無心四時以變物為能故其生殺也亦化行
於不悖觀風霆雨露之兼施秋肅春溫之迭嬗則知
天地四時之有殺正天地四時之惡殺正天地四時
之好生也聖人合天地四時以為心故惡殺而不能
不用殺如四凶之誅五刑之作皆堯舜好生惡殺之
實心實政若務好生之虛名而以無殺為惡殺則其
流必出於姑息之一途政寬民慢如水弱之玩而多

死是非真能惡殺乃適成其為好殺也豈天地好生
惡殺之心豈聖人好生惡殺之道乎帝堯之言曰一
人有罪此我陷之也惟存此心然後可以惡殺蓋明
罰敕法正以遏惡揚善順天休命期於人人皆知遠
殺其斯為真能惡殺者乎
新書舜曰吾盡吾敬以事吾上故見謂忠焉吾盡吾

敬以接吾敵故見謂信焉吾盡吾敬以使吾下故見
謂愛焉

夏王禹

書禹曰后克艱厥后臣克艱厥臣政乃乂黎民敏德
又曰惠迪吉從逆凶惟影響
又曰德惟善政政在養民水火金木土穀惟脩正德
利用厚生惟和九功惟叙九叙惟歌戒之用休董之
用威勸之以九歌俾勿壞

禹克勤于邦克儉于家不自滿假
又曰知人則哲能官人安民則惠黎民懷之
又曰民可近不可下民惟邦本本固邦寧
又曰先王克謹天戒臣人克有常憲百官修輔厥后
惟明明（蔡沈曰修輔者各修其職以輔其君也）

御製論

人君出治仰承天命俯臨百官必也上之明於天戒
而省愆脩德以承眷佑之恩下之明於百官脩輔之
道而選才任能以收賛襄之益故曰厥后惟明明也
苟不能明於天戒是不知敬天固無足論矣不能明
於百官脩輔之道必至賢否混淆誠偽雜出失辨才
論官之宜而庶績皆為叢脞矣是以百官脩輔之當
明與明天戒而並重也

孟子禹惡旨酒而好善言
史記禹為人敏給克勤其德不違其仁可親其言可
信聲為律身為度稱以出亹亹穆穆為綱為紀

晉書大禹聖者乃惜寸陰

商王湯

書王曰惟皇上帝降衷于下民若有恒性克綏厥猷
惟后
又曰爾有善朕弗敢蔽罪當朕躬弗敢自赦惟簡在
上帝之心其爾萬方有罪在予一人予一人有罪無
以爾萬方
仲虺曰惟王不邇聲色不殖貨利德懋懋官功懋懋

賞用人惟己改過不吝克寬克仁彰信兆民
又曰王懋昭大德建中于民以義制事以禮制心垂
裕後昆
伊尹曰先王肇修人紀從諫弗咈先民時若居上克
明為下克忠與人不求備檢身若不及
又曰數求哲人俾輔于爾後嗣
傅說曰監于先王成憲其永無愆
詩不競不絿不剛不柔敷政優優百祿是遒

大學湯之盤銘曰苟日新日日新又日新
孟子湯執中立賢無方
史記湯出見野張網四面祝曰自天下四方皆入吾
網湯曰嘻盡之矣乃去其三面祝曰欲左左欲右右
不用命乃入吾網諸侯聞之曰湯德至矣及禽獸
御製論
成湯解網三面史記以為諸侯悅服稱其德及禽獸
由斯而言則是聖人當日設為解網之事以籠絡人
心聳動觀聽類於權術之為非聖人之心也且既有
解網之仁則當其放桀南巢何為不解網而釋之乎
以此詰問將不免於後人之疑矣朕謂聖人之心至
公無私慶賞刑威皆因物付物而已所執之法如網
張於一面而三面皆虛左右之間皆人人可生之地
乃人或不肯由三面以自全而甘心蹈一面之網則
聖人亦無如之何矣若夏桀者自蹈於一面之網者
也書曰天討有罪聖人奉若天道而已何所容心於
其間哉

湯曰人視水見形視民知治不
商王太甲
書王曰天作孽猶可違自作孽不可逭
御製論
天以仁愛為心必無作孽於人之理此皆由人之自
取也其云天作孽者乃人有過失天降災異以示儆
而人能恐懼修省自可潛為轉移故曰猶可違也若

有過愆而上天垂訓仍無忌憚不知畏懼故曰自作孽也其能逭乎

商王盤庚

書王曰若網在綱有條而不紊若農服田力穡乃亦有秋 蔡沈曰綱舉則目張喻下從上也力於田畝則有秋成之望喻勤有功也

御製論

為政之道大綱舉而後衆目張所謂大綱者莫有過於農事田功也是以聖人知服田力穡之為綱而所

其無逸惟念小民之依則乃亦有秋者即綱之有條而不紊也由是而家給人足時和年豐百度之修明萬邦之作乂莫不於農事統之矣

又曰汝分猷念以相從各設中于乃心 蔡沈曰分猷者分君之所圖而共圖之分念者分君之所念而共念之相從相與也中者極至之理謂各以極至之理存于心也

御製論

分猷分念人臣之職也但事有至當之理不及不可過亦不可所謂中也若能得中則所分之猷所分之念皆有益於國計民生苟不得中則雖有佐理之才何能獲贊襄之益乎而此大中之理又不待外求也人性皆善返之此心而自得故曰各設中于乃心

商王武丁

書說命曰朝夕納誨以輔台德若金用汝作礪若濟巨川用汝作舟楫若歲大旱用汝作霖雨啓乃心沃朕心若藥弗瞑眩厥疾弗瘳若跣弗視地厥足用傷 蔡沈曰啓乃心者開其心而無隱沃朕心者溉我心而厭飫也弗瞑眩喻臣之言不苦口也弗視地喻我

之行無所見也

又曰股肱惟人良臣惟聖

御製論

股肱之道左右元首與庶司百職承流宣化者不同故必得其人乃可以翊贊君上康濟兆民若居股肱之任而不能盡股肱之道則非其人矣是即伊尹所稱任官惟賢才左右惟其人之義也至於才全德備盡啓沃寅亮之功而為良臣者此乃禹臯稷契伊尹

周公之流立臣道之極所謂聖人者也故曰良臣惟聖君云良臣輔而君聖何以良臣如箕子比干而不能輔導君德於萬一乎此專為臣道而發者兇辭意顯然甚易明曉後人因聖字不敢居遂勉強詮解大失本旨矣

又曰惟后非賢不乂乂治也惟賢非后不食食食祿也其爾克紹乃辟于先王永綏民

御製論

惟賢非后不食舊說賢人待食於君斯亦淺之乎言賢矣朕謂賢非后不食者乃聖賢之心必欲得君以行其道否則憂國憂民寢食為之不寧又或如易井渫不食禮記穫而弗食之義言賢者抱道而不遇主譬猶清泉嘉穀而不得為人所食也

詩天命降監下民有嚴不僭不濫不敢怠遑命于下國封建厥福朱子曰言天命降監不在乎他皆在民之視聽則下民亦有嚴矣惟賞不僭刑不濫而不敢怠遑則天命之以天下而大建其國此商宗所以受命而中興也

周文王

書武王曰文王克明德慎罰不敢侮鰥寡庸庸祗祗威威顯民蔡沈曰用其所當用敬其所當敬威其所當威一聽於理而已無與焉故德著於民

周公曰文王卑服即康功田功蔡沈曰卑服即禹所謂惡衣服也康功安民之功田功養民之功徽柔懿恭懷保小民惠鮮鰥寡自朝至于日中昃不遑暇食用咸和萬民

詩維此文王小心翼翼昭事上帝聿懷多福厥德不回以受方國

雝雝在宮肅肅在廟朱子曰在閨門之中則極其和在宗廟之中則極其敬不顯亦臨無射亦保朱子曰雖幽隱亦若有臨之者雖無厭斁亦若有所守不聞亦式不諫亦入朱子曰無所前聞自合於法雖無諫諍亦入於善肆成人有德小子有造古之人無斁譽髦斯士朱子曰言文王之德純亦不已故令斯士皆有譽於天下而成其俊乂之美

大學詩云穆穆文王於緝熙敬止為人君止於仁為人臣止於敬為人子止於孝為人父止於慈與國人交止於信

孟子詩云王赫斯怒爰整其旅以遏徂莒以篤周祜以對於天下此文王之勇也文王一怒而安天下之民

文王視民如傷望道而未之見

御製論

常人不能見道而自安以為聞道者無足論矣若夫文王乃生安之聖身在道中動容周旋自然中道從心所欲皆合天理渾然與道為一孟子曰望道而未

之見者此正言文王聖不自聖惟恐或離於中道即無斁亦保之義也

禮記詩曰明發不寐有懷二人文王之詩也祭之明日饗而致之又從而思之

逸周書文王召太子發曰我所保與所守傳之子孫吾厚德而廣惠不為驕侈不為泰靡童牛不服童馬不馳（童牛犢也童馬駒也不服不馳所以長養之也）士不失其宜萬物不失其性天下不失時以成萬材萬材已成牧以為人（即孟子所謂斧斤以時入山林材木不可勝用之意）天下利之而勿德是為大仁

周武王

書王曰惟天地萬物父母惟人萬物之靈亶聰明作元后元后作民父母

御製論

皐陶曰天聰明自我民聰明武王曰天視自我民視天聽自我民聽是天不自聰明而以百姓之視聽為聰明聰明而以百姓之視聽為聰明為人主者必能

明四目達四聰以天下人之耳目為耳目方能理無不燭物無不照謂之亶聰明而克盡元后父母之道其自恃為神靈天縱者非亶聰明之道也

又曰我聞吉人為善惟日不足

又曰天視自我民視天聽自我民聽百姓有過在予一人

又曰天畏棐忱（蔡沈曰天命不常雖甚可畏然誠則輔之）民情大可見小人難保往盡乃心無康好逸豫乃其乂民我聞曰怨

不在大亦不在小惠不惠懋不懋（蔡沈曰惠者順於理懋者勉於行言民之怨不在事之大小惟視在上之能順與不能順能勉與不能勉耳）

御製論

聖人以仁民愛物為心自無斂怨之理以大公至正為道亦無避怨之方斂怨者咈百姓以從已之欲者也避怨者違道以干百姓之譽者也夫已之欲必不可從而百姓之譽亦不可干何也天下之人心不同則含怨之情亦異善者之所不怨者必惡者之所怨

惡者之所不怨者必善者之所怨是以為人君者不在乎辨怨端之大小而為之去就不在乎統怨端之大小而為之趨避惟問我之所行惠與不惠懋與不懋而已吾果惠而順於理即任怨之意果懋而勤於事即任勞之意則在已者信無可怨兆庶之廣即中有怨之之人而無可怨之實則雖怨猶不怨也不能如是則不怨猶怨也實心愛民之君臣常任怨任勞而有所不恤不辭即如子産古之賢臣也為政之初百姓怨之迨及三年百姓頌之同一子産也同一民情也同一子産之政也而先後之間民情迥異如此然則為政者惟凖於理而已何所用其取舍哉

又曰人有小罪非眚（眚謂過誤）乃惟終自作不典（謂其固為亂常之事）式爾（謂用意如此）有厥罪小乃不可不殺乃有大罪非終乃惟眚災適爾（謂偶爾如此）既道極厥辜（謂盡輸其情）時乃不可殺

又曰人無于水監當于民監（水監能見人之妍醜民監則其得失可知）

論語謹權量審法度修廢官四方之政行焉興滅國繼絶世舉逸民天下之民歸心焉

中庸武王善繼人之志善述人之事

孟子書曰天降下民作之君作之師惟曰其助上帝寵之四方有罪無罪惟我在天下曷敢有越厥志一人衡行於天下武王恥之此武王之勇也而武王亦一怒而安天下之民

御製論

君師之道非有兩端君師之責亦非分屬為君者教養並施正德利用厚生缺一不可其理自兼為師是師道即在君道之中未有為君而不兼師者也為師者以先知覺後知以先覺覺後覺而君道亦寓孔子為萬世師表其所垂之道法人人尊奉率由實如臣服且千古帝王無不奉令而承教則君道即在師道中矣君師之任有不可岐視者

武王不泄邇不忘遠

大戴禮武王踐阼召師尚父而問焉曰黃帝顓頊之道存乎師尚父曰在丹書書之言曰敬勝怠者吉怠勝敬者滅義勝欲者從欲勝義者凶王聞書之言惕若恐懼退而為戒書席銘曰安樂必敬無行可悔一反一側亦不可以忘（席所以為安故因為戒）鑑銘曰見爾前慮爾後（鑑所以為明故因為戒）帶銘曰慎戒必恭恭則壽（帶所以為禮故因為戒）屨履之銘曰慎之勞勞則富（屨履所以為行故因為戒）牖銘曰隨天之時以地之財敬祀皇天敬以先時（牖所以受天明故因為戒）劍銘曰帶之以為服動必行德行德則興（劍所以為佩故因為戒）

周成王

書惟周王撫萬邦巡侯甸四征弗庭綏厥兆民六服羣辟罔不承德歸于宗周董正治官王曰若昔大猷制治于未亂保邦於未危曰唐虞稽古建官惟百內有百揆四岳外有州牧侯伯庶政惟和萬國咸寧夏商官倍亦克用乂明王立政不惟其官惟其人今予

小子祗勤于德夙夜不逮仰惟前代時若訓迪厥官立太師太傅太保茲惟三公論道經邦燮理陰陽官不必備惟其人少師少傅少保曰三孤貳公弘化寅亮天地弼予一人冢宰掌邦治統百官均四海司徒掌邦教敷五典擾兆民宗伯掌邦禮治神人和上下司馬掌邦政統六師平邦國司寇掌邦禁詰姦慝刑暴亂司空掌邦土居四民時地利六卿分職各率其屬以倡九牧阜成兆民六年五服一朝又六年王乃

時巡考制度于四岳諸侯各朝于方岳大明黜陟王曰嗚呼凡我有官君子欽乃攸司慎乃出令令出惟行弗惟反以公滅私民其允懷學古入官議事以制政乃不迷其爾典常作之師無以利口亂厥官蓄疑敗謀怠忽荒政不學牆面莅事惟煩戒爾卿士功崇惟志業廣惟勤惟克果斷乃罔後艱位不期驕祿不期侈恭儉惟德無載爾偽作德心逸日休作偽心勞日拙居寵思危罔不惟畏弗畏入畏不知祗畏則入於可畏之中

推賢讓能庶官乃和不和政龐舉能其官惟爾之能稱匪其人惟爾不任王曰嗚呼三事暨大夫敬爾有官亂爾有政以佑乃辟永康兆民萬邦惟無斁

王曰我聞曰至治馨香感于神明黍稷非馨明德惟馨爾尚式時周公之猷訓惟日孜孜無敢逸豫

又曰爾有嘉謀嘉猷則入告爾后于內爾乃順之于外曰斯謀斯猷惟我后之德嗚呼臣人咸若時惟良顯哉

御製論

成王此語乃向君陳而言故教以善則歸君一德一心之義當如此也若為臣者果有嘉謀嘉猷入告於君可以福蒼生而利社稷則為君者亦自揚播於衆以表彰其善焉蓋君陳臣也故成王訓以為臣之道而成王之所以為君者已在不言之表矣若言成王為一偏之論則大失古聖王垂訓之深意苦心也

又曰寬而有制從容以和

又曰必有忍其乃有濟有容德乃大

越絕書成王時賞賜不加於無功刑罰不加於無罪天下家給人足禾黍茂美使人以時說之以禮

說苑成王曰凡處尊位者必以敬下順德撙節安靜以藉之諫者勿振以威勿格以言博采其詞乃擇可觀夫有文無武無以威下有武無文民畏不親文武俱行威德乃成既成威德民服以親

周康王

書王曰旌別淑慝表厥宅里彰善癉惡樹之風聲弗率訓典殊厥井疆俾克畏慕申畫郊圻慎固封守蔡沈曰申申明慎戒嚴也以康四海

又曰資富能訓蔡沈曰資猶藉也謂藉於富而能率循教訓惟以永年惟德惟義時乃大訓不由古訓于何其訓

又曰罔曰弗克惟既厥心罔曰民寡惟慎厥事欽若先王成烈以休于前政蔡沈曰弗克者畏其難而不敢為民寡者易其事以為不足為

周穆王

書王曰夏暑雨小民惟曰怨咨冬祁寒小民亦惟曰怨咨厥惟艱哉思其艱以圖其易民乃寧蔡沈曰艱者饑寒之艱易者衣食之易

又曰昔在文武聰明齊聖小大之臣咸懷忠良其侍御僕從罔非正人以旦夕承弼厥辟出入起居罔有不欽發號施令罔有不臧下民祗若萬邦咸休

又曰慎簡乃僚無以巧言令色便辟側媚其惟吉士

又曰雖畏勿畏雖休勿休惟敬五刑以成三德一人有慶兆民賴之其寧惟永孔穎達曰汝所行事雖見畏勿自謂可敬畏雖見美勿自謂有德美欲其謙而勿自恃也惟當敬慎用此五刑以成剛柔正直之三德以輔我天子天子有善事則億兆賴之此乃安寧久長之道也

又曰兩造具備師聽五辭五辭簡孚正于五刑五刑不簡正于五罰五罰不服正于五過蔡沈曰兩造兩爭者皆至也具備者詞証皆在也師衆也五辭麗於五刑之辭也簡核其實也孚無可疑也正質也五辭簡核而可信乃質於五刑也不簡者辭與刑參差不應刑之疑者也罰贖也疑於刑則質於罰也不服者辭與罰又不應

罰之疑者也過誤也疑於罰則質於過而宥免之也

又曰五刑之疑有赦五罰之疑有赦孔安國曰刑疑赦從罰罰疑赦從免

御製論

刑罰之疑而後有赦疑者其事曖昧而難知游移而莫定聖人罪疑惟輕故赦之也若無可疑則無可赦矣帝王之道賞不僭而刑不濫夫刑之失入固為濫而失出亦為濫後世相沿於刑罰之情狀顯然供証

歷歷者猶屢加平反而減等以示寬則是於不疑者亦矜恤之矣若復援肆赦之文槩為宥釋則姑息之害其濫不亦甚乎有明刑之責者極當詳慎

又曰上刑適輕下服下刑適重上服輕重諸罰有權刑罰世輕世重惟齊非齊有倫有要 蔡沈曰事在上刑而情適輕則服下刑舜之宥過無大也事在下刑而情適重則服上刑舜之刑故無小也輕重諸罰有權者權一人之輕重也刑罰世輕世重者權一世之輕重也惟齊非齊者法之權也有倫有要者法之經也言刑罰雖惟權變是適而齊之以不齊至其倫要所在蓋有截然而不可紊者

又曰非佞折獄惟良折獄罔非在中察辭于差非從惟從哀敬折獄明啓刑書胥占咸庶中正其刑其罰其審克之 蔡沈曰非口才辯給之人可以折獄惟溫良長者視民如傷者能折獄而無不在中此言聽獄者當擇其人也察辭於差者辭非情實終必有差聽訟之要必於其差而察之非從惟從者察辭不可偏主猶曰不然而然所以審輕重而取中也哀敬折獄者惻怛敬畏以求其情也明啓刑書胥占者詳明法律而與衆占度也咸庶中正者皆庶幾其無過忒也於是刑之罰之又當審克之此言聽獄者當盡其心也

漢高祖皇帝

前漢書項籍將季布數窘帝項籍滅帝購求布千金滕公言於上上乃赦布召拜郎中布母弟丁公亦為項籍將逐窘帝彭城西短兵接帝急顧曰兩賢豈相戹哉丁公引兵而還及項籍滅丁公謁見帝以徇軍中曰丁公為臣不忠使項王失天下者也遂斬之曰使後世為人臣無傚丁公也

高祖寬明而仁恕知人善任使加之以誠信好謀達於聽受見善如不及用人如由己從諫如順流趨時

如響赴英雄陳力羣策畢舉

漢太宗孝文皇帝

史記上曰蓋聞天道禍自怨起而福由德興百官之非宜由朕躬今祕祝之官移過於下以彰吾之不德朕甚不取其除之

前漢書文帝曰法正則民慤 顏師古曰慤謹也 罪當則民從

詔曰方春和時草木羣生之物皆有以自樂而吾百姓鰥寡孤獨窮困之人或阽於死亡 如淳曰阽近邊欲墮之意 而

莫之省憂為民父母將何如其議所以振貸之（顏師古曰振起也為給貸之令其存立也）

詔曰農天下之大本也民所恃以生也而民或不務本而事末故生不遂朕憂其然故今茲親率羣臣農以勸之其賜天下民今年田租之半

詔曰道民之路在於務本朕親率天下農十年於今而野不加闢歲一不登民有饑色是從事焉尚寡而吏未加務也吾詔書數下歲勸民種樹（顏師古曰樹謂藝殖也）

而功未興是吏奉吾詔不勤而勸民不明也且吾農民甚苦而吏莫之省將何以勸焉其賜農民今年租稅之半

制詔御史蓋聞有虞氏之時畫衣冠異章服以為戮而民弗犯何治之至也今法有肉刑三而姦不止（黥劓刖左右趾）其咎安在非乃朕德之薄而教不明與吾甚自愧故夫訓道不純而愚民陷焉詩曰愷悌君子民之父母今人有過教未施而刑已加焉或欲改行為善而道無繇至朕甚憐之夫刑至斷支體刻肌膚終身不息（顏師古曰息生也）何其刑之痛而不德也豈稱為民父母之意哉其除肉刑有以易之

詔曰先王遠施不求其報望祀不祈其福右賢左戚（顏師古曰以賢為上然後及親也）先民後己至明之極也今吾聞祠官祝釐皆歸福於朕躬不為百姓朕甚愧之其令祠官致敬無有所祈

詔諸侯王公卿郡守舉賢良能直言極諫者上親策

詔之曰昔者大禹勤求賢士施及方外四極之內舟車所至人迹所及靡不聞命以輔其不逮近者獻其明遠者通厥聰比善戮力以翼天子是以大禹能亡失德夏以長楙（顏師古曰楙美也）高皇帝親除大害去亂從（顏師古曰亂謂作亂者從謂合從者）並建豪英以為官師為諫諍輔天子之闕而翼戴漢宗也賴天之靈宗廟之福方內以安澤及四夷今朕獲執天下之正以承宗廟之祀朕既不德又不敏明不能燭而智不能治此大夫之所

著聞也故詔有司諸侯王三公九卿及主郡吏各帥其志以選賢良明於國家之大體通於人事之始終及能直言極諫者各有人數將以匡朕之不逮二三大夫之行當此三道（張晏曰三道國體人事直言也）朕甚嘉之故登大夫於朝親諭朕志大夫其上三道之要及永惟朕之不德吏之不平政之不宣民之不寧四者之闕悉陳其志毋有所隱上以薦先帝之宗廟下以興愚民之休利著之於篇朕親覽焉觀大夫所以佐朕至與

不至書之周之密之重之閉之興自朕躬（顏師古曰言朕自發視之）大夫其正論毋枉執事（張晏曰毋為有司枉撓也）烏虖戒之二三大夫其帥志毋怠

詔曰間者數年比不登又有水旱疾疫之災朕甚憂之愚而不明未達其咎意者朕之政有所失而行有過與乃天道有不順地利或不得人事多失和鬼神廢不享與何以致此將百官之奉養或費無用之事或多與何其民食之寡乏也夫度田非益寡而計民未加益以口量地其於古猶有餘而食之甚不足者其咎安在無乃百姓之從事於末以害農者蕃為酒醪以靡穀者多六畜之食焉者衆與細大之義吾未能得其中其與丞相列侯吏二千石博士議之有可以佐百姓者率意遠思無有所隱

文帝每朝郎從官上書疏未嘗不止輦受其言不可用置之言可采未嘗不稱善

孝文皇帝時有獻千里馬者詔曰鸞旗在前屬車在

後吉行日五十里師行日三十里朕乘千里之馬獨先安之於是還馬與道里費而下詔曰朕不受獻也其令四方毋求來獻

欽定執中成憲卷一

欽定執中成憲卷二

漢孝景皇帝

前漢書詔曰法令度量所以禁暴止邪也獄人之大命死者不可復生吏或不奉法令以貨賂為市朋黨比周以苛為察以刻為明令亡罪者失職顔師古曰失其常理也朕甚憐之有罪者不伏罪姦法為暴李斐曰姦法因法作姦也甚亡謂也諸獄疑若雖文致於法而於人心不厭者

輒讞之顔師古曰厭服也讞平議也

詔曰雕文刻鏤傷農事者也錦繡纂組害女紅者也農事傷則饑之本也女紅害則寒之原也夫饑寒並至而能亡為非者寡矣朕親耕后親桑以奉宗廟粢盛祭服為天下先不受獻減大官省繇賦欲天下務農蠶素有蓄積以備災害強毋攘弱衆毋暴寡老耆以壽終幼孤得遂長今歲或不登民食頗寡其咎安在或詐偽為吏吏以貨賂為市漁奪百姓侵牟萬民縣丞長吏也姦法與盜盜顔師古曰與盜盜者共盜為盜耳甚亡謂也其令二千石各修其職不事官職耗亂者顔師古曰耗不明也丞相以聞請其罪

詔曰農天下之本也黃金珠玉飢不可食寒不可衣以為幣用不識其終始顔師古曰幣者所以通有無易貴賤也間歲或不登意為末者衆農民寡也其令郡國務勸農桑益種樹可得衣食物吏發民若取庸韋昭曰發民用其民取庸用其資以顧用采黃金珠玉者坐臧為盜謂與盜贓同罪二千石聽者與

同罪

詔曰高年老長人所尊敬也鰥寡不屬逮者罪非己造為人所累曰逮不屬不逮及也人所哀憐也其著令年八十以上八歲以下及孕者未乳師朱儒如淳曰師樂師盲瞽者朱儒短人不能走者當鞠繫者頌繫之顔師古曰頌寬容之不桎梏也

漢世宗孝武皇帝

前漢書詔丞相御史列侯中二千石二千石諸侯相舉賢良方正直言極諫之士丞相衛綰奏所舉賢良

或治申商韓非蘇秦張儀之言請皆罷奏可

詔曰公卿大夫所使總方略壹統類廣教化美風俗也夫本仁祖義襃德録賢勸善刑暴五帝三王所由昌也朕夙興夜寐嘉與宇内之士臻於斯路故旅耆老（顔師古曰旅耆老者加恵於耆老之人若賓旅也）復孝敬選豪俊講文學稽參政事祈進民心深詔執事興廉舉孝庶幾成風紹休聖緒夫十室之邑必有忠信三人並行厥有我師今或至闔郡而不薦一人是化不下究而積行之

君子壅於上聞也二千石官長紀綱人倫將何以佐朕燭幽隱勸元元厲蒸庶崇鄉黨之訓哉且進賢受上賞蔽賢蒙顯戮古之道也其與中二千石禮官博士議不舉者罪

御製論

漢武帝下求賢之詔而曰議不舉者罪蓋其求賢若渴之意迫切於中故其形於教令者如此夫知人則哲古帝其難之故人不難於舉而難於所舉之公且明也使臣工果賢則不待罪之而自能舉即或不舉亦必有不舉之故舉不舉公當則均有益即此亦可以觀舉者之心志如臣工未必皆賢則所舉何能盡當又豈可繩之以法使之借口以不得已濫舉塞責乎古者進賢受上賞蔽賢蒙顯戮蓋謂素所深知之賢而媢嫉遏抑不與同升耳非槩言不舉者俱加之以重罰也

詔曰仁不異遠義不辭難（顔師古曰遠近如一是為仁也不憚艱難是為義也）

今京師雖未為豐年山林池澤之饒與民共之今水潦移於江南迫隆冬至朕懼其饑寒不活江南之地火耕水耨（應劭曰燒草下水種稻草與稻並生高七八寸因悉芟去復下水灌之草死獨稻長所謂火耕水耨）方下巴蜀之粟致之江陵遣博士等分循行諭告所抵無令重困（抵至也謂分循所至無令煩擾使饑寒之民重受其困也）吏民有振救饑民免其尼者具舉以聞

詔曰農天下之本也泉流灌寖所以育五穀也左右内史地（京畿所統曰内史言其在内以別於諸郡守也其地即京兆馮翊扶風三輔之地）名

山川原甚衆細民未知其利故為通溝瀆畜陂澤所以備旱也今内史稻田租挈重不與郡同（顔師古曰租挈收田租之約令也郡謂四方諸郡也）其議減令吏民勉農盡地利平繇行水勿使失時（顔師古曰平繇者均齊渠堰之力役謂俱得水利也）

漢中宗孝宣皇帝

前漢書令郡臣得奏封事以知下情五日一聽事自丞相以下各奉職奏事以敷奏其言考試功能侍中尚書功勞當遷及有異善厚加賞賜

詔曰朕既不逮導民不明反側晨興念慮萬方不忘元元惟恐羞先帝聖德故並舉賢良方正以親萬姓歷載臻茲然而俗化闕焉傳曰孝弟也者其為仁之本與其令郡國舉孝弟有行義聞於鄉里者各一人

詔曰死者不可生刑者不可息（顔師古曰息生長也）此先帝之所重而吏未稱今繫者或以掠辜若饑寒瘐死獄中（蘓林曰囚徒病律名為瘐）何用心逆人道也朕甚痛之其令郡國歲上繫囚以掠笞若瘐死者所坐名縣爵里丞相御史課殿最以聞

詔曰獄者萬民之命所以禁暴止邪養育羣生也能使生者不怨死者不恨則可謂文吏矣今則不然用法或持巧心析律貳端深淺不平增辭飾非以成其罪奏不如實上亦亡繇知此朕之不明吏之不稱四方黎民將何仰哉二千石各察官屬勿用此人吏務平法或擅興繇役飾廚傳稱過使客越職踰法以取名譽譬猶踐薄冰以待白日豈不殆哉今天下頗被

疾疫之災朕甚愍之其令郡國被災甚者毋出今年租賦

詔曰蓋聞天子尊事天地修祀山川古今通禮也閒者上帝之祠闕而不親十有餘年朕甚懼焉朕親飭躬齋戒親奉祀為百姓蒙嘉氣獲豐年焉

詔曰蓋聞上古之治君臣同心舉措曲直各得其所是以上下和洽海内康平其德弗可及已朕既不明數申詔公卿大夫務行寛大順民所疾苦將欲配三

王之隆明先帝之德也今吏或以不禁姦邪為寬大縱釋有罪為不苛或以酷惡為賢皆失其中奉詔宣化如此豈不繆哉方今天下少事繇役省減兵革不動而民多貧盜賊不止其咎安在上計簿（計簿謂戶口錢穀之數及案訊諸囚論課殿最之簿也每歲終郡國遣使詣京師上之）具文而已務為欺謾以避其課三公不以為意朕將何任諸請詔省卒徒自給者皆止御史察計簿疑非實者按之使真偽毋相亂

詔曰潁川太守黃霸宣布詔令百姓鄉化孝子悌弟貞婦順孫日以衆多田者讓畔道不拾遺養視鰥寡贍助貧窮獄或八年無重罪囚吏民鄉於教化興於行誼可謂賢人君子矣其賜爵關內侯黃金百斤

漢世祖光武皇帝

後漢書帝封功臣皆為列侯下詔曰人情得足苦於放縱快須臾之欲忘慎罰之義惟諸將業遠功大誠欲傳於無窮宜如臨深淵如履薄氷戰戰慄慄日慎一日

詔曰世以厚葬為德薄終為鄙至於富者奢侈貧者單財（李賢曰單盡也）法令不能禁禮義不能止其布告天下令知忠臣孝子慈兄悌弟薄葬送終之義

異國有獻名馬者日行千里又進寶劍賈兼百金詔以馬駕鼓車劍賜騎士損上林池籞之官廢騁望弋獵之事其以手跡賜方國者皆一札十行細書成文勤約之風行於上下

詔曰有德之君以所樂樂人無德之君以所樂樂身樂人者其樂長樂身者不久而亡舍近謀遠者勞而無功舍遠謀近者逸而有終

漢顯宗孝明皇帝

後漢書詔曰方春戒節人以耕桑其敕有司務順時氣使無煩擾今選舉不實邪佞未去權門請託殘吏放手（李賢曰放手謂貪縱為非）有司明奏罪名並正舉者（李賢曰舉非其人並正舉主之罪）又郡國每因徵發輕為姦利詭責羸弱先

急下貧（詭猶偽也下猶賤也縱豪強故詭責羸弱緩富實故先急下貧）其務在均平無令枉刻

詔曰喪貴致哀禮存寧儉今百姓送終之制競為奢靡生者無儋石之儲而財力盡於墳土伏臘無糟糠而牲牢兼於一奠糜破積世之業以供終朝之費子孫饑寒豈祖考之意哉又車服制度恣極耳目田荒不耕游食者衆有司其申明科禁宜於今者宣下郡國

漢肅宗孝章皇帝

後漢書詔曰三事大夫（李賢曰三事三公也）莫肯夙夜小雅之所傷也予違汝弼汝無面從股肱之正義也羣后百僚勉思厥職各貢忠誠稱朕意焉

詔曰昔仲弓季氏之家臣子游武城之小宰孔氏猶誨以賢才問以得人明政無大小以得人為本夫鄉舉里選必累功勞今刺史守相不明真偽茂才孝廉歲以百數既非能顯而當授之政事（能顯謂才能顯著）甚無謂也每尋前世舉人貢士或起甽畒不繫閥閱敷奏以言則文章可採明試以功則政有異迹文質彬彬朕甚嘉之其令太傅三公中二千石郡國守相舉賢良方正能直言極諫之士各一人

詔曰蓋三代導人教學為本孔子曰學之不講是吾憂也於戲其勉之哉

漢孝和皇帝

後漢書詔曰隄防溝渠所以順助地理通利壅塞今廢慢懈弛不以為負刺史二千石其隨宜疏導勿因緣妄發以為煩擾將顯行其罰

晉世祖武皇帝

晉書詔曰雖詔有所欲及奏得可而於事不便者皆不可隱情

詔以汲郡太守王宏勤恤百姓督勸開荒五千餘頃遇年普饑而郡界獨無匱乏其賜穀千斛布告天下

南齊世祖武皇帝

南齊書有司以天文失度請禳之上曰應天以實不以文我克己求治思隆惠政若災眚在我禳之何益

詔曰婚禮下達人倫攸始周官設媒氏之職國風興及時之詠四爵內陳義不期侈三鼎外列事豈存奢晚俗浮麗歷茲永久每思懲革而民未知禁乃聞同牢之費華泰尤甚膳羞方丈有過王侯富者扇其驕風貧者恥躬不逮或以供帳未具動致推遷年不再來盛時忽往宜為節文頒之士庶並可擬則公朝方

樏供設合巹之禮無虧寧儉之義斯在如故有違繩之以法

梁高祖武皇帝

梁書詔曰經國有體必詢諸朝所以尚書置令僕丞郎旦旦上朝以議時事前共籌懷然後奏聞頃者不爾每有疑事倚立求決古人有云主非堯舜何得發言便是是故放勳之聖猶咨四岳重華之叡亦待多士豈朕寡德所能獨斷自今尚書中有疑事前於朝堂參議然後啓聞不得習常其軍機要切前須諮審自依舊典

魏太宗明元皇帝

魏書敕有司勸課留農者曰前志有之人生在勤勤則不匱凡庶民之不畜者祭無牲不耕者祭無盛不樹者死無槨不蠶者衣無帛不績者喪無衰教行三農生殖五穀教行園囿毓長草木教行虞衡山澤作材教行藪牧養蕃鳥獸教行百工飭成器用教行商

賈阜通貨賄教行嬪婦化治絲枲教行臣妾事勤力役自是民皆力勤故歲數豐穰畜牧滋息

魏高祖孝文皇帝

魏書詔曰今牧民者與朕共治天下也宜簡其徭役先之勸獎相其水陸務盡地利使農夫外布桑婦內勤若輕有徵發致奪民時以侵擅論民有不從長教惰於農桑者加以罪刑

詔曰婚娉過禮則嫁娶有失時之弊厚葬送終則生

者有糜費之苦聖王知其如此故申之以禮數約之以法禁廼者民漸奢尚婚葬越軌致貧富相高貴賤無別朕今憲章舊典祗案先制著之律令永為定準

詔曰朕承祖宗夙夜惟懼然聽政之際猶慮未周至於案文審獄思聞已過自今羣官奏事當獻可替否無或面從俾朕之過彰於遠近

詔曰文武之道自古並行威福之柄必也相藉故三五至仁尚有征伐之事夏殷明叡未捨兵甲之行然

則天下雖平忘戰者殆不教民戰可謂棄之是以周立司馬之官漢置將軍之職皆所以輔文強武威肅四方者矣國家雖崇文以懷九服修武以寧八荒然於習武之方猶為未盡今則訓文有典教武闕然將於馬射之前先行講武之式可敕有司豫修場埒其列陣之儀五戎之數別俟後敕

詔曰三載考績自古通經三考黜陟以彰能否今若待三考然後黜陟可黜者不足為遲可進者大成賒緩是以朕令三載一考考即黜陟欲令愚滯無妨於賢者才能不壅於下位各令當曹考其優劣為三等六品以下尚書重問五品以上朕將親與公卿論其善惡上上者遷之下下者黜之中中者守其本任

北史詔禁圖讖秘緯諸巫覡假稱鬼神妄說吉凶及委巷諸非墳典所載者嚴加禁斷

魏世宗宣武皇帝

魏書詔曰諸州刺史不親民事緩於督察郡縣稽逋

旬月之間纔一覽決淹獄久訟動延時序百姓怨嗟方成困弊尚書可明條制申下四方令日親庶事嚴敕守宰不得因循寬怠虧政

唐高祖皇帝

舊唐書詔皇族子孫及功臣子弟於秘書外省別立小學

高祖命劉文靜與當朝通識之士更刊律令謂曰本設法令使人共解而往代相承多為隱語執法之官

緣此舞弄宜更刊定務使易知

西突厥曷薩那可汗獻大珠於高祖高祖勞之曰珠信為實朕所重者赤心珠無所用竟不受之

孫伏伽初以三事上諫（三事謂納諫諍戒遊戲及擇任太子諸王羣僚也）高祖覽之大悦下詔曰秦以不聞其過而亡典籍豈無先誡臣僕謟諛故弗之覺也漢高祖反正從諫如流洎乎文景繼業宣元承緒不由斯道孰隆景祚周隋之季忠臣結舌一言喪邦良足深誡永言於此常深

歎息朕每惟寡薄恭膺寶命雖不能性於天道庶思勉力常冀弼諧以匡不逮而羣工卿士罕進直言將申虛受之懷物所未諭萬年縣法曹孫伏伽至誠慷慨詞義懇切指陳得失無所迴避非有不次之舉曷貽利行之益伏伽既懷諒直宜處憲司可治書侍御史仍頒示遠近知朕意焉

雍州萬年人宋興貴累世同居躬耕致養至興貴已四從矣高祖聞而嘉之詔曰人稟五常仁義為重士有百行孝敬為先自古哲王經邦致治設教垂範皆尚於斯叔世澆訛人多偽薄修身克己事資誘勸朕躬膺靈命撫臨四海愍茲弊俗方思還淳宋興貴立操雍和志情友穆同居合爨累代積年務本力農崇謙履順弘長名教敦立風俗宜加襃顯以勸將來可表其門閭蠲免課役布告天下使明知之

高祖賜高麗王建武書曰朕恭膺寶命君臨率土祗順三靈綏柔萬國普天之下情均撫字日月所照咸

使乂安王既統攝遼左世居藩服思稟正朔遠循職貢故遣使者跋涉山川申布誠懇朕甚嘉焉方今六合寧晏四海清平玉帛既通道路無壅方申輯睦永敦聘好各保疆埸豈非盛美但隋氏季年連兵搆難攻戰之所各失其民遂使骨肉乖離室家分析多歷年歲怨曠不申今二國通和義無阻異在此所有高麗人等已令追括尋即遣送彼處有此國人者王可放還務盡撫育之方共弘仁恕之道於是建武悉搜

括華人以禮賓送前後至者萬數

唐太宗皇帝

貞觀政要中書令房玄齡奏言秦府舊左右未得官者並怨前宮及齊府左右處分之先已太宗曰古稱至公者蓋謂平恕無私丹朱商均子也而堯舜廢之管叔蔡叔兄弟也而周公誅之故知君人者以天下為公無私於物昔諸葛孔明小國之相猶曰吾心如稱不能為人作輕重況我今理大國乎朕與公等衣

食出於百姓此則人力已奉於上而上恩未被於下今所以擇賢才者蓋為求安百姓也用人但問堪否豈以新故異情凡一面尚且相親況舊人而頓忘也才若不堪亦豈以舊人而先用今不論其能不能而直言其嗟怨豈是至公之道耶

太宗謂侍臣曰為君之道必須先存百姓若損百姓以奉其身猶割股以啖腹腹飽而身斃欲安天下必須先正其身未有身正而影曲上理而下亂者朕每思傷其身者不在外物皆由嗜欲以成其禍若躭嗜滋味玩悅聲色所願既多所損滋大既妨政事又擾生人至於出一非理之言則萬姓為之解體怨讟既作離叛亦興朕每思此不敢縱逸

又曰正主任邪臣不能致理正臣事邪主亦不能致理惟君臣相遇有同魚水則海內可安朕雖不明幸諸公數相匡救冀憑直言鯁議致天下太平

謂蕭瑀曰朕少好弓矢自謂能盡其妙近得良弓十

數以示弓工乃曰皆非良材也朕問其故工曰木心不正則脈理皆邪弓雖剛勁而遣箭不直非良弓也朕始悟焉朕以弧矢定四方用弓多矣而猶不得其理況朕有天下之日淺得為理之意固未及於弓弓猶失之而況於理乎自是詔京官五品以上更宿中書內省每召見皆賜坐與語詢訪外事務知百姓利害政教得失焉

有上書請去佞臣者太宗謂曰朕之所任皆以為賢

卿知佞者誰耶對曰臣居草澤不的知佞者請陛下
佯怒以試羣臣若能不畏雷霆直言進諫則是正人
順情阿旨則是佞人太宗謂封德彝曰流水清濁在
其源也君者政源人庶猶水君自為詐欲臣下行直
是猶源濁而望水清理不可得朕常以魏武帝多詭
詐深鄙其為人如此豈可堪為教令謂上書人曰朕
欲使大信行於天下不欲以詐道訓俗卿言雖善朕
所不取也

太宗從容謂侍臣曰周武平紂之亂以有天下秦皇
因周之衰遂吞六國其得天下不殊祚運長短若此
之相懸也尚書右僕射蕭瑀進曰紂為無道天下苦
之故八百諸侯不期而會周室微六國無罪秦氏專
任智力吞食諸侯平定雖同人情則異太宗曰不然
周既克殷務弘仁義秦既得志專行詐力非但取之
有異抑亦守之不同祚之修短意在茲乎
又曰人有明珠莫不貴重若以彈雀豈非可惜況人
之性命甚於明珠見金錢財帛不懼刑網徑即受納
乃是不惜性命明珠是身外之物尚不可彈雀何況
性命之重乃以博財物耶羣臣若能備盡忠直益國
利人則官爵立至皆不能以此道求榮遂妄受財物
贓賄既露其身亦殞實為可笑帝王亦然恣情放逸
勞役無度信任羣小疏遠忠正有一於此豈不滅亡
隋煬帝奢侈自賢身死匹夫之手亦可為笑
謂房玄齡曰自此倘有樂工雜類假使術逾儕輩者

只可特賜錢帛以賞其能必不可超授官爵與夫朝
賢君子比肩而立同坐而食遺諸衣冠以為恥累
謂侍臣曰朕今孜孜求士欲專心政道聞有好人則
抽擢驅使而議者多稱彼皆宰臣親故公等但至公
行事勿避此言便為形迹古人內舉不避親外舉不
避讐為舉得其賢故也但能舉用得才雖是子弟及
有讐嫌不得不舉
王珪拜諫議大夫每推誠盡節多所獻納太宗謂曰

卿所論皆中朕之失自古人君莫不欲社稷永安然而不得者祇為不聞己過或聞而不能改故也今朕有所失卿能直言朕復聞過能改何慮社稷之不安乎

謂朝集使曰任土作貢布在前典當州所產則充庭實比聞都督刺史邀射聲名厥土所賦或嫌其不善踰竟外求更相倣效遂以成俗極為勞擾宜改此弊不得更然

謂侍臣曰朕謂亂離之後風俗難移比觀百姓漸知廉恥官人奉法盜賊日稀故知人無常俗但政有治亂耳是以為國之道必須撫之以仁義示之以威信因人之心去其苛刻不作異端自然安靜公等宜共行此事也

又曰明主思短而益善暗主護短而永愚朕今志在君臣上下各盡至公共相切磋以成理道公等各宜務盡忠讜匡救朕惡終不以直言忤意輒相責怒

又曰人言作天子則得自尊崇無所畏懼朕則以為正合自守謙恭常懷畏懼昔舜誡禹曰汝惟不矜天下莫與汝爭能汝惟不伐天下莫與汝爭功又易曰人道惡盈而好謙凡為天子若惟自尊崇不守謙恭者在身倘有不是之事誰肯犯顏諫奏朕每思出一言行一事必上畏皇天下懼羣臣天高聽卑何得不畏羣公卿士皆見瞻仰何得不懼以此思之但知常謙常懼猶恐不稱天心及百姓意也

太常少卿祖孝孫奏所定新樂太宗曰禮樂之作是聖人緣物設教以為撙節治政善惡豈此之由御史大夫杜淹對曰前代興亡實由於樂陳將亡也為玉樹後庭花齊將亡也而為伴侶曲行路聞之莫不悲泣所謂亡國之音以是觀之實由於樂太宗曰不然夫音聲豈能感人歡者聞之則悅哀者聽之則悲悲悅在於人心非由樂也將亡之政其人心苦然苦心相感故聞則悲耳何樂聲哀怨能使悅者悲乎今玉

樹伴侶之曲其聲俱存朕能為公奏之知公必不悲耳

謂侍臣曰古人云君猶器也人猶水也方圓在於器不在於水故堯舜率天下以仁而人從之桀紂率天下以暴而人從之下之所行皆從上之所好至如梁武帝父子惟好釋氏老氏之教終日談論苦空未嘗以軍國典章為意及侯景率兵向闕尚書郎以下多不解乘馬孝元帝在於江陵為萬紐于謹所圍猶講

老子不輟百寮皆戎衣以聽此事亦足為鑒戒朕今所好者惟在堯舜之道周孔之教以為如鳥有翼如魚依水失之必死不可暫無耳

又曰朕每夜恒思百姓閒事或至夜半不寐惟恐都督刺史或不堪養百姓故於屏風上錄其姓名坐卧恒看在官如有善事亦具列於名下朕居深宫之中視聽不能及遠所委者惟都督刺史此輩實理亂所繫尤須得人

又曰朕嘗謂貪人不解愛財也至如内外官五品以上祿秩優厚一年所得其數自多若受人財賄不過數萬一朝彰露祿秩削奪此豈是解愛財物規小得而大失者也且為主貪必喪其國為臣貪必亡其身詩云大風有隧貪人敗類固非謬言也昔秦惠王欲伐蜀不知其逕乃刻五石牛置金其後蜀人見之以為牛能便金蜀王使五丁力士拖牛入蜀道成秦師随而伐之蜀國遂亡漢大司農田延年贓賄三千萬

事覺自死如此之流何可勝記朕今以蜀王為元龜卿等亦須以延年為覆轍也

謂房玄齡等曰朕比見隋代遺老咸稱高熲善為相者遂觀其本傳可謂公平正直尤識治體又漢魏已來諸葛亮為丞相亦甚平直陳壽稱亮之為政開誠心布公道盡忠益時者雖讐必賞犯法怠慢者雖親必罰卿等豈可不企慕及之朕今每慕前代帝王之善者卿等亦可慕宰相之賢者

謂公卿曰朕終日孜孜非但憂憐百姓亦欲使卿等長守富貴天非不高地非不厚朕常兢兢業業以畏天地卿等若能小心奉法常如朕畏天地非但百姓安寧自身常得懽樂古人云賢者多財損其志愚者多財生其過此言可為深誡若狥私貪濁非止壞公法損百姓縱事未發閒中心豈不常懼恐懼既多亦有因而致死大丈夫豈得苟貪財物以害及身命使子孫每懷愧恥耶卿等宜深思此言

謂房玄齡等曰自古帝王多任情喜怒喜則濫賞無功怒則濫殺無罪是以天下喪亂莫不由此朕今夙夜未嘗不以此為心恒欲公等盡情極諫公等亦須受人諫語豈得以人言不同已意便即護短不納若不能受諫安能諫人

謂侍臣曰治國與養病無異也病人覺愈彌須將護若復觸犯必至殞命治國亦然天下稍安尤須兢慎若便驕逸必至喪敗今天下安危繫之於朕故日慎一日雖休勿休然耳目股肱寄於卿輩既義均一體宜協力同心事有不安可極言無隱倘君臣相疑不能備盡肝膈實為國之大害也

又曰朕比見衆議以祥瑞為美事頻有表賀慶如朕本心但使天下太平家給人足雖無祥瑞亦可比德於堯舜夫為人君當須至公理天下以得萬姓之懽心若堯舜在上百姓敬之如天地愛之如父母動作興事人皆樂之發號施令人皆悅之此是大祥瑞也

自此後諸州所有祥瑞並不用申奏

又曰天下愚人者多智人者少智者不肯為惡愚人好犯憲章凡赦宥之恩惟及不軌之輩古語云小人之幸君子之不幸一歲再赦善人喑啞凡養稂莠者傷禾稼惠姦宄者賊良人昔文王作罰刑茲無赦又蜀先主嘗謂諸葛亮曰吾周旋陳元方鄭康成之間每見啓告理亂之道備矣曾不語赦故諸葛亮理蜀十年不赦而蜀大化梁武帝每年數赦卒至傾敗夫

謀小仁者大仁之賊故我有天下已來絶不放赦今四海安寧禮義興行非常之恩彌不可數將恐愚人常冀僥倖惟欲犯法不能改過

謂左庶子于志寧杜正倫曰卿等輔導太子常須為説百姓間利害事朕年十八猶在民間百姓艱難無不諳練及居帝位每商量處置或時有乖疏得人諫諍方始覺悟若無忠諫者為説何由行得好事况太子生長深宫百姓艱難都不聞見乎且人主安危所

繫不可輒為驕縱但出敕云有諫者即斬必知天下士庶無敢更發直言故克己勵精容納諫諍卿等常須以此意共相談説每見有不是事宜極言切諫令有所裨益也

謂侍中魏徵曰自古侯王能自保全者甚少皆由生長富貴好尚驕逸多不解親君子遠小人故爾朕所有子弟欲使見前言往行冀其以為規範因命徵録古來帝王子弟成敗事名為自古諸侯王善惡録以賜諸王

謂侍臣曰朕每閒居静坐則自内省恒恐上不稱天心下為百姓所怨但思正人匡諫欲令耳目外通下無怨滯又比見人來奏事者多有怖慴言語致失次第尋常奏事情猶如此况欲諫諍必當畏犯逆鱗所以每有諫者縱不合朕心朕亦不以為忤若即嗔責深恐人懷戰懼豈肯更言

又曰往昔初平京師宫中美女珍玩無院不滿煬帝

意猶不足徵求無已兼東西征討窮兵黷武百姓不堪遂致滅亡此皆朕所目見故夙夜孜孜惟欲清淨使天下無事遂得徭役不興年穀豐稔百姓安樂夫治國猶如栽樹本根不揺則枝葉茂榮君能清淨百姓何得不安樂乎

又曰林深則鳥栖水廣則魚游仁義積則物自歸之人皆知畏避災害不知行仁義則災害不生夫仁義之道當思之在心常令相繼若斯須懈怠去之已遠

猶如飲食資身恒令腹飽乃可存其性命

又曰夫以銅為鏡可以正衣冠以古為鏡可以知興替以人為鏡可以明得失朕嘗保此三鏡以防己過今魏徵殂逝遂亡一鏡矣

謂諫議大夫褚遂良曰朕所為事若有不當或有其漸或已將終皆宜進諫比見前史或有人臣諫事遂答云業已為之或道業已許之竟不為停改此則危亡之禍可反手而待也

詔曰比來有司斷獄多據律文雖情在可矜而不敢違法守文定罪或恐有寃自今門下省復有據法合死而情在可矜者宜録狀奏聞

乾隆御覽之寶

欽定執中成憲卷二

欽定執中成憲卷三

唐太宗皇帝

舊唐書貞觀元年陳君賓轉鄧州刺史州邑喪亂之後百姓流離君賓至纔期月皆来復業二年天下諸州並遭霜澇君賓一境獨免當年多有儲積蒲虞等州戶口盡入其境逐食太宗下詔勞之曰朕以隋末亂離毒被海内率土百姓零落殆盡州里蕭條十不存一寤寐思之心焉若疚是以日昃忘食未明求衣曉夜孜孜惟以安養為慮每見水旱降災霜雹失所

撫躬責己自惕德薄恐貧乏之黎庶不免饑餒傾竭倉廩普加賑恤其有一人絶食若朕奪之分命庶寮盡心匡救去年關内六州及蒲虞陝鼎等復遭亢旱禾稼不登糧儲既少遂令分房就食比聞刺史以下及百姓等並識朕懷逐糧戶到遞相安養迴還之日各有羸糧乃別賚布帛以申贈遺如此用意嘉歎良

深一則知水旱無常彼此遞相拯贍不慮凶年二則知禮讓興行輕財重義四海士庶皆為兄弟變澆薄之風敎仁慈之俗政化如此朕復何憂其安置房口官人支配得所並令考司録為功最養戶百姓不恡財帛已勑下者免今年調物宜知此意善相勸勉

太宗嘗嫌上封者衆不近事實欲加黜責魏徵奏曰古者立誹謗之木欲聞己過今之封事謗木之流也陛下思聞得失祇可恣其陳道若所言衷則有益於

陛下若不衷無損於國家太宗曰此言是也並勞而遣之

資治通鑑上謂侍臣曰吾聞西域賈胡得美珠剖身以藏之有諸侍臣曰有之上曰人皆知彼之愛珠而不愛其身也吏受賕抵法與帝王徇奢欲而亡國者何以異於彼胡之可笑耶

又曰朕有二喜一懼比年豐稔長安斗粟直三四錢一喜也北虜久服邊鄙無虞二喜也治安則驕侈易生驕侈則危亡立至此一懼也

又曰人主惟有一心而攻之者甚衆或以勇力或以辯口或以諂諛或以姦詐或以嗜慾輻輳攻之各求自售以取寵祿人主少懈而受其一則危亡隨之此其所以難也

唐德宗皇帝

舊唐書王希全將赴靈州獻體要八章多所規諫德宗深納之乃著君臣箴以賜之其詞曰夫惟德惠人

惟辟奉天從諫則聖共理惟賢皇立有極驗命不易總萬幾以成務齊六合之殊致一心不能獨鑑一目不能周視敷求哲人式序在位於戲君之任臣必求一德臣之事君咸思正直何啟沃之所宜自古今而未得且以讜言者逆耳讒諛者伺側故下情未通而上聽已惑俾夫忠賢敗於凶慝譬彼輕舟烝徒楫之亦有和羹宰夫膳之孰云理國不自得師覆車之軌予甚懲而高以下升和由甘受惟君無良亦臣之咎

聞諸辛毗牽裾魏后則有禽息碣忠碎首勉思獻替以平可否勿謂無傷自微而彰勿謂何害積小成大事有隱而必見令既出而馬悔鼓鐘在宮聲聞於外浩然涉水朕未有艾將負扆以虛心期盡忠而納誨在昔稷契實匡舜禹近茲魏徵佐我文祖君臣協德混一區宇肆予寡昧獲纘丕緒臣哉鄰哉爾翼爾輔高秋始肅我武惟揚輟此禁衛殿於大邦戀闕方甚嘉言乃昌是規是諫金玉其相辭高理要入德知方

總彼千慮備於八章宣父有言起予者商殷有盤銘周有欹器或戒以詞或警以事披圖演義發於爾志與金鏡而高懸將座右而同置人皆有初鮮慎厥終汝其夙夜期保朕躬無曰爾身在外而誠不通一言之應千里攸同導彼遐徐達予四聰華夷仰德時乃之功既往既來懷賢忡忡唱予和汝式示深衷

唐憲宗皇帝

舊唐書憲宗嗣位之初讀列聖實錄見貞觀開元故事竦慕不能釋卷顧謂丞相曰太宗之創業如此元宗之致理如此既覽國史乃知萬倍不如先聖當先聖之代猶須宰執臣寮同心輔助豈朕今日能獨為理哉自是延英議政晝漏率下五六刻方退

唐文宗皇帝

舊唐書詔曰儉以足用令出惟行著在前經斯為理本朕自臨四海愍元元之久困日昃忘食宵興疚懷雖文繡之飾尚愧茅茨之儉亦諭卿士形於詔條如

聞積習流弊餘風未革車服第室相高以華靡之制資用寶貨同啟於貪冒之源有司不禁侈俗茲扇蓋朕教導之未敷使兆庶昧於恥尚也其何以足用行令臻於至理與永念慙歎迨茲申勅自今內外班列職位之士各務素樸弘茲國風有僭侈尤甚者御史糾上主者宣示中外知朕意焉

唐宣宗皇帝

資治通鑑上與宰相論元和循吏孰為第一周墀曰

臣嘗守土江西聞觀察使韋丹功德被於八州沒四十年老稚歌思如冊尚存詔史館修撰杜牧撰丹遺愛碑以紀之仍擢其子河陽觀察判官宙為御史

後周世宗皇帝

資治通鑑詔曰朕於卿大夫才不能盡知面不能盡識若不採其言而觀其行審其意而察其忠則何以見器識之淺深知任用之得失若言之不入罪實在予苟求之不言咎將誰執

宋太祖皇帝

宋史令自今諸州歲受稅租及筦榷貨利上供物帛悉官給舟車輸送京師毋役民妨農

帝一日罷朝坐便殿不樂者久之左右請其故曰爾謂為天子容易耶早作乘快誤決一事故不樂耳

詔曰民生在勤所寶惟穀先王之明訓也朕奄宅中夏為之司牧睠乃億兆期臻富庶矧農桑之業為衣食之原今陽和在辰土膏脉起當播種之云始慮遊惰之尚多苟力作之不勤則秋斂之何望諸州長吏等任居牧守職司勸課所宜敦率黎庶勉勵農功俾比屋之人服勞於南畝三時之務無失於西成極其蕪薉之勤用致茨梁之詠懋功信賞國典在焉

詔曰豐年之詠播於頌聲廣蓄之訓垂於載籍今三時不害百姓小康田里無愁嘆之聲壠畝有遺滯之穗州縣長吏等職司牧養義當勸率俾及歲穰各務儲積或值凶歉不至匱乏古者倉廩實禮節興所宜

禁民蒱博勿致遊惰戒其崇儉免於靡穀申嚴條教稱朕意焉

太祖召王昭素問治世養身之術昭素曰治世莫若愛民養身莫若寡欲太祖重其言書於屏風

通鑑永寧公主因侍坐與皇后同言曰官家作天子日久豈不能用黃金裝肩輿乘以出入帝笑曰我以四海為富宮殿悉以金銀為飾力亦可辦但念我為天下守財耳豈可妄用古稱以一人治天下不以天

下奉一人苟以自奉養為意使天下之人何仰哉當

勿復言

宋太宗皇帝

宋史上曰凡士未達見當世之務戾於理者則怏怏於心及列於位得以獻可替否當盡其所蘊雖言未必盡中亦當僉議而更之俾協於道朕固不以崇高自恃使人不敢言也

又曰世之治亂在賞當其功罰當其罪即無不治謂

為飾喜怒之具即無不亂卿等慎之

謂宋琪等曰在昔帝王多以崇高自處顏色嚴毅左右無敢質言者朕與卿等周旋欵曲商確時事蓋欲通上下之情無有壅蔽卿等但直道而行無得有所顧避

諭宰臣曰每閱大理奏案節目小未備移文案覆動涉數千里外禁繫淹久甚可憐也卿等詳酌非人命所繫即量罪區分勿須再鞫

謂宰相曰中外臣僚若皆留心政務天下安有不治者古人宰一邑守一郡使飛蝗避境猛虎渡河況能惠養黎庶申理寃滯豈不感召和氣乎朕每自勤不怠此志必無改易或云有司細故帝王不當親決朕意則異乎是若以尊極自居則下情不能上達矣

令內外官凡所舉薦有變節踰矩者自首則原其聯坐之罪

詔郡縣有治行尤異吏民畏服居官廉恪涖事明敏

闘訟衰息倉廩盈羨寇盜剪滅部內肅清者本道轉運司各以名聞當驛置赴闕親問其狀加旌賞焉其貪冒無狀淹延闘訟踰越憲度盜賊競起部內不治者亦條其狀以聞當行貶斥

帝親選京朝官三十餘人自書戒諭之言於印紙曰勤政愛民奉法除姦方可書為勞績且謂錢若水曰奉法除姦之言恐諸臣未喻因而生事可語之曰除姦之要在乎奉法

太宗幸國子監召孫奭講書至事不師古以克永世匪說攸聞帝曰此至言也商宗乃得賢相如此耶因咨嗟久之

詔曰古者振木鐸於路所以来四方之風謠設獸樽於庭所以延羣臣之諫諍在朝內外官自今或知民間利病及時政得失並得直言無隱

詔曰昔舜之有天下也選於衆而舉善人則不仁不善者斯逺矣矧今提封至廣設官尤衆銓選既限於

常調英俊或沈於下僚俾振滯淹屬在倫類傳不云乎如有所譽者其有所試矣朕當親覽而進之其令常叅官舉升朝官者各二人

通鑑帝遷守臣得楊延慶等十餘人命為知州因謂宰相曰刺史之任最為親民苟非其人民受其禍昔秦彭守潁川教化大行境内多瑞宋琪曰秦彭一郡守政善而天應之若此況君天下者乎

宋眞宗皇帝

宋史詔曰朕為民司牧罔敢逸豫冀聞闕政屢詔讜言而羣臣奏對罕有極陳得失豈詢求之未至何循默以自持其令御史臺諭内外官各上所見勿為顧避

宋仁宗皇帝

帝學經筵講尚書洪範五事帝曰王者之用五事皆本於五行乎王洙對曰王者治五行得其性則五事皆善故五事得則有休徵五事失則有咎徵是以聖

人克謹天戒以修其身帝曰人君奉天在於修德夙夜兢兢戒慎於未形尚恐不至必俟天有譴告然後修德此豈畏天之道也

宋史詔曰學猶殖也不學將落遜志務時敏厥修乃来朕慮天下之士或有遺也既以臨軒較得失而憂其屢不中科則衰邁而無所成退不能返其里閭而進不得預於祿仕故常數之外特為之甄采而狃於寛恩遂隳素業苟簡成風甚可恥也自今宜篤進厥

學無習僥倖
詔守令或貪恣耄昏以弛為寛以苛為察以增賦斂為勞以出入刑罰為能而部使者莫之舉劾自今其各思率職勿撓權倖勿縱有罪以稱朕意
詔曰國家設制策之科將博詢於鯁議有能規朕躬之過失陳宰相之闕遺糾中外之姦回斥左右之朋比述未明之機事貢無隱之密謀以至臺省之官阿私而罔上郡國之吏專恣以濫刑或通受貨財潛行

請託或恃憑權勢敢事貪殘並許極言朕當親覽其令百官遇起居日轉對在外臣僚亦許其實封以聞
詔曰夫和平醇一之政行則民休美之氣應險刻媮薄之路啓則民戚愘之變生蓋風化之感天下其猶影響之相從也御史執法嘗為朕言宜深詔執事以遏浮競之風其令中書門下務采端厚忠實可以表厲風俗之士並進於朝以啟迪朕心其詭激辨巧敢涉朋比之迹者必行放棄之罰庶幾朝廷清明百異消弭以起治平咨爾攸司其服朕命
詔曰朕惟善治之主以天下耳目為視聽而不自任其聰明耳目之官今臺諫之任也夫以四海之廣萬事之衆臺官數人不能以周知固將詢及士大夫而其間傾邪險害之徒不惟朝廷義理所在謂職在言責勢必施行輙狥己之愛憎倚依形似扇造語言以中善良豈朕所以圖治之意哉其令中書門下開儆百工務行敦實

通鑑輔臣以雨稱賀帝曰天久不雨朕每焚香上禱昨夕寢殿中忽聞微雷遽起冠帶露立殿下湏㬰雨至衣皆沾濕移刻雨霽再拜以謝方敢升階比欲下詔罪己撤樂減膳又恐近於崇飾虚名不若夙夜精心密禱敢受賀乎

宋神宗皇帝

宋史帝曰灌溉之利農事大本但陝西河東民素不習此苟享其利後必樂趨三白渠為利尤大有舊跡

可極力修治凡踈積水須自下流開導則畎澮易治書所謂濬畎澮距川是也

詔曰傳曰近臣盡規以其榮恥與上同也今在此位者視朕過失與朝廷政事之闕默而不言乃或私議竊歎若以其責不在己夫豈皆習見成俗以為當然其亦有含章懷寶待倡而發者也今百度墮弛風俗偷墮薄蝕災異譴告不一此誠忠賢助朕憂惕以創制改法救弊除患之時宜令侍從官自今視朕過失

與朝廷政事之闕無有巨細各具章極言無隱噫言善而不用朕有厥咎道之而不言爾為不恭朕將用此攷察在位所以事君之實而明黜陟焉

宋高宗皇帝

言行錄上曰人心國之本也雖有土地若失人心亦不可立國

宋史幸秘書監頒手詔曰士習為空言而不為有用之學久矣爾其勉修術業益勵猷為一德一心以共赴亨嘉之會用丕承我祖宗之大訓顧不美歟

呂頤浩等以旱乞罷政帝賜詔曰與其去位曷若同寅協恭交修不逮思所以克厭天心者

通鑑以黄庭堅所書戒石銘頒於州縣令刻石文曰爾俸爾禄民膏民脂下民易虐上天難欺

宋孝宗皇帝

宋史詔曰獄重事也用法一傾則民無所措手足比年以来治獄之吏巧持多端隨意輕重之朕甚患焉

其自今革玩習之弊明審克之公使姦不容情罰必當罪用廸於刑之中勉之哉毋忽

詔曰朕惟旱乾水溢之災堯湯盛時有不能免民未告病者備先具也豫章諸郡縣但阡陌近水者苗秀而實高仰之地雨不時至苗輙就槁意水利不修失所以為旱備乎唐韋丹為江西觀察使治陂塘五百九十九所灌田萬二千頃此特施之一道其利如此矧天下至廣也農為生之本也泉流灌溉所以毓五

穀也今諸道名山川原甚衆民未知其利然則通溝瀆瀦波澤監司守令顧非其職歟其為朕相邱陵原隰之宜勉農桑盡地利平繇行水勿使失時雖有豐凶而力田者不至措手受獘亦天人相因之理也朕將即勤惰而寓賞罰焉

通鑑帝作敬天圖謂輔臣曰無逸一篇享國長久皆本於寅畏朕近日取尚書所載敬天事編為兩圖朝夕觀覽以自警省虞允文對曰惟陛下盡躬行之實

敬畏不已必有明效大驗帝然之

帝謂葉衡等曰朝廷用人止論其賢否如何不可有黨如唐之牛李其黨相攻四十年不解皆緣主聽不明所以至此文宗乃言去河北賊易去朝中朋黨難朕常笑之為人主者但公是公非何緣有黨又曰近來士大夫好倡為清議此語一出切恐相師成風便以趨事赴功者為猥俗以矯激沽譽者為清高騷騷不已如東漢激成黨錮之風深害治體豈可不戒卿等宜書諸紳

趙雄奏事上曰今夏蠶麥甚熟絲米價平可喜雄奏孟子語王道始於不饑不寒上曰近世士大夫好高論恥言農事微有西晉風豈知周禮與易言理財周公孔子曷嘗不以理財為務

宋理宗皇帝

通鑑詔曰朕粤稽盛帝明王制治保邦曷嘗不以人材為先務蓋雖堯舜之法度文武之方策苟非其人

是廸是循則亦徒法而已故必賴濟濟之賢藹藹之士布列中外道德一而風俗同然後可望其舉行不悖相繼於長久也我國家舊設進士一科得人為盛三百年間所以保乂王家垂休億載者厥功茂哉獘久蠹滋近年尤甚非無佳士頴出由此其選然窮經學古者或病於詞華植德勵行者難究其蘊輿高才大器者往往局於纖悉繩墨之末是以官甚冗而才愈乏家殊俗而風益漓至於冒國法以苟營假儒官

而挾策俚言亂雅勦說趨時使習之者反賊其良而取之者莫任其咎人情至此咸欲變通蓋披閱先朝名臣奏議其論取士之法非一惟程顥頤兄弟深明治道酌古準今綱條詳明用意肫切今三省詳議參酌其可行者條具以聞務於科舉令甲無大更張以妥安士心而於進士之外舉所以崇尚經術考察德行選用材能之道立為一代之典陶成四方之風庶幾豐芑之仁垂之萬世顧不美歟

金世宗皇帝

上諭左宣徽使敬嗣暉曰凡為人臣上欲要君之恩下欲干民之譽必虧忠節卿宜戒之

謂宰臣曰朕觀在位之臣初入仕時競求聲譽以取爵位亦既顯達即狗默苟容為自安計朕甚不取宜宣諭百官使知朕意

又曰朕已行之事卿等以為成命不可復更但承順而已一無執奏且卿等凡有奏何嘗不從自今朕旨雖出宜審而行有未便者即奏改之或在下位有言尚書省所行未便亦當從而改之毋拒而不從

上與親王宰執從官從容論古今興廢事曰經籍之興其來久矣垂教後世無不盡善今之學者既能誦之必須行之然知而不能行者多矣苟不能行誦之何益女直舊風最為純直雖不知書然其祭天地敬尊戚尊耆老接賓客信朋友禮意款曲皆出自然其善與古書所載無異汝輩當習學之舊風不可忘也

諭宰臣曰凡已經奏斷事有未當卿等勿謂已行不為奏聞改正朕以萬幾之繁豈無一失卿等但言之朕當更改必無吝也

尚書省奏擬同知永寧軍節度使事阿嗇為刺史上曰阿嗇年幼於事未練授佐貳官可也平章政事唐古安禮奏曰臣等以阿嗇宗室故擬是職上曰郡守係千里休戚安可不擇人而私其親耶若以親親之恩賜與雖厚無害於政使之治郡而非其才一境何

賴焉

謂宰臣曰帝王之政固以寛慈為徳然如梁武帝專務寛慈以至紀綱大壞朕嘗思之賞罰不濫即是寛政也餘復何為

謂宰執曰齊桓中庸主也得一管仲遂成霸業朕夙夜以思惟恐失人朕既不知卿等又不薦必俟全才而後舉蓋亦難矣如舉某人長於某事朕亦量才用之又言人之有幹能固不易得然不若徳行之士最

優也

謂大臣曰國初風俗淳儉居家惟布衣非大會賔客未嘗輙烹羊豕朕嘗念當時節儉之風不欲妄費凡宫中之官與賜之食者皆有常數

謂宰臣曰朕覩唐史惟魏徵善諫所言皆國家大事甚得諫臣之體近時臺諫惟指摘一二細碎事姑以塞責未嘗有及國家大利害者豈知而不言歟毋乃亦不知也

有司奏重修上京御容殿上謂宰臣曰宫殿制度苟務華飾必不堅固今仁政殿遼時所建全無華飾但見他處歳歳修完惟此殿如舊以此見虛華無實者不能經久也今土木之工滅裂尤甚下則吏與工匠相結為姦侵尅工物上則户工部官支錢度材惟務苟辦至有工役纔畢隨即欹漏者姦獘苟且勞民費財莫甚於此自今體究重抵以罪

金章宗皇帝

金史詔戒諭尚書省曰國家之治在乎紀綱紀綱所先賞罰必信今乃上自省部之重下逮司縣之間律度弗循私懷自便遷延曠歳苟且成風習此為恒從何致理朝廷者百官之本京師者諸夏之儀其最自今各懲已往遵繩奉法竭力赴功無枉撓以徇情無依違而避勢壹歸於正用範乃民

元太祖皇帝

元史太祖有訓欲治身先治心欲責人先責己

元憲宗皇帝

元史帝諭羣臣曰爾輩若得朕奬諭之言即志氣驕逸志氣驕逸而災禍有不隨至者乎爾輩其戒之

元世祖皇帝

元史世祖即位之初首詔天下國以民為本民以衣食為本衣食以農桑為本於是頒農桑輯要之書於民俾民崇本抑末

命宣撫司官勸農桑抑游惰禮高年問民疾苦舉文

學才識可以從政及茂才異等列名上聞以聽擢用其職官汙濫及民不孝弟者量輕重議罰

帝立御史臺以塔齊爾為御史大夫張雄飛為侍御史且戒之曰卿等既為臺官職在直言朕為汝君茍所行未善亦當極諫况百官乎汝宜如朕意人雖嫉妬汝朕能為汝地也

帝曰朕於廷臣有戇直忠言未嘗不悅而受之違忤者亦未嘗加罪葢欲養忠直而退諛佞也

元仁宗皇帝

元史詹事院臣啟金州獻瑟瑟洞請遣使采之帝曰所寶惟賢瑟瑟何用焉若此者後勿復聞先是近侍言賈人有售美珠者帝曰吾服御雅不喜飾以珠璣生民膏血不可輕耗汝等當廣進賢才以恭儉愛人相規不可以奢靡蠹財相導言者慚而退

詔曰朕賴天地祖宗之靈纂承聖緒永惟治古之隆羣生咸遂國以乂寧朕夙興夜寐不敢怠遑任賢使

能興滯補闕庶其臻茲歛時五福用敷錫厥庶民朕之志也

帝曰夫法者所以辨上下定民志自古及今未有法不立而天下治者使人君制法宰相能守而勿失則下民知所畏避綱紀可正風俗可厚其或法弛民慢怨言並興欲求治安豈不難哉

顧謂侍臣曰卿等以朕居帝位為安耶朕惟太祖創業艱難世祖混一疆宇兢業守成恒懼不能當天心

繩祖武使萬方百姓樂得其所朕念慮在茲卿等固
不知也
詔曰比歲設立科舉以取人材尚慮高尚之士晦跡
邱園無從可致各處其有隱居行義才德高邁深明
治道不求聞達者所在官司具姓名牒報本道廉訪
司覆奏察聞以備録用又屢詔求言於下使得進言
於上雖指斥時政並無譴責往往采擇其言任用其
人列諸庶位以圖治功其他著書立言裨益教化啟
迪後人者亦斟酌録用著為常式云

欽定執中成憲卷三

欽定執中成憲卷四

明太祖高皇帝

洪武實訓右御史大夫鄧愈等各言便宜事太祖覽
之謂愈等曰治天下當先其重且急者而後及其輕
且緩者今天下初定所急者衣食所重者教化衣食
給而民生遂教化行而習俗美足衣食者在於勸農
桑明教化者在於興學校學校興則君子務德農桑
舉則小人務本如是為治則不勞而政舉矣今卿輩

所言皆國家之不可闕者但非所急卿等國之大臣
於經國之道庇民之術尚當為予盡心焉
太祖與侍臣論及創業之難曰朕賴將帥之力掃除
禍亂以成大業今四海漸平朕豈不欲休息以自娛
然所畏者天所懼者民苟所為一有不當上違天意
下失民心馴至其極而天怒人怨未有不危亡者矣
朕每念及之中心惕然

又曰人主能以天下之好惡為好惡則公以天下之
智識為智識則明
又曰人之常情多矜己能多言人過君子則不然揚
人之善不矜己之善貸人之過不貸己之過
又曰萬事不可以耳目察惟虛心以應之萬方不可
以智力服惟誠心以待之
太祖退朝顧謂翰林學士劉三吾曰朕歷年久而益
懼者恐為治之心有懈也懈心一生百事皆廢生民

休戚係焉故日慎一日惟恐弗及如是而治效猶有
未臻甚矣為治之難也自昔先王之治必本於愛民
然愛民而無實心則民必不蒙其澤民不蒙其澤則
衆心離於下積怨聚於上國欲不危難矣朕每思此
為之惕然
太祖將告祀南郊戒飭百官執事曰人以一心對越
上帝毫髮不誠怠心必乘其機瞬息不敬私欲必投
其隙夫動天地感鬼神惟誠與敬耳人莫不以天之

高遠鬼神幽隱而有忽心然天雖高所鑒甚邇鬼神
雖幽所臨則顯能知天人之理不二則吾之誠敬自
不容於少忽矣今當大祀百官執事之人各宜慎之
洪武四年命建奉先殿謂禮部尚書陶凱曰朕聞事
死如事生朕祖考陟遐已久不能致其生事之誠然
於追遠之道豈敢怠忽復感歎曰養親之樂不足於
生前思親之苦徒切於身後今歲時致享則於太廟
至於晨昏謁見節序告奠古必有其所爾其考論以
聞

謂侍臣宋濂等曰自古聖哲之君知天下之難保也
故遠聲色去奢靡以圖天下之安是以天命眷顧久
而不厭後世中才之主當天下無事侈心縱欲鮮克
有終至於秦始皇漢武帝好尚神仙以求長生疲精
勞神卒無所得使移此心以圖治天下安有不理以
朕觀之人君能清心寡欲勤於政事不作無益以害
有益使民安田里足衣食熙熙皞皞而不自知此即

神仙也功業垂於簡册聲名流於後世此即長生不死也夫恍惚之事難憑幽怪之説易惑在謹其所好尚耳朕常夙夜兢業圖天下之安其敢游心於此

謂侍臣曰人君不能無好尚要當慎之蓋好功則貪名者進好財則言利者進好術則游談者進好諛則巧佞者進夫偏於好者鮮有不累其心故好功不如好德好財不如好廉好術不如好信好諛不如好直夫好得其正未有不治好失其正未有不亂所以不

可不慎也

謂羣臣曰謀國之道習於舊聞者當適時宜狃于近俗者當計遠患苟泥古而不通今溺近而忘於遠者皆非也故凡政事設施必欲有利於天下可貽於後世不可苟且惟事目前蓋國家之事所係非小一令之善為四海之福一令不善有無窮之患不可不慎也

又曰人有精金必求良冶而範之有美玉必求良工而琢之至於子弟有美質不求明師教之豈愛子弟不如金玉耶蓋師所以模範學者使之成器因其材力各俾造就朕諸子將有天下國家之責功臣子弟將有職任之寄教之之道當以正心為本心正則萬事皆理矣苟導之不以正為衆欲所攻其害不可勝言卿等宜輔以實學毋徒效文士記誦章句而已

太祖與儒臣論易至天地養萬物聖人養賢以及萬民曰人主職在養民但能養賢與之共治則民皆得

所養然知人最難若所養果賢而使之治民則國無虛禄民獲實惠苟所養非賢反厲其民何補於國哉故人主養賢非難知賢為難

謂秦府右相文原吉等曰蓄藥所以防病積貨所以防貧用賢所以輔德朕為諸子擇賢以為之輔爾等居左右宜朝夕規誨以成其德人情於大事或能謹之而常忽於細微夫細行不謹大德必虧姑息小過大愆必至故塞水者必於其源源塞而流絶伐木者

必於其根根斷而木拔矣設王有所遑失爾若曰所失者小可勿言也則是大失將至矣其大失將至然後規之救有所弗及矣夫善雖小可以成名惡雖小足以亡身凡歷代賢王著名方册其臣亦皆賢者故能濟其美爾等職在輔導宜盡心所事

諭學士朱升等曰治天下者修身為本正家為先正家之道始於謹夫婦后妃雖母儀天下然不可使與政事至於嬪嬙之屬不過備職事侍巾櫛若寵之太

過則驕恣犯分上下失序觀歷代宮闈政由內出鮮有不為禍亂者也故內嬖惑人甚於鴆毒惟賢明之主能察之於未然其他未有不為所惑者卿等為我纂述女戒及古賢妃之事可為法者使後世子孫知所持守

太祖與侍臣論用人之道曰人主以明為治而不自用其明當取衆人之見以為明夫爝火之光豈勝於列炬衆人之見必廣於一人故用天下之賢才以為治使天下之情幽隱畢達則明無不照而治道成矣苟自作聰明而不取衆長欲治道之成不可得也

謂廷臣曰治國之道必先通言路言猶水也欲其長流水塞則衆流障遏言塞則上下壅蔽今予以一人而酬應天下之務非兼聽廣詢何以知其得失詩曰先民有言詢于芻蕘夫芻蕘至賤者也古人尚有取于其言況左右前後之人與共事者豈無一得之長乎諸公所建明當備陳之

諭侍臣曰毀譽之言不可不辨也人固有卓然自立不同于流俗而得毀者亦有諂媚狎昵同乎汙俗而得譽者夫毀者未必真不賢而譽之者未必真賢也第所遇有幸不幸耳人主能知其毀者果然為賢則誣謗之言可息而人亦不至於受抑矣知其譽者果然不肖則偏陂之私可絕而人亦不至於倖進矣間君子於小人小人未必能知君子鮮有不為所毀間小人於小人其朋黨阿私則所譽者必多矣惟君子

則處心公正然後能得毀譽之正故取人為難而知言為尤難也

諭羣臣曰古之賢君常憂治世而古之賢臣亦憂治君然賢臣之憂治君者君常安而明主之憂治世者世常治今土宇日廣斯民日蕃而予心未嘗一日忘其憂何也久困之民未盡蘇息撫綏之方未盡得宜卿等能同予之憂乎能同予憂庶幾格天心而和氣可致矣若徒竊位苟禄於生民之利病漫不加省卒

之禍敗隨至不可得而救矣可不懼哉

太祖與羣臣論民間事曰四民之業莫勞於農觀其終歲勤勞少得休息時和歲豐數口之家猶可足食不幸水旱年穀不登則舉家飢困朕一食一衣則念稼穡機杼之勤爾等居有廣厦乘有肥馬衣有文繡食有膏粱當念民勞大抵百姓足而後國富百姓逸而後國安未有民困窮而國獨富安者爾等其思佐朕裕民之道庶幾食禄無愧

太祖觀漢武帝紀顧謂翰林待制吳沈曰人君理財之道視國如家可也一家之內父子不異貲其父經營儲積未有不為其子計者父子而異貲家必隳矣君民猶父子也若惟損民以益君民衣食不給而君獨富豈有是理哉

太祖閱內藏慨然謂臣下曰此皆民力所供蓄積為天下之用吾何敢私苟奢侈妄費取一己之娛殫耳目之樂是以天下之積為一己之奉也今天下已平

國家無事封賞之外正宜儉約以省浮費

太祖謂侍臣曰淡泊可以養志儉素可以養德縱欲敗度奢侈移性故奇技哇淫皆役心損德之具朕觀元世祖在位躬行儉樸遂成一統之業至庚申帝驕淫奢侈飫粱肉於犬豕致怨怒於神人故逸豫未終敗亡隨至此近代之事可為明鑒朕常以此訓諸子使知所警戒則可長保國家矣

命博士許存仁進講經史存仁講尚書洪範篇至休

徵咎徵之應太祖曰天道微妙難知人事感通易見
天人一理必以類應稽之往昔君能修德則七政順
度雨暘應期災害不生不能修德則三辰失行旱潦
不時災異迭見其應如響箕子以是告武王以為君
人者之儆戒今宜體此下修人事上合天道然豈特
為人上者當勉為人臣者亦當修省以輔其君上下
交修斯為格天之本
謂侍臣曰吾自起兵以來凡有所為意向始萌天必

垂象示之其兆先見故常加儆省不敢逸豫侍臣曰
天高在上其監在下故能修省者蒙福不能者受禍
太祖曰天垂象所以警乎下人君能體天之道謹而
無失亦有變災而為祥者故宋公一言熒惑移次齊
侯暴露甘雨應期災祥之來雖曰在天實由人致也
又曰前代庸君暗主莫不以垂拱無為藉口縱恣荒
寧不親政事孰不知治天下者無逸然後可逸若以
荒寧怠政為垂拱無為帝舜何為曰耄期倦于勤大

禹何以惜寸陰文王何以日昃不食且人君日理萬
幾怠心一生則庶務壅滯貽患不可勝言朕即位有
年常以勤勵自勉未旦即臨朝晡時而後還宮夜臥
不能安席披衣而起或仰觀天象見一星失次即為
憂惕或量度民事有當速行者即次第筆記待旦發
遣朕非不欲暫安但祇畏天命不敢故耳朕言及此
者但恐羣臣以天下無事便欲逸樂股肱既惰元首
叢脞民何所賴書云功崇惟志業廣惟勤爾羣臣但

能以此為勉朕無憂矣
太祖與侍臣論治身之道曰人之害莫大於欲欲非
止於男女宮室飲食服御而已凡求私便於己者皆
是也然惟禮可以制之先王制禮所以防欲也禮廢
則欲肆為君而廢禮縱欲則毒流於民為臣而廢禮
縱欲則禍延於家故循禮可以寡過肆欲必至滅身
侍臣進講尚書無逸篇太祖曰自昔有國家者未有
不以勤而興以逸而廢勤與逸理亂盛衰所繫也人

君當存惕厲不可少怠以圖其終成王之時天下晏然周公輔政乃作是書反覆開諭上自天命之精微下至民生稼穡之艱難以及閭里小民之怨詛莫不具載周公之愛君先事而慮其意深矣朕每觀是篇必反覆詳味求古人之用心常令儒臣書於殿壁朝夕省閲以為鑒戒今日講之深愜朕心聞之愈益警惕

太祖頗聞公侯中有好神仙者悉名至諭之曰神仙

之術以長生為說而又謬為不死之藥以欺人故前代帝王及大臣多好之然卒無驗且有服藥以喪其身者蓋由富貴之極惟恐一旦身歿不能久享其樂是以一心好之縱使其術信然可以長生何故四海之内千百年間曾無一人得其術而久住於世者若謂神仙混物非凡人所能識此乃欺世之言切不可信人能懲忿窒慾養以中和自可延年有善足稱名垂不朽雖死猶生何必枯坐服藥以求不死況萬無此理當痛絶之

太祖閲漢書謂侍臣曰漢高以追逐狡兎比武臣發縱指示比文臣譬諭雖切而語則偏重朕謂建立基業猶搆大厦剪伐斲削必資武臣藻繪粉飾必資文臣用文而不用武是斧斤未施而先加黝堊用武而不用文是棟宇已就而不加塗墍二者均失之為天下者文武相資庶無偏陂

諭戸部臣曰善為政者賦民而民不困役民而民不

勞故民力紓財用足今天下有司能用心於賦役使民不至於勞困則民豈有不足田野豈有不安爭訟豈有不息官府豈有不清如此則民豈有不受其福者乎民既受福為官長者亦得以享其福矣近來有司不以民為心動即殃民殃民者禍亦隨之苟能憂民之貧而慮民之困使民得以厚其生此可謂善為政也爾等勉之

太祖御謹身殿翰林學士劉三吾侍因論治民之道

三吾言南北風俗不同有可以德化有當以威制太祖曰地有南北民無兩心帝王一視同仁豈有彼此之間汝謂南方風氣柔弱故可以德化北方風氣剛勁故當以威制然君子小人何地無之君子懷德小人畏威施之各有攸當烏可槩以一言乎三吾悚服稽首而退

謂宰臣曰朕每燕居思天下之事未嘗一日自安葢治天下猶治絲一絲不理則衆緒棼亂故凡遇事必

精思而後行惟恐不當致生奸弊以殃吾民以此不敢頃刻安逸至於刑法尤所關心然此非一人所能獨理卿等皆須究心庶幾民無冤抑刑獄清省漢宣帝言獄者所以禁暴止奸養育羣生甚得用法之意卿等宜體之毋忽也

命刑部都察院斷事等官審録囚徒太祖曰録囚務在情得其真刑當其罪大抵人之隱曲難明獄之疑似難辨故往往有經審録尋復反異葢由審刑者之失以至此耳故善理獄者在推至公之心擴至明之見則巧偽無所隱疑似無所惑自然訟平理直枉者得申繫者得釋苟存心失公聽斷不明是猶舍衡以求平掩鑑以索照獄何由得理事何由能直今命爾等審録囚徒務以公破私明辯惑毋使巧偽繁滋而疑讞不決生者拘幽於囹圄死者受冤于地下非惟負朕慎刑之心實違上天好生之意凡録囚之際必預先稽閱前牘詳審再三具實以聞

欽定四庫全書

謂侍臣曰賞罰者國之大權人君操賞罰之權以御天下一本於至公故有功者雖所憎必賞有罪者雖所愛必罰賞以當功上不為德罰以當罪下不敢怨不以小嫌而妨大政不以私意而害至公庶有以服天下之心

太祖遣人諭大將軍徐達副將軍常遇春曰聞將軍已下齊魯諸郡中外皆慶予獨謂勝而能戒者可以常勝安而能警者可以常安戒者雖勝若始戰警者

雖安若履危夫屢勝之兵易驕久勞之師易潰能慮
於敗乃可以無敗能慎於成乃可以有成必須周防
謹密常若臨敵勿生懈怠為人所乘慎之慎之
征南將軍湯和移師進攻延平太祖遣使賫勑諭和
曰軍中之事難於執一惟當以德服人必其負固弗
順然後威以震之凡推德必先邇者邇者遠之所瞻
示威必先大者大者小之所憑邇服則遠來大懾則
小懼又曰若欲人不違己當使之以信欲人成功當

任之以專不信則令不一不專則權有所分矣凡此
皆汝所短故特諭爾
太祖御奉天殿受朝賀大宴羣臣宴畢太祖見諸功
臣進退有禮名前諭之曰朝廷之間以禮為主人之
有禮如衣之有章朕聞元世祖命巴延阿珠二人平
江南班師之日世祖遣儒臣許衡齎酒迎之兩人推
讓莫肯先飲巴延曰阿珠之功當先酌阿珠曰巴延
之功當先酌相讓者久之衡歎曰賢矣哉古有拔劍
擊柱而爭功者視此何如今觀卿等雖出身行陣而
進退周旋不失禮度朕為之喜卿等能始終如此何
患後世無稱道之者
命京衛將士練習武藝是時諸將率師平中原入關
陝而將士之留京師者多安逸太祖諭之曰凡事必
預備然後有濟先時浚流臨旱免憂已涸而汲沃焦
弗及汝等當閒暇之日宜練習武藝不可謂無事便
可宴安也夫溺於宴安者必至於危亡安而慮危者

乃可以常安又曰成功非易保祿尤難今國家之用
人正如用車苟有齟齬不行即移載他車矣汝等其
戒之諸將皆頓首謝
謂諸武臣曰治定功成頒爵授祿爾等享有富貴正
當與賢人君子講學以明道理以廣見聞通達古今
之務以成遠大之器豈可苟且自足止於武夫而已
夫位隆而不知學徒長驕傲之心生今而不知古豈
識成敗之跡古之良將皆文武相資爾等不可以為

兩途有識者必然吾言其次在從違之間其下者耳若不聞吾言諄切爾等其勉識之

太祖親閱武於教場既罷諭諸將臣曰畜兵所以衛民勞民所以養兵兵民相資彼此相利今爾等無耕耨之勞而充其食無織紝之苦而足其衣是皆出於民也然無知之徒不知捍禦之道橫起凌虐之心以害其民民受其害而至於困獘者是自損其衣食之本也不仁甚矣爾等勤勞建功皆已榮顯宜戒其縱

恣之心體朕恤下之意且貴能思賤富能思貧者善處富貴也憂能同其憂樂能同其樂者善體衆情也不違下民之欲斯能合上天之心合乎上天之心斯可以享有富貴矣

永道桂陽諸州蠻寇竊發命金吾右衛指揮同知陸齡率兵討之諭之曰蠻夷梗化自作不靖今命卿等討之軍旅之事以仁為本以威為用申明號令不可姑息號令明則士有勵心姑息行則人懷怠志士心勵雖少必濟人志怠雖衆弗克所謂仁者非姑息所謂威者非殺伐仁以撫衆威以振旅則鮮有不克齡受命行皆討平之

諭省府臣曰爾諸大臣既受封爵進職位可謂尊顯矣當同心輔國以享禄位朕嘗思古之君臣居安不忘儆戒盈滿常懼驕縱兢兢業業日慎一日故能始終相保不失富貴大抵開基創業之主待功臣非不欲始終盡善如韓信彭越自不能保全其功深可惜

也至承平之後舊臣多有獲罪者究其所以蓋其事主之心日驕富貴之志日淫以致於敗古人置欹器於座側正以戒其驕盈耳汝等宜戒慎之又謂都督府臣康茂才等曰汝等今成大功豈汝一人之能哉非軍士同心効力曷能致此切不可挾功驕恣輕忽下人若此則鮮有不敗者朕故拳拳為爾等言之古之人主待其臣下往往以權術駕馭不以至誠相感故易生猜疑今吾以直言告汝常相儆戒非止在於

汝身汝又當以朕意訓汝子孫則可與國同其長久
矣
諭来朝守令曰朕設置百官各司厥職以分理庶務
惟郡守縣令為牧民之官凡賦歛徭役訴訟皆先由
縣次方至府若縣令賢明則賦歛平徭役均訴訟簡
一縣之事既治則府可以無憂矣茍縣官貪虐以毒
民或怠荒以廢事民間利病尸坐不聞不惟民受其
殃府亦受其弊矣為府官者知其弊能繩其奸貪去

其闒茸請吏賢者而任之則上下皆安矣若知而不
舉上下蒙蔽雖苟且一時終必為其所累智人君子
必能察於此矣爾等勿謂身居遠外朕不能知異日
政績有聞必有嘉賞顧爾等為政何如耳
吏部奏用國子生十四人皆為六品以下官太祖諭
之曰事君之道惟盡忠不欺治民之道惟至公無蔽
凡一郡一邑之民必有飢寒不得其所者有獄訟寃
抑者有賢才不舉者有豪猾蠹民者汝等到任能不

為私欲所蔽人言所惑則方寸自明而諸弊可息一
牽於私欲而惑於人言則冥然如坐暗室飢寒者無
由獲濟寃抑者無由伸理賢才壅蔽而豪猾縱横則
為廢職矣古人有言人始入官如入暗室久而乃明
明乃治汝等切記之毋為人蔽惑也
謂將臣曰用兵之道必先固其本本固而戰多勝少
敗何謂本内是也内欲其實實則難破何謂實有備
之謂也後世不知務此至有戰勝之餘遂忘武備往

往至於取敗人孰不曰天下平定之時可以息兵偃
武殊不知治兵然後可以言息兵講武而後可以言
偃武若晉徹州郡之備卒召五胡之擾唐徹中國之
備終致安史之亂此無備之驗也夫當天下無虞之
時正須常守不虞之戒然則武備其可一日而忘哉
有御史自廣西還進平蠻六策内有曰立威太祖覽
畢諭之曰汝說甚善但立威之說亦有偏耳夫中國
之與蠻夷在制馭之何如蓋蠻夷非威不畏非惠不

懷然一於威則不能感其心一於惠則不能懾其暴
惟威惠並行此馭蠻夷之道也古人有言以懷德畏
威為强正以此耳
謂廷臣曰朕常命寺人發庫藏中古鏡十餘以鑑容
貌多失真召治工數人而問之莫能荅最後一人言
曰鍛鍊不至範模不正故鏡體偏邪照人失真朕聞
之惕然感悟夫鏡一物耳畧有偏邪乃不可鑑形人
君主宰天下辨別邪正審察是非皆原於心心有不

正百度乖矣正心之功其可忽乎
明成祖文皇帝
大訓記各布政司府州官進表者辭歸上諭曰治天
下者以天下之心為心治一方者以一方之心為心
朕居君位夙夜念慮未嘗忘民每思飲食衣服百物
之奉皆出民力民或有寒不得衣飢不得食勞不得
息朕何忍獨安爾等皆以賢才為國家任牧民之職
夫受人寄者當盡己之力為人上者當推己之心治

民之道惠養為急不害播種則民無飢不妨蠶桑則
民無寒蓋民之衣食皆出己力未嘗仰給公家惟賴
公家統理以免强凌衆暴之患耳爾等當明其利害
順其好惡去其為惡之人則為善者自安懲其趨末
之習則務本者自固况數年以來軍旅供給民勞為
甚今畧得休息正如病者初差宜保養調護若復勞
擾病將愈深其歸戒之
周王橚來朝且獻騶虞百僚稱賀以為皇上至仁格

天所致既罷朝上謂侍臣曰適聞羣臣言不覺惕然
天下之大如一夫有怨豈得謂仁一念不誠豈能格
天朕方夙夜惕懼何可便謂騶虞是天降祥於朕侍
臣曰此天心真不偶然者上曰祥瑞之來易令人驕
是以古之明主皆遇祥自警未嘗因祥自怠警怠者
國之安危繫焉騶虞若果為祥在朕更當加慎
上御右順門覽奏牘時御案有鎮紙金獅欹側將墜
給事中耿通趨進移置案中上顧侍臣曰一器之微

置於危處則危置於安處則安天下大器也獨可置之於危乎尤須安之天下雖安不可忘危故小事必謹小不謹而積之將至大患小過必改小不改而積之將至大壞皆致危之道也

上顧諸將論用兵之法曰兵法云多算勝少算不勝益用兵之際智在勇先不可忽也馭衆之道固須步武整肅進退以律然必將帥撫士卒如父兄于子弟則士卒附將帥亦如手足之捍頭目上下一心乃克

有濟至於同列尤須和協一隊當敵則各隊策應左右前後莫不皆然譬如舟行遇風同舟之人齊力以奮波濤雖險靡不獲濟爾等勉之

明仁宗昭皇帝

大訓記刑部尚書金純左都御史劉觀等奏刑名畢上諭之曰朕於刑法未嘗敢以喜怒增損卿等鞫獄之際亦當虚心聽察量其情實有罪不可幸免無罪不可濫刑持法明信則人有所畏而不敢犯若不明其情而任己輕重或迎合朕意使人含冤抱恨若朕之所惡卿等其以為戒卿等皆國大臣非獨自己當存矜獄之心如朕一時過于嫉惡處法失中卿等更須執正毋以乖迕為慮朕不難于從善也

明史通政使請以四方雨澤章奏送給事中收貯帝曰祖宗令天下奏雨澤欲知水旱以施恤民之政積之通政司既失之矣今又令收貯是欲上之人終不知也自今奏至即以聞

明宣宗章皇帝

大訓記上諭吏部尚書蹇義等曰前命御史考察在外等官政欲任賢退不肖庶幾民受其惠近聞考察之官少能著實但信偏言更不博詢其有勤于職業因理公務不免施刑小人不喜誣為酷暴反致罷退庸濫之官綱紀不立人所狎玩或貪贓賄低首下氣依阿度日小人貪其易與乃更保留如此不當孔子曰衆好惡必察焉宜嚴戒飭之務盡至公毋使正人

受誣小人得志如或不當責有所歸

上御奉天門諭三法司官曰朕夜來觀周書立政篇有云式敬爾繇獄以長我王國此深有意味蓋能敬慎用刑不致枉濫則仁恩浹洽足以培固國本福祚豈不靈長今不必論效驗但當以敬為主有虞欽恤正是此意卿等宜夙夜勿忘

謂侍臣曰三代以下人主唐太宗善納諫當時之臣若魏徵王珪亦善諫故有貞觀之治宋太祖嘗曰唐

太宗受人諫疏常自引咎不以為耻不若已不為非使人無可諫二者孰是侍臣對曰宋太祖所言為優

上曰宋太祖固是務本之論然人所行豈能皆是若禹聞善言則拜湯從諫弗咈改過不吝禹湯猶取善于人況其下者乎朕以為人君者當以太宗為法

明憲宗純皇帝

明史山西巡撫何喬新劾奏遲延獄詞僉事尚敬劉源因言凡二司不決斷詞訟者半年之上悉宜奏請執問帝曰刑獄重事周書曰要囚服念五六日至于旬時特為未得其情者言耳苟得其情即宜決斷無罪拘幽往往瘐死是刑官殺之也故律特著淹禁罪囚之條其即以喬新所奏通行天下

明孝宗敬皇帝

寶訓上視學行釋奠禮御彝倫堂賜勅勉勵諸生曰朕惟自古帝王本綱常以致治必以學校為首務焉學校所以明人倫也孔子述經垂教莫先乎此我祖

宗奄有寰宇建學育材文教誕敷治化旁洽肆朕繼統之初聿遵成憲擇日視學祇謁先師孔子退即彝倫堂聽講經書因以勸勵師生夫治本於道道載於經所當講明而體行者舍綱常何以哉朕躬行圖治惟古帝王是期爾師生其亦以古之賢才是勵於經必究其精微之奧於綱常倫理必盡其允蹈之功藴之為德行措之為事業大足以尊主庇民次足以修政立事罔俾濟濟之咏專美有周則我明治化將與

唐虞於變時雍匹休矣欽哉故諭

勅刑部都察院大理寺曰朕惟刑以輔治用之貴得其平刑平則善有所勸惡有所懲而人心服天道和不平則不足以勸善懲惡而人心不服天道乖災變之來誠有不能免焉故特戒飭爾等各加敬慎仍行南京三法司及天下大小問刑衙門今後問刑之際務必存心以仁恕持法以公平察辭辨色詳審其情罪所當重者重之以懲惡毋務姑息而不顧縱惡長

奸之非罪所當輕者輕之以宥過毋事苛刻而致有抑鬱稱冤之歎其或證驗無憑情隱難明者尤當加意推究毋或傳致於一時而冀不坐罪于他日如此庶不背古聖人欽恤之訓而於朕刑期無刑之治亦有裨益焉

欽定執中成憲卷四

欽定四庫全書

欽定執中成憲卷五

唐虞

書益曰吁戒哉儆戒無虞罔失法度罔遊于逸罔淫于樂任賢勿貳去邪勿疑疑謀勿成百志惟熙蔡沈曰百志猶百慮也言方寸之間光輝明白罔違道以干百姓之譽罔咈百姓以從己之欲無怠無荒四夷來王

益贊于禹曰惟德動天無遠弗屆滿招損謙受益時

乃天道

臯陶曰都慎厥身修思永惇敘九族庶明勵翼邇可遠在兹蔡沈曰慎者言不可不致其謹也身修則無言行之失思永則非淺近之謀厚敘九族則親親恩篤而家齊矣庶明勵翼則羣哲勉輔而國治矣邇近也言近而可推之遠者正此道也蓋身脩家齊國治而天下平矣

又曰無教逸欲有邦兢兢業業一日二日萬幾無曠庶官天工人其代之蔡沈曰無教逸欲有邦者言天子當以勤儉率諸侯不可以逸欲導之也一日二日者言其日之至淺萬幾者言其幾事之至多也蓋一日二日之間事幾之來且至萬

焉是可一日而縱欲乎

又曰天叙有典勅我五典五惇哉天秩有禮自我五

禮有庸哉蔡沈曰有庸當作五庸同寅協恭和衷哉蔡沈曰叙者君臣父

子兄弟夫婦朋友之倫叙也秩者尊卑貴賤等級隆殺之品秩也言典禮雖天所叙秩然正之使叙而益

厚用之使秩而有常則在我而已故君臣當同其寅畏協其恭敬誠一無間融會流通而民彝物則各得

其正所謂和衷也天命有德五服五章哉天討有罪五刑五

用哉政事懋哉懋哉懋勉也天聰明自我民聰明天明

畏蔡沈曰明者顯其善畏者威其惡自我民明威蔡沈曰威古文作畏達于上

下敬哉有土蔡沈曰言天之聰明非有視聽也因民之視聽以為聰明天之明畏非有好惡

也因民之好惡以為明畏上下天下民也言天人一理通達無間民心所存即天理之所在而吾心之

敬是又合天民而一之者也有天下者可不知所以敬之哉

商

書仲虺曰德日新萬邦惟懷志自滿九族乃離王懋

昭大德建中于民以義制事以禮制心垂裕後昆予

聞曰能自得師者王謂人莫己若者亡好問則裕自

用則小

伊尹曰今王嗣厥德罔不在初立愛惟親立敬惟長

始于家邦終于四海

又曰嗣王祇厥身念哉聖謨洋洋嘉言孔彰惟上帝

不常作善降之百祥作不善降之百殃爾惟德罔小

萬邦惟慶爾惟不德罔大墜厥宗蔡沈曰言勿以小善而不為萬邦之

慶積于小勿以小惡而為之厥宗之墜不在大蓋善必積而後成惡雖小而可懼

又曰慎乃儉德惟懷永圖若虞機張往省括于度則

釋蔡沈曰括矢括也釋發也言若虞人之射弩機既張必往察其括之合于法度然後發之則發無不

中矣欽厥止率乃祖攸行惟朕以懌萬世有辭

又曰奉先思孝接下思恭視遠惟明聽德惟聰朕承

王之休無斁蔡沈曰思孝則不敢違其祖思恭則不敢忽其臣惟亦思也思明則所視者遠

而不蔽于淺近思聰則所聽者德而不惑于憸邪

又曰惟天無親克敬惟親民罔常懷懷于有仁鬼神

無常享享于克誠天位艱哉德惟治否德亂與治同

道罔不興與亂同事罔不亡終始慎厥與惟明明后

又曰若升高必自下若陟遐必自邇無輕民事惟難

無安厥位惟危慎終于始有言逆于汝心必求諸道有言遜于汝志必求諸非道真德秀曰聽言之道當求義理之當不當順意見之偏苟合乎理雖逆吾意不可不從苟拂乎理雖順吾意不可不察

又曰君罔以辯言亂舊政臣罔以寵利居成功邦其永孚于休

又曰天難諶諶信也命靡常常厥德保厥位厥德靡常九有以亡

又曰非天私我有商惟天佑于一德非商求于下民惟民歸于一德德惟一動罔不吉德二三動罔不凶

惟吉凶不僣在人惟天降災祥在德蔡沈曰僣差也惟吉凶不差在人者惟天之降災祥在德故也

又曰任官惟賢才左右惟其人蔡沈曰左右者輔弼大臣非賢才之稱可盡故曰惟其人臣為上為德蔡沈曰為上為德左右厥辟也不曰君而曰德者兼君道而言也為下為民其難其慎惟和惟一蔡沈曰難者難于任用慎者慎于聽察所以防小人也和者可否相濟一者始終如一所以任君子也德無常師主善為師善無常主協于克一蔡沈曰克一者能一之謂也博而求之于不一之善約而會之于至一之理此聖學始終條理之序也

說苑伊尹曰王者得賢材以自輔然後治也雖有堯舜之明而股肱不備則主恩不流化澤不行故明君在上慎於擇士務於求賢設四佐以自輔有英俊以治官尊其爵重其祿賢者進以顯榮罷者退而勞力是以主無遺憂下無邪慝百官能治臣下樂職恩流羣生潤澤草木昔者虞舜左禹右臯陶不下堂而天下治此使能之效也

書傳說曰惟木從繩則正后從諫則聖后克聖臣不命其承疇敢不祇若王之休命蔡沈曰言君果從諫臣雖不命猶且承之況命之如此誰敢不敬順其美命乎

又曰明王奉若天道建邦設都樹后王君公承以大夫師長不惟逸豫惟以亂民亂治也惟天聰明惟聖時憲惟臣欽若惟民從乂蔡沈曰天之聰明無所不聞無所不見無他公而已矣人君法天之聰明一出于公則臣敬順而民亦從治矣

又曰慮善以動動惟厥時蔡沈曰善當乎理也時時措之宜也

又曰惟厥攸居政事惟醇蔡沈曰居止而安之義安于義理之所止也義理安于自然則一矣一故政事醇而不雜也

又曰非知之艱行之維艱王忱不艱允協于先王成德惟說不言有厥咎蔡沈曰王忱不艱言王忱信之亦不為難

又曰人求多聞時惟建事學于古訓乃有獲事不師古以克永世匪說攸聞蔡沈曰人求多聞者是惟立事然必學古訓深識義理然後有得

惟學遜志務時敏厥修乃來允懷于茲道積于

厥躬蔡沈曰遜其志如有所不能敏于學如有所不及虛以受人勤以勵己則其所修如泉始達源源乎其來矣篤信而深念乎此則道積于身不可以一二計矣惟斆學半念終始典于學厥德修罔覺蔡沈曰斆教也言教人居學之半始之自學學也終之教人亦學也一念終始常在于學無少間斷則德之所修有不知其然而然者矣

周

書箕子曰人之有能有為使羞其行而邦其昌蔡沈曰羞進也使進其行則官使者皆賢才而邦國昌盛矣

又曰惟辟作福惟辟作威惟辟玉食臣無有作福作威玉食臣之有作福作威玉食其害于而家凶于而國人用側頗僻民用僭忒

三略呂望曰軍井未達將不言渴軍幕未辦將不言倦軍竈未炊將不言饑與之安與之危故其眾可合而不可離以其恩素篤謀素和也

書召公奭曰不作無益害有益功乃成不貴異物賤用物民乃足

又曰不寶遠物則遠人格所寶惟賢則邇人安

又曰夙夜罔或不勤不矜細行終累大德為山九仞

功虧一簣

周公曰君子所其無逸先知稼穡之艱難乃逸則知小人之依蔡沈曰先知稼穡之艱難乃逸者以勤居逸也

逸周書周公曰王者所佩在德德在利民昌大在自克無過在數懲不困在豫慎見禍在未形除害在能斷安民在知過用兵在知時勝大患在合人心施舍在平心不幸在不聞其過福在受諫基在愛民固在親賢禍福在所密利害在所近存亡在所用尊在慎

威安在恭己

國語史佚曰動莫若敬居莫若儉德莫若讓事莫若咨

左傳周任曰為國家者見惡如農夫之務去草焉芟夷薀崇之（薀崇積聚也）絶其根本勿使能殖則善者信矣

又曰為政者不賞私勞不罰私怨

國語虢文公曰夫民之大事在農上帝之粢盛於是乎出民之蕃庶於是乎生事之共給（共供也）於是乎在和協輯睦於是乎興財用蕃殖於是乎始敦厖純固於是乎成

左傳季梁曰夫民神之主也是以聖王先成民而後致力於神故務其三時修其五教親其九族以致其禋祀於是乎民和而神降之福故動則有成

國語内史過曰國之將興其君齊明衷正（齊齋也）精潔惠和其德足以昭其馨香其惠足以同其民人神饗而民聽民神無怨故明神降之觀其德政而均布福焉

曹劌曰夫惠本而後民歸之民和而後神降之福若布德於民而平均其政事君子務治而小人務力動不違時器不過用財用不匱莫不共祀是以用民無不聽求福無不豐

管子管夷吾曰凡牧民者欲民之可御也欲民之可御則法不可不審法者將立朝廷者也將立朝廷者則爵服不可不貴也爵服加於不義則民賤其爵服民賤其爵服則人主不尊人主不尊則令不行矣法者將用民力者也將用民力者則祿賞不可不重也祿賞加於無功則民輕其祿賞民輕其祿賞則上無以勸民上無以勸民則令不行矣

又曰規矩者方圓之正也雖有巧目利手不如拙規矩之正方圓也故巧者能生規矩不能廢規矩而正方圓雖聖人能生法不能廢法而治國

又曰天子有善讓德於天諸侯有善慶之於天子大

夫有善納之於君民有善本於父慶之於長老此道法之所從來是治本也

又曰雖有明君百步之外聽而不聞間之堵墻窺而不見也而名為明君者君善用其臣臣善納其忠也信以繼信善以傳善(君信而臣繼之君善而臣傳之)是以四海之内可得而治

又曰天不為一物枉其時(冬不為松柏不凋輟其霜雪夏不為薺麥枯死止其雨露)明君聖人亦不為一人枉其法天行其所行而萬

物被其利聖人亦行其所行而百姓被其利

又曰昔年七十九代之君法制不一號令不同然俱王天下者何也必國富而粟多也夫國富多粟生於農故先王貴之凡為國之急者必先禁末作文巧末作文巧禁則民無所游食民無所游食則必農民事農則田墾田墾則粟多粟多則國富國富者兵强兵强者戰勝戰勝者地廣是以先王知衆民强兵廣地富國之必生於粟也故禁末作止奇巧而利農事

又曰目貴明耳貴聰心貴智以天下之目視則無不見也以天下之耳聽則無不聞也以天下之心慮則無不知也

又曰天生四時地生萬財以養萬物而無取焉明主配天地者也教民以時勸之以耕織以厚其養而不伐其功不私其利故曰能予而無取者天地之配也

又曰天之道滿而不溢盛而不衰明主法象天道故貴而不驕富而不奢行理而不惰故能長守貴富久

有天下而不失也故曰持滿者與天

又曰國有四維一曰禮二曰義三曰廉四曰恥

又曰一年之計莫如樹穀十年之計莫如樹木終身之計莫如樹人

又曰人君泄則言實之士不進言實之士不進則國之情偽不竭於上

又曰夫民别而聽之則愚合而聽之則聖雖有湯武之德復合於市人之言是以明君順人心安情性而

發於衆心之所聚先王善與民為一體與民為一體則是以國守國以民守民也

又曰天因人聖人因天

又曰公之所加罪雖重下無怨氣私之所加賞雖多士不為歡

又曰明主之治國也其當賞者群臣不得辭也其當罰者群臣不敢避也夫賞功誅罪所以為天下致利除害也草茅弗去則害禾穀盜賊弗誅則傷良民夫

舍公法而行私惠則是利姦邪而長暴亂也行私惠而賞無功則是使民偷幸而望於上也行私惠而赦有罪則是使民輕上而易為非也夫舍公法用私意明主不為也

又曰錯國於不傾之地積於不涸之倉藏於不竭之府下令於流水之原使民於不爭之官明必行之路開必得之門不為不可成不求不可得不處不可久不行不可復錯國於不傾之地者授有德也積於不涸之倉者務五穀也藏於不竭之府者養桑麻育六畜也下令於流水之原者令順民心也使民於不爭之官者使各為其所長也明必行之路者嚴刑罰也開必得之門者信慶賞也不為不可成者量民力也不求不可得者不強民以其所惡也不處不可久者不偷取一世也不行不可復者不欺其民也故授有德則國安務五穀則食足養桑麻育六畜則民富令順民心則威令行使民各為其所長則用備嚴刑罰

則民遠邪信慶賞則民輕難量民力則事無不成不強民以其所惡則詐偽不生不偷取一世則民無怨心不欺其民則下親其上

又曰人主之所以令則行禁則止者必令於民之所好而禁於民之所惡也民之情莫不欲生而惡死莫不欲利而惡害故令於生利人則令行禁於殺害人則禁止

又曰斷制五刑各當其名罪人不怨善人不驚

又曰疑今者察之古不知來者視之往萬事之生也
異趣而同歸古今一也
又曰時者得天義者得人既時且義故能得天與人
又曰主不周密則正言直行之士危正言直行之士
危則人臣黨而成羣
又曰凡民之從上也非從口之所言從情之所好者
也上之所好民必甚焉明君知民之必以上為心也
故置法以自治立儀以自正也

又曰心治是國治也治心在於中治言出於口治事
加於民故功作而民從
又曰聽言之道勿望而距勿望而許許之則失守距
之則閉塞
又曰凡人莫不欲利而惡害是故與天下同利者天
下扶之擅天下之利者天下謀之天下所謀雖立必
隳天下所扶雖高不危
又曰明主之道卑賤不待尊貴而見大臣不因左右

而進故無壅遏之患
國語晉文公問於郭偃曰始也吾以國為易今也難
對曰君以為易其難也將至矣君以為難其易也將
至矣
左傳胥臣曰敬德之聚也能敬必有德
熊旅曰民生在勤勤則不匱
又曰夫武禁暴戢兵保大定功安民和衆豐財者也
豐財謂綏萬邦屢豐年也

國語王孫說曰聖人之施舍也議之其喜怒取與也
亦議之是以不主寬惠亦不主猛毅主德義而已
范燮曰賢者寵至而益戒不足者為寵驕
又曰德福之基也無德而福隆猶無基而厚墉也其
壞也無日矣
左傳臧孫紇曰在上位者灑濯其心壹以待人軌度
其信可明徵也而後可以治人夫上之所為民之歸
也上所不為而民或為之是以加刑罰焉而莫敢不

懲若上之所為而民亦為之乃其所也又可禁乎灑讀作洗

士弱曰政不可不慎也務三而已一曰擇人二曰因民三曰從時

子太叔問政於子産子産曰政如農功日夜思之思其始而成其終朝夕而行之行無越思思而後行如農之有畔言其次其過鮮矣

鄭人游於鄉校以論執政論其得失然明謂子産曰毀鄉

校如何子産曰何為夫人朝夕退而游焉以議執政之善否其所善者吾則行之其所惡者吾則改之是吾師也若之何毀之我聞忠善以損怨為忠善則怨謗息不聞作威以防怨欲毀鄉校即作威豈不遽止然猶防川大決所犯傷人必多吾不克救也不如小決使道道通也不如吾聞而藥之也以為己藥石

又曰君子有四時朝以聽政晝以訪問夕以修令夜以安身

衛侯問北宫文子曰何為威儀對曰有威而可畏謂之威有儀而可象謂之儀君有君之威儀其臣畏而愛之則而象之故能有其國家令聞長世臣有臣之威儀其下畏而愛之故能守其官職保族宜家故君子在位可畏施舍可愛進退可度周旋可則容止可觀作事可法德行可象聲氣可樂動作有文言語有章以臨其民謂之有威儀也

晏嬰曰君令臣忠父慈子孝兄愛弟敬夫和妻柔姑

慈婦聽禮之經也君令而不違臣忠而不貳父慈而教子孝而箴兄愛而友弟敬而順夫和而義妻柔而貞姑慈而從婦聽而婉禮之質也

又曰君人執信臣人執恭忠信篤敬上下同之天之道也

又曰君所為可而有否焉臣獻其否以成其可君所為否而有可焉臣獻其可而去其否是以政成而不干

晏子春秋晏嬰曰先王之立愛以勸善也其立惡以禁暴也昔者三代之興也利於國者愛之害於國者惡之故明所愛而賢良衆明所惡而邪僻滅

又曰古之聖王其行公正而無邪故讒人不得入不阿黨不私色故羣徒之卒不得容薄身厚民故聚斂之人不得行

又曰賢君之治國其政任賢其行愛民其取下節其自養儉從邪害民者有罪進善舉過者有賞其政刻

上而饒下赦過而救窮不因喜以加賞不因怒以加罰不從欲以勞民不修怨而危國上無驕行下無諂德上無私義下無竊權上無朽蠹之藏下無凍餒之民賢君之治國若此

左傳閔馬父曰禍福無門惟人所召

易孔子彖傳曰泰小往大來吉亨則是天地交而萬物通也上下交而其志同也朱子曰泰通也小謂陰大謂陽言坤往居外乾來居內

謙亨天道下濟而光明地道卑而上行天道虧盈而益謙地道變盈而流謙鬼神害盈而福謙人道惡盈而好謙謙尊而光卑而不可踰君子之終也朱子曰人能謙則其居尊者其德愈光其居卑者人亦莫能過

天地以順動故日月不過而四時不忒聖人以順動則刑罰清而民服

天地養萬物聖人養賢以及萬民

天地感而萬物化生聖人感人心而天下和平觀其

所感而天地萬物之情可見矣

日月得天而能久照四時變化而能久成聖人久於其道而天下化成觀其所恒而天地萬物之情可見矣

家人女正位乎內男正位乎外男女正天地之大義也家人有嚴君焉父母之謂也父父子子兄兄弟弟夫夫婦婦而家道正正家而天下定矣

兌說也剛中而柔外說以利貞是以順乎天而應乎

人說以先民民忘其勞說以犯難民忘其死說之大民勸矣哉程子曰君子之道其說於民如天地之施感於心而悅服無斁故以之先民則民悅隨而忘其勞率之以犯難則民心悅服於義而不恤其死

天地節而四時成節以制度不傷財不害民

象傳曰天地交泰后以財成天地之道輔相天地之宜以左右民程子曰裁成謂體天地交泰之道而裁制成其施為之方也輔相天地之宜天地通泰則萬物茂遂人君體之而為法制使民用天時因地利輔助化育之功成其豐美之利也如春氣發生萬物則為播種之法秋氣成實萬物則為收斂之法乃輔相天地之宜以左右輔助於民也民之生

必賴君上為之法制以教率輔翼之乃得遂其生養是左右之也

風雷益君子以見善則遷有過則改

文言曰元者善之長也亨者嘉之會也利者義之和也貞者事之幹也君子體仁足以長人嘉會足以合禮利物足以和義貞固足以幹事朱子曰以仁為體則無一物不在所愛之中故足以長人嘉其所會則無不合禮使物各得其所利則義無不和貞固者知正之所在而固守之故足以為事之幹君子行此四德者故曰乾元亨利貞

繫辭傳曰勞謙君子有終吉此謙九三爻辭子曰勞而不伐有功而不德厚之至也語以其功下人者也德言盛禮言恭謙也者致恭以存其位者也朱子曰德言盛禮言恭言德欲其盛禮欲其恭也

不出戶庭无咎此節初九爻辭子曰亂之所生也則言語以為階君不密則失臣臣不密則失身幾事不密則害成是以君子慎密而不出也

天地之大德曰生聖人之大寶曰位何以守位曰仁何以聚人曰財理財正辭禁民為非曰義朱子曰正辭便只是

分別是非

禮記孔子曰儒有內稱不避親外舉不避怨程功積事不求厚祿推賢而進達之不望其報君得其志苟利國家不求富貴其舉賢援能有如此者

又曰夫禮先王以承天之道以治人之情

又曰張而不弛文武弗能也弛而不張文武弗為也一張一弛文武之道也

又曰立愛自親始教民睦也立敬自長始教民順也

教以慈睦而民貴有親教以敬長而民貴用命孝以事親順以聽命錯諸天下無所不行

孔子侍坐於哀公公曰敢問何謂為政孔子對曰政者正也君為正則百姓從政矣君之所為百姓之所從也君所不為百姓何從公曰敢問為政如之何孔子對曰夫婦别父子親君臣嚴三者正則庶物從之矣

子夏曰三王之德參於天地敢問何如斯可謂參天

地矣孔子曰奉三無私以勞天下子夏曰敢問何謂三無私孔子曰天無私覆地無私載日月無私照奉斯三者以勞天下此之謂三無私

孔子曰下之事上也不從其所令從其所行上好是物下必有甚者矣故上之所好惡不可不慎也是民之表也

又曰民以君為心君以民為體心莊則體舒心肅則容敬心好之身必安之君好之民必欲之

孝經孔子曰愛親者不敢惡於人敬親者不敢慢於人愛敬盡於事親而德教加於百姓刑於四海蓋天子之孝也甫刑云一人有慶兆民賴之

又曰在上不驕高而不危制節謹度滿而不溢高而不危所以長守貴也滿而不溢所以長守富也富貴不離其身然後能保其社稷而和其民人蓋諸侯之孝也詩曰戰戰兢兢如臨深淵如履薄冰

又曰夫孝天之經也地之義也民之行也天地之經

而民是則之則天之明因地之利以順天下是以其教不肅而成其政不嚴而治先王見教之可以化民也是故先之以博愛而民莫遺其親陳之以德義而民興行先之以敬讓而民不爭導之以禮樂而民和睦示之以好惡而民知禁

又曰昔者明王之以孝治天下也不敢遺小國之臣而况於公侯伯子男乎故得萬國之歡心以事其先王治國者不敢侮於鰥寡而况於士民乎故得百姓

之歡心以事其先君
又曰君子言思可道行思可樂德義可尊作事可法容止可觀進退可度以臨其民是以其民畏而愛之則而象之故能成其德教而行其政令
又曰君子之事上也進思盡忠退思補過將順其美匡救其惡故上下能相親也
左傳仲尼曰政寬則民慢慢則糾之以猛糾猶攝也猛則民殘殘則施之以寬寬以濟猛猛以濟寬政是以和

又曰君子之行也度於禮施取其厚事舉其中斂從其薄
大戴禮孔子曰君子之道譬則防歟夫禮之塞亂之所從生也猶防之塞水之所從來也故以舊防為無用而壞之者必有水敗以舊禮為無用而去之者必有亂患凡人之知能見已然不能見將然禮者禁於將然之前而法者禁於已然之後是故法之用易見而禮之所為難知也若夫慶賞以勸善刑罰以懲惡先王執此之正堅如金石行此之信順如四時處此之公無私如天地豈顧不用哉然曰禮云禮云者貴絕惡於未萌而起教於微渺使民日徙善遠罪而不自知也
又曰福莫長於無咎
又曰工女必自擇絲麻良工必自擇齎材賢君良上必自擇左右是故佚於取人勞於治事勞於取人佚於治事

又曰父之於子天也君之於臣天也有子不事父有臣不事君是非反天而倒行耶故有子不事父不順有臣不事君必刃
家語孔子曰御四馬者正六轡御天下者正六官同是車馬或以致千里或不及數百里以其所為進退緩急異也同是官法或以致平或以致亂者亦以其所為進退緩急異也
晏子春秋孔子曰古之善為人臣者聲名歸之君禍

災歸之身入則切磋其君之不善出則高譽其君之德義

賈誼新書孔子曰少成若天性習慣成自然

說苑孔子曰弓調而後求勁焉馬服而後求良焉士信慤而後求知能焉

韓詩外傳子路曰敢問持滿有道乎孔子曰持滿之道抑而損之子路曰損之有道乎孔子曰德行寬裕者守之以恭土地廣大者守之以儉祿位尊盛者守

之以卑人衆兵彊者守之以畏聰明睿智者守之以愚博聞强記者守之以淺夫是之謂抑而損之

荀子顔淵曰鳥窮則啄獸窮則攫人窮則詐自古及今未有窮其下而無危者也

大戴禮曾子曰君子成人之美朝有過夕改則與之夕有過朝改則與之

又曰目者心之孚也言者行之指也作於中則播於外也故曰以其見者占其隱者

又曰先憂事者後樂事先樂事者後憂事

又曰古者天子日旦思其四海之内戰戰唯恐不能乂諸侯日旦思其四封之内戰戰唯恐失損之大夫士日旦思其官戰戰唯恐不能勝庶人日旦思其事戰戰唯恐刑罰之至也是故臨事而栗者鮮不濟

又曰與父言言畜子與子言言事父與兄言言友弟與弟言言承兄與君言言使臣與臣言言事君

又曰孝子善事君

又曰與君子遊苾乎如入蘭芷之室久而不聞則與之化矣與小人遊忒乎如入鮑魚之次久而不聞則與之化矣是以君子慎其所去就與君子遊如長日加益而不自知也與小人遊如履薄冰每履而下幾何而不陷乎哉

公羊傳公羊高曰君子之善善也長惡惡也短惡惡止其身善善及其子孫

子華子程本曰上下洞達而無疑是以天下和平天

下之所以平者政平也政之所以平者人平也人之所以平者心平也

荀子荀卿曰田野縣鄙者財之本也垣窌倉廩者財之末也窌窖也百姓時和事業得敘者貨之源也等賦府庫等賦以差等制賦也貨之流也故明主必謹養其和節其流開其源而時斟酌焉使天下必有餘而上不憂其不足如是則上下俱富交無所藏之是知國計之極也故禹十年水湯七年旱而天下無菜色者十年之

後年穀豐熟而陳積有餘是無他故焉知本末源流之謂也

又曰義與利者人之所兩有也雖堯舜不能去民之欲利然而能使其欲利不克其好義也上重義則義克利上重利則利克義故天子不言多少諸侯不言利害大夫不言得喪士不通財貨從士以上皆羞利而不與民爭利樂分施而恥積藏

又曰公生明偏生闇端慤生通詐偽生塞誠信生神夸誕生惑

又曰有治人無治法

陳囂問孫卿子曰先生議兵常以仁義為本仁者愛人義者循理然則又何以兵為孫卿子曰非汝所知也彼仁者愛人故惡人之害之也義者循理故惡人之亂之也彼兵者所以禁暴除害也非爭奪也

又曰刑當罪則威不當罪則侮爵當賢則貴不當賢則賤

又曰天不為人之惡寒也而輟冬地不為人之惡遼遠也而輟廣君子不為小人之匈匈也而輟行

又曰聖人無欲無惡無始無終無近無遠無博無淺無古無今兼陳萬物而中懸衡焉是以衆異不得相蔽也

又曰人心譬如槃水正措而勿動則湛濁在下而清明在上則可以見鬚眉而察理矣微風過之湛濁動乎下清明亂乎上則不可以得形之正也心亦如是

矣導之以理養之以清物莫之傾則足以定是非決嫌疑矣小物引之其正外易其心内傾則不足以察麤理矣

又曰以仁心說以學心聽以公心辨說教人也聽聽人之言也辨辨其是非也

又曰王者尚賢使能而等位不遺惜愿禁悍而刑罰不過使百姓曉然皆知為善於家而取賞於朝也為不善於幽而蒙刑於顯也

欽定執中成憲卷五

欽定四庫全書

欽定執中成憲卷六

漢

新書賈誼曰操德而固則威立教順而必則令行周聽則不蔽稽驗則不惑明好惡則民心化密事端則君道神凡權重者必謹於事令行者必謹於言則過鮮矣

史記張釋之曰法者天子所與天下公共也法如此而更重之是法不信于民也廷尉天下之平也一傾

而天下用法皆為輕重民安所錯其手足

韓詩外傳韓嬰曰原天命治心術理好惡適性情而治道畢矣原天命則不惑禍福不惑禍福則動靜修治心術則不妄喜怒不妄喜怒則賞罰不阿理好惡則不貪無用不貪無用則不害物性適情性則不過欲不過欲則養性知足四者不求于外不假于人反諸己而存矣

又曰善御者不忘其馬善射者不忘其弓善為上者不忘其下誠愛而利之四海之內闔若一家

又曰君子有主善之心而無勝人之色德足以君天下而無驕肆之容

又曰昔者聖王不出戶而知天下不窺牖而見天道非目能視乎千里之前非耳能聞乎千里之外以己之情量之也己惡飢寒則知天下之欲衣食也己惡勞苦則知天下之欲安佚也己惡衰之則知天下之

欲富足也知此三者聖王之所以不降席而匡天下也

又曰昔之君子道其百姓不使之迷型其仁義謹其教道使民目晰焉而見之使民耳晰焉而聞之使民心晰焉而知之則道不迷而民志不惑矣詩曰示我顯德行故道義不易民不由也禮樂不明民不見也詩曰周道如砥其直如矢言其易也君子所履小人所視言其明也睠言顧之潸焉出涕哀其不聞禮義而就刑誅也

又曰夫霜雪雨露殺生萬物者也天無事焉猶之貴天也執法按文治官治民者有司也君無事焉猶之尊君也夫闢土殖穀者后稷也決江疏河者禹也聽獄執中者皐陶也然而聖后者堯也故有道以御之能者為己用無道以御之身雖多能猶將無益于存亡矣

又曰順道而行順理而言公平無私不為安肆志不為危激行

又曰智如泉源行可以為表儀者人師也智可以砥礪行可以為輔弼者人友也據法守職而不敢為非者人吏也當前順意一呼再諾者人隸也故上主以人師為佐中主以人友為佐下主以人吏為佐危亡之主以人隸為佐

又曰治國者譬若乎張琴然大絃急則小絃絕矣

又曰觀布衣者其友皆孝悌篤謹畏令如此者家必

日益而身日安此所謂吉人者也觀事君者其友皆誠信有行好善如此者措事日益官職日進此所謂吉臣者也人主朝臣多賢左右多忠主有失敗皆交爭正諫如此者國日安主日尊名聲日顯此所謂吉主者也

又曰賞勉罰偷則民不怠兼聽齊明則天下歸之明其分職考其事業較其官能莫不理法則公道達而私門塞公義立而私事息如是則持厚者進而佞諂

者止貪戾者退而廉節者起

又曰崇恩博利以懷衆明好惡以正法度率民力稼學校庠序以立教事老養孤以化民升賢賞功以勸善懲姦絀失以醜惡講御習射以防患禁姦止邪以除害接賢連友以廣智宗親族附以益強

又曰聖人何以不可欺也曰聖人以己度人者也以心度心以情度情以類度類

前漢書董仲舒曰為人君者正心以正朝廷正朝廷以正百官正百官以正萬民正萬民以正四方四方正遠近莫敢不一於正而無有邪氣奸其間者是以陰陽調而風雨時羣生和而萬民殖五穀熟而草木茂天地之間被潤澤而大豐美四海之内聞盛德而皆徠臣諸福之物可致之祥莫不畢至

又曰夫萬民之從利也如水之走下不以教化隄防之不能止也是故教化立而姦邪皆止者其隄防完也教化廢而姦邪並出刑罰不能勝者其隄防壞也

古之王者明于此是故南面而治天下莫不以教化為大務立大學以教于國設庠序以化于邑漸民以仁摩民以義節民以禮故其刑罰甚輕而禁不犯者教化行而習俗美也

又曰天者羣物之祖也故徧覆包涵而無所殊建日月風雨以和之經陰陽寒暑以成之故聖人法天而立道亦溥愛而無私布德施仁以厚之設誼立禮以導之春者天之所以生也仁者君之所以愛也夏者

天之所以長也德者君之所以養也霜者天之所以殺也刑者君之所以罰也

又曰強勉學問則聞見博而知益明強勉行道則德日起而大有功此皆可使還至而立有效也詩曰夙夜匪懈書曰懋哉懋哉皆強勉之謂也

又曰天子之大夫者下民之所視效遠方之所四面而內望也近者視而效之遠者望而效之豈可居賢人之位而為庶人行哉夫皇皇求財利常恐匱乏者庶人之意也皇皇求仁義常恐不能化民者大夫之意也易曰負且乘致寇至乘車者君子之事也負擔者小人之事也此言居君子之位而為庶人之行者其禍患必至也

春秋繁露董仲舒曰考績絀陟計事除廢有益者謂之公無益者謂之煩挈名責實不得虛言有功者賞有罪者罰賞罰用于實不用于名賢愚在于質不在于文則百官勸職爭進其功

又曰天高其位而下其施藏其形而見其光高其位所以為尊也下其施所以為仁也藏其形所以為神見其光所以為明也為人主者法天之行內深藏所以為神外博觀所以為明也任羣賢以受成不自勞于事所以為尊也汎愛羣生不以喜怒賞罰所以為仁也

又曰聖人之為天下興利也其猶春氣之生草也各因其生小大而量其多少其為天下除害也若川瀆之瀉于海也各順其勢傾側而制於南北

又曰人主以好惡喜怒變俗習天以煖清寒暑化草木人主之好惡喜怒必當義乃出若煖清寒暑必當其時乃發也使好惡喜怒未嘗差也如春秋冬夏未嘗過也可謂參天矣

又曰天有和有德有平有威春者天之和也夏者天之德也秋者天之平也冬者天之威也天之序必先和然後發德必先平然後發威以此觀之雖有所愉

而喜必先和心以求其當然後發慶賞以立其德雖有所忿而怒必先平心以求其正然後發刑罰以立其威若是者謂之天德

前漢書韓安國曰聖人以天下為度者也不以己之私怒傷天下之公義

又曰聞之利不什不易業功不百不變常是故古之人君謀事必就聖發政必擇語語古人之善語也重作事也

史記司馬遷曰觀三代損益乃知緣人情而制禮依人性而作儀經緯萬端規矩無所不貫誘進以仁義束縛以刑罰所以總一海内而整齊萬民也

前漢書東方朔曰天有常度地有常形君子有常行君子道其常小人計其功

鹽鐵論桓寛曰治不可以煩煩則亂治不可以怠怠則廢

又曰牧民之道除其所疾適其所安安而不擾使而不勞是以百姓勸業而樂公賦

又曰築城者先厚其基而後求其高畜民者先厚其業而後求其贍

又曰古者篤教以導民明辟以正刑刑之於治猶策之於御也良工不能無策而御有策而勿用聖人假法以成教教成而刑不施

前漢書王褒曰夫賢者國家之器用也所任賢則趨舍省而功施普器用利則用力少而就效衆

路温舒曰獄者天下之大命也死者不可復生絶者不可復續書曰與其殺不辜寧失不經夫人情安則樂生痛則思死捶楚之下何求而不得故囚人不勝痛則飾辭以視之吏治者利其然則指道以明之上奏畏卻則鍛鍊而周内之蓋奏當之成雖臯陶聽之猶以為死有餘辜何則成練者衆文致之罪明也

魏相曰誅亂禁暴謂之義兵兵義則王敵加于己不得已而起者謂之應兵兵應者勝

劉向曰舜命九官濟濟相讓和之至也衆賢和于朝

則萬物和于野故簫韶九成而鳳凰來儀擊石拊石百獸率舞四海之内靡不和寧及至周文開基西郊雜遝衆賢罔不肅和崇推讓之風以銷分爭之訟周公歌詠文王之德其詩曰於穆清廟肅雍顯相濟濟多士秉文之德當此之時武王周公繼政朝臣和于内萬國驩于外故盡得其驩心以事其先祖其詩曰有來雍雍至止肅肅相維辟公天子穆穆言四方皆以和來也諸侯和于下天應報于上故周頌曰降福

穰穰以和致和獲天助也

又曰執狐疑之心者來讒賊之口持不斷之意者開羣枉之門讒邪進則衆賢退羣枉盛則正士消故易有否泰小人道長君子道消君子道消則政日亂故為否否者閉而亂也君子道長小人道消小人道消則政日治故為泰泰者通而治也

又曰昔孔子與顏淵子貢更相稱譽不為朋黨禹稷與臯陶轉相汲引不為比周何則忠于為國無邪心也故賢人在上位則引而聚之于朝易曰飛龍在天大人聚也顔師古曰言聖人正位臨馭四方則賢人君子皆來見也在下位則思與其類俱進易曰拔茅茹以其彚征吉鄭氏曰茹牽引也彚類也顔師古曰征行也在上則引其類在下則推其類故湯用伊尹不仁者遠而衆賢至類相致也

說苑劉向曰巍巍乎惟天為大惟堯則之此蓋人君之公也夫以公與天下其德大矣推之于此行之于彼萬姓之所載後世之所則也彼人臣之公治官事

則不營私家當公法則不阿親戚奉公舉賢不避仇讎忠于事君仁于利下伊呂是也故顯名存于今是之謂公

又曰易曰君子以除戎器戒不虞夫兵不可玩玩則無威兵不可廢廢則召寇故明王之制國也上不玩兵下不廢武

又曰賢臣之事君也受官之日以主為父以國為家以士人為兄弟故苟有可以安國家利人民者不避

其難不憚其勞以成其義
又曰聖人布德施惠非求報于百姓也郊望禘嘗非求報于鬼神也山致其高雲雨起焉水致其潔蛟龍生焉君子致其道德而福祿歸焉夫有陰德者必有陽報有隱行者必有昭名
又曰人臣之行有六正六邪六正者一曰萌牙未動形兆未見昭然獨見存亡之幾得失之要預禁乎未然之前使主超然立乎顯榮之處天下稱焉如此者

純臣也二曰虛心白意進善通道勉主以禮誼喻主以長策將順其美匡救其惡功成事立歸善于君不敢自伐其勞如此者良臣也三曰夙興夜寐進賢不懈數稱于往古之德行事以厲主意庶幾有益以安國家社稷宗廟如此者忠臣也四曰察幽隱見成敗早防而救之引而復之塞其間絶其源轉禍以為福使君終以無憂如此者智臣也五曰守文奉法任官職事辭祿讓賜不受餽遺衣服端齊飲食節儉如此者貞臣也六曰國家昏亂所為不道然而敢犯主之顔面言主之過失不辭其誅身死國安不悔所行如此者直臣也是為六正也六邪者一曰安官貪祿營于私家不務公事懷其智藏其能主饑于論渴于策猶不肯盡節容容乎與世沉浮上下左右觀望如此者具臣也二曰主所言皆曰善主所為皆曰可隱求主之所好進之以快主耳目偷合苟容與主為樂不顧其後害如此者諛臣也三曰中實頗險外容貌小

謹巧言令色又心嫉賢所欲進則明其美而隱其惡所欲退則明其過而匿其美使主妄行過任賞罰不當號令不行如此者姦臣也四曰智足以飾非辯足以行說反言易辭而成文章內離骨肉之親外妬亂朝廷如此者讒臣也五曰專權擅勢持操國事以為輕重于私門成黨以富其家又復增加威勢擅矯主命以自貴顯如此者賊臣也六曰諂言以邪墜主不義朋黨比周以蔽明主入則辯言好辭出則更復異

其言語使白黑無別是非無閒使主惡名布於境内聞於四鄰如此者亡國之臣也是謂六邪

又曰高上尊賢無以驕人聰明聖智無以窮人資給疾速無以先人剛毅勇猛無以勝人不知則問不能則學雖知必質然後辨之雖能必讓然後為之質問也

又曰存亡禍福其要在身聖人重誡敬慎所忽諺曰誡無垢思無辱夫不誡不思而以存身全國者亦難矣

又曰人皆知以食愈饑莫知以學愈愚

又曰施德者貴不德施恩者尚必報是故臣勞勤以為君而不求其賞君持施以牧下而無所德故易曰勞而不伐有功而不德厚之至也

又曰萬物得其本者生百事得其道者成

又曰聖人以心導耳目小人以耳目導心

前漢書翼奉曰治道要務在知下之邪正人誠鄉正雖愚為用若乃懷邪知益為害

李尋曰士之美者善養禾君之明者善養士中人皆可使為君子

蕭望之曰民函陰陽之氣有仁義欲利之心在教化之所助雖堯在上不能去民欲利之心而能令其欲利不勝其好義

匡衡曰考制度修外内近忠正遠巧佞放鄭衛進雅頌舉異才開直言任温良之人退刻薄之吏顯潔白之士昭無欲之路覽六藝之意察上世之務明自然之道博和睦之化以崇至仁匡失俗易民視令海内昭然咸見本朝之所貴

又曰匹配之際生民之始萬福之源婚姻之禮正然後品物遂而天命全孔子論詩以關雎為始言太上者民之父母后夫人之行不侔乎天地則無以奉神靈之統而理萬物之宜故詩曰窈窕淑女君子好逑言能致其貞淑不貳其操情欲之感無介乎容儀宴私之意不形乎動靜夫然後可以配至尊而為宗廟

主此綱紀之首王教之端自上世已來三代興廢未有不由此者也

又曰六經者聖人所以統天地之心著善惡之歸明吉凶之分通人道之正使不悖于其本性者也故審六藝之指則天人之理可得而和草木昆蟲可得而育此永永不易之道也論語孝經聖人言行之要宜究其意

又曰聖王動靜周旋奉天承親臨朝享臣物有節文以章人倫蓋欽翼祇栗事天之容也溫恭敬遜承親之禮也正躬儼恪臨衆之儀也嘉惠和說饗下之顔也舉錯動作物遵其儀故形為仁義動為法則大雅曰敬慎威儀惟民之則

又曰天人之際精祲有以相蕩善惡有以相推事作乎下者象動乎上陰陽之理各應其感

又曰治性之道必審己之所有餘而強其所不足蓋聰明疏通者戒于太察寡聞少見者戒于壅蔽勇猛

剛強者戒于太暴仁愛溫良者戒于無斷湛靜安舒者戒于後時廣心浩大者戒于遺忘必審己之所當戒而齊之以義然後中和之化應而巧偽之徒不敢比周而望進

杜欽曰功同賞異則勞臣疑罪均刑殊則百姓惑

後漢書魯恭曰萬民者天之所生天愛其所生猶父母愛其子一物有不得其所者則天氣為之舛錯況于人乎故愛人者必有天報

桓譚曰善為政者視俗而施教察失而立防威德更興文武迭用然後政調于時

鍾離意曰百姓可以德勝難以力服先王要道民用和睦故能致天下太平災害不生禍亂不作鹿鳴之詩必言宴樂者以神人之心洽然後天氣和也

班固曰天子作民父母為天下王聖人取類以正名而謂君為父母明仁愛德讓王道之本也愛待敬而不敗德須威而久立故制禮以崇敬作刑以明威也

聖人既躬明哲之性必通天地之心制禮作教立法設刑動緣民情而則天象地故曰先王立禮則天之明因地之性也刑罰威獄以類天之震曜殺戮也溫慈惠和以效天之生殖長育也

又曰古人有言天生五材民並用之廢一不可誰能去兵鞭扑不可弛於家刑罰不可廢於國征伐不可廢於天下用之有本末行之有逆順耳孔子曰工欲善其事必先利其器文德者帝王之利器威武者文

德之輔助也夫文之所加者深則武之所服者大德之所施者博則威之所制者廣三代之盛至于刑措兵寢者其本末有序帝王之極功也

又曰經謂君為元首臣為股肱明其一體相待而成也

白虎通班固曰天雖至神必因日月之明地雖至靈必有山川之化聖人雖有萬人之德必須俊賢以順成其道

論衡王充曰太平以治定為效百姓以安樂為符百姓安者太平之驗也百姓安則陰陽和陰陽和則萬物育萬物育則奇瑞出聖主治世期于民安不期符瑞

後漢書王符曰富民者以農桑為本以游業為末百工者以致用為本以巧飾為末商賈者以通貨為本以鬻奇為末

又曰國以賢興以諂衰君以忠安以佞危

又曰養稂莠者傷禾稼惠姦宄者賊善良書曰文王作罰刑茲無赦先王之制刑罰也非好為傷人肌膚斷人壽命也貴威姦懲貪除人害也

潛夫論王符曰聖王之建百官也皆以承天治地物養萬民者也故有號者必稱典名理者必效于實羣僚師尹各列其職以責其效百郡千縣各辨其治以考其績辭言應對各緣其文以覈其實則奉職不懈而陳言者不得誣矣

又曰穀之所以豐殖者以有人功也功之所以能建者以有日力也君明察而百官治下循正而得其所則民安靜而力有餘聖人深知力者乃民之本國之基故務省役而為民愛日

又曰上聖不務治民事而務治民心道之以德齊之以禮務厚其情而明於義民親愛則無相害傷之意動思義則無姦邪之心

又曰國無常治又無常亂法令行則國治法令弛則國亂法無常行亦無常弛君敬法則法行君慢法則

法弛

忠經馬融曰天之所覆地之所載人之所履莫大乎忠忠者中也至公無私天無私四時行地無私萬物生人無私大亨貞中也者一其心之謂夫

又曰大臣於君可謂一體下行而上信故能成其忠在乎沉謀潛運正國安人任賢以為理端委而自治尊其君有天地之大日月之明陰陽之和四時之信

聖德洋溢頌聲作焉

又曰君子之事上也入則獻其謀出則行其政秉職不回言事無憚茍利社稷不顧其身上下用成故昭君德蓋百工之忠也

又曰在官惟明莅事惟平立身惟清三者備矣然後可以理人宣君德以弘其化明國法以期於無刑視君之民如視其子則民愛之如愛其親蓋守宰之忠也

又曰祇承君之法度行孝弟於其家服勤稼穡以供

王賦此兆人之忠也

又曰惟天監人善惡必應善莫大於作忠惡莫大於不忠君子守道所以長守其休小人不常所以自陷其咎

後漢書崔寔曰為國之法有似理身平則致養疾則攻焉夫刑罰者治亂之藥石也德教者興平之粱肉也夫以德教除殘是以粱肉理疾也以刑罰理平是

以藥石供養也
楊賜曰王者心有所惟意有所想雖未形顔色而五星以之推移陰陽為其變度以此而觀天之與人豈不符哉
仲長統曰制地以分人立政以分事明版籍以相數閲審什伍以相連持急農桑以豐委積省末作以一本業敦教學以移性情表德行以勵風俗覈才藝以叙官宜簡精悍以習師旅嚴禁令以防僭差信賞罰以驗懲勸糾游戲以杜姦邪察苛刻以絶煩暴審此以為政務操之有常課之有限安寧勿懈惰有事不迫遽
又曰作有利于時制有便于物者可為也事有乖于數法有翫于時者可改也故行于古有其迹行于今無其功者不可不變變而不如前易而多所敗者亦不可不復也
申鑒荀悦曰興農桑以養其生審好惡以正其俗宣

文教以章其化立武備以秉其威明賞罰以統其法是謂五政
又曰善禁者先禁其身而後人不善禁者先禁人而後身若肆情于身而繩欲于衆行詐于官而矜實于民是捨己之所易而責人之所難也
又曰臣所貴乎順者三一曰心順二曰職順三曰道順
又曰通于道者其守約有一言而可常行者恕也有一行而可常履者正也恕者仁之術也正者義之要也此謂道根執之心胸之間而功被天下也
又曰不求無益之物不蓄難得之貨節華麗之飾退利進之路則民俗清矣放邪説去淫智抑百家崇聖典則道義定矣去浮華舉功實絶末技同本務則事業修矣
又曰君子之所以動天地應神明正萬物而成王治者必本乎眞實而已故在上者審則儀類以定好惡

善惡要于功罪毀譽效于準驗聽言責事舉名察實無或詐偽以蕩衆心故善無不顯惡無不彰俗無姦怪民無淫風百姓上下睹利害之存乎己也故肅恭其心慎修其行内不忒惑外無異望無罪過不憂懼請謁無所聽財賂無所用則民志平矣是謂正俗

又曰榮辱者賞罰之精華也故禮教榮辱以加君子化其情也桎梏鞭扑以加小人治其形也君子不犯辱況于刑乎小人不忌刑況于辱乎若夫中人之倫

則刑禮兼焉教化之廢推中人而墜于小人之域教化之行引中人而納于君子之塗是謂章化

又曰人主不妄賞非徒愛其財也賞妄行則善不勸矣不妄罰非徒矜其人也罰妄行則惡不懲矣賞不勸謂之止善罰不懲謂之縱惡在上者能不止下為善不縱下為惡則國法立矣

又曰天子朝以聽政晝以訪問夕以修令夜以安身尊有師傅卑有近臣大則講業小則咨詢不拒直辭不恥下問

又曰君臣親而有禮百僚和而不同讓而不爭勤而不怨此治國之風也

又曰違上順道謂之忠臣違道順上謂之諛臣忠所以為上也諛所以自為也忠臣安于心諛臣安于身故在上者必察于違順審乎所為慎乎所安

又曰心誠則神明應之況于萬民乎志正則天地順之況于萬物乎

前漢紀荀悅曰德必核其實然後授位能必核其實然後授事功必核其實然後授賞罪必核其實然後授刑行必核其實然後貴之言必核其實然後信之物必核其實然後用之事必核其實然後修之一物不稱則榮辱賞罰從而繩之故衆正積于上萬事實于下

中論徐幹曰人君之所務者其在大道遠數乎大道遠數者仁足以覆幬羣生惠足以撫養百姓明足以

照見四方知足以統理萬物權足以變應無端義足以阜生財用威足以禁遏姦非武足以平定禍亂詳于聽受而審于官人達于興廢之原通于安危之分如此則君道備矣

又曰大臣者君之股肱耳目也所以視聽也所以行事也先王知其如是故博求聰明睿哲君子措諸上位執邦之政令焉則其事舉其事舉則百僚任其職百僚任其職則庶事莫不致其治庶事致其治則九牧之民莫不得其所故書曰元首明哉股肱良哉庶事康哉大臣者治萬邦之重器也不可以衆譽著也人主所宜親察也衆譽者可以聞斯人而已故堯之聞舜也以衆譽及其任之也則以心之所自見

又曰當賞者不賞則為善者失本望而疑其所行當罰者不罰則為惡者輕國法而怙其所守故司馬法曰賞罰不踰時欲使民速見善惡之報也踰時且猶不可而况廢之者乎

三國

心書諸葛亮曰知人之性最難美惡既殊情貌不一有温良而為詐者有外恭而内欺者有外勇而内怯者有盡力而不忠者不可不察

又曰勿以身貴而賤人勿以獨見而違衆勿以巧佞而為忠信

又曰為將之道軍井未汲將不言渴軍米未炊將不言饑軍火未然將不言寒軍幕未施將不言困

又曰知人之道閒之以是非而觀其志窮之以辭辯而觀其變咨之以計謀而觀其識告之以艱難而觀其勇臨之以利而觀其廉期之以事而觀其信

又曰用人之道尊之以爵贍之以財則士無不奮矣接之以禮勵之以信則士無不忠矣恩意不倦法若畫一則士無不服矣先之以身後之以人則士無不勇矣小善必録小功必賞則士無不勸矣

忠武集諸葛亮曰忠益者莫大于進人進人者各務

其所尚
又曰君子之行靜以修身儉以養德非澹泊無以明志非寧靜無以致遠夫學須靜也才須學也非學無以廣才非靜無以成學
蜀書諸葛亮曰宮中府中俱為一體賞罰臧否不宜異同
又曰威之以法法行則知恩限之以爵爵加則知榮榮恩並濟上下有節為治之要於斯而著

張裔曰賞不遺遠罰不阿近爵不可以無功取刑不可以貴勢免此賢愚之所以僉忘其身者也
魏文書植曰天地協氣而萬物生君臣合德而庶政成
又曰論德而授官者成功之君也量能而受爵者敬事之臣也故君不可虛授臣不可虛受
王粲曰八政之於民也以食為首故仰伺星辰以審其時俯耕藉田以率其力封祀農稷以神其事祈穀報年以寵其功設農師以監之置田畯以董之黍稷茂則受賞田不墾則加罰農地益闢則吏受大賞農損地荒則吏受重罰也
魏書杜恕曰帝王之道莫尚乎安民安民之術在於豐財豐財者務本而節用也
魏志陳羣曰臣下雷同是非相蔽國之大患也若不和睦則有讎黨毀譽無端真偽失實不可不深防備有以絕其源流

欽定執中成憲卷六

欽定執中成憲卷七

晉

晉書羊祜曰適道之論皆未應權故謀之雖多而決之欲獨

晉文杜預曰聖王之政循乎自然虚已委誠而信順之道應神感心通而天下之理得

蜀志陳壽曰諸葛亮之為相國也開誠心布公道盡忠益時者雖讎必賞犯法怠慢者雖親必罰服罪輸

情者雖重必釋游辭巧飾者雖輕必戮善無微而不賞惡無纖而不貶循名責實虚偽不容邦域之内畏而愛之刑政雖峻而無怨者以其用心平而勸戒明也

晉書荀勗曰事留則政稽政稽則功廢處位者孜孜不怠奉職司者夙夜不懈則雖在挈缾而守不假器矣（左傳雖有挈缾之智守不假器杜預注挈缾汲者喻小智為人守器尚知不以借人）

簡文案畧細苛令之所施必使人易視聽願之如陽春畏之如雷霆勿使微文煩擾為百吏所黷二三之命為百姓所饜則吏竭其誠下悅上命矣設官分職委事責成君子心競而不力爭（言心能自強於善而不以力爭勝也）量能受任思不出位則官無異業政典不奸矣凡此皆省事之本也

又曰發號施令典而當則安凡職所臨履先精其得失使忠信之官明察之長各裁其中條上言之然後

斟酌大體詳省所宜則令下必行不可摇動

傅咸曰穀帛難生而用之不節無緣不匱故先王之化天下食肉衣帛皆有其制奢侈之費甚於天災

又曰興化之要在於官人才非一流職有不同譬諸林木洪纖枉直各有攸司内外之任措置隨宜重其選

温嶠曰使命愈遠益宜得才宣揚王化延譽四方宜

陶侃曰大禹聖人乃惜寸陰至於衆人當惜分陰

鄭默曰勸稼務農為國之基選人得材濟世之道居官久職政事之宜明慎黜陟勸戒之道崇尚樸素化導之本

阮种曰王道之本經國之務必先之以禮義而致人於廉恥禮義立則君子軌道而讓於善廉恥立則小人謹行而不淫於制度故上有克讓之風則下有不爭之俗朝有矜節之士則野無貪冒之人

又曰賢臣之於主進則忠國愛人退則砥節潔志營職不干私義出心必由公塗明度量以程其能審經

制以效其功

紀瞻曰政因時以興機隨物而動故聖王究窮通之原審始終之理適時之宜期於濟世

虞預曰天道貴信地道貴誠誠信者蓋二儀所以生植萬物人君所以保乂黎庶是以宣威擬於震電推恩象於雲雨刑罰在於必信慶賞貴於平均

潘尼曰崇德莫大乎安身安身莫尚乎存正存正莫重乎無私無私莫要於寡欲

袁宏曰古之明君知視聽之属不能不關於物也知一已之明不能不滯於情也求忠信之人而置之左右故好惡是非之情未嘗宣於外而愛憎毀譽之言無由而至矣

又曰經綸之方在乎設官分職因萬物之所能統體之道在乎至公無私與天下均其欲

抱朴子葛洪曰堯舜有為人主之勤無為人主之欲故天下各得濟其欲

又曰怒不越法以加虐喜不踰憲以厚遺割情於所愛而有犯者無赦採善於所憎而有勞者不遺掩細瑕而錄大用忘近過而念遠功

又曰人臣勳不弘則耻俸禄之日厚也績不茂則羞爵命之妄高也

南北朝

魏書甄琛曰王者濟時拯物為民父母乾坤所惠天

子順之山川秘利天子通之月令稱山林藪澤有能取蔬食禽獸者野虞教導之相侵奪者罪之周禮有川澤之禁正所以防其殘盡必令取之有時障護雖在官實為民守之耳

韓麒麟曰哲王經國立治積儲九稔謂之太平故躬藉千畝以勵百姓入粟者與斬敵同爵力田者與孝弟均賞實為治之先務也

高允曰古人云方一里則為田三頃七十畝百里則

為田三萬七千頃若勤之則畝益三升不勤則畝損三升方百里損益之率為粟二百二十萬斛況以天下之廣乎

李彪曰尚儉者開福之源好奢者起貧之兆

周書黎景熙曰天地極其高厚故萬物仰容養焉四時著其寒暑故庶類資忠信焉帝王者寬大象天地忠信則四時

蘇綽曰天地之性惟人為貴然性無常守隨化而遷化於敦樸則質直化於澆偽則浮薄凡諸牧守令長貴能扇之以淳風浸之以太和被之以道德示之以樸素使百姓亹亹日遷於善而不知其所以然此之謂化也

又曰衣食所以足者由於地利盡地利所以盡者由於勸課有方主此教者在乎牧守令長而已每至歲首戒勑部人皆令就田墾發以時勿失其所單劣之户及無牛之家勸令有無相通使得兼濟三農之隙

及陰雨之暇又令種桑植果藝其蔬菜修其園圃畜育雞豚以備生生之資以供養老之具夫為政不欲過碎碎則人煩勸課不容太簡簡則人怠善為政者必消息時宜而適煩簡之中

又曰凡所求材藝者為其可以理人也有材藝而本於正直必循分以効績若有材藝而習於奸偽必蠹法以行私故求材藝必先擇志行志行善則舉之志行不善則去之然善官人者必先省其官省則善

人易充善人充則事無不理

又曰察獄之官精心悉意推究根源先之以五聽周官小司寇職一曰辭聽二曰色聽三曰氣聽四曰耳聽五曰目聽參之以証驗慎測情狀窮鑒隱伏使奸無所容罪人必得然後隨事加刑輕重皆當舍過矜愚得情勿喜又能消息情理斟酌禮律無不曲盡人心而遠明大教此善之上也率至公之心去阿枉之志聽察以理必窮所見考訊以法不苛不暴隨事斷理獄無停滯此亦其次也

又曰征稅之法宜令平均平均者不舍豪强而徵貧弱不縱奸巧而困愚拙也然財貨之生其均不易必須勸課使預營理先時而備至時而輸故王賦獲供下人無困

又曰為國之道當愛人如慈父訓人如慈師

隋

隋書房彥謙曰賞以勸善刑以懲惡故疎賤之人有善必賞尊貴之戚犯惡必刑未有罰則避親賞則遺遠者也

文中子王通曰無赦之國其政必平多斂之國其財必削民貧則賦少

又曰推之以誠則不言而信鎮之以靜則不行而謹惟有道者能之

又曰聞謗而怒者讒之由也見譽而喜者佞之媒也

又曰帝者之制恢恢乎無所不容其上湛然其下恬然天下之危與天下安之天下之失與天下正之千

變萬化吾常守中焉其卓然不可動乎其感而無不通乎

唐

唐文張蘊古大寶箴曰今來古往俯察仰觀唯辟作福為君實難主普天之下處王公之上任土貢其所有具寮和其所倡是故恐懼之心日弛邪僻之情轉放豈知事起於所忽禍生於無妄固以聖人受命拯溺亨屯歸罪於己因心於民大明無偏照至公無私

親故以一人治天下不以天下奉一人禮以禁其奢樂以防其佚左言而右事出警而入蹕四時調其慘舒三光同其得失故身為之度而聲為之律勿謂無知居高聽卑勿謂何害積小成大樂不可極極樂生哀欲不可縱縱欲成災壯九重於內所居不過容膝彼昏不知瑶其臺而瓊其室羅八珍於前所食不過適口惟狂罔念邱其糟而池其酒勿內荒於色勿外荒於禽勿貴難得之貨勿聽亡國之音內荒伐人性

外荒蕩人心難得之貨侈亡國之音淫勿謂我尊而傲賢慢士勿謂我智而拒諫矜已聞之夏后據饋頻起亦有魏帝牽裾不止安彼反側如春陽秋露巍巍蕩蕩恢漢高大度撫茲庶事如履薄臨深戰戰慄慄用周文小心詩曰不識不知書曰無偏無黨一彼此於胸臆捐好惡於心想衆棄而後加刑衆悅而後命賞弱其強而治其亂伸其屈而直其枉故曰如衡如石不定物以數物之懸者輕重自見如水如鏡不示物以形物之鑒者妍媸自生勿渾渾而濁勿皎皎而清勿汶汶而闇勿察察而明雖冕旒蔽目而視於未形雖黈纊塞耳而聽於無聲縱心於湛然之域遊神於至道之精扣之者應洪纖而效響酌之者隨深淺而皆盈故曰天之清地之寧王之貞四時不言而代序萬物無為而受成豈知帝有其力而天下和平吾王撥亂戡以智力民懼其威未懷其德我皇撫運扇以淳風民懷其始未保其終爰述金鏡窮理盡性使

人以心應言以行包括治體抑揚詞令天下為公一人有慶開羅起祝援琴命詩一日二日念茲在茲惟人所召自天祐之諍臣司直敢告前疑

舊唐書魏徵曰臣聞求木之長者必固其根本欲流之遠者必浚其泉源思國之安者必積其德義源不浚而望流之遠根不固而求木之長德不厚而思國之安臣雖下愚知其不可而況於明哲乎人君當神器之重居域中之大不念居安思危戒奢以儉斯亦

伐根以求木茂塞源而欲流長也凡昔元首承天景命善始者實繁克終者蓋寡豈取之易守之難乎蓋在殷憂必竭誠以待下既得志則縱情以傲物竭誠則胡越為一體傲物則骨肉為行路雖董之以嚴刑振之以威怒終苟免而不懷仁貌恭而不心服怨不在大可畏惟人載舟覆舟所宜深慎誠能見可欲則思知足以自戒將有為則思知止以安人念高危則思謙沖而自牧懼滿盈則思江海下百川樂盤遊則

思三驅以為度憂懈怠則思慎始而敬終慮壅蔽則思虛心以納下懼讒邪則思正身以黜惡恩所加則思無因喜而謬賞罰所及則思無以怒而濫刑總此十思弘茲九德簡能而任之擇善而從之則智者盡其謀勇者竭其力仁者播其惠信者効其忠文武並用垂拱而治何必勞神苦思代百司之職役哉

又曰省畋遊之娛息靡麗之作罷不急之務慎偏聽之怒近忠厚遠便佞杜悅耳之邪說聽苦口之忠言去易進之人賤難得之貨採堯舜之誹謗追禹湯之罪己惜十家之産順百姓之心近取諸身恕以待物思勞謙以受益不自滿以招損有動則庶類以和出言而千里斯應超上德於前載樹風聲於後昆此聖哲之宏規帝王之盛業能事斯畢在於慎守而已

又曰君能盡禮臣能納忠必在於內外無私上下相信上不信則無以使下下不信則無以事上信之為義大矣哉故自天祐之吉無不利

夲文本曰覽古今之事察安危之機上以社稷為重下以億兆在念明選舉慎賞罰進賢才退不肖聞過即改從諫如流為善在於不疑出令期於必信頤神養性省畋遊之娛去奢崇儉省工役之費務靜方內而不求闢土載櫜弓矢而無忘武備凡此數者思之而不倦行之而不怠則至道之美與三五比隆億載之祚隨天地長久

又曰創撥亂之業其功既難守已成之基其道不易

故居安思危所以定其業也有始有卒所以隆其基也

劉仁軌曰屋漏在上知之者在下愚夫之計擇之者聖人是以周王詢於芻蕘殷后謀於版築故得享國長久傳祚無疆功宣清廟慶流後葉

姚班曰忠臣事君有犯而無隱明主馭下納諫以進德故書云有言逆于志必求諸道有言順于志必求諸非道

盧藏用曰刑獄不濫則人壽賦斂蠲省則人富法令有常則國靜賞罰得中則兵強

馬周曰臨天下者以人為本欲令百姓安樂惟在刺史縣令縣令既衆不必皆賢若每州得良刺史則合境蘇息

資治通鑑陳子昂曰尚德行者必無凶險之類務公正者必無邪佞之朋保廉節者必憎貪冒之黨有信義者必訾苟且之徒此天地之性物類之情其理自然不可改易

吳兢曰以一人之意綜萬方之政明有所難燭智有所難周上心未喻於下下情未達於上惟以虛受人博覽兼聽使深者不隱遠者不塞所謂明四目達四聰也

李絳曰人臣進言於上豈易哉君有雷霆之威彼晝度夜思始欲存十事俄而去五六及將以聞則又憚而削其半故上達者止十之二耳雖開納獎勵尚恐

不至若譴訶之使直士杜口非社稷利也

唐文陸贄曰君天下者必以天下之心為心而不私其心以天下之耳目為耳目而不私其耳目故能通天下之志盡天下之情夫以天下之心為心則我之好惡乃天下之好惡也是以惡者無謬好者不邪以天下之耳目為耳目則天下之聰明皆我之聰明也是以明無不鑒聰無不聞

又曰君人之道子育為心雖深居九重而慮周四表

雖恒處安樂而憂及困窮近取諸身如一體之於四支其疾病無不恤也遠取諸物如兩曜之於萬類其鑒照無不均也故時有豐凶而人無流亡恃天聽之必聞知上澤之將至也

又曰總天下之智以助聰明順天下之心以施教令則君臣同志何有不從遠邇歸心無思不服

又曰人之所助在乎信信之所立由乎誠守誠於中然後俾衆無惑存信於己可以教人不欺

又曰天之視聽皆因乎人天降災祥皆考其德非於人事之外别有天命也人事著於下而天命降於上天人之間影響相準

又曰聖人制事必度物宜尊者領其要卑者任其詳是以人主擇輔臣輔臣擇庶長庶長擇佐僚所任愈崇故所擇愈少進不失倫選不失類以類則詳知實行有倫則杜絶徼求是故選自卑遠始升於朝者各委長吏任舉之則下無遺賢矣寘於周行既任以事者乃使宰臣序進之則朝無曠職矣才德兼茂歷試不渝者然後人主倚任之則海内無遺士矣

又曰覈才馭吏有三術焉一曰拔擢以旌其異能二曰黜罷以糾其失職三曰序進以謹其守常如此則髙課者驟升無庸者亟退其餘績非出類守不敗官則循以常資約以定限故得殊才不滯庶品有倫

又曰君人者以衆智為智以衆心為心恒恐一夫不盡其情一事不得其理孜孜訪納惟善是求

又曰仲尼謂人情者聖王之田言道理所由生也萬化所繫必因人情情有通塞故否泰生情有厚薄故損益生通天下之情者莫智於聖人盡聖人之心者莫深於易象乾下坤上則曰泰坤下乾上則曰否損上益下則曰益損下益上則曰損蓋氣不交則庶物不育情不交則萬邦不和天氣下降地氣上騰然後歲功成君澤下流臣誠上達然後理道立損益之義亦由是焉

又曰聖人之於愛才不惟側席求思而已乃復引進以崇其術業歷試以發其器能旌善以重其言優禄以全其操歲月積久聲實並豐列之於朝則王室尊分之於土則藩鎮重蓋人皆含靈惟所誘致如玉之在璞抵擲則瓦石追琢則圭璋如水之發源壅閼則汙泥疏濬則川沼

又曰求善若不及用之惧不周如梓人之任材曲直當分如滄海之歸水洪涓必容不抉瑕不求備不以

人廢舉不以己格人開其才必試以事能其事乃進以班自無不用之材亦無不實之舉

又曰接下之道待之以禮煦之以和虛心以盡其言端意以詳其理不形好惡以招諂不大聲色以示威如權衡之懸不作其輕重故輕重自辨無從而詐也如水鏡之設無意於妍媸而妍媸自彰莫得而怨也

又曰求才貴廣考課貴精求廣在於各舉所知貴精在於按名責實

又曰推誠之道在彰信在任人彰信不在於盡言貴出言則可復任人不可以無擇貴已擇則不疑言而必誠然後可求人之聽命任而勿貳然後可責人以成功

又曰以能攻其過為善以得聞其過為明故諫者多表我之能好諫者直示我之能賢諫者狂誣明我之能恕諫者漏泄彰我之能從有一於斯皆為盛德是則人君之與諫者交相益之道也

又曰言或乖宜可引過以改其言而不可苟任或乖當可求賢以代其任而不可疑

又曰王者爵人必於朝刑人必於市言與衆共之獎而不言其善斯謂曲貸罰而不書其惡斯謂中傷曲貸則授受不明而私幸之門啓中傷則枉直無辨而讒間之道行可不慎哉

白居易曰聖人之為治豈盡得賢而用之乎豈盡知不肖而去之乎將在乎秉其樞操其要剗邪為正變

觚為圓能使善之必遷不謂善之盡有能使惡之必改不謂惡之盡無成此功者非他懲勸之所致也

劉蕡曰刺史之任治亂之根本繫焉朝廷之法制在焉權可以御豪彊恩可以惠孤寡强可以禦姦寇政可以移風俗苟無治人之術者不當任此官

李德裕曰致理之要在於辨羣臣之邪正夫邪正二者勢不相合正人指邪人為邪邪人亦指正人為邪人主辨之甚難

又曰人君拒諫有二一曰生於愛名二曰不能去欲唯英主能從諫何者自知功德及人遠矣雖有小過不諱人言也

宋

王貽素曰治世莫若愛民養身莫若寡欲

錢若水曰高尚之士不以名位為光寵忠正之士不以窮達易志操其以爵禄位遇之故而效忠於上中人以下者之所為也

田錫曰謀慮者斷之始勇敢者斷之用若謀慮未精成敗未盡見情偽未洞知而不忍小忿小耻卒然奮發自謂決斷斯乃剛愎而趨敗也安得謂之斷哉蓋謀熟而後斷則大功隨之而興智淺而言斷則大患亦隨之而起故智與斷在乎兼備也

張詠曰事君者廉不言貧勤不言苦忠不言已效功不言已能可以事君矣

王曾曰人臣章奏不可擇利近名須純意於國事又

曰用賢人主之事薦人而使之知是徇私市恩也

杜衍曰歲有豐凶穀有貴賤豪商大賈乘時收賤水旱之歲則閉糴高價以圖厚利故常平之法必量户口衆寡出納無壅增損有宜且嚴賞罰課官吏禁借以規利者然後民受其益

范仲淹曰朝廷清要之位覬覦者衆必審賢以與之賢傑之材讒疾者衆必先時以辨之聖主明王常精意於求賢不勞慮於臨事精意求賢則聰明自廣勞

心臨事則叢脞自困精而求之熟而觀之然後寘之要地使竭力殫心則政成於下而柄歸於上始可以言無為矣

又曰歲饑修城郭倉廒吏舍祠寺兼倡富民興築塘堰可發有餘之財以惠貧民工技食力之人食於官府私家者日數千百人並以贍其老弱救荒之政莫大於此

又曰士當先天下之憂而憂後天下之樂而樂

又曰善養身者在康寧之時不謂終無疾病於是有節宣方藥之備焉善安國者當太平之時不謂終無危亂於是有教化經畧之備焉

又曰帝王爵以尚德祿以報功未有賞其空言者

又曰凡密陳得失未可盡以為實當深究其宜

韓琦曰凡進言於君事不明辨則怨而不聽論或過當則激而不信當顧體酌宜主於理勝而以至誠將之

又曰處事不可有心有心則擾

富弼曰人主好惡不可令人窺測可窺測則奸人得以傅會當如天之鑒人善惡皆所自取然後誅賞隨之則功罪皆得其實矣

包拯曰帝王行事但顧理道如何固不計其言之先入後陳也必若主先入者以為是則姦罔之人逞其敏捷或巧中人或陰圖事惟恐居其後矣

又曰凡臣僚上言利害如可為經久之制方許頒行

或小有異同非蠧政害民者不可數有更易如此則法存畫一民有定志

張方平曰古者合兵農而議政通文武以命官故苟有制勝之術何必擊刺之利乃為武苟有經邦之道何必章句之學乃為文

蔡襄曰箴闕失獻明謨摘回邪擊權倖諫官之職也邪人惡之必曰好名以彰君過夫忠臣務盡其心事有必需切直者則極論之人主從而行之適以見從

諫之美所謂好名以彰君過則巧佞者所為耳於事之難言者喑而不言擇其所無忤者言之就令不行不復再議退而曰其事我嘗言之矣此之謂好名也且事有缺失諫官最為近密如不盡言人主何從知而改之傳之天下後世終以為過此正所謂彰君過也惟明君能察忠臣巧佞之分則聰明廣而利害悉矣

蘇舜欽曰四海至遠民有隱情不可以偏照故博采愚賤之言而擇用之萬幾至煩事有習弊不可以獨覽故詳察衆多之議以更張之然後朝無遺政物無遁情

又曰惟誠可以應上天惟實可以安下民

滕甫曰君子無黨辟之草木綢繆相附者必蔓草非松柏也朝廷無黨雖中主可以濟不然雖上聖亦難之

程子曰欲當大任須是篤實

又曰善言治者必以成就人材為急務人材不足雖有良法孰與行之

又曰天下之事須才與至誠合一方有濟

司馬光曰人君之大德有三曰仁曰明曰武仁非姑息之謂修政治養百姓利萬物此人君之仁也明非伺察之謂知道義識安危别賢愚辨是非此人君之明也武非彊亢之謂惟道所在斷之不疑姦不能惑佞不能移此人君之武也

又曰水未至而虛為之防水雖不至亦無所害謂水不足憂而不為之防一旦水至則防無所及矣故君子貴於思患而豫防之也

又曰王者以天下為家無有遠邇當視之如一不可使惻隱之心止於目前而已

又曰人君不行無功之賞則羣下勸人臣不受非分之賜則廉恥立

又曰國家必先實而後文安國家利百姓仁之實也

保基緒傳子孫孝之實也辨貴賤立綱紀禮之實也和上下親遠邇樂之實也決是非明好惡政之實也詰姦邪禁暴亂刑之實也察言行試政事求賢之實也量材能課功狀審官之實也詢安危訪治亂納諫之實也選勇果習戰鬬治兵之實也實之不存雖文之盛美無益也故必撥去浮文悉敦本實選任良吏以子惠庶民深謀遠慮以保安宗廟張布綱紀使下無覦心和厚風俗使人無離怨別白是非使萬事得

正誅鋤姦惡使威令必行取有益罷無用使野無遺賢進有功退不職使朝無曠官察讜言考得失使謀無不盡擇智將練勇士使征無不服則國家安若泰山又何貴文采之飾哉

又曰人之材性各有短長人君當量能授官人臣當陳力就列如此則事無曠廢上下得宜

又曰古者諫無官自公卿大夫至於工商無不得諫者漢興以來始置官夫以天下之大四海之衆得失利病萃於一官使言之其為任亦重矣居是官者當志其大舍其細先其急後其緩專利國家而不為身謀彼汲汲於名者猶汲汲於利也其間相去何遠哉

又曰爵禄者天下之爵禄非以厚所喜也刑罰者天下之刑罰非以快所怒也是故古者爵人必與士共之刑人必與衆棄之明不敢以己之私心蓋天下之公議也

又曰聖帝明王聞人之言則能識其是非故謂之聰

觀人之行則能察其邪正故謂之明取是而捨非誅邪而用正確然無所疑故謂之斷誅一不善而天下不善者皆懼故謂之威賞一有功而天下有功者皆喜故謂之福

又曰古人有言曰謀之在多斷之在獨謀之多故可以觀利害之極致斷之獨故可以定天下之是非

又曰馭下之道恩過則驕驕則不可不戢之以威威過則怨怨則不可不施之以恩恩威之道聖人所以

制世御俗猶天地之有陰陽損之益之不失中和以生成萬物者也恩雖至厚而人不敢妬者何也衆人之所與也罰雖至重而人無所怨者何也衆人之所惡也

又曰王者撫有四海君臨億兆若事無巨細皆以身親之則所得至寡所失至多矣古語有之曰察目睫者不能見百步察百步者亦不能見目睫非不欲兼之勢不可也是以明王總其大體執其樞要精選賢

能任以百職有功者賞有罪者誅故處躬不勞而收功甚大

又曰人臣之進言者捨其急而議其緩則言益繁而用益寡矣人君之納聽者忽其大而謹其細則心益勞而功益淺矣

又曰采名而不責實則天下飾名以希功按法而不求情則天下巧文以避罪

又曰為人君者灑濯其心至公至正審察善惡明辨是非忠信者雖有怨讎而必用姦回者雖有私恩而必誅是以羣臣曉然各知所守一心同德以事其上

又曰為政有體治事有要以一人之智力兼天下之衆務欲物物而知之日亦不給矣是故尊者治衆卑者治寡治衆者事不得不約治寡者事不得不詳約則舉其大詳則盡其細此自然之勢也

又曰明主之不妄賞賜非吝之也誠以賜一無功則天下無功之人皆有邀覬之心有功之人皆懷怨望

惟無功者不能得然後有功者勸

又曰夫水之微也捧土可塞及其盛也漂木石沒邱陵火之微也勺水可滅及其盛也焦都邑燔山林故治之於微則用力寡而功多治之於盛則用力多而功寡聖帝明王皆銷惡於未萌弭禍於未形是以天下陰被其澤而莫知所以然也顧未然之言嘗見棄忽及其已然又無所及夫宴安怠惰肇荒淫之基奇巧珍玩發奢侈之端甘言卑詞啟僥倖之塗附耳屏

語開讒賊之門不惜名器導僭偪之源假借威福授淩奪之柄凡此六者其初甚微朝夕狎玩未嘗甚害日滋月益遂至深固比知而革之則用力百倍矣

又曰明君之於聽納無彼無我無親無疎無先無後惟其是而已矣若重我所有而輕彼所陳信其所親而疑其所賤主先入之言而拒後來之議則雖有是者亦不可得而見矣

范鎮曰人臣言事當論其是非不當問其難易

呂公著曰人主延見羣臣論及人物之臧否尤宜謹密苟有未至則人臣憚後害之及念失身之戒而不敢盡其所言矣

蘇洵曰法不足以制天下以法制天下法之所不及天下斯欺之矣故先王本之以至誠使天下所以不吾欺者未必皆吾法之所能禁亦其中有所不忍而已

蘇軾曰事慎重則必成輕發則多敗慎重者始若怯終必勇輕發者始若勇終必怯

又曰救災恤患尤當在早若災傷之民救之於未飢則用物約而所及廣不過寬減上供糴賣常平官無大失而人人受賜若救之於已饑則用物博而所及微雖大發倉廩虧損課利官為之困而已飢之民終多死亡

又曰以寬得愛愛止於一時以嚴得畏畏止於力之所及故寬而見畏嚴而見愛皆聖賢之難事

蘇轍曰薄賦斂散蓄聚若以致貧而民安其生盜賊不作縣官食租衣稅廩有餘粟帑有餘帛久而不勝其富也厚賦斂奪民利若以致富而民所入有限所害無窮久而不勝其貧也

又曰帝王之治必先正風俗風俗既正中人以下皆自勉以為善風俗既敗中人以下皆自棄而為惡中人自勉於善則人主耳目衆多易與為治中人自棄於惡則臣下朋黨比附易以為非

又曰天下之患常伏於其所偏重故内重則為内憂外重則為外患

欽定執中成憲卷七

欽定四庫全書

欽定執中成憲卷八

宋

范純仁曰博覽羣策通達下情使四方利病必聞羣下之能否皆見然後可以布順民之政恢太平之風

又曰道遠者理當馴政事大者不可速成人才不可以急求積弊不可以頓革道不馴致則有揠苗之患事欲速成則有不達之憂人急求則才佞進而巧僞生弊頓革則人情擾而怨憤作

程子曰養民者以愛其力為本民力足則生養遂然後教化可行風俗可美是故善為政者必重民力

又曰聖人為戒必於方盛之時方盛慮衰則可以防其滿極而圖其永久至於既衰而後戒則無及矣

又曰王者奉若天道動無非天者命則天命也討則天討也盡天道者王道也

又曰任人之道以愼擇為本擇之愼故信之篤信之

篤故任之專擇之慎則必得其賢信之篤則人致其誠任之專則得盡其才

又曰雖公天下事若用私意為之便是私

又曰天地之生萬物之成合而後遂天下國家至於事為之末所以不遂者由不合也所以不合者由有間也故間隔者天下之大害聖王之必去也

又曰以含容之量施剛果之用乃聖賢之為也

又曰朝廷之上推賢援能者登進之蔽賢自任者踈

遠之自然天下嚮風以薦達為急務搜拔既廣則士益貴而守益堅廉耻格而風俗厚矣

又曰王道如砥本乎人情出乎禮義若履大路而行無復回曲

又曰凡避嫌者皆内有不足處所為誠公矣何嫌之足避乎

又曰事以急而敗者十常七八

又曰事君者知人主不當自聖則不為諂諛之言知人臣義無私交則不為阿黨之計

又曰人臣之義位愈高而思所以報國者當愈勤張子曰以責人之心責己則盡道以愛己之心愛人則盡仁

又曰心既虛則公平公平則是非較然易見當為不當為之事自知

又曰當為而為之雖殺人皆義也有心為之雖善皆私也

劉摯曰小人之才非不足用特心之所向不在乎義故希賞之志每在事先奉公之心每在私後

范祖禹曰當食則思天下有饑而不得食者當衣則思天下有寒而不得衣者於凡事莫不皆然推至誠以召和氣庶幾皇天報應降豐年之祥使百姓皆家給人足矣

又曰古之賢君聞有災害惟責人之不言其救災惟恐不及於事不徒專信守臣奏報恐言者之小其事

以緩君心之憂也
又曰凡事言於未然則誠為過及其已然則又無所及人君寧受未然之言勿遺無及之悔
彭汝礪曰凡國之政教刑禁之要宜以時布於州縣鄉保使有司讀諭而教之其言如是則其法如是其罪如是則其刑如是使天下之民知天子所以教愛之如此而得有所避也刑可得而省矣
王居正曰論節損者當知隨時以省事不在隨事以省費雖一切減半計其實未嘗不重費也惟計百事之實而論定之苟非禦寇備敵賑恤百姓皆從姑置則費省而國裕矣
吕中曰任用大臣必擇德望與才智兼備者有才智而無德望以鎮之則未足以服天下之心有德望而無才智以充之則未足以濟天下之事
李新曰天下之事莫尚於容聖人之功無易於勤尚容則無敗事貴勤則無棄功

李綱曰人臣之言不激切不足以動主聽而激切則有過當之患人主之聽不廣大不足以盡人言而廣大則有紛擾之患故辭順理直而匪訐者言之善也博詢精考而不惑者聽之公也
又曰孝子之於親豈必待其愛而後孝忠臣之於君豈必待其信而後忠哉亦自盡其誠而已
又曰凡所施為勿太遽以致騷擾勿太緩以失機會則事得其序不擾而辦天下無不可為之事亦無不可為之時惟失其時則患之小者日益大事之易者日益難
又曰興衰撥亂之主非英哲不足以當之英則用心剛足以涖大事而不為小故之所搖哲則見善明足以任君子而不為小人之所間
楊時曰天下重任非狷忿褊迫者所能勝也狷忿褊迫臨大事不能無輕動輕動則失事機難與成功
又曰君臣相與之際當以誠意為主
胡安國曰聖人心無偏繫如鏡之無妍醜也因事物

善惡而施褒貶賞罰焉不期公而自公爾
岳飛曰文臣不愛錢武臣不惜死天下太平矣
范成大曰克知灼見知人之明也其次莫若公公非
即明而可以生明蓋去胸中之私喜怒用天下之公
是非以進退天下之才斯十得八九矣
羅從彥曰立朝之士當愛君如愛父愛國如愛家愛
民如愛子然三者未嘗不相因也凡人愛君則必愛
國愛國則必愛民未有以君為心而不以民為心者

又曰教化者朝廷之先務廉恥者士人之美節風俗
者天下之大事朝廷有教化則士人有廉恥士人有
廉恥則天下有風俗
又曰朝廷之法不可不嚴有司行法不可不恕不嚴
則不足以禁天下之惡不恕則不足以通天下之情
王十朋曰財有限而用無窮生財不如節財省用斯
能足用
朱子曰天生一世人才自足一世之用但有聖賢之

君在上熏蒸陶冶中材以下自能改變以其平日為
已之心為公家辦事自然修舉
又曰今人說輕刑者只見所犯之人為可憫如刧盜
殺人人多為之求生殊不念死者無辜是知為盜賊
計而不為良民計也
又曰為政必有規矩使奸胥猾吏不得行其私然後
刑罰可省賦歛可薄
又曰天下之事有緩急之勢朝廷之政有緩急之宜

當緩而急則繁細苛察無以存大體而朝廷之氣為
之不舒當急而緩則怠慢廢弛無以赴事機而天下之
事日入於壞
又曰愛人必先節用蓋國家財用皆出於民如有不
節而用度或闕則橫賦暴歛必將有及於下者
又曰凡人胸次煩擾則愈見昏昧中有定止則自然
光明
又曰聖人之心涵育發生真與天地同德而物或自

逆於理以干天誅則夫輕重取舍之間自有決然不易之理其宥過非私恩其刑故非私怒罪疑而輕非姑息功疑而重非過予如天地四時之運寒凉肅殺常居其半而涵養發生之心未始不流行乎其間

又曰修德之實在乎去人欲存天理人欲不必聲色貨利之娛宫室觀遊之侈也但存諸心者小失其正便是人欲必也存祗懼之心以畏天擴寛弘之度以盡下不敢自是而欲人必已同不徇偏見而謂衆無足

取出入起居發號施令念兹在兹不敢忘怠而又擇端人正士剛明忠直能盡言極諫者與居左右務使此心虚明廣大平正中和表裏洞然無一毫私意之累然後為德之修而上可以格天下可以感人凡所欲為無不如志

又曰集衆思者易為力專已智者難為功

又曰聖人之心雖曰好賞而不能賞無功之士雖曰惡刑而不敢縱有罪之人茍功罪之實曉然而無疑則雖欲輕之重之而不可得是乃所以為平也

又曰當官勿避事亦勿侵事

又曰天下非艱難多事之可憂而宴安酖毒之可畏政使功成治定無一事可為尚當朝兢夕惕居安慮危而不可以少怠

又曰朝廷設官求賢故在上者不當以請托而薦人士人當有禮義廉恥故在下者不當自衒鬻而求薦

又曰獄事人命所繫尤當盡心近世流俗惑於陰德

之論多以縱出有罪為能而不思善良之無告此最弊事不可不戒然哀矜勿喜之心則不可無也

張栻曰人君事天宜求諸視聽言動之間一念纔是便是上帝鑒觀一念纔不是便是上帝震怒

又曰胸中着一寛字寛必有弊着一猛字猛必有弊處事當如持衡高者抑之低者揚之則常平矣

又曰壅蔽者天下之大患也去之之道莫先於虚已莫要於任賢虚已則壅蔽消於内任賢則壅蔽撤於

外內外無蔽而下情畢通矣

又曰治獄所以不得其平者蓋由矜智巧以為聰明持姑息以惠姦慝上則視大官之趨向而重輕在手下則惑胥吏之浮言而二三其心不盡其情而一以威怵之不原其初而一以法繩之如是而能得其平者寡矣

呂祖謙曰宴安者衆惡之門也賢者入之而愚明者入之而昏剛者入之而懦潔者入之而汙豈不甚可

畏耶

又曰百種巧偽不如一實反復變詐不如慎始防人猜疑不如自慎智數周密不如省事不易之道也

胡寅曰難强莫如忿心難制莫如欲心難降莫如驕心難平莫如怒心難解莫如疑心難正莫如偏心

魏了翁曰古之人君以天位為至艱至危如履虎尾如蹈春冰如痌瘝乃身故無一時可縱弛無一事不戒慎無一刻可暇逸無一息敢肆欲也自朝至昃兢兢業業居內之日常少居外之時常多不獨勞於民事蓋亦所以養壽命之原保身以保民耳

陳傅良曰太虛清明天之體也將以潤物則為雨露將以動物則為風雷將以成物則為霜雪俄而開霽天體湛然纖翳不留三光如故人主喜則為賞怒則為刑刑賞既行更無凝滯心宇泰定即天德也

真德秀曰公事在官是非有理輕重有法不可任己私而咈公理亦不可屈公法以徇人情諸葛亮有言

我心如秤不能為人作輕重此有位之士所當法也然人之情每以私勝公者蓋徇貨賄則不能公任喜怒則不能公黨親昵畏豪雄顧禍福計利害則皆不能公殊不思是非之不可易者天理也輕重之不可踰者國法也以是為非以非為是則逆乎天理矣以輕為重以重為輕則違乎國法矣

又曰為大臣者必以羣下有言為救己之過而不以為形己之短以為愛己而不以為輕己以為助己而

不以為異已然後能盡事物之理
又曰委任臣工君之大體躬親聽斷君之大權二義竝行初不相悖
趙方曰催科不擾是催科中撫字刑罰不差是刑罰中教化
崔與之曰天生人才自足以供一代之用惟辨其君子小人而已

金

高琪曰聖主以宗廟社稷為心法上天行健之義憂勤庶政夙夜不遑乃太平之階也
石琚曰天子之富藏於天下正如泉源欲其流通耳
圖克坦鎰曰為政之要在正臣下之心凡行義無取者抑而下之則趨向自正苟羣臣不明禮義難以責小民之從化
唐括安禮曰世無全才當廣取士之路而區別罷使之

元好問曰人習於惡勞事艱於慮始惟強也故能立天下之懦惟堅也故能易天下之難

元

廉希憲曰丈夫見義勇為禍福無預於已謂舉夔稷契伊傅周召為不可及是自棄也
喀喇托克托曰敬天莫先勤民民安其業則災沴自弭
奕赫抵雅爾丁曰讀律不能變通以適事宜譬之醫者雖善方論而不能切脉用藥於疾痛奚益

許衡曰治人者法也守法者人也人法相維上安下順則不勞而治
又曰古人舉賢不敢自名欲恩澤出於君也刑人亦然不可使人知出於已如月星皆借日以為光與日相遠則光盛猶臣遠於君則聲名大盛權重及近日却失其光臣道陰道理當如此
又曰人心猶印板然板本不差雖摹千萬本皆不差本既差矣摹之於紙無不差者

又曰地力之生物有數人力之成物有限取之有度用之有節則常足取之無度用之無節則常不足生物之豐歉由天用物之多少由人

又曰推鞫公事已得其情適當其法不旁求深入是即利人也俗吏不達此理專以出罪為心謂之陰徳夫履正奉公嫉惡舉善人臣之道也有違於此則惡者當害之而反利之善者當利之而反害之顯不能逃其刑責幽不能欺於神明陰徳何有焉

王鶚曰應天者惟以至誠㧞民者莫如實恵

吳澄曰居官以廉為本然不明則為吏所蔽雖廉何補明矣而其心不仁則深刻嚴酷縱其下漁獵蹦躒畧無惻隱之意或其心雖仁而短於裁決徒有仁心而民不被其澤仁而不能故也或其才雖能而意之所向不無少偏終亦不免於疵能而未公故也全此五善乃可為官

又曰士大夫治官如治家則何事不可辦

又曰學以明義理仕以行政事所明者本所行者用也本之所培者深則用之所達者優

陳祐曰大臣貴和不貴同和於義則公道昭明同於利則私怨萌生

揭傒斯曰為政以儲才為要養之於位望未隆之先而用之於經歷庶務之後則無失材廢事之患

余闕曰知祖宗得天下之難則必能求其所以得之之道矣知其所以得天下之道則知所以保天下之道矣孟子曰三代之得天下也以仁此祖宗得天下之道也易曰何以守位曰仁此子孫保天下之道也

富珠哩翀曰聖人之治天下其為道也動與天準其為法也燦若列星使民畏罪遷善而吏不敢舞智御人葢鞭笞斧鉞與禮樂教化相為表裏及其至則民協於中刑措不用道法本無二故也

陳天祥曰國家之與百姓上下如同一身民乃國之血氣國乃民之膚體血氣完實則膚體康強未有耗

其血氣而能使膚體豐榮者是故民富則國富民貧則國貧民安則國安民困則國困其理然也

明

劉基曰夫將以一身統三軍者也三軍之耳目齊於一人故耳齊則聰目齊則明心齊則一萬夫一力天下無敵

宋濂曰天生烝民莫不有欲欲動情勝詭偽日滋強暴縱其侵陵柔懦無以自立故聖人設刑憲以為之

防欲使惡者知懼而善者獲寧傳所謂獄者萬民之命所恃以禁暴止邪養育羣生者也譬諸禾黍必刈稂莠而後苗始茂苟梗化敗俗之徒不誅雖堯舜不能以為治

王褘曰古今之變不同儀章制度不能久而無弊及其既弊則必損益之以求其當審其宜而後可行而其本在乎因天道順人情故禮之本所以合理也不可不同禮之用所以適變也不必盡同

又曰人君莫先於法天道莫急於順人心法天道順人心則存於心者自然忠厚施於政者自然廣大祈天永命之道未有越此者

又曰法有定論而兵無常形出入離合動有節制向背取舍各適事機非特人莫知吾之所以然雖吾亦不能先必其所以然譬之槃之走丸丸走於槃縱橫圜直繫於臨時不可必知所可必知者丸之不能出於槃也

方孝孺曰治天下有道仁義禮樂之謂也治天下有法慶賞刑威之謂也古之為法者以仁義禮樂為穀粟而以慶賞刑威為鹽醯故功成而民不病棄穀粟而食鹽醯此亂之所由生也

又曰人君之學莫大於治心立政而治心之術有五持敬以弭安肆之萌寡欲以遏侈縱之漸養慈愛之端以充其仁伐驕泰之氣以固其守擇賢士自輔以閑其邪五者立然後可以為政而為政之方有七明

而不至於苛寬而不流於縱嚴而不近於刻仁而不溺於無斷智而不入於詐妄納諫而能委任無逸而能不變此為政之本也

于謙曰用兵之法不測如陰陽難知如鬼神貴在臨期應變難以一定而求去來之間如飄風驟雨應敵之餘非勇無以挫其鋒非智無以破其詐必謀勇兼濟而後可以成功

又曰華夏蠻貊之人皆係朝廷赤子兵刑不得已而

施貴在恩威並行然後人無不服故防奸禦侮之道固難一於招撫亦難專於誅殺蓋可撫則撫可捕則捕貴在相機而行隨宜而處也

薛瑄曰為政當以公平正大行之是非毀譽皆所不恤必欲曲徇人情使人人譽悅則失公正之體非君子之道也

又曰法立貴乎必行立而不行徒為虛文適足以啟下人之玩

又曰世有賣法以求賄者此誠何心哉夫法所以治奸頑也奸頑有犯執法以治之則良善者獲伸矣若納賄而縱釋奸頑則良善之冤抑何自而伸哉使良善之冤抑不伸是不惟不能治奸頑而又所以長奸頑也據高位載顯名秉三尺者忍為此乎

又曰治獄有四要公慈明剛公則不偏慈則不刻明則能照剛則能斷

又曰不欺君自不欺心始

又曰正以處心廉以律己忠以事君恭以事長信以接物寬以待下敬以處事此居官之七要也

又曰固不可假公法以報私讐亦不可假公法以報私德

又曰世之廉者有三有見理明而不妄取者有尚名節而不茍取者有畏法律保爵祿而不敢取者見理明而不妄取無所為而然上也尚名節而不茍取狷介之士其次也畏法律保爵祿而不敢取則勉强而

然斯又為次也
又曰堯典以欽之辭始益稷以欽之辭終則堯舜傳心之要可知矣
又曰法者天討也或重或輕一付之無心可也或治奸頑而務為寬縱暴其小慈欲使人感已之惠其慢天討也甚矣
李時勉曰國家所恃長久者天命與人心也而天命常視人心為去留欲得人心必敦教化必修禮讓必

遂其生養必足其衣食使其知父子君臣之義被道德仁義之化休養田里不見貪殘之政將災沴不作太平可臻
呂坤曰廟堂之上以養正氣為先海宇之內以養元氣為本能使賢人君子無鬱心之言則正氣培矣能使羣黎百姓無腹誹之語則元氣固矣
又曰人情之所易忽莫如漸天下之大可畏莫如漸漸之始也雖君子不以為意有謂其當防者雖君子亦以為迂不知其積重難返之勢天地聖人亦無如何其所由來者漸也
又曰四肢百骸一痛癢間心無不知一脈相通之故也守令者郡縣之脈也監司者一省一路之脈也君相者天下之脈也故心之所及四海莫不精神政令所加萬姓莫不鼓舞
又曰善用威者不輕怒善用恩者不妄施
又曰易偏執而難中正者已也易偷惰而難振作者

衆也易壞亂而難整飭者事也故為政要鼓舞不倦綱常張紀常理
又曰有以姑息匪人市寬厚名有以毛舉細故市精明名皆偏也聖人之寬厚不使物有所恃聖人之精明不使人無所容敦大中自有分曉
又曰為政者貴因時事在當因不為後人開無故之端事在當革不為後人長不救之禍
又曰自委質後此身原不屬我朝廷名分為朝廷守

之一毫貶損不得非抗也一毫高抗不得非卑也朝廷法紀為朝廷執之一毫徇人不得非固也一毫任己不得非葸也

又曰物理人情自然而已聖人得其自然者以觀天下而天下之人不能逃聖人之洞察握其自然者以還天下而天下之人不覺為聖人所斡旋即其立法以繩物有近於矯拂然拂其人欲之私而順其天理之公故雖有倔強錮蔽之人莫不警悟而馴服

又曰天地之財要看從來處又要看歸宿處從來處要豐要養歸宿處要約要節

又曰天下之患成於怠忽者居其半成於激迫者居其半惟聖人能消禍於未形弭患於既著夫是之謂知微知彰知微者不動聲色要在能察幾知彰者不激怒濤要在能審勢

邱濬曰聖人之心未嘗自聖世雖已治而猶有願治之心言雖畢陳而恒有渴聞之念

又曰人以漸而用而出類之才則不以漸官以次而除而切要之職則不以次

又曰報國孰為大薦賢為大盡竭一身之智力其効少竭衆人之智力其効多

又曰天下之大譬則人之一身焉一身之中外有四肢百體内有五臟六腑其氣息之相通血脉之周流無一時之可息無一處之可滯故治天下者恒以其身視天下無尺寸之膚不愛則無尺寸之膚不養身處乎宫庭霤廈之上而心常存乎郡國閭里之中

又曰財生於地而成於天所以致其用者人也天地歲歲有所生人生歲歲有所用歲用之數不可少而歲生之物或不給苟非歲歲為之制先期而計其數先事而為之備至於臨事而為之措置則有弗及者矣

又曰聖人之用刑雖若不得已而實不容已也於不容已之中而存不得已之心不容已者上天討罪之

義不得已者聖人愛物之仁
劉大夏曰居官以正己為先所謂正己非特當戒利亦當遠名
李東陽曰節用如閘河然節一分則上有一分之益廣儲如畜源然積一分則下有一分之利
楊一清曰無事當如有事時隄防有事當如無事時鎮靜
王守仁曰古之人能以天地萬物為一體故能通天

下之志凡舉事宜必為之但見其易而成之不見其難今居官者多反是豈見不到此乎亦由無忠誠惻怛之心以愛其民不肯身任地方利害為久遠之圖凡所施為不本於精神心術而惟事補輳掇拾支吾粉飾於其外以苟幸吾身之無事徒有虛名而無實用可張皇於暫時而不可施行永久者勞逸煩簡相去遠矣
邵寶曰勿以一方為小勿以一人為寡勿以一事為微勿以一時為近天下一方之會也衆人一人之聚也萬事一事之集也萬世一世之積也可不慎哉
又曰聽信不惑於親近則採納不患於不聞好尚不徇於同異則品鑑不患於不當喜怒不逐於愛憎則取舍不患於不公
楊繼盛曰天下之事每成於憂而敗於喜夫喜則縱縱則視天下之事皆易也而忽心生憂則畏畏則視天下之事皆難也而慎心生慎忽之間天下之治亂所係

屠隆曰大臣之道懸鑑持衡適於中和而不偏偏則為害惟虛明之人辨焉
又曰人臣體國蓋以國家為身體也人之於身體勞逸欲均饑飽欲時起居欲慎寒暑欲調養其血脉惜其精神何所不到人臣以調護身體者調護國家則莫如注念黔首是故節其勞逸問其飢寒教以義理厚其風俗去其惛淫卹其疾苦有利於民者興之如

口腹之得美飲食也有害於民者去之如面目之去
贅疣也以此體國乃人臣之道
又曰天地間太和元氣盎然流行造化得之以久長
人物得之以化育治天下者自當敦大醇厚然或寬
而無節簡事而流於廢弛愛人而傷於姑息天下玩
焉又當濟之以嚴肅紀綱申法度令天下無敢梗吾
之化者而後慈愛之心得以宣布人物相生相養各
得其所蓋寬者仁之用也嚴者義之用也義所以成

其仁也
張居正曰天之生財在官在民止有此數譬之於人
稟賦強弱自有定分善養生者惟撙節愛惜不以嗜
欲戕之亦皆足以却病而延壽
潘季馴曰夫避難趨易爭一時之便而畧其害非長
策也襲功於身而遺艱於後人非純臣之節也
王弘誨曰一念之逸萬事之隳一時之逸終身之疵
法天行健惟日孜孜惟聖克念無不在茲堯兢舜業

並稱巍巍惟無逸乃能有逸惟有為是以無為
王家屏曰聖王馭世爵人而人以為榮者其命德公
也賞人而人以為勸者其論功當也官不擇德則名
器褻而得之不足為榮賞不程勞則恩澤濫而觀者
莫知所勸
葉向高曰谷惟虛也而後風入之澤惟虛也而後水
鍾之心惟虛也而後善歸之明主知獨聞之易以壅
也故與天下共聞之為聰知獨見之易以蔽也故與

天下共見之為明收萬耳目為一耳目合萬心思為
一心思合其聰而聰益徹晦其明而明逾光幽隱燭
於燃犀情僞瑩於觀火邪正之路别於黑白得失之
機辨若列眉
顧憲成曰官輦轂舉念不在君父官封疆舉念不在
百姓即有他美君子不齒
高攀龍曰夫賑飢不難於飢者必賑而難於賑者必
飢賑者未必飢則飢者未必活何者以有限之財當

無窮之冒必不繼也惟是隨門逐户什伍相稽當時給票據票給米自無中間展轉弊竇民受實惠

又曰心本明又須人自明之故放於外則不明復於内則明著於欲則不明循乎理則明動於氣則不明安於止則明荒於怠則不明居於敬則明騖於動則不明主於静則明明與不明在一念轉移間也

又曰朝廷膏澤至州縣始致之民州縣不賢則民不安賢者視君為天不敢欺也視民為子不忍傷也則

奉法修職皆出於心之所不容已非有為也

又曰人心各有陰私故各成隅礙凡居位者必自心先無陰私而後可潛消人之陰私自心先無隅礙而後可潛通人之隅礙惟君國是念毋身家苟營而後可弘濟於艱難

趙南星曰人之為善為奸皆必以才故愛才者易至於容奸而擊奸者易至於棄才

又曰天下承平久則居官者習於逸樂逸樂久則節行不立節行不立則綱紀廢弛而名分陵夷

周宗建曰大臣者小臣之表也大臣公則小臣自不敢以私見大臣正則小臣自不敢以私干大臣剛方自任則小臣自不敢優游取適大臣高尚自矢則小臣自不敢耽戀求容

葉伯巨曰天下趨於治也猶堅冰之將泮也冰之堅非太陽一日之光能消之也陽氣發生土脉微動和氣熏蒸然後融釋聖人之治天下亦猶是也刑以威

之禮以導之漸民以仁摩民以義而後其化熙熙也

周怡曰人臣以盡心體國為忠協力濟事為和舍己從人為虚忘讐序賢為公自古及今未有不由此而治者也

劉廷蘭曰天下之事非一家私議故可否相濟乃謂之和君臣且然况於共事之人所宜協衷一德以成厥美聖莫高於周召猶有不相説之時豈可舍社稷安危之計而顧私家疑忌之嫌哉

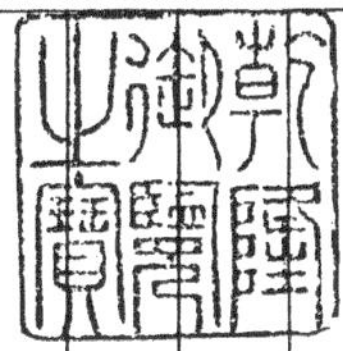

欽定執中成憲卷八

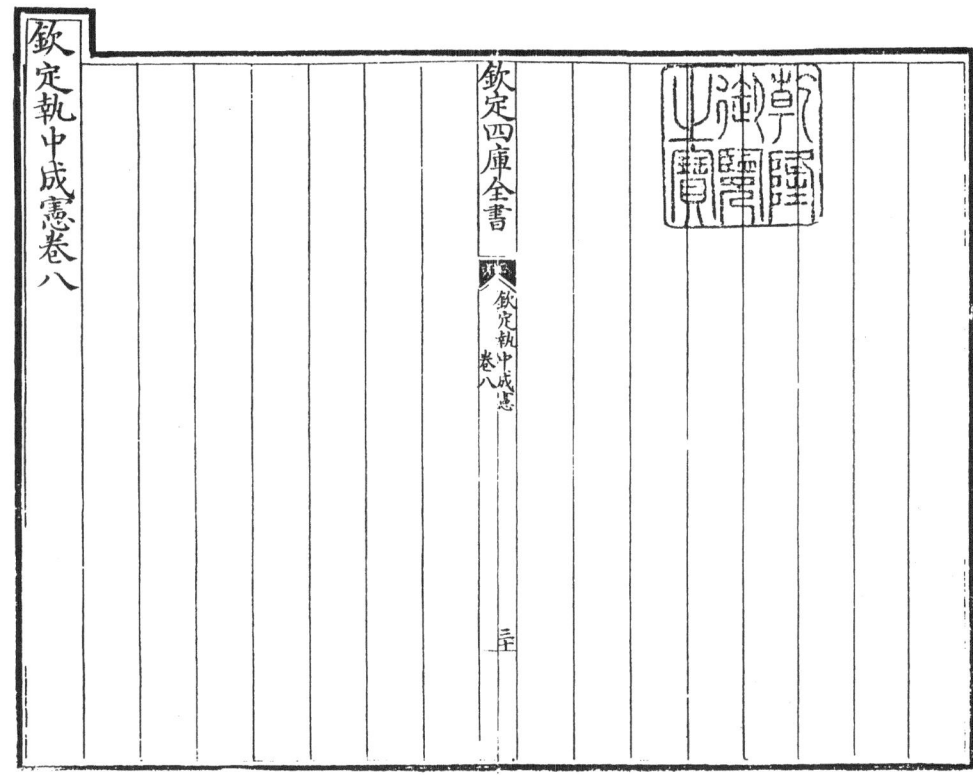

御製日知薈説

（清）愛新覺羅·弘曆 撰

解題

翟雙萍

《御製日知薈説》四卷，清（高宗）愛新覺羅·弘曆編録，凡二百六十則，乾隆元年（一七三六）内務府刊版（今傳），頒行，另有江蘇重刻本。《四庫全書》本爲重抄。

是書另有清王圖炳、陳邦彦等寫本，乾隆朝官修《石渠寶笈》記載，貯于乾清宫的《日知薈説》即爲王圖炳、陳邦彦等寫本，其文曰：

王圖炳書《日知薈説》四册（次等，宇一）。磁青箋本，泥金楷書。《御製日知薈説》第四册末幅款云：『翰林院侍讀臣王圖炳恭録。』第一册計四十九頁，第二册計三十五頁，第三册計四十頁，第四册計四十七頁。陳邦彦書《日知薈説》十册（次等，宙一）。素絹本，楷書。《御製日知薈説》四卷，每卷末款云：『臣陳邦彦敬書。』首册書序款云：『臣陳邦彦敬書。』第十册書，臣工跋語款云：『翰林院侍讀學士，臣陳邦彦恭寫。』第一册計十二幅，第二册、第三册俱九十二幅，第四册、第五册俱七十二幅，第六册、第七册俱八十二幅，第八册計九十九幅，第九册計九十四幅，第十册計七十八幅。（據文淵閣《四庫全書》本卷三）

據此載，在乾隆朝便有兩種寫本藏于乾清宫，其中，王圖炳寫本爲『磁青箋本』，陳邦彦寫本爲『素絹本』，實即絹本，兩種寫本均爲楷書。

本編據《四庫全書》本影印。卷首有清高宗弘曆于乾隆丙辰（乾隆元年）中秋日撰《日知薈説序》

文，次爲《御製〈日知薈説〉提要》，次爲是書卷第，次爲正文。

清代乾隆朝，是書刊行前，有乾隆朝鄂爾泰、張廷玉、朱軾、福敏、邵基、楊名時等爲之撰寫跋文。此六篇跋文，爲内務府刊本收載，但《四庫》本未載，又輯于《皇清文穎》卷二十一。清代，是書不啻爲治國參考典要，亦官員修敕讀本。

清高宗，愛新覺羅氏，諱弘曆，清世宗（雍正）第四子，母孝聖憲皇后，康熙五十年八月十三日（一七一〇），生于雍親王府邸。弘曆生性明睿，天資超逸，幼讀書宫中，受學于庶吉士福敏，有過目成誦之質。學射于貝勒允禧，學火器于莊親王允禄。雍正十三年九月（二十五歲），即大位于太和殿，以明年改元，爲乾隆元年，廟號高宗。高宗爲清六代、入關後第四位皇帝。在位六十年，禪位後爲太上皇歷三年四個月，是中國歷史上執國家權柄最長時間的帝王，也是中國歷史上最長壽的君主。

清高宗在位期間，是清朝經濟、文化發展的最高峰，漢學爲皇室所重，歷史上最大的叢書《四庫全書》即于乾隆朝編訂。清高宗重視多民族國家的統一，在位期間，五次普免天下錢糧，三免八省漕糧，多民族文化得到進一步發展，社會穩定，民意嚮風。但高宗實施閉關鎖國政策，嚴肅文字獄，尤其在位晚季，官場奢靡，吏治腐敗，是晚清頹勢之伏也。嘉慶四年（一七九九）卒，享年八十九，謚『法天隆運至誠先覺體元立極敷文奮武欽明孝慈神聖純皇帝』，葬清東陵之裕陵[一]。

[一] 參《清史稿·高宗本紀》等文獻。

《日知薈説》爲清高宗躬親編選，按照清高宗的『自序』，此當弘曆爲太子課業筆記，擇其精要，録而成編，其『自序』曰：

……取予嚮日，日課所爲文，删擇編次，合而録之，爰定之以名也。予禀承庭訓，懋學書齋。留連往復于六經四子之書，求其義藴精微，旁搜諸史通鑒，考定得失，區明法戒，以至儒先緒論，詞苑菁華，莫不徧覽。雖究心探索，饜飫其中，然考之古聖賢躬行實踐之學，蓋恧焉而未逮。自十有四歲學屬文，至于今又一紀矣。其間日課詩論雜文，未嘗少輟。積成卷帙，瑕瑜各半。踐阼以來，萬幾待理，豈復得如曩時，專志篤學，日與良師友敬業樂群于翰墨之場哉？紬繹舊聞，念兹弗釋，因取其精，去其疵，録其正，弃其偏，合二百六十則，釐爲四卷，而舉凡道德性命之旨，學問政治之要，經傳之淵源，古今之事迹，莫不略見梗概。……（據本編第一頁）

又，清高宗《日知閣》詩云：『閣俯閶流額「日知」，十三四憶讀書斯。集成《薈説》又多載，何有尊行每愧之。』于『十三四憶讀書斯』之下自注曰：『雍正初年，予十三四歲，時皇考命讀書于此。』又于『集成《薈説》又多載』之下自注云：『予自十四歲學屬文，日課詩論頗多。丙辰即位，後裒爲《樂善堂集》，集中未備載者，復擇其精要語二百六十餘條，别爲四卷，名曰《日知薈説》，迄今又五十餘年，尊聞行知，時時體驗，尚未敢自信耳。』（《御製詩五集》卷三十七）[二] 據此可知，《日知薈説》的『日知』

[二] 據文淵閣《四庫全書》本。

是取其少年之時讀書『日知閣』閣名，所云『閣俯閒流額「日知」，十三四憶讀書斯』俾指此事。《日知薈説》是清高宗纂修《樂善堂集》所未盡者編而薈之所成，整理作太子之際的讀書、學習筆記。清乾隆七年，翰林院修纂《國朝宫史·書籍三·御製》載：

> 《御製日知薈説》一部，皇上青宫典學時筆記偶録，合二百六十則，編爲《日知薈説》，凡四卷，乾隆元年校刊。（據文淵閣《四庫全書》本卷二十四）

此書所載，大抵符合儒家修身、齊家、治國，平天下的儒家思想法則。《四庫總目提要》之説『皇上取舊製各體文，删擇精要，……釐爲四卷。第一卷論帝王治化之要，第二卷論天人性命之旨，第三卷論禮樂法度之用，第四卷論古今得失之迹。』故四庫館臣編訂《四庫全書》，以《日知薈説》庋于『儒家類』。

又，嘗以此書頒賜臣屬，大臣以爲『恩遇』。清鄂爾泰、張廷玉等纂修《詞林典故》卷四載：『（乾隆）五年十月，賜翰詹諸臣《御製樂善堂文集》《日知薈説》各一部。』又《皇朝通典》卷五十六載：『乾隆十三年，皇上東巡至曲阜，致祭先師孔子，……賜衍聖公蟒袍、狐裘、貂裘各一襲，表裏各五端，《御製樂善堂全集》《御製日知薈説》各一部……』[二] 又，《皇朝文獻通考》卷七十五載：乾隆年間，清高宗東巡，『賜衍聖公孔昭焕《御製日知薈説》《十三經》《二十一史》《明史》《唐宋文醇》各一部，蟒衣、狐裘、貂裘各一襲，表裏各五端，……』[三] 臣屬得御賜之書，人以爲榮。

[二] 據文淵閣《四庫全書》本。

[三] 據文淵閣《四庫全書》本。

是書唯有卷目，無題目。其卷目作：第一卷七十九則，第二卷六十則，第三卷五十七則，第四卷六十四則。按照《四庫總目提要》之説，『第一卷論帝王治化之要』。其『要』在本自然萬物之源而達于『仁恕』。卷一第一則曰：

天有四德以化生萬物，而元爲長；聖人有五常以財成輔相，而仁爲首。非元則萬物不得其生也，非仁則萬物不得其育也。聖人之化成天下，亦不過宅吾身于仁之中，而即用此仁，以仁天下耳，非別有一仁以爲用也。惟其一仁之所流貫，故能遍覆包涵，運量萬物而有餘，不然者，挾有我之私而術以馭之恩以結之，豈足以聯天下之情哉？……（據本編第四頁）

此説，意別兩端：其一爲天地自然之德，其二爲人倫綱常之道。所謂『天有四德以化生萬物』，『天』概指自然，自然具有『四德』，『四德』別指四季[二]，四季之『長』在于元始，在于起點。此説是建立在古老的儒家尊崇、敬畏自然生態思想學説的基礎上的延伸之論。尊崇、敬畏自然萬物『人』得以生，『仁』得以成，儒家的『仁恕』思想是以尊崇、敬畏自然萬物爲認知起點，尊崇、敬畏自然纔有可能修煉『仁』，因此，『仁』不僅僅施予『人』，亦可『育化萬物』——『仁恕』施予包括人在内的萬物方可爲『仁』，作爲皇帝，施仁恕予人而及萬物，就必須做到『「爲天地立心」[三]，亦曰立己心，而已好生者，天

[二] 古人以四季爲『四德』，意謂天地自然形成的四季給予人類的德惠，人類藉此德惠而綿延不絶于世。

[三] 案，宋張載有：『爲天地立心，爲生民立命，爲往聖繼絶學，爲萬世開太平』語（見《張子全書》卷十四《近思録拾遺》）。

地之心也。帝王必全具此心，而後有財成輔相之事』[二]。質言之，確立天地自然之德，是爲尊崇、敬畏自然生態的存在之律而不可違背；在這一認定的基礎上，纔能實施人倫綱常之道——所謂宅心仁厚，『仁』爲『五常』之首。人類的『五常』與自然的『四德』在古人的認知理念中并非相悖，是和而協同的關係。作爲帝王，這是治理教化的關要。

《四庫總目提要》說第二卷謂：『第二卷論天人性命之旨。』卷二第一則曰：

天命之謂性，性之與理本非有二，蓋天以于穆不已之理化生萬物，而人得此理以爲生，即具此理以爲性，故體之于人，即可以識天命之不貳；而驗之于天，又可以察人生之無妄。無極，太極；太極，陰陽，此天之一理所流行也。性緣理而立，理從性而生。此人之本乎理，以爲知覺也。不禀乎天則性何自來？不應乎事，則理何由見？故理爲制事之宜，乃百聖不能易之，至言也。夫豈别有所謂理而可以妄加之于人哉？通乎此，則一貫之道也，性善之旨也。……（據本編二十一頁）

案，此說本《禮記·中庸》：『天命之謂性，率性之謂道，修道之謂教』（《禮記正義》卷五十二）發義，引申論定：人與性、人與理、人與萬物的關係，進入對『人』類本質的認識之域。漢代鄭玄注『天命之謂性』說『天命，謂天所命生人者也，是謂性命。』——『人』是自然界（天）的産物，『人』的存在是『天』使然，鄭玄此說，已經涉及關于『人』的類本質問題，《日知薈說》此說正是以之爲理論基礎

[二]《日知薈説》卷一第二則語。

的發揮。自然生『人』，人具靈感，『人』的『命』（生存）和性（靈感）作爲群體（社會）存在形式，必須具有認識自身與自然共存關係的智能——『理』。因此，此説之所謂『性緣理而立，理從性而生。此人之本乎理，以爲知覺也』，人類社會群體的和諧存在是『人』理性的作用。同樣，人類理性的最高、最佳境界便是『善之旨』——『善』是人類個體行爲最高的也是最佳的境界。

《四庫總目提要》説第三卷謂：『第三卷論禮樂法度之用。』説者引《詩經》《周易》《周禮》《禮記》、孔子以及後世儒家之説，述講『禮樂』與『法度』的關係并人尊禮樂、法度的社會意義，仍强調『善惡』的人性問題。此卷第二則説：

人惟無思，則好惡無所見其端。既有思，不入于正，即入于邪。邪則不能好善而惡惡，不能好善而惡惡，又何問其至不至乎？若其無邪，則正矣。正則能好賢，而惡惡矣。顧其情，不永其志，或移，則雖好，猶不好；雖惡，猶不惡也。是故，厚于始者，不能保其不薄于終；勤于先者，不能保其不怠于後。……（本編第三十五頁）

此論及于人的欲望與『正邪』『善惡』的關係，由此延伸到對『人』志趣長久與短暫關涉著行爲操守『厚薄』『勤怠』的認識。人在没有欲望之際，顯示不出其『好惡』（『人惟無思，則好惡無所見其端』），人産生出欲望或追求，邪與正，每在一念之間，本于『正』則嚮往美好（賢）而憎惡醜惡。如此確定爲志趣，保持長久與短暫，其結果是『厚、薄』或『勤、怠』的差异——這裏，在于作帝王之戒，其實也有作爲普通人處事爲人的戒飭，具有相當的人生哲理。説者在本卷此後的諸條目中引史實作爲鑒證，持論

『正邪』『善惡』與尊禮守法的必要，其意不謂不長。

《四庫總目提要》説第四卷謂：『第四卷論古今得失之迹。』此卷暢論古今勝敗得失之實，在于『仁』與『不仁』。博引經史子集之文，成史證以爲説，此卷第一則曰：

周之興，肇于文、武，而文、武莫不好仁，宜其天下無敵，而『殷士膚敏，祼將于京』[一]也。穆王耄荒而作刑，以詰四方[二]，不仁之始也。厲王虐而監謗，不仁之極也[三]。馴致于平王之遷，而周遂以不振始也。以一國之寡好仁，而興終也。以天下之衆不仁而失，豈非明效大驗哉！是故，人君清明，在躬愷惻。存心省刑、薄税、節用、愛民，非徒開一時之治平，亦燕貽子孫，無疆之業也。（據本編第五十一頁）

此文基于反正兩面論及興盛與衰敗之由，説者認爲，周的興起是周文王與周武王的『仁恕』，殷商的衰亡是不仁而失民心，周穆王耄亂荒忽而用吕侯制定刑法治理天下四方，是不施仁恕的開始，周厲王暴虐，監視虐殺戒示他的人民，是不施仁恕的極致，周王室衰微是不施仁政的結果。從正面强調，人君應清明，體恤人民，省刑，薄税，節用，愛民，不僅開一代太平，亦當延續及于子孫，成爲無疆的事業。

[一] 此出典于《詩經》，《大雅・文王》第五章曰：『侯服于周，天命靡常。殷士膚敏，祼將于京。厥作祼將，常服黼冔。王之藎臣，無念爾祖。』

[二] 此出典于《尚書・周書・吕刑》，其文曰：『惟吕命王享國百年，耄荒，度作刑以詰四方。』（據《十三經注疏》本卷十九）

[三] 此出典《國語・周語》上，其文曰：『厲王虐，國人謗王。召公告王曰：「民不堪命矣。」王怒，得衛巫使監謗者，以告，則殺之。國人莫敢言，道路以目。王喜，告召公曰：「吾能弭謗矣，乃不敢言。」召公曰：「是鄣之也。防民之口，甚于防川。川壅而潰，傷人必多，民亦如之。是故，爲川决之使導，爲民者宣之使言。……」』（據文淵閣《四庫全書》本《國語》卷一）

說者當時雖未及皇位，但以君主之心審視百姓，重視民望，卷四第五十五則，以『學』爲諭，論説帝王不負民望之見，其説曰：

千古之學，無二端也。内不欺己，外不欺人者，謂之學。内負于己，外負于人者，則不得復謂之學。然己不負人强恕者，猶能勉焉。至寧人負己，則非知命不惑者不能。唐德宗時，四十餘州大水，陸贄請賑，德宗謂：『淮西貢賦既缺，不必遣賑。』而贄以秦穆救饑寧人，負我，無我負人爲言，德宗乃悟。……（據本編第六十七頁）

清高宗不僅在清代堪爲善主，在中國歷史上亦可稱明君，與他少年時代接受的教育、形成的學問基礎是有直接關係的。

《日知薈説》以史料爲根基，論事窮究力索，述理務極其當，是一部有哲學思辨的文獻。

御製日知薈說序

日知薈說者取予嚮日日課所為文刪擇編次合而錄之爰定之以名也予稟承
庭訓懋學書齋留連往復於六經四子之書求其義蘊精微旁搜諸史通鑑考定得失區明法戒以至儒先緒論詞苑菁華莫不遍覽雖究心探索饜飫其中然考之古聖賢躬行實踐之學蓋恧焉而未逮自十有四歲學屬文

至於今又一紀矣其間日課詩論襍文未嘗少輟積成卷帙瑕瑜各半踐阼以來萬幾待理豈復得如曩時專志篤學日與良師友敬業樂羣於翰墨之場哉紬繹舊聞念茲弗釋因取其精去其疵錄其正棄其偏合二百六十則釐為四卷而舉凡道德性命之旨學問政治之要經傳之淵源古今之事蹟莫不略見梗概夫日知之說出自子夏繼以無忘所能必所知者日新不失而賡續以極於高明乃為學問竅要若予嚮日所得尚非空言而無濟實用則今班朝莅政之間豈不足自考其知行合一與否以發抒聞見遜敏敦脩乎

乾隆丙辰中秋日

欽定四庫全書　子部一

御製日知薈說　儒家類

提要

臣等謹案

御製日知薈說四卷乾隆元年

皇上取舊製各體文删擇精要得二百六十則釐為四卷第一卷論帝王治化之要卷二卷論天人性命之旨第三卷論禮樂法度之用第四卷論古今得失之迹考三代以前帝王訓誡多散見諸子百家中真贋相參不盡可據漢書所載黄帝以下諸目班固已注為依託亦不足憑惟所載高帝八篇文帝十二篇為帝王御製著録儒家之始今其書不傳然高帝當戰伐之餘政兼覇術文帝崇清淨之學源出道家其詞未必盡醇久而散佚或以是歟梁元帝金樓子體儕説部抑又次焉夫詞人

所著作盛陳華藻而已帝王之學則必歸于傳心之要義儒生所論説高談性命而已帝王之學則必徵諸經世之實功故必以聖人之德居天子之位而後吐詞為經足以垂萬世之訓也我

皇上亶聰首出念典彌勤紬繹舊聞發揮新得所謂為天地立心為生民立命為往聖繼絶學為萬世開太平者具備于斯迄今太和翔洽久道化成無逸作所之心與天行同其不息而百度修明八紘砥屬

天聲赫濯尤簡冊之所未聞豈非内聖外王之道文經武緯之原一一早握其樞要歟臣等校録鴻編循環跪讀欽

聖學之高深益知

聖功之有自也乾隆四十一年五月恭校上

總纂官臣紀昀臣陸錫熊臣孫士毅

總校官臣陸費墀

欽定四庫全書　子部一

日知薈說　儒家類

日知薈説卷一

天有四德以化生萬物而元為長聖人有五常以財成輔相而仁為首非元則萬物不得其生也非仁則萬物不得其育也聖人之化成天下亦不過宅吾身於仁之中而即用此仁以仁天下耳非別有一仁以為用也惟其一仁之所流貫故能徧覆包涵運量萬物而有餘不然者挾有我之私而術以馭之恩以結之豈足以聯天

下之情哉

為天地立心亦曰立己心而已好生者天地之心也帝王必全具此心而後有財成輔相之事儒生即不能見諸事而不可不充滿此心之量所謂為天地立心也

聖人之道與天同方天不以物有澆漓而廢其發生聖道不以時有隆替而失其正大然物之栽者天則培之尊聖道者時則治焉

先王制法以道誠民仁溢乎中敬行乎事大本既建綱紀畢張故八表同風聲教暨訖而未嘗不始於寡妻之刑兄弟之宜程子曰有關雎麟趾之意然後可行周官之法度良以君人者立天下之極由親及疎由近及遠設施舉措必有其道也

克明俊德而黎民於變時雍天下歸堯之仁可想也濬哲文明而平成底績天下歸舜之仁可徵也雖然堯舜之心豈計及於天下之歸吾仁哉亦惟盡己之所當為而已己之私不可有也則去之利不可好也則遠之忿

不可逞也則懲之欲不可熾也則窒之克之淨盡至於天理渾全由是而推之老吾老以及人之老幼吾幼以及人之幼如是而一家歸仁於心未足也一國歸仁於心未足也然則即至於天下歸仁其心豈敢遽自足哉亦惟是對越之忱保赤之懷要以終始而已故曰君子體仁足以長人

董子曰萬民之從利如水之走下不以教化隄防之不能止也教化之要莫先於禮記曰以舊防為無所用而

壞之者必有水敗以舊禮為無所用而去之者必有亂患其言可味也蓋禮之設內而制心外而制身當其無事視為無用猶無水之防欲去之者多矣不知人欲橫流甚於水之氾溢其勢不可底止且水敗止於一鄉一邑而民患將胥天下而及溺焉可不慎乎

網無綱則不張無紀則不振綱紀誠設漁人舉手而措之魚斯得矣天下一網也郡縣都邑百司庶務皆環以待舉者也紀綱具在君正其心以布之治斯成矣故綱

非無綱紀也無漁人之手以張之則不能得魚天下非無綱紀也無至正之心以主之則不能為治董子曰人君正心以正朝廷正朝廷以正百官正百官以正萬民正萬民以正四方可謂知政本矣

成王之勉周公也曰亂為四輔公之勸王也曰亂為四方新辟既勉王以作周恭先又自勵曰作周孚先君臣之間動色交警而公之欲以孚信率先夫後人實為臣之極則也蓋惟孚然後內無愧於心外無愧於人忠愛之心皆至性所流出望王之為新辟孚也望王之為恭先亦孚也公之多才多藝輔定王家容有人所不能及者而公之孚則人人可勉苟盡乎孚則雖未如周公而已與周公同其本矣

人君之職惟用人為要亦惟用人為難苟得其人則天下雖大而不難理然必求德全才備之人而用之則天下之人才告乏而職有所曠夫惟量才以授職而又豫造其材以儲之斯朝無乏才而國亦無廢事周書所謂

三宅三俊者是也雖然用人固人君之要務而知恤尤用人之大本人君苟非朝乾夕惕敬天勤民以居心則未能志氣如神雖欲辨其孰為克即宅孰為克即俊豈可得哉彼寄耳目於小人以為聰明者其所謂宅者非宅所謂俊者非俊也此知人則哲之為難而明目達聰之有其本也

今之知人其難十倍於古蓋官職日增人情日巧故也說者曰人主但求賢宰相而宰相又求監司監司各擇

守令夫所擇之相即賢亦安能盡天下人材而悉舉之哉故祇可令宰相監司各舉其所知以育於朝人君審察其可者而授以職事焉且為臣者或可不知而不舉而國家一職苟闕必須以一人任之君人者又將誰諉哉亦惟公以居心虛以接物明以燭情寛以宥過酌輕劑重舍短取長庶可分猷助理耳

好賢之心實不可少替然以受人欺為是則受欺之多必將一反其所為並好賢之心有不得不替者況以易

受人欺之人而好賢則其所好者可知必不能實得賢以好之矣程子此言猶當斟酌其是非也

論者率曰鄉舉里選必當行夫公卿聚之於朝選而用之猶有濫焉況鄉里之所舉乎如以鄉評為公廷論為私是疑數人之欺而信千百人之不我詐也唐元宗以宋昱為選事進士劉廼遺昱書曰禹稷皐陶同居舜朝猶曰載釆九德考績亦九載近代主司察言於一幅之判觀行於一揖之間何古今遲速之不侔廼之言未嘗不娓娓可聽然亦未及所以取士之方也如曰久而觀其效則官使乏人職業又未可以久懸也獨其不重辭華似崇本務實之論然必以是為極則人之心術德行一時固不能深知而先失其衡文之準矣夫言為心聲有言者不必有德安保無言之必有德哉

北魏崔亮立停年格唯問年勞不簡賢否失人之刺興焉然此法既立之後雖有英君察相不能更革者何哉循法則易為力更法則難為功也至唐以身言書判四

者為準始集而試觀其書判已試而銓察其身言較亮法為少優然去古制遠矣濟世之略存乎心非係乎身之豐瘠也澤民之志隱乎衷非係乎言之辯訥也經世之文見乎辭非係乎書之工拙也牖民之具根乎德非係乎判之敏鈍也若必以此四者為準則杜預之身不跨馬當見棄於晉武周昌之期期當不用於漢高王導之書不如羲之何以為中興賢相司馬光不能四六何以為有宋名臣由此以觀取人於標而棄其實者唐之

銓法也然則如何而可曰人君清明在躬正己率物慎簡大臣以主銓選不次以彰庶能依格以勸年勞而僉壬無所施其巧吏胥無所容其奸斯可矣

祁奚能舉善君子稱其外舉不避讐內舉不避親夫舉讐猶可舉親其難也庸人之庇其親而薦引惡其讐而踈斥者固非所以擬君子然君子而以名為重者多矯情以舉讐割愛以避親此其跡與所謂庸人固大懸絕其為私則一也何則親者我也未能無我必斷忘我既

斷忘我即不能無我果其無我安知有親舉其善而已矣

漢命造乎高祖唐業創自太宗二君皆以用賢為急務而陳平馬周之遇且賞其舉之之人後先同揆誠有足傳者然陳平才有餘而忠厚不足且魏無知其故人也若常何之於馬周家客已耳輙知其賢命代草封事因以實對而薦之其作合為尤奇況周性甚正必非有求於常何也雖然使當其時太宗不問問而不召召而不用周之賢固無從而顯也惟太宗虛心好善遣使催促即拜監察御史於是馬周有遇主之感常何得薦賢之名太宗收得人之效一舉而三善備者此之謂也

山公啟事當時傳為美談余謂濤擇才資可為者是矣而先啟擬數人得詔旨所向然後顯奏之是不亦因避嫌而失大臣體國之義乎後世諫君而焚草者未必不由乎此然較之攬權市私與夫庸碌無能不辨賢奸者奚啻霄壤哉

自虞廷九官有命商制六太有先而周官董正訓廸設官分職以為民極六卿攸掌昉於此矣後世雖名制屢更代有損益然六卿為百僚之倡六職為百務之總亦猶天地四時終萬古而不易成王之命百官曰六卿分職各率其屬以倡九牧阜成兆民夫六卿同事王朝職有攸分而治惟一治以言其職則所掌不同以言乎治則總以阜成兆民為事耳天地以四時而成歲功然四時各一其時錯行而不悖總以布天地之化六卿之職

亦視此而已矣

人君莫善於以天下之大為聰明莫患於以一二人之私為耳目以天下為聰明者聖王之公心也以一二人為耳目者庸主之私智也以公心處之則雖薄海之大遐陬之遠不出吾照臨之中以私智處之則一二人之外一無所見而此一二人者輒蔽惑聰明專擅權勢則終於昏暗無知而已矣

賢君不世出名臣亦因主而顯君臣之間在乎誠意交

孚大公至正而已矣周世宗嘗言太祖養成王峻王殷之禍故群臣有過則面質之有功則厚賞之用是文武各盡其能畏威懷惠其知公正作孚之道者哉

大臣者坐而論道啟心沃心以國家之安危生民之利病為念而不屑屑於小廉曲謹所謂先天下之憂而憂而其憂之也必有安民之實政後天下之樂而樂而其樂之也必有保治之訏謨故廉非人臣之極詣周禮六事廉為本原以考小臣耳大臣未有不廉而未嘗以廉責之蓋以廉不足盡大臣之分而進思退思之際必更有垂紳正笏不動聲色而措天下於泰山之安者不然小臣尚以廉為本豈大臣而可簠簋不飭哉

唐楊綰相代宗制下之日朝野相賀郭子儀減聲樂黎幹省騶從崔寬第舍宏侈亟毀撤之蓋綰之清名儉德其足表率乎人者如此然當是時天下之弊政多矣代宗方倚之釐正紀綱乃終綰之相寂無聞焉則綰之清名儉德不過自善其身而非撥亂救時之相也

唐太宗自謂以五事自勉獲致成功然考貞觀之政其行之悖於此者多矣獨虛懷納諫為自古帝王所罕有顧不歸美於是焉豈其歉然不自足者乃其所以好之篤而其侈然自信者究未有以驗之深乎

朝有諍臣讜言日聞非其臣之良實其君之明也唯諾成風阿諛日進非其臣之辜實其君之過也君有過而臣言之臣有言而君聽之天下後世不嘉其臣而嘉其君以為進諫者臣之職受諫者君之德也彼逞已私拒

直言過失叢滋禍延家國而不悟者獨何心哉

羅從彦有言立朝以正直忠厚爲本正直本於忠厚則逆折奸私而不爲刻忠厚出於正直則保全善類而不爲黨古之君子如汲黯之立朝關公孫弘張湯則所謂正直者也耶律楚材每言事太宗曰汝又爲百姓哭耶則所謂忠厚者也然黯未始不忠厚而楚材亦未始不正直是以後世均稱爲名臣

三代以下漢文帝之於賈誼武帝之於仲舒皆知其賢

而不能大用唐德宗之於陸贄宋欽宗之於李綱急則用之緩則舍之而究亦未竟其施夫惟君臣同德用賢而賢得展其才若唐太宗之於房魏其庶幾乎

人臣事君苟無確乎不拔之守雖有猷爲烏知不以爲干進之階殃民之具漢之桑弘羊張湯宋之王安石輩何嘗無才惟才不軌於正而無守是以僨轅敗犢雖百誅是人而不足以償其失故用人之道與其有才而無德毋寧有德而無才爲其不忍圖己之私而敗民之事也

孔子告哀公以取人之法曰無取捷捷無取鉗鉗無取啍啍而繼之曰士必慤而後求智能者焉夫智能才也慤德也天下之士豈盡無有才德者哉其兼有者固其上也不然或才勝德或德勝才吾寧取其德勝者焉此孔子之教也

築室而經理爰謀之不預是無志也何以成翼翼之觀爲山而畚筲築削之不加是不勤也何以有巖巖之象

爲臣者以惟和惟一者崇其功進思退思者廣其業亦如是而已故必勵乃志策爾勤無致三年不成功虧一簣之譏焉

人君爲政必自養民始養民有道在擇其牧民者耳是故除刑罰不如刑得其平蠲賦斂不如賦得其正其平其正不繫於上而繫於牧民之官且上下蠲租之條而遠鄉僻壤督催益切者有之矣上降欽恤之詔而窮黎犢婦恩澤不霑者有之矣惟牧民者一得其賢則民隱

上達君恵下施天下不治未之有也

人臣有權乃人主所大忌然奸臣擅權國祚是移與庸臣避權委靡充位迹雖不同其為國家害一也惟忠良之臣公爾忘私國爾忘家有權之名正所不避夫然後足以安社稷而庇生民不然者旅進旅退竊取利禄主忌則去矣柰天下何故忌其臣之有權者常出於中材之君若英君誼辟未嘗不假臣以權以資治理而君未嘗失權臣未嘗擅權也夫其假之以權之中即有制其

擅權之道又豈中主懼臣之有權而別求監制伺察之術者所可比哉

王道仁漸而義摩禮陶而樂淑其出也有源非無本之治其施也不匱非終日之謀天地資生而資始聖人引養而引恬夫是以皡皡熙熙相忘帝力於何有猶之人日事乎挹注而不知水之利我孔厚也若夫霸者之驩虞殆如溝澮之盈涸可立待又安足語井養不窮之道哉

古昔聖王立教化之防昭仁義之則百姓和睦遵道遵路海隅遐陬罔不率俾者非強民以所不能實道民以所固有民之所固有者其身自父母生之其性自天地賦之聖王推己之孝以興民孝而教敬教愛初非離諸己而資乎人此至德要道所以為百行之本也故聖人以孝治天下亦盡其性以盡人之性而已矣

過剛必屈過明必暗威褻而民習狃以輕法苛察而民巧詐以欺上是吾之所恃以為畏與明者正吾之所以

不畏不明也呂刑曰德威惟畏德明惟明洵探本之論

周公告成王治洛曰明作有功惇大成裕嚴中有寬也成王告君陳治洛曰寬而有制從容以和寬中有嚴也蓋周公之治在殷民未服三叔流言之時故必治之以嚴而濟之以寬至君陳治洛之時殷民已久服周公之訓格其非心矣故治之以寬而濟之以嚴成王周公之意與文武之一弛一張何以殊哉

人君以敬天為心則必不敢慢其臣人臣以敬天為心

則必不敢欺其君君臣一德而天功亮天功亮而治化成夫然後天為民而作之君君為民而命之臣均無忝矣

宣王不耤千畝虢文公進諫以為民之大事在農上帝之粢盛於是乎出民之蕃庶於是乎生事之共給於是乎在和協輯睦於是乎興財用蕃殖於是乎始敦龎純固於是乎成可見天子受萬方之奉必當推本其所自敬天在於勤民修己乃以事親知稼穡之維艱體殷憂

而無逸宣王中興之賢君尚忽於此無怪乎後世之以宴安遊盤而廢弛此典者多也夫惟聖明之君小心翼翼勤民事體天心而敬誠不怠恒舉耕耤之典良由知此為百務之先化民之本也其致雨暘之若豐稔之徵不亦宜乎

古大臣之忠愛其君者莫要於防微杜漸去其侈心以永保夫君德蓋君心者民俗之所由成君心正則天下咸歸於正孟子所謂一正君而國定也

君人者代天而子民臣工又佐君以亮天功者也故位曰天位職曰天職君奉天而臣奉君必幾康是勑內無一念之敢荒宵旰是勤外無一事之敢曠而猶歉然不以為足者此其所以感天地通鬼神馴致至治馨香福祿永綏皆君與臣共之也

鼂錯曰爵者上之所擅出於口而無窮惟其易也故嬖倖干焉諂邪進焉其邀榮寵希賞賚中君人之好者極盡其術名器既濫流品雜揉天下事至不可復問君人

者何苦設祿位以招匪人敗亂國政方以為報其勤也豈不哀哉

三代以下稱漢文帝唐太宗為賢主然漢文知人不足而安民有餘太宗知人有餘而安民不足就其似者論之雖各有其長而欲媲美於虞廷之知人安民難矣

天以陰陽五行化生萬物四時宣其氣百昌欣其榮而於穆不已之理主宰其中者本至易而無難也地有山川河嶽涵育萬類飛走動息之各安其居發生長養之

各順其序而安貞順應之德根柢其內者本至簡而無繁也樂由天作其極也如乾之易禮以地制其極也如坤之簡是故行綴兆興羽籥作鐘鼓非所謂易也几筵升降酌獻酬酢非所謂簡也本之於中者和而愛則聞其樂者皆知親其親本之於中者和而敬則見其禮者皆知尊其尊尊尊而親親易簡之化也故樂至則無怨禮至則不爭爭則由於不簡也怨則由於不易也豈所語於聖人之揖讓而治天下者邪夫不能極禮樂之至

則不能易簡不能易簡則不能化成天下彼淫樂慝禮之日興無論矣即規規於器數儀文之末而不得其本原輒曰我能興禮樂也豈有當哉

天使陽出布施於上而主歲功使陰入伏於下而時出佐陽於是乎天地交泰陰陽訢合萬物發生王者財成輔相黙協化工亦維是節宣天地之氣調燮陰陽之宜耳故周官所謂天產動物是也所謂地產植物是也動之屬為陽故作陰德以濟其盈植之屬為陰故作陽德以抑其盈此先王之世所以民登仁壽俗躋純熙山不童而澤不竭胎不殰而卵不殈物各遂生人無缺養豈非上下與天地同流者哉

上下與天地同流天地聖人之本一也故天地無心而生萬物聖人無為而化萬民非無四時之運六府之修也化以藏往神以知來過化則誠在事先存神則物隨心感神與化曾何天地聖人之有異哉

聖人之文所以化成天下是故法離之明則以聯天下

之情法艮之止則以定天下之分叙五典秩五禮六德所以培其根也六藝所以達其枝也有本有文行之必自其身教之必由其道禮樂百年而後興王者必世而後仁不可躐也不可偽也後世人君若漢武之求遺經明帝之幸辟雍唐文皇之興太學宋理宗之尊程朱謂之為興文教則可謂之為化成天下之文則不可

叔孫通起朝儀不過救一時之弊而已通固非修禮之人而高祖時亦非修禮之時也惟文帝承平康之後躬

明哲之資休養生息天下無事所謂禮樂百年而後興者此其時也而不能舉道德之士與先王之法尚守通舊儀因循歲月坐致典文湮鬱讓美三代誠可惜哉

貴賤有等上下有別章服有制進退有度禮之節文也先王行禮之節文而清明在躬志氣如神與天地同節故民莫不知和敬矣羽籥干戚以奏之屈伸綴兆以舞之金石絲竹以宣之翕純皦繹以成之樂之節族也先王奏樂之節族而淡而不傷和而不淫與天地同和故民莫不知和愛矣和而敬故秩然有文皆知尊其尊和

而愛故雍然成象皆知親其親尊尊而親親則四海之內兆民之衆有不化行俗美者乎自是厥後禮樂不修士生而目不睹進退揖讓之儀耳不聞六律五音之盛其有攻乎禮樂者縉紳之儒視為一藝朝廷之上亦視為末節而偶用之於祭祀宴饗其所謂和敬和愛者何在又安望其能導民而成教化哉故叔孫通之禮非先王之禮也祖孝孫之樂非先王之樂也欲治天下者必在於興禮樂興禮樂必在於修其親遜致其和愛是教化之極也

居蔀屋者不知天之高登泰岱則知之泛潢池者不知水之大望滄海則知之修王道者欲得其門戶舍窮經曷由哉

先王之政固不可泥於必行要必識其為政之方與其所以施行之意而謹守之以為制治之本故同一什伍之政也周先王用之以仁民使之出入相友守望相助疾病相扶持秦用之以虐民使之一人有姦鄰里告之

一人犯罪鄰里坐之夫什伍之政豈能仁民虐民哉周秦之心各別耳

光武起自南陽甫誅新莽天下未定即思所以養治之方先訪卓茂授以太傅而封之且名曰褒德侯光武豁達大度同符高祖得人之盛不免遜於漢初然有善於高祖者非獨能保全功臣也興教化重農桑使天下甫出兵戈焚溺之苦即有遂性樂生之心則又高帝所不

能而必待文景者也以創業守吾於光武見之
太宰統百官其專司也而以九職任萬民則司徒之事而仍為太宰所統也太宰之均四海於凡九職之事九職之民莫不使之安其閭里足其衣食無游手以失職者無饑寒以失業者無背禮而棄義者無奇巧以惑衆者夫如是則敷天之下罔不率俾五穀以時庶物遂生所謂因民之利而利之而民之蒙利已無窮矣或謂周禮為理財之書雖太宰亦掌其事不知先王言利利在

民後世言利利在官安可以後世附會之說謗先王之良法美政哉
劉晏領度支凡事存經久之見而不計小費推之以權鹽鬻穀其出納之權必委士類以養民為先事必於一日中決之以防胥吏之弊用能為唐世言利諸臣之最論者有取焉則夫以義為利惠而不費國用以裕而民獲盈阜之賜者其經國大猷更何如耶君子是以讀大學而識生財之有大道也

周禮天府掌祖廟之守藏與其禁令凡國之玉鎮大寶器藏焉獻民數穀數則受而藏之先儒以為重民穀之事與玉鎮大寶同而余則以為有過之無不及也何則國以民為本民以食為天民食足而後教化興教化興而後國治安國治安而後祖宗之器得以常守而弗墜是民穀之數重於守器也且欲周知民情莫若周知民數欲周知民數又莫若周知穀數蓋能周知穀數則歲之豐歉可稽民之生齒可考由是均其土壤定其邑里

秩其多寡平其政令舉天下之大而燭照數計兼幷者無所容其巧也先王於其登獻之時必拜受而藏於天府不以是哉
月令所云來歲之宜即象魏所布之政先王治民原不期於朝令而暮改也宋室行新法舉周官一歲五歲三十歲皆有變更之法以附會其說謬矣
自古有一治必有一亂有一盛必有一衰此天運循環未始不由人事致之也致治之主其兢業恒凛於板蕩

之餘驕亡之君其奢泰常肆於宴安之日語曰君相不言命謂其有造命之權也若諉之天數之適然亦已過矣

孟子曰富歲子弟多賴凶歲子弟多暴國語敬姜曰沃土之民不材淫也瘠土之民莫不嚮義勞也語若相反而實相資孔子曰民可使由之夫可使由之則無論富凶之歲沃瘠之土而皆可廸於善豈非牧民者之責乎牧民者能以父母視子弟之心視民則無論家之貧富

年之豐歉皆欲導之以善故歲富而民不至於淫歲凶而民反習於勞土沃而多賴以為善土瘠而不陷於暴亂若聽民之轉移而無以化導之則歲非富則凶土非沃則瘠必至無一為善之民矣孟子敬姜之言謂民之自為也余所論則牧民者也

論者咸曰井田必當復封建必當行鄉飲酒禮必不可廢三者之中尤以井田封建為要不知欲行井田而致亂者王莽也行封建而致叛者漢七國之難發於景帝也以鄉飲酒禮為可少緩而行之反無大弊者唐元宗之令州縣是也然考元宗時先王教養之法一事無有而獨取鄉飲酒禮行之是不過博遵古之美名耳誠何益哉

軒轅氏命伶倫取嶰谷之竹斷兩節而吹之以為黃鍾之宮制十二筩以聽鳳之鳴其雄鳴為六雌鳴亦六比黃鍾之宮而準隔八之法以相生六律之義所由昉也六律定而度量衡莫不定焉六律所以為萬事根本而

黃鍾又六律之根本也蓋古之聖王其為民之計至深遠矣為之食以救其饑為之衣以禦其寒處之宮室以去其昏墊董之學校以化其澆漓猶恐其相欺也為之斗斛權衡以信之相奪也為之城郭甲兵以衛之司徒修六禮以節民性明七教以興民德大司樂以成均之義教王冑子與公卿大夫元士之適子及凡民之俊秀所以作君作師既富方穀者也然其法天時與地利導人和以興作勞息莫不以六律為之根本授時以歷而

歷本於律齊民以政而政本於律是故分至寒暑之各應其時而歲月日時無差也九十分黃鍾之長一為一分各自其十以登於引則度之長短皆得也黃鍾之管容子穀秬黍中者一千二百為一龠十龠則合精而至於斛則量之多寡不忒也一龠之重十有二銖倍之則兩十六兩為斤三十斤為鈞四鈞為石則衡之重輕不爽也黃鍾正則六律正六律正則萬事成夫天下至大也萬事至紛也以一人齊萬事執此以往莫之或差也

此古昔聖王所以能一道德同風俗也與

周禮寓兵於農時無養兵之費然以戰陣之事教耕鑿之民日教之則勞月教之則踈而當時不見其害者以處之得其當也大司馬掌四時之田仲冬大閱前期群吏戒衆修戰法則春蒐夏苗秋獮視此矣數月之中而以數日修戰法則民不勞前期試之則民有餘暇必朝夕自試於坐作進退刺擊之法可知

常平社倉之設均貴乎得人然常平在官社倉在民在官者法立而事權畫一在民者情私而弊竇叢生其理易明也且天下州縣不過千數百而州縣中村社何止數萬求千數百賢能之人猶難而况數萬乎使州縣皆得賢能之員察民之有災而先為申報當民之饑饉而即行賑貸則常平之粟固足備而常平之利亦無窮社倉雖有利亦何必行之哉

宋曾鞏之議賑也以為有司建言請發倉廩壯者人日二升幼者人日一升但日不可以數計人不可以校舉

如以十萬戶待食十閱月將何以濟且給受之際有淹速有均否有誠偽會計之擾辦給之煩措置一差皆足致弊故鞏又曰不如一舉而賑之設遇此大祲當賜錢五百萬貫以完其居貸粟百萬石以給其食既免日日就食之勞且無胥吏侵漁之弊而農得以修其畎畝商得以治其貨賄流通轉移一切得復其業而生生之計不窮况貸之於今而收於後則儲蓄之實無損實費者為錢五百萬貫而已然五百萬貫之錢一百萬石之粟

亦非荒歲一時所能卒辦者必也藏富於民藏穀於社使饑荒有濟水旱無虞一遇歲歉即以䘏之議行之此又在為政者平日經畫之得宜耳

唐開元二十九年立賑饑法令州縣有饑饉者不待奏報即便開倉給訖奏聞余嘗善之蓋當賑而賑如救焚拯溺刻不容緩使奏報遲延曷有濟哉

宋韓琦請留沒入戶絕田不鬻募人耕而收其租以給老幼貧疾謂之廣惠倉立法甚善其後王安石相神宗

行新法鬻廣惠倉田以為青苗錢本惟知利國而不知利民卒之民病而國亦無所利焉一廣惠倉也由魏公而置由安石而鬻相去奚啻千萬哉

自禹以歷山之金鑄幣救人之困湯以莊山之金鑄幣贖人之無糧賣子者而鑄金為幣之製興然初未詳其鎔冶之功為何如周郭之形為何式也自太公立九府圜法而錢有專司輕重以銖以賑救民民患其輕也於是乎有母權子而行若不堪重於是乎有子權母而行輕重得宜公私交便有無賴以相通軍國資以充裕此錢布之所以流通而無弊也自時厥後秦有八銖漢初有榆莢八銖失之太重榆莢失之太輕太重太輕非所以裕國計資民用也故武帝斟酌其宜鑄五銖錢周郭其質後世論者以為得輕重之宜蓋銅出於山成於人若錢之為質輕而可以多取貨人孰不盜鑄以圖利嚴刑峻法有不能禁者錢之為質重則銅炭之費鎔冶之工監督匠役設監置場之所需一錢之用不足以償一

錢之本國家又何賴於鑄錢哉故鑄錢必始於權輕重而輕重之得宜莫過於五銖誠倣漢法之五銖鼓鑄以利民則府庫以實而國用有儲乃得錢法之中總之鑄錢之弊在於輕重屢更屢更之弊三代以上無有也自秦以後始有之世道有隆替風俗有淳漓稽古君子所以致歎於三代以下也

私鹽之害莫若巧法自利之大商與夫擁衆持兵之大梟然是二者非與胥吏汛兵相首尾勢不能行有司能

輯軍隸則大弊立除其一二貧民私竊少許資以餬口者比之網之漏魚而不論斯上下均賴之政也

人稟五常而備五倫倫莫先於君親常莫要於仁義戰國時功利之說中人而倫常之理掃地矣惟利是求而遺棄其親者有之背叛其君者有之雖為其君親者亦惟利是視無怪其子若臣之遺已後已也故梁惠王首以利國問孟子而孟子即告之曰王何必曰利亦有仁義而已矣蓋仁義與利勢不兩立循乎利則至於不奪

不饜遵乎仁義則人各親其親各敬其君而和順之風被乎天壤然則人何苦而不為仁義去功利哉

明德即慎德也慎德即所以明德也格致誠正各極其功而德明矣由是而有人有土有財有用即修齊治平之事也

天之於民呼吸相關毫釐不隔和氣致祥乖氣致異是以聖王敬天即以勤民重農事恤鰥寡所以誠萬民而動天鑒也樂記曰民有德而五穀昌詩曰綏萬邦屢豐年蓋以求天之貺必盡民之事而盡民之事又非徒促耕捕蝗之虛文也董戒勸勞之有方禮樂刑政之不忒則應感之符自有莫之或爽者然為上者知天人之響應而又必盡人事以代天工重懲游惰輕徭薄賦使民知惟力田為安利疏川渠修塘堰以資灌溉然後農不督而自勸財不斂而自阜雖有旱乾水溢民無菜色若縱民暇逸而田疇荒倉廩匱即使五風十雨亦難望其自天降康矣

漢文帝除肉刑改為笞法然笞五百者率多死至景帝減其數定箠令以竹為之自是笞者得全史載死刑既重生刑又輕民易犯之余以為生者易犯輕刑較之生者或致於死不猶愈哉且既犯輕刑則非當死之罪明矣而被笞至死仁者所不忍也文景並稱有以哉

皋陶之稱舜曰好生之德洽於民心言無刑之必本於仁也漢宣帝能用于定國為廷尉可謂得其人矣置廷尉平可謂稱其名矣而仁敬未孚本原未粹此其所以

有趙蓋韓楊之獄

司馬光曰春秋傳云兵事以嚴終為將者亦嚴而已矣儆程不識雖無功猶不敗儆李廣鮮不覆亡余謂用兵以得人心為本寛以濟猛猛以濟寛若徒以法繩之又安望其冒鋒刃而樂為用哉

文以治内豈内地絶不講武略武以治外豈外地絶不敷文德哉若然則干戈起於肘腋何以克戡而延頸嚮化者終古不霑王澤矣惟夫文以濟武武以濟文而剛

柔互施焉則折衝樽俎文非徒文也武在其中矣德威惟畏武非徒武也文在其中矣

人君一日萬幾布政出治端惟一心心欲其虚不欲其實虚則受益孔多實則忠讜莫入也唐太宗初年聽諫不違改過若決其後頗自以為是遼東之役力排衆議行之至於傷威損重始恨魏徵不在蓋太宗能治其事之末不能治其心之本事可勉强於一時而心不能持之於永久故其始也若是其虚受至治成則放焉究非虚其心者也虚其心則無内外無始終安止順則人欲無由而間之故為君者莫先正心

易云謙尊而光所謂謙者豈徒卑宫室罷貢獻辭尊號却瑞符已哉清明在躬志氣如神事天之謙也闢門明目舍己從人用人之謙也毋長傲毋縱欲毋極樂毋淌志莅政之謙也具此數者然後有以持盈保泰長此又安昔魏徵當貞觀極治時上十漸疏可謂勸其君以有大而居謙蔡京當新法敗壞之餘猶進豐亨豫大之說

以蠱惑君志賢奸之用心從可知矣

蘇軾有言麴蘖鹽梅和而不同也蓋臣之於君不以阿諛為善亦不以激訐為高惟視乎理之所在而已矣苟合乎理君是之而臣亦是之不入於同也苟背乎理君非之而臣亦非之不入於同也若君之所為合乎理而臣矯之以為非固不可倘君之所為背乎理而臣諛之以為是不更謬哉

天下至廣也萬事至賾也雖有智者博量卜度不能窮

其然惟以誠行之則至簡至易易所謂乾以易知坤以簡能者霸者之驩虞豈無假仁義之政然而不誠也三代以下欲治之主多矣惟其不誠是以無禹湯文武之盛是知治天下者能致其一於智仁勇以行之乎君臣父子夫婦昆弟朋友之間而身不修家不齊國不治者未之有也推而達之天下而天下不平九經之績不舉者亦未之有也若夫舍誠而別有所資焉是猶北轅而適越

大田之詩曰雨我公田遂及我私忠順之意形於禱祠親愛之心並非勉强及公田既渥私田亦霑婦子恬熙樂其樂而利其利仍歸於上之所賜耳自非上之恩德素逮有以淪肌浹髓其孰能誠民心志至於大順如此哉更考甫田之詩曰我田既臧農夫之慶即其惠下勞農之念所以感民者深則其施於政事者固不可考而必其漸仁摩義非歲月之暫可知矣

遐方入貢梯山航海懸橦度索効幾百千人之命力致之京師不過供一時觀玩已耳人君奉天子民雖日孜孜猶恐不逮況更怠荒其何以治秦皇令徐福往海上求神仙終失千人無所得漢武令貳師將兵求大宛汗血馬費經百萬人亡過半得馬纔二十匹是二君者非儼然為民父母乎夫告父母以殺其子雖愚人不為豈二君智不及此良以逞己私則不顧人命也卒之秦忽而亡漢幸而免亦安能長享其樂哉

天下之治不生於富庶之日而常基於經營勞苦之時

亂不靡於板蕩之秋而常伏於宴安逸樂之際是以人君憂勤則業成驕肆則政壞

君子終日乾乾夕惕若無時不慎也敬之敬之天維顯思無事不慎也人情於可虞之際或致其矜持而當己安之日易生其忽略於所易忽者而無所不用其慎斯所以制治保邦而永享鴻業也歟

日知薈說卷一

日知薈說卷二

天命之謂性性之與理本非有二蓋天以於穆不已之理化生萬物而人得此理以為生即具此理以為性故體之於人即可以識天命之不貳而驗之於天又可以察人生之无妄無極太極太極陰陽此天之一理所流行也性緣理而立理從性而生此人之本乎理以為知覺也不稟乎天則性何自來不應乎事則理何由見故

理為制事之宜乃百聖不能易之至言也夫豈別有所謂理而可以妄加之於人哉道乎此則一貫之道也性善之旨也然非至誠之人不能達其說蓋誠為應事之本忠君孝親必極其誠極其誠然後能合其宜合宜者道心也一有偽焉則悖其宜悖宜者人心也自舜發道心人心之說後世學者遂謂道心為天理人心為人欲而不知道心乃性理之端倪程子所謂纔說性時便已不是性也即如太極中雖具陰陽而不見陰陽也至於分而為陰陽則固非太極矣然則性理而但該之以道心可乎若夫陰中具陽者動根乎陰也陽中具陰者靜根乎陽也陰陽包含於太極者兩儀已立之後也太極不雜於陰陽者二氣未分之初也所謂維天之命於穆不已者其不外是乎至於晝中有夜夜中有晝男中有女女中有男水中有火火中有水之論雖其相生相伏之數也要之其去太極亦已遠矣方之於人則如人心之不可為道心也未達於性理者自作主張別生枝葉

妄自以為有道心而不知其入於人心為已甚矣善學者求其性之固有循乎己之當為克己復禮由思誠以入於至誠服膺弗失則一貫有期即性即理本源之學於是乎得致用之道於是乎通古聖人覺世牖民之至意亦於是乎為不虛矣

天命之謂性秉乎天者即生生不息之理率性之謂道體乎人者皆生生不息之心此仁之所以包四德而羞惡辭讓是非皆原於惻隱貫萬善而親親仁民愛物皆

根於不忍也

天有四德而元為長人有五常而仁為首故孟子曰仁人心也言仁者心之德愛之理有仁然後可以成其為人以明仁之不可須臾離至程子復曰滿腔子是惻隱之心蓋與孟子之論互相發明夫惻隱之心為仁之端未有心具乎仁而無惻隱之心者也亦未有離惻隱之心而為仁者也蓋仁舉其全體而惻隱見其一端人能由是心而充之凡事莫不用其惻隱則仁豈可勝用乎

非特此也必燕居獨處無所不存其惻隱之心則所謂在腔子裏是也以之克己則己克而禮復以之應事則事順而心安滿腔子中無非惻隱之心融融然怡怡然所謂心如穀種仁則其生之性豈外是哉

聖人之言其遠如天所謂化不可為聖不可知終身由之而莫能盡者也其近如地所謂日用飲食出入起居無一事之可離無一息之不在者也然遠以近譬言近以遠彰遠天即近地之理近地即遠天之施

行道而有得於己之謂德試問有德之君子其所行之道與夫所謂有得於己者為何若乎蓋無所得也無所得然後為實有得而德在是矣是德也無得失之見也無人我之見也夫必有人我得失之見而後取與形焉無人我得失而取為誰取與為誰與記曰私惠不歸德君子不自留焉然非獨私惠也即詩所云示我周行以德為惠而君子亦不自留也蓋天地與我同根萬物與我一體天下之事無非吾分內之事有何私惠乎示我

以德無非吾心中所固有何必留於心乎廓然而大公物來而順應已不計其為人為我為取為與而斤斤焉於交接之際計其為德乎為非德乎吾其留之乎其不留之乎是皆訓詁者失經文之本旨聖人之意必不若是矣

記曰報者天下之利夫君子不言利而天地聖人則以利為四德之一且以占天下之報者豈不曰報以天下則天下之報即天下之利以天下之利報天下天地聖

人何容心乎故物之來者報之因其自然而各當其理各適其性此利之在我者也物之去也報之亦因其自然而各遂其生各觀其成此利之在物者也利在我而無我利在物而因物所謂以天下之報普天下之利也故廓然而大公物來而順應天地無心以萬物為心聖人無情以萬民為情報者天下之利蓋如是而已矣

張子正蒙謂大人有容物無去物大人者與天地合其德者也有心之容乃無容也無心之容乃有容也既為無心之容則於何物而見其有去來哉於物而見其有去來者必其無心未造於極者也天地聖人如是無心亦如是有容斯已矣雖間有去物亦容其去而已矣即其所去之地亦在吾容中而已矣若謂去物為推之使去是以凡人之心而度天地聖人之無心也若謂去物為物之去而天地聖人聽其自去是猶以天地聖人為有心而度天地聖人之無心也夫無心而有容此大人者所以與天地合其德歟

周子通書曰廓之配天地天地亦吾廓中之天地也使其不廓則天地不見其為天地安所為配配之云者天地配我而已矣蓋仁義中正性之理也聖人行之則為道然是理也豈以聖人行之而增凡人失之而減乎夫有增減則有絕續欲以配不貳不息之天地不能也然天地不遷而遷者也聖人之道遷而不遷者也不遷而遷極乎氣運遷而不遷統乎理極氣會理而理統氣故天地亦吾廓中之天地而已矣

修身莫過乎知禮而徒知無成也必契其本徒契其本亦鮮通也必致其用故致其用則急躁者失涵養之方優游可法矣契其本則詐偽者失踐履之實忠信為美矣忠信以立其基則卓然有自立之志而言不苟言行不苟行內外如一言行相符於是焉修其威儀飾其容止雖溫厲恭安亦由是馴致以底於化而已矣是故忠信舟也優游楫也二者雖相資其先後節度君子不可不知也

中人可與為善可與為惡故有命之說使知出於天而各有所限富貴不可倖求貧賤不可苟避用以防其欲念之萌此乃聖人為中人設教也蓋天命之謂性此命非所謂利害榮辱之命也混然而太虛漠然而無體雖仁義禮智之德皆其中所包涵也而尚何欲之可防哉上帝之所命命此也聖賢之知命知此也君子之所謂命謂此也若夫防欲之命尤其比之糟粕者耳何也一言乎防欲則其為欲已大而其為命已小矣夫子罕言

命不以此歟

太上無思非無思也盡人物之性而思不可名狀也其次慎思勿動於朋從也夫有所勿動則有不能不動者此固聖人所不能强於常人亦曰教之以睿作聖而已蓋初於思中蕩滌邪穢使之志氣清明義理昭著然後於理事之應無所不通通微則睿而睿作聖矣此自明而誠之事也

邵子謂指節可以觀天掌文可以察地者其明於理氣之說乎指節象天之四時掌文象地之五方人所易知也人各有所以象之之理舍之而弗由而欲舉手以知天地天地豈易知哉春秋之溫肅指弗知也山川之流峙掌弗曉也惟觀四時之運行誠如指節之自動五方之遙隔近如掌文之可睹則氣即理而理即氣三才之道一以貫之矣

少儀云執虛如執盈入虛如有人蓋教人主敬之學也夫言主敬敬豈外來哉心與敬二則有時而敬有時而

不敬又安能合虛盈有無而一之哉聖人教人常使人反身而誠誠在於身又焉用反此其義正與少儀相發明學者誠能與敬合一則執虛與執盈入虛與有人原無二致不見有敬之可主況有不敬之事乎

易曰聚而上者謂之升實君子為學力行之大法蓋地中生木有循序漸進之象焉故其象曰君子以順德積小以高大地中生木非助長之比也積小以成高大則有事焉而勿正也聖賢教人之法非一端莫不歸於溫

故而知新循序而日進若夫推之為治而允升于大猷亦未有不由於此非聖學之外别有治功也

莊周云不物故能物物言無心則無物之見存然後能盡物之情而無所蔽也有物無物如鏡之照與不照而鏡有所不知大物小物如鏡之大小隨應而現而萬物各一其象其於道非概乎無所見者然其異於聖道者即在此聖道若何曰聖人有心而無為

莊周曰至人無已非無已也無有已之見也其消息沖

融猶透水月華虛而可鑒夫月現於水而月不自見其為月猶物備於我而我不自見其為我則雖應物而動猶不動也故以靜止動者猶之塞耳而不聞耳尚在也不動則可矣動則物或擾之至人之無已也譬之無耳尚何有於動不動哉然聖人之止所當止而不見有已與物也則曰艮其背不獲其身行其庭不見其人

莊周謂無用乃可以得大用所謂無用者謂為世所棄也所謂得之為大用者以不材終其天年也是以求得大用而漫為無用以避世患其與戰國縱横之學相去蓋一間耳君子行法以俟命然幾見其必逢世患哉周之論單豹張毅也又明言其兩陷而無所逃故余謂周之書以知命達生為宗其實命不能知而生亦未能達也

君子謹言慎行欲其身之無過正心誠意欲其心之無過內外交修功每相資者皆言其用力也心體本無過聖人無待於去過舜之由仁義行非行仁義是也

人君慎德而後德盛然慎之為言通內外貫終始微有矜放之心則非慎矣非慎德安得盛哉德不盛則敬不能勝怠義不能勝欲而狎侮作矣狎侮之念萌於中則狎侮之事見於外待賢之禮有必虧臨民之體有必失故慎之為言徹上徹下而務絕其狎侮之萌者也然以慎德而制夫狎侮狎侮仍未忘也苟慎或有時而懈狎侮之乘也如故惟夫慎之又慎以至於無可慎則德盛而不自知其德之盛於狎侮乎何有非聖人孰能與於

斯哉

文之興也敬之所以滿也然無文又不可以表其敬是蓋體用相成之義而立其體以達其用者蓋少遂其用而反背其體者蓋多聖人有見於人之若是也故正告之曰至敬無文然文之為文亦豈外至敬而別有所謂文哉

張子謂不聞性與天道而能制禮作樂者末矣子貢歎性與天道之不可得聞此即其得聞性與天道也使以

性與天道為可聞則並文章亦不可得聞矣文章者何即禮樂也禮樂與性天並非二事然制禮作樂者必有聖人之德而居王者之位是不可以得兼也豈常人遂不可聞性與天道乎性與天道日在人目前而人弗由之雖揖讓俎豆之間俯仰琴瑟之側謂之為能禮樂者不可夫不有無容之禮無音之樂以與人相周旋乎識乎此則所居者安和而悅豫所謂唯聖人為能饗帝唯孝子為能饗親者具於是矣

天子之貴四海之奉其娛心志悅耳目者何窮而周公作禮必曲為之防者所以謹患難於未然杜放逸於未作故雖一食之頃必以樂侑樂主於和而入人者深所以優柔涵養而導之以心和氣平於是乎天下之大本立矣

聖門弟子三千其賢者七十有二人皆有志於學孔子之道而資禀之剛柔學問之深淺雖聖人不能強齊故同一問仁必因其人而答之如告顏子以四勿示仲弓

以二如二子固七十子中之首出者然四勿則大而該二如則簡而約蓋惟顏子可以盡絕私意直探本原而仲弓則猶待勉強之功以造乎仁者也學者由仲弓之敬恕而日積之至於私欲盡天理行斯即顏子之克復歸仁可決其幾於一日聖人之仁體不即在我乎

謙尊而光卑不可踰非止應事接物之間為然也旦明夙夜無時而不然如執御焉必適其平如執權焉必適其中守之以兢惕奉之以退讓夫如是則有所持循而

驕泰之氣日益以消，冲和之美日益以積，豈非德之柄乎

天之生聖賢也，非欲其自善一身，樂道守困於世無補以終天年而已，必將使其以先知覺後知，以先覺覺後覺。故聖賢所處，雖用舍不同，而畏天命、憫人窮，以斯世為己任，其心未嘗一日息也。顏子與孟子其揆一而已矣。孟子當戰國時，王道式微，處士橫議，天理民彝不絕如綫，百姓困於虐政，如在水火中，而拯救之不可以少

緩，故不得不如孔子生春秋時而以命世自任，不敢效顏子之閉戶者然。設使顏子之時而無孔子，則簞瓢陋巷油然自樂者，必變而為斯世斯民之憂，惕然而不能自已。蓋孔子在則顏子從師，顏子之憂，孔子憂之矣。孟子嘗云：禹稷顏子易地則皆然。顏子之異於禹稷，即其地之異於孟子耳。乾父坤母、民胞物與之量，與夫皇皇汲汲、痌瘝一體之心，曷嘗少異哉

身欲勞而心欲安。身勞惟何？義理之事多不適己，必寧受其勞而為之。心安惟何？中和之養多不從欲，必強求其安而為之。推而至於利害死生之際，莫不惟求其心之安，而不顧其身之勞。習之久而漸即於化焉，亦能泯安勞為一致，合身心為一體矣。故求仁得仁，心之既安，身雖勞亦安也。若徇利縱欲以求身安，心甚勞而身亦不安也。故修身俟命之君子，勞則不避，安亦不求，故常得所安而亦不見其勞焉耳

張橫渠曰：心統性情。情之未發則為性，自其初發未發

之間，氣乘理而出，性動而為情者，曰知覺。知覺者，吾心之良知良能也。然非本天命之性，又何以發皆當理而不失其天哉？故又曰：合性與知覺，有心之名

君子之治喜怒哀樂也，惟在涵養之功。涵養之功亦曰存誠主敬而已。誠則无妄，敬則無慢，存之於不睹不聞之地，而謹之於莫見莫顯之時，至於久而不已，則天理全而人欲泯，惟率其性之本然而發為情之至正，喜怒哀樂有不中節者乎？故敬以直內，涵養之謂也；義以方

外喜怒哀樂中節之謂也欲其發之中節必其存之也中中者中也中節者和也中而和則大本立達道行而天地以位萬物以育矣

一物各有一理而物物共此一理大小始終表裏精粗皆本純一之理以行之不息之誠以守之自夫婦日用之常以至於家國天下之際統有宗會有元汎應酬酢無不曲當一貫之道至此而得矣

忠信不主則或存或亡而不能保其不失聞義不徙則

或作或輟而無以為高遠之基善人之質美未學主忠信而不徙義者也然無徙義之功則忠信亦不能察識擴充以復其本然之全體故精義以啓徙之端所以察識此忠信也集義以盡徙之實所以擴充此忠信也

聖賢教人惟在收其放心所以收放心者尤當於靜時求之蓋人心之動因物以遷是心之放由於動也惟於靜時主敬存誠以涵養之偶有私欲之萌即省察而克治之如是則放心收而天理之公常在我矣朱子所謂無事則專一嚴整以求放心即此意也蓋專一誠也嚴整敬也不誠則理不能存不敬則私不能克私克而理存放心收矣

君子之學所以已物兼成者亦曰明通公溥而已明通本於靜虛公溥本於動直動於外而直返之於內則公溥靜於內而虛達之於外則明通合內外徹上下孰有外於誠之理乎

周茂叔有光風霽月氣象蓋其廣大寬弘之量得太極

自然之理又與二程張朱有不同者矣故茂叔生知者也明道幾於生知者也伊川橫渠晦菴學知者也橫渠教人以知禮成性伊川教人以主敬其氣量固不若茂叔之廓然然而同為傳道之大儒則又所謂及其成功一也

福善禍淫天地之心也然亦人之自取天地豈有成心哉或者謂一灾一異皆有其應一言一事皆得其報是以己之私心度天地之有心也或者謂天變不足畏惑

應未必然是以己之放心度天地之無心也

學者希聖而希天其所以用力之道必省察以謹其幾必涵養以完其性幾不可不謹否則縱性不可不完否則狹縱而狹有一不可言學也故主一無適而本立矣格物窮理而知致矣返己體察而實踐矣夫然後優而游之饜而飫之鳶飛魚躍無非自然之趣也沂水春風無非自若之天也於以暢吾中而廣吾志私欲潛消渾然天理殆與造物者游而豈兀若槁木自以為有得者所可比擬哉

中也者天下之大本以言乎內也和也者天下之達道以言乎外也中庸則無內外貫終始為天命之當然精微之極致孔子所以歎聖者能而民鮮能也

程子曰在物為理處物為義理雖在物而莫不涵於此心也內也義雖因物以處而要皆此心之裁制也則義亦豈在外哉故當其寂也為在物之理義之藏於無眹也當其感也為處物之義理之呈於各當也由是言之舍理則不可以言義而外義則不足以為理君子不憑心以為理以理之麗於物者為理此萬物皆備之體也非徒循物以為義以循物之理而處之各得其當焉此萬一各正之旨也

物無終始而一歸於朽鳥獸之飛奔覽焉而朽華木之榮爛蟲生之而朽草茂於夏而秋朽之燈明於夜而晨朽之金鐵之剛或煆之玉石之堅或琢之其終亦莫不歸於朽其於人也亦然被服衣裳爭名競利其生則榮沒則已焉於是卓然有志之士思以立德立功立言三者各垂不朽於世吾謂立德而無傳道之言以牖來者安知不使人疑為黃叔度之儔立功而不本於內聖外王之學安知不為管商雜霸之治至立言則蘇張莊列皆能之適以為生心亂政要必如漢之仲舒隋之文中子唐之昌黎然後可謂立言而仲舒文中子昌黎未始不本於道德仁義以為言條對時事又章章有本末可見施行由是觀之必合三者而皆有之庶幾可稱不朽

焉耳

舜之告禹曰人心惟危道心惟微惟精惟一允執厥中志以道寧之事也伊尹告太甲曰有言逆于汝心必求諸道有言遜于汝志必求諸非道言以道接之事也程子曰無適之謂一又曰整齊嚴肅則心便一學者内而無適以存其誠外而整齊嚴肅以致其敬内外交修動静有養而德一矣德一則常而純常而純則動惟以理言之道也

王守仁曰求静之心即動蓋至人無心以萬物為心以萬物為心者即萬物之一動一静無非至人之心也彼其逐逐於物而失其本心者非物之動其自心動也以是為可厭而求静以安心者不知其動為已甚也且夫厭城郭之喧譁者走而之鄉邑為可避矣久之而鄉邑猶有人在也又走而之山林為可避矣而山林之中鴉鳴雀噪不可避也即驅鴉雀而空其林風生竊動膚可避乎周濂溪曰動而無動静而無静程明道曰動亦定静亦定豈必却動以求静哉

地主載以任養萬物為功仁道之行無物不載則仁乃萬物之地也儒行謂敬慎為仁之地譬夫觀海者但見其汪洋無際而忘其載而振之者地也必敬慎之心無往而不存然後仁能體事而無不在猶地之可以載水水之不可離地也静而不能敬慎則心放而仁之體無所託動而不能敬慎則理失而仁之用不能行然非以仁居之則所為敬慎者亦且空洞而入於虚無矣

海若之見少非謙言也然猶有見在焉故不過博向若之歎非無名也比之河伯其為小大則殊矣其為自多又何以異哉至人之見見無見也不存乎見少況存乎見多哉譬之契水之本源而天下無非水也大而為渤海細而為牛蹄之涔在牛蹄之涔不見其少在渤海不見其多不見其多故可以為牛蹄之涔不見其少故可以為渤海海若之存見少是但可以為渤海而不可以為牛蹄之涔也故大德無名必小德之咸備也大器不

形必小器之盡該也大智若愚必小智之悉察也大功無成必小功之全奏也如是則水一而已何有渤海蹄涔之分哉是之為不貳

聖人虛其心而心存備萬物而非增無一物而非減如是則雖日與物應而無應物之心無應物之心故天下無不可應之物也蓋心猶鏡也必本體至明然後物至必照而無物可以蔽之塵集於鏡而鏡即照塵奩掩夫鏡而鏡即照奩墜鏡於塗而鏡即照塗舉鏡於空而鏡

即照空其本體之明不可息也苟雜鉛錫以為鏡則雖勤拭之而其昏也不待頃焉聖人之心常明以其湛然而無欲耳

謂天地為有心乎有曰天地無心而能生物者矣謂天地為無心乎有曰天地以生物為心者矣是天地之心不可見於物之生生不息可以知天地無心之心無心之心不可謂無既無心矣不可謂有然則謂天地之心即萬物之心不可謂萬物之生皆分天地之心以為心庶乎少近之耳然萬物之各執其心以為心者并非其本心也不得於己則有怨見可愛慕則生貪天地之心不如是也萬物之本心無以見則天地之心更不可知然物之生既分天地之心以為心則雖梏亡反覆其本心不可得而見而亦非終不可見百事之昏而一事之明則其本體依然可見矣故易曰復其見天地之心

上德不德下德不失德德者得於己之謂也其德何似量亦隨之上德之不德其量不可量也下德之不失德

其量猶可量也夫有可量則仍與天地不相似天地以不可量者為量此天地之所以為大聖人之為聖奚以異是

思慮人之所必有豈能盡絕之使息耶況此有以絕之者又非思慮而何哉惟居敬以立其本廓如太虛之澗而不覺其廣朗如秋月之皎而不覺其明應物而不應於物役人而不役於人夫然則理尚不自立而況於欲乎正尚弗自居而況於邪乎夫有意息思慮是錮扃以

防賊也任思慮之外馳亦開門以延寇也延寇者固不足道而防賊者亦豈有得哉且大盜惟恐其錮之弗固也

老氏之絕仁棄義固以煦煦之仁孑孑之義為不足高也況非仁義乎晉人之絕仁棄義乃有執乎仁義不足高之意而特以此為是也夫有所為是豈老氏之旨哉老氏之道固不足以治天下況效其糟粕者乎

仁之未發也渾然廓然大中至正而已矣人欲觀仁不

知何者之為仁也惟其接於物而如心之謂恕然後有以見夫仁之施是故老吾老以及人之老幼吾幼以及人之幼仁之行乎恕者也强恕而行求仁莫近恕之歸乎仁者也

觀書所以長我志氣拓我聰明且日知所未知日行所未行久之而内不見我書即為我外不見書我即成書此與書為化而不以心稽者也故易大傳曰默而成之存乎德行

聖賢之學即見乎聖賢之書使聖賢於書之外別有所謂學則書非聖賢之書學亦非聖賢之學矣聖賢立教本欲使人人因書以修聖賢之學以至聖賢之地豈有遺哉豈有隱哉

尊所聞則高明行所知則光大是語也曾子言之董仲舒舉以告其君横渠張子又稱之以教學者則知上而人君下而學者均當自勉毋使徒聞而不尊知有餘而行不足以日入於空虛無實之學焉則幾矣

大學端本於明德而已及於新民用力於知止而已要乎能得所操者約而所該者博理固如是也然必至於本末無間終始合一無所謂先而無不可先之即先天而天弗違也無所謂後而亦可以後之即後天而奉天時也非大人之學其孰能與於此

敬者志之所由以立者也敬於所存則志於希賢希聖敬於所發則志於堯舜君民徹上徹下無內無外察理則思極其精處事則思極其當如是則吾性吾命之學

與修齊治平之實一以貫之此嚴恭寅畏所以事天而古聖人之修已以敬而安人安百姓者舉不外此也
學記曰先王之祭川也皆先河而後海君子之學何以異是滌性命之原返昭曠之本湛湛然出之無窮之府引之不竭之淵所以疏其源也遊之乎詩書之圃行之乎仁義之塗沛然其內充而外達也浩然其日引而月長也優游漸進不舍晝夜而終必至乎大成所以竟其委也雖然疏其源而達其委者又豈有所作為也哉孟

子曰如智者若禹之行水則無惡於智矣君子為學無躁進之志也無穿鑿之巧也順之以自然而待之以積久至於一旦豁然貫通則達海之勢有莫能禦者矣不然者無萬川之歸又安能不竭於尾閭之洩哉
四子言志於由點一與一哂在聖人初無垂教之心而點而成之化而裁之已使人有悠然自會於意言之表者故聖教如化工云
周官亨人掌共鼎鑊以給水火之齊而戴記有曰三日三夜無絕火蓋物有久而後熟如此者讀書亦然立志以端其本如爨之先以烈火也主敬以敕其中如謹視其火候也涵養以成其終如物既熟矣以細火養之使全其味也如是而才醇而德美矣讀書而未至於成則是爨八珍之物半熟而置之也不可惜乎
萬物其同乎羽生者不可以疾趨鱗生者不可以陸游萬物其異乎含靈者咸具其覺知成形者胥歸於物化然有不同不異天地不見其大而纖芥不見其小管乎

物我之間而不識其名之自始者其誰耶故螟蛉蜾蠃異體也苟視之則速肖之仲尼顏子異形也苟視之則速肖之自其異者而觀之則無同自其同者而觀之則無異也若是乎同異之不可恃而人第執其既肖以後者為同而不知肖者非生而同又烏知其不同者之一本於大同耶
人之心即天地之心也人心之所接皆天地間萬有不齊之物以一心應萬事而有餘者聖人也聖人情順萬

事而無情不見有己不見有人故無所為思常人則心役於物思之所以憧擾而朋從也朋之從雖有善不善之分即善而出於朋亦有私繫之失非聖人大公之善矣況乎其有不善者乎

周子曰誠者聖人之本又曰中正而誠則聖矣中正而誠思誠之學也思而誠與誠者無異矣及其知之一及其成功一此之謂也中庸言學曰其次致曲困知勉行者必加人一己百之功焉是以聖人之道有一致而無

二途有漸進而無躐等不可怠也不可躁也終吾身而已矣

日知薈說卷二

欽定四庫全書

日知薈說卷三

卷阿之卒章曰君子之車既庶且多君子之馬既閑且馳其意以為是足以待天下之吉人矣夫燕遊之地志易荒而情易蕩於此焉勸之以求賢且其車閑馬馳不用之於馳騁虞獵之地而即用之為招徠英哲之舉隨事進規因時納諫非老成忠厚之臣心乎國家者不能也且成王繼武王之盛車不患其不庶且多馬不患其

不閑且馳也但患治亂之臣一心之衆未必如曩時之極盛耳然使有其臣有其衆而車不庶馬不閑亦不足以張六師而揚聲靈此名公慮國遠謀既深求賢之意於言中亦寓奮武之意於言外心乎愛矣遐不謂矣召公之謂歟

人惟無思則好惡無所見其端既有思不入於正即入於邪邪則不能好善而惡惡不能好善而惡惡又何問其至不至乎若其無邪則正矣正則能好賢而惡惡矣

顧其情不永其志或移則雖好猶不好雖惡猶不惡也是故厚於始者不能保其不薄於終勤於先者不能保其不怠於後緇衣之改為改造適館授餐其始終先後無間也故曰此好賢之至也不敬而聽之則萋斐未必不為貝錦之文致哆侈未必不為南箕之羅織巷伯之投畀豺虎有北有昊而又戒以敬聽其疾讒痛惡亦始終先後無間也故曰此惡惡之至也

陰陽相感而生萬物萬物由感而生其能不相應乎水

流濕火就燥言其氣之相應也夫濕燥非水火也設濕即水而燥即火則其性所自具何必言流與就哉故流就以濕燥定濕燥以流就成相因而生相感而應固勢所必然然文言不繫水流火就之義於九二於九五言之者以見水流濕則濕之水非復水之水也火就燥則燥之火非復火之火也臣遇君則君之臣非復臣之臣也如是而後利見大人之義顯

雷風天下之至變也然至變而有不變者存恒之名因是而立君子立不易方亦以易中有不易耳譬夫中天下而立自南見之謂之南自北見之謂之北此不易之至必存乎易之中也故雷風之恒非恒也君子之不易方非不易也其必有易之不易不恒之恒明矣

聖人之覺世牖民也惟蘄敷天之下聲教四訖合於大同然其布政施猷亦惟是蕩蕩平平使民遵循而弗知蓋其心忠故不忍不以民之所不能者引為己任而其心恕故又不忍以己之所獨能者強以相繩夫羿之教

射必至於彀不能強其必羿也大匠教人必以規矩不能強其必大匠也聖人教人多方誘掖為之禮以節之信以結之以至容貌衣服燕游食息之間凡所以教之之術無所不用其極然不能強其必聖人也夫不強其必為聖人是以人人可以自勉上之至於賢聖而無難下之亦不失為寡過是則聖人不得已之心也

子路治蒲孔子過之稱其三善曰恭敬以信忠信而寬明察以斷夫孔子未嘗見由之政也然而其境治知民

盡力其邑完知民不偷其庭閒知政不擾凡此者由未必蘄人之知而衆人亦未必知且非特衆人不知即蒲之民亦相安於無事而不自知惟聖人諦觀而審察之則由治績之善於其境其邑其庭可考也此所謂有實心者必有實政不求人知而人自無不知之者也

六月之詩美周宣王北伐先陳王用文武之吉甫以靖外而終之以錫宴則孝友之張仲在焉蓋曰吉甫靖外之功皆張仲之左右王室相資以成云耳夫自古忠臣

義士効命疆場之間而功績不能上聞措置不由己出甚至功垂成而中輟志未伸而亂隨大都受制中朝動輒掣肘國事以去身命徒傾此英賢所以負戟而長歎者也且此居中掣肘者豈必皆仇讐哉直妬其功成則己將不利甚有受敵賄賂戕害忠良而不惜如秦檜之於岳飛皆自私之心勝故置國事於不問也夫張仲未嘗自言其居中運籌之功詩所謂孝友其實亦未可考第以吉甫之成功若是其速且易則與王共處乎内必無一忌刻吉甫者相與公忠輔國以期其有成也詩曰有馮有翼有孝有德如張仲者非其人哉

周禮遂人治野以下劑致甿蓋甿或自六鄉徙而出或自侯國徙而來無田之可耕而輕去其鄉必皆遂利以居者也是必有以還定安集之使有恒産而後有恒心且六遂在鄉之外其去王都也遠其為土地也博故其致甿雖受田有上中下之殊而及其會之惟以下劑為率而可任也者家僅二人則所以優之者至厚此天下

之民皆恱而願為之甿也然田有上中下之差而任之一準以下劑人又孰肯受其田之下者是徒以利起民之爭而政亦不平故其後又繼之以辨野之土田均百晦而萊則有五十晦百晦二百晦以上中下為差焉夫遂人安甿以田里擾甿以樂昏教甿以稼穡利甿以興鋤勸甿以時器任甿以疆予而終之以土均平政致之之後所以安定教導之者又如此其備於是無恒心之甿悉化而為有恒心之民也豈僅一招致之術哉

仲尼以萬世為土立四府以約之易書詩春秋是也其運於世如天之四時未嘗一日而稍息故昊天之盡物不在四時而因四時以見聖人之盡民不在四經而因四經以顯

鼓無資於五聲五聲不能外鼓以成九奏之諧水無資於五色五色不能離水以成山龍之繪其在於人内而五常外而五倫其相接而為内外之樞以備具乎一身者莫若五官五官不能自治其治之者曰學學之道柰

何亦惟推五常之性以接乎五倫之交俾無不得其宜而已夫五官質也離乎器質之緣則理欲半之盡其學之之道而恭從明聰睿之德雖聖賢不是過否則外物之交已私之錮有不可勝言者非如五聲無鼓五色無水徒柰其聲敗其色而已也則夫五官之於學豈不較聲之於鼓色之於水而更重哉

淮南子曰以禮義為衣蓋以人不可無衣無衣則寒國不可無禮義無禮義則亂身寒一人事耳國亂其害可勝言歟君人者受天下國家於宗廟父母延子孫之裔為萬民之歸苟不知禮義之防則已知禮義之防而自壞之是何異於裂冠毀冕若伯子之欲同人道於牛馬也

易有太極是生兩儀盛德大業均於此出何可言無然無極而太極太極本無極又何可言有乾至健而坤至順易知簡能之本也陽主生而陰主成神伸鬼屈之理也是惟有一動則有一靜其動也不可謂之有其靜也

不可謂之無但動之幾必始於靜靜之幾必伏於動由靜而忽動者自無而之有也由動而復靜者自有而之無也夫有無者動靜之流也動靜者有無之機也動靜尚不可名象而欲以有無盡易之大是亦不自量也已然則易之道無有無乎謂易為有有無不可謂易為無有無不可第不可以言有無盡易耳然則舍有無又何以言易傳曰易本隱以之顯言本天道而達於人事也其道蓋不倚於有不泯於無則不言有無可也即言有

言無亦無不可也

君子觀謙象而知物之難稱也物之不齊有如地中之山高者高下者下而高下又不可以數計惟地之載也無心故高者高平下者下平而無有不平其施君子裒多益寡豈曰損有餘補不足裒彼多以益此寡乎如是則被裒者常怨被益者常喜非平施之道也君子於民之多寡有如地於山之高下多者多平寡者寡平而究無物之不平者以其無心耳

君子之道本諸身徵諸庶民其身有令民可觀之德猶思日孜孜不敢自是必於民心之向背風俗之淳漓以觀吾所行之臧否與所令之善惡王者舍民無以成我觀民即所以觀我也夫出治惟我所治惟民觀我觀民交相為治也而聖人必曰觀我生者蓋君者賴民以生民治而後君為不虛生於民之上不然君若贅疣何用其生哉

文周之繫易也有貞凶者矣未有中而凶者也有正而不中者矣而中則無不正也以此見正可力致中必晰理之精守道之篤然後可以言中而仍不失其正

韓子曰易奇而法詩正而葩使易徒奇而不法與陰陽術數家言何以異使詩徒葩而不正與雕蟲小技壯夫不為者又何以殊哉故易之道大矣而云懼以終始其要无咎詩之教廣矣而一言以蔽曰思無邪思無邪則正也懼以終始則法也史稱昌黎因文以見道又云有衛道之功觀此二語自非見道者何能言簡而義備若是哉

天地運四時而不知四時之運聖人理萬幾而不知萬幾之理文王大聖人豈端居守默杜絶知識恐擾其靈臺者乎杜絶知識非不識不知文王之不識不知乃如是識如是知而不識不知此所以為順帝則也故孔子曰聲色之於以化民末也推而至於上天之載無聲無臭夫此無聲無臭豈離日月星辰之麗乎天百穀草木之麗乎土而別有上天之載乎明乎此則文王之不識

不知非無識無知也亦如舜之由仁義行而非行仁義云爾

下學上達實惟聖人能之即此下學即此上達非日積月累以求遲之又久而後達之謂譬夫積寸成尺寸自寸而尺自尺非寸成尺也上達不外於下學者又如寸尺雖殊不離於度所謂上達則知天也我知天天其不知我哉

易以道陰陽一陰一陽之謂道繼之者善成之者性孟

子道性善而不及陰陽性善之實際此理即陰陽也全易之理惟以陰陽消息顯性善之實際吉凶悔吝皆支流餘派也邵子曰孟子之言未嘗及易蓋不如常人之日以吉凶悔吝捃摭其詞以言易也又曰孟子善用易所謂道性善其理實與易脗合不言易而實為善用易矣

卷阿之詩曰豈弟君子四方為則豈弟者教養之本也人君以一身教養萬民力有所不逮而勢有所難周故先之曰有馮有翼有孝有德得此人以為引翼則豈弟之君子四方以為則矣既勸之以教養萬民又教之以求賢自輔人君為政之要孰有大於此者乎

小行人之職命之以五物巡行諸國而辨異之以反命於王俾周知天下之故至五物之終有曰以康樂和親安平為一書非誇政治之美而張大其辭也蓋以民莫不欲康樂其室家和親其宗族安平其鄉里而好為背理棄義以干犯法紀者凶荒之苦政治之乖有以驅之

而遂以法繩之此小民無知而干憲典者所當哀矜而拯救之也周公以為利害之興除已當政教之養恬靡遺人事無悖逆之失天道無凶荒之厲然後可收康樂和親安平之效而大同之風以成其尚有未周則必精察其故或競緑張弛之有悖以致天譴而釀民患兢兢靡寧乾乾惕若俯仰跼蹐而不敢少康蓋導王敬天勤民之本均在於此矣

周禮籥章氏凡國祈年於田祖則歈豳雅擊土鼓以樂

田畯按幽雅之什曰誕后稷之穡有相之道所謂輔相天地之宜也茀厥豐草種之黄茂即其事也必人事盡於下然後有以輔成帝命率育之心而黍稷實穎實栗故能為酒醴以祭先祖而洽百禮其詩曰壽考維祺以介景福樂嘉報之無已也而籥章氏龡此以樂田畯即所以樂田祖也田畯者古之勞農勸相司嗇教稼嘗有功於農事為田祖所佑者也祈年於田祖而龡豳雅擊土鼓以樂田畯蓋云田畯是享庶乎有以佐神農氏之

治而興我稼穡云耳且龡豳以祭舉國之民皆與焉於是乎得聞先王服念勤民康功田功之事先民勤勞稼穡以祇率懿訓之休而東作西成競相勸勉惟土物愛罔敢怠弛盡人事之勤獲天時之報此又周公制禮之本意所以為萬世勸農之法也歟

周之王業雖造於太王王季文武而開皇靈承天眷綿實祚撫萬邦實由后稷教民稼穡肇祀上帝始之故惟后稷之祀易富亦惟后稷之祀難則也難則維何有后稷之德與誠則明水之薦可告馨香無后稷之德與誠則雖燦陳乎蒼璧黄琮備列乎鏞鐘賁鼓吾知神之不享矣古聖人先成民而後致力於神未有民不和而神降以福者后稷之詳穡事以供粢盛成民者至即所以事神者誠豈猶有致憾於未備哉迨其後周公作禮樂漸至文盛而太羹不和犧尊疏布幂樿杓猶祖述先人之意即以后稷所以事天者事后稷記稱武周為達孝蓋武周之孝自后稷之祀有以啓之矣

人主之祥莫大乎集福而得福之由必在得賢以自輔卷阿之頌成王也既期之以彌性純嘏於是又告之以馮翼孝德之助興其梧桐鳳凰之思以歆動之猶既醉之什言介爾景福而必曰朋友攸攝假樂之篇言干祿百福而必曰百辟卿士之媚云耳

周禮禁原蠶論者謂蠶馬同以天駟房星為祖物莫能兩大再蠶則蠶盛而馬耗禁之所以蕃馬也蠶既與馬同氣恐蠶盛傷馬獨不恐馬盛傷蠶乎意者校人祭天

駟而馬質掌馬政使並掌蠶禁所以禁原蠶者恐其氣竭則來年之蠶不能蕃滋所以節盈虛消長以為阜物育材之本耳究而言之蠶之為用在民而上供絲枲則仍入乎官馬之為用在官而成羣阡陌則仍利乎民聖人之政亦惟斟酌損益與時偕行期於政修物阜而已又何容心於蠶馬之分哉

周禮夏官司勳掌有功者於其生也銘書於王之太常君牙所謂厥有成績紀于太常是也於其沒也祭于大

烝盤庚所謂玆予大享于先王爾祖其從與享之是也然考司勳之職國功民功皆在所等而官獨列於司馬者尤見先王敬軍事慎戰功之意易師之上六曰大君有命開國承家小人勿用師之終賞之慎也以為非是不足以為勸也

周禮小司馬軍司馬輿司馬行司馬之官其所職掌不具載此如冬官之文缺耳或以為運籌帷幄決勝千里是在臨時應變非可勒為成書依而行之者故秘而不宣非也周官所載政事之顯然者耳臨陣之幾非書所能載亦非體所宜載雖諸職具存亦不宜有此也若有此則宜見於主軍之大司馬不宜散列羣職以是知其為缺也聖人之政豈有隱哉

魯衛中興之際文公紀騋牝之三千僖公稱駉駉之牡馬其事略同顧衛自渡河以來流離遷徙至文公而始安集遺民僅有寧宇僖公世保龜蒙考諸閟宮泮水所詠矯矯皇皇較之定中播遷者迥異焉即其駉牡之盛

馬知王政之不由是而興乎然所以致其盛者亦惟僖公之思有以致之耳其曰思無疆以言其有廣大之量也思無期以言其不苟於近利也思無斁以言其持之能久也思無邪以言其志之必以正也是其出乎心者有本取於民者有制而無邪一語尤足以見其淵默靜深之中有易直子諒之德以是推之雖使周道復興其亦可矣區區之馬云乎哉然魯至文宣漸以不振而僖公亦未聞垂裕久遠為卓然首出之君者由其立心究

未造於無邪之至耳夫慎獨謹微之功至則念慮之間渾然天理而有以得夫性情之正天德王道一以貫之思無邪一言聖人取以蔽三百篇之旨若僖公者又安能與於此哉

周禮膳夫酒正王及后世子不會之文後世有必不可行之勢而行之且必有害者蓋太宰以九式佐王均節財用四曰羞服之式所以量入為出定為法式使無奇服異味酣飲之失則不會而猶會也第不令膳夫酒正

以羣有司而準法以沮王及后世子耳唐太宗興國之君過信經義詔令太子用庫物有司勿為限制馴致承乾驕奢過度不終其德後雖悔之不可及也是猶公羊復讐之説誤用於漢武之世而征伐之禍興王安石據國服取於民之説神宗信之而青苗之弊劇皆不善法古之前鑒也

頤之彖曰養正則吉蓋義理之養與飲食之養不可偏廢故觀其養人之能以正者必教養兼行君師並任之大君也觀其自養之能以正者必寡欲以養心秉禮以養身之君子也所養自養就其尤重者言之則寧失養身不可不養心此孔子所謂不得已而去食者也

資烹飪者莫如水利煆治者莫如火善從革者莫如金成什器者莫如木宜稼穡者莫如土粒萬民者莫如穀此六府者聖王知其為生民需也是以修之猶恐民飽煖而無教或農末之相病而凶荒之無備也故正德以興民行而民罔有悖倫者矣利用以便民事而民罔有

乏資者矣厚生以阜民財而民罔有飢寒者矣此三事之和聖王所以汲汲於六府之後而併力以圖之也修六府和三事而民之相生相成於其中者不見創作之勞咸順大化之内此無他聖王以利民為心而治之復得其道耳得其道柰何濬哲文明溫恭允塞此建中之本也闢四門明四目達四聰此為政之基也惇德允元則元愷並升難壬人則四凶胥斥此用人之要也後世豈無欲治之主而施之不得其宜或清靜而廢事或吏

張而變法故必曰以聖人之心行聖人之政而後可

周公之告成王曰君子所其無逸言以無逸為所也召公之告成王曰王敬作所言以敬為所也夫無逸必本於敬而敬則自然無逸敬作所即所謂所無逸也二公誠懇之心同而告王之言亦無不同如此詩之美成王曰成王不敢康不敢康即所謂敬作所也所無逸也蓋有得於二公之教云

見善則遷有過則改為益之道然必樂取於人日見其

益而後能與時偕行日進无疆天保之詩曰俾爾多益以莫不庶蓋人臣寓規於頌欲其君受善無遑而進善者衆也夫福之多由於益之多益之多由於虛心以受善曾見予智自滿者之能受福乎後之解者多曰無事而不受福則得之也極多不知所謂多益者正謂多受益也俾爾單厚何福不除言厚之能受福也故三章又申之曰如山如阜如岡如陵言單厚之受福也如川之方至以莫不增言多益之受益也此可以見君臣交勉之意矣

易蒙之象曰君子以果行育德果行育德非童蒙之事也而大人之欲開童蒙者則在先開一己之蒙果行育德其方也周子云山下出泉靜而清也則仍以育德為果行之本

涓涓之水終成江河水之出於山下也沙石以壅之藻荇以牽之惟其源深而流遠一達其機沛然縱之已耳走沙石浮藻荇豈更為其所壅滯哉人之於性也亦然

其始見乎情而發於事也私欲以紛之利害以擾之惟其育德而果行誠壹不貳推而放之已耳絶私欲屏利害豈更為其所紛擾哉故果其行如水之必行育其德如水之有本以之進德以之修業入聖階梯豈外是哉然亦何以育之果之乎克已以去其私主一以立其本涵養以裕其中篤實以充其量則內育而外果矣內育而外果則有靜正剛中之美推而達之天下斯可矣

廓然而大公者聖人之存心也物來而順應者聖人之

應物也德量之宏於斯見焉苟非私欲全消渾然天理以萬物為一體者其孰能哉易泰之九二曰包荒解之者曰聖賢之心無棄物堯舜之道欲並生非包荒則不足以體天地之心而盡君師之道此德量之宏也

太上立德其次立功又其次立言立言固不朽中之又次者也然必其德與功不見施於時因而為扶樹道教之言以立人極然後可與聖賢之書相表裏六經語孟聖賢之書也至於子史百家不過文人學士攄其胸臆

寫其牢愁事或過而匪當文或深而礙理況溺乎此而六經語孟反不致力所謂讀書以明理者果安在歟然則子史不可觀乎曰何為不可折衷於六經語孟而已矣夫肉雖多不使勝食氣不謂恐勝食氣而不食肉也讀六經語孟者資之子以益其識之宏博資之史以觀乎時之盛衰反而察焉其理合乎六經語孟否乎其事合乎六經語孟否乎其合者必其正也其否者必其邪也正者施則順而措則宜也邪者生於其心發於其言害於其政與事也凝神靜氣體驗察識而得其精焉夜以繼日不自畫焉則內有以治其心外有以應乎事因子史而益精六經語孟之旨則讀子史之功又奚可泯哉

漢宣帝甘露四年詔諸儒講五經同異於石渠閣其時施讐論易周堪孔霸論書薛廣德論詩戴聖論禮嚴彭祖論公羊尹更始論穀梁而太子太傅蕭望之等實平議以聞帝為之稱制臨决且置梁邱易夏侯尚書穀梁

春秋博士一時傳為盛事然予竊有疑焉蓋經學之不明於天下久矣漢承秦火之餘諸儒補綴收拾非盡師授能得其精意其危若繫千鈞於一髮幾何其不斷以絕也考之史傳所載田何之易為冣古蓋商瞿受之孔子六傳而至何者也焦贛之易第載陰陽讖緯之言則京房所習者是也費直之易則以彖象文言分入諸卦得鄭康成王弼為之註其學遂獨行而帝之置梁邱易博士則以梁邱賀蓋習京氏之易者也不遵古而讖緯

是究非矣書有古今文之異今文先出而古文後出夏侯氏之書傳自張生而張生則受之伏生帝立夏侯之學豈周堪孔霸亦治夏侯者歟春秋當漢初有四家公羊穀梁鄒氏夾氏也鄒氏夾氏至王莽時始失傳當是時帝獨置穀梁博士則有取於尹更始也禮始於河間獻王二戴刪定之以無專家不置博士是矣而左氏春秋因晚出是時不及置博士不深可惜哉大抵宣帝居民間雖曾學習經書而年十八即為天子師授者亦未

純當其稱制臨決又未嘗不斷以己意是以不能成大同之盛

君子之守正非惟一時之去就固應如是即揆之榮辱得失之間君子之見遠而慮大與小人之計小而謀促者亦不可同日語矣

表記曰君子淡以成夫有人己內外之見者不能淡者也君子內不見我外不見人與物無親而無物不親譬之於水無不淡也則無不以淡成也大而江河細而溝澮非水分也人自分也有分則人我立而水之淡終始無分也故曰君子如水水惟無己故以水為水可以水為醴亦可醴水之所成也小人者君子之所曲成也

神明而陽乾之屬也鬼暗而陰坤之屬也純坤至十月纔見而一陽來復于月天開先王於是乎行郊祀之禮以迓微陽記云禮行於郊而百神受職蓋陽氣方倡而生物伊始也然禮本於天而成於地乾德統天并坤而有之使其稍有不協則於陽氣或悖而不足以發生物

之機是故先王欽若昊天對越上帝則風雨節而寒暑時地且受職況百神哉

呂刑曰惟敬五刑以成三德蓋刑獄之事民命攸關已死不可復生已斷不可復續聽訟者稍有不敬則心不能虛不虛則不明而欲判曲直於俄頃之間難矣夫敬者誠之見乎事者也慎者又敬之及乎微者也舜之告皋陶曰惟明克允所謂誠也周公舉蘇公折獄以示法則曰茲式有慎蓋亦視人之器量有廣狹規模有大小

而所告有殊然曰誠曰敬曰慎其致一而已矣故程子曰敬之一字徹上徹下豈惟典獄者宜然雖修齊治平一以貫之矣

乾為至健之卦故其德曰元亨利貞乾元統天坤之德亦具此矣至坤索乾而得其初爻則為震其序為長子其德為動其象為雷其位為東方皆得天最初乾之用悉著於此故天下雷行為无妄之卦而亦有乾之四德也夫天下雷行震動發生似但有元亨而無利貞也然

萬物得此而各正性命非利貞而何哉

詩曰豈弟君子求福不回福非小人之所能求也其未得也邪諂以干之其既得也又驕泰以失之故必君子然後能自求多福而求而必得得而能守其諸異乎小人之為與夫君子小人之分理與欲而已君子以順理為福小人以從欲為福順理則裕從欲則危日處乎危而以為求福吾恐福不可得而禍且隨之君子之自求多福亦惟正其心修其身順適乎天理而終始之不渝則此心常泰而動罔不臧何福如之易所謂積善有慶書所謂作善降祥固有不期至而自至者然君子方以邀天之福而愈惕然於內省之修其始也既未嘗有求福之心其繼也又何嘗以得福為樂哉夫順者逆之反福者禍之基不順乎理必速之殃庸可常保其福乎君子之乾乾惕若不遑寧處者正以蘄順乎理而永綿茀祿也故曰百順之謂福

君子進德修業敬義夾持而後油然豈弟有子曰知和而和不以禮節之亦不可行謂和樂須節之以禮也程子曰敬則自然和樂謂節之以禮然後能和樂也由是言之禮其樂之本與

洪範曰既富方穀非使其臣廪祿有繼衣食有給以單厥心阜成兆民哉蓋君之所任者臣也臣之所理者民也民之所賴者治也君賜祿以富厥臣則臣穀其身以理民臣穀而民治熙皡之風可幾也小人貪得無厭廪祿之外多方以求之賄賂公行而暴斂苛索常若不給

未嘗不富也而穀於何有故繼之曰于其無好德汝雖錫之福其作汝用咎以是知人君操馭富之權得一正人而用之則當富之而致其用此福之有賴於錫而錫之必揆其當者然也至人君之所以穀一身而穀萬民者尤不可不慎天之愛人甚矣豈其使一人肆於民上而能永保天禄乎若夫百姓之家雖無位以施其善然睦宗族和鄉里給貧乏恤鰥寡亦可以為穀之道蓋貨水也壅之則溺宣之則通溺之者亡通之者昌自天子

以至於庶人知乎天地生成之德惟在不自私其富則建極保極之理有實而可循者矣

禮者敬而已矣君子敬以直內如松柏之有心禮之用和為貴君子和以應外如竹箭之有筠以竹箭之筠較松柏之心似心內而筠外心為質而筠為文要之外根於內君子之居心即所以應物也誠敬之至通於神人事天饗帝皆本於此彼徒以威儀玉帛飾諸外者無其心矣遑問筠哉

記曰人情者聖王之田蓋生民有欲無主乃亂上天眷命作之君師君師者所以裁成輔相而治其情者也得其道而理之則其情協拂其道而驅之則其情亂協則天下歸心亂則兆民背叛其機甚微而宗社之安危係焉故聖王之治人情猶農夫之治田聖王小心畏慎日昃不遑所以事上帝而畏民嵒者凡以治人情而無鹵莽滅裂之患故大順大化淪肌浹髓萬世之業本於此焉夫惟施之也有次第是以其成功大而遠彼不以治

理為心而耽晏安者是猶棄田而弗治而霸者之假仁仗義以漸速成者亦猶揠苗助長均為惑之甚矣

君子求為己則不慚人之譽求實得則不因有虛名而自止記曰貴玉而賤碈此物此志也小人之異於君子者有二庸懦無成者猶瓦缶之自棄假名要譽者猶以碈而亂玉君子依乎中庸溫其如玉人不知而不慍遯世而無悶亦如良玉之在璞已耳孔子欲待價而沽蓋求而不能待則玉已自失其美矣可不慎乎

黄叔度淳行可風可謂有踐履矣而無所發明後儒疑之以為其行不可見也韓昌黎原道原性諸篇精於發明者也踐履容有未純不失為通儒故有發明而無踐履不可有踐履而無發明亦不可然必由踐履而有發明則所發明者皆自道其所有始為親切可貴也東萊所謂踐履多於發明者誠得聖門先行後文之旨歟

春秋責備賢者為賢者諱聖人之心天地父母之心也天地栽培傾覆作善降祥父母之於肖子有無已之心

焉賢者亦聖人之肖子也其是耶聖人固從而是之其非耶聖人固從而非之至於是之中有非非之中有是亦酌其是非之大小始終而責之備焉為之諱焉其諱之也非有私於賢者其責之也非有刻於賢者凡以大公至正之心為彰善癉惡之道耳是故責之之心至嚴而諱之之心至恕賢者之有失常人或不及見而聖人必為責之其待賢也何其嚴賢者之偶失常人必不能容而聖人必為寬之其待賢也何其恕嚴恕並行仁義兼盡善者知所勸不肖者知所懼後之處已待人者舍是其安所準哉

君子之與君子處也固有以敬業樂羣輔仁勸善然無所用其惕厲戒懼也夫惟惕厲戒懼然後動心忍性思患預防其於義理也察之益精於道德也守之益固故君子與小人處當橫逆交加而怡然受之曾無怨懟之意者非惟樂天知命亦其自治然也詩曰他山之石可以攻玉豈其然乎

大禮與天地同節大樂與天地同和禮樂相資而成至道內以淑其身外以化其民皆猶二氣之保合獨陰不生獨陽不成也知此則知禮樂不可斯須離矣

咸之象曰君子以虛受人惟虛故中無所窒而無所不受也蓋虛者中無一物而無物不備之謂懷私狥欲以堙衆善之源者無論矣即所主者善而先立意見於胷中亦不足以盡在物之理而有所不能受舜之聞善若決江河由其心之本無一物耳

易曰天下之動貞夫一理固然也而能盡此者惟聖人

蓋心與理本一感物而動而紛然者不能一矣故有謂

動爲妄者是不知動乃心之生於静者也有謂一可執

者是不知一乃理之散於萬者也聖人貞夫一則一貫

於萬而動亦静矣其動也若行雲之無心其一也若谷

神之獨守

上之獲不獲友之信不信有命而誠不誠在我上與友

皆外來之遇獲上信友不可不以誠而極其誠未必盡

信友獲上君子亦盡其在我反身而誠焉斯可矣

天德王道其本一也一者何曰心而已聖人言王道必

本諸一心然心不可以名象形不可以言語飾不可以

事功論不可以鬼神惕盖敬鬼神而遠之鬼神亦吾心

中之一物耳以事功論則唐太宗致治之盛幾於成康

而於古聖王天德王道一以貫之者則概乎其未有聞

也至於言語名象吏爲枝蔓其不可以徵心明矣故記

言王道亦曰心無爲也以守至正

日知薈説卷三

日知薈說卷四

周之興肇於文武而文武莫不好仁宜其天下無敵而殷士膚敏祼將于京也穆王耄荒而作刑以詰四方不仁之始也厲王虐而監謗不仁之極也馴致於平王之遷而周遂以不振始也以一國之寡好仁而興終也以天下之衆不仁而失豈非明效大驗哉是故人君清明在躬愷惻存心省刑薄稅節用愛民非徒開一時之治

平亦燕貽子孫無疆之業也

周宣王中興之業論者比之夏少康非過譽也然其後似不克終考之諸書如廢魯適不藉千畝喪師南國料民太原晏起廢朝而有姜后之諫勤民於遠而有祈父之詩王子晉以厲宣幽平並舉有由來云

自古撥亂反正之君必有攀龍附鳳之臣翼贊宣猷共襄大業雖運會使然要亦視乎為君者量之所受秦之亡也高祖興焉漢之亂也光武復焉是二君者其得人獨多而其享國亦最久非若後世偏安小成者比也高祖之豁達大度尚矣光武縝密視高帝差小然馬援稱其恢廓大度同符高祖其為大司馬而廵河北也南陽鄧禹仗策從之光武用其言且親信之於是馮異寇恂耿弇吳漢之儔扳茅彙征咸樂為用二三子者進而天下之大勢歸是光武之量固足以受之矣

高祖修外而不修內者也光武內外兼修者也高光之得賢才服勍敵與平定海內莫不皆同然既得天下之

後高祖則誅功臣耽酒色光武則保全勳舊興起學校却四夷貢獻以外論之固皆盡美以內論之光武盡善而高祖猶遜焉是以君子重內而畧外謂夫外暫而內恒也

漢高明高得天下之正比之唐宋尤為無疵余嘗論之漢高之天資過於明高而明高之學問優於漢高漢高處置後事若燭照龜卜而明高不能免靖難之亂是其明識之遜也然立法度理財賦興學校制禮樂經綸之

美固非漢高所能及漢高有韓彭之戮明高有胡藍之獄或則戕害功臣或則株連太廣有損仁厚之風不能為二帝諱然當群雄爭逐之時割據自王各保疆土而能存此不嗜殺之心東蕩西平奄有四海孟子曰保民而王詎不信夫

漢明帝畫功臣於雲臺馬援以椒房之戚不得與夫援之功遠過於李忠景丹輩而與馮異寇恂相伯仲者也昔祁奚之見稱於叔向也曰祁大夫內舉不避親外舉

不避讐使援而無功則帝之不畫乃公也援而有功則帝之不畫不可為公若謂因外戚而不與是猶有外戚之意存也何如有功而即畫之為正大乎且使後之外戚亦知外戚中有公爾忘私為國宣力如援其人者安知不預化竇憲鄧騭之儔而皆為良善也耶老氏云上德不德若明帝者其示公而反失大公之道者歟

考西漢享國二百餘年東漢亦享國二百蜀漢則自昭烈至於後主僅二世而失之昭烈之賢不及高光而武侯一人亦不足以比蕭曹張韓鄧馬吳岑之衆況重以後主昏弱而當天已厭漢之時欲其克紹先業奄有九有不亦難哉是以聖王小心畏慎敬天勤民惟日孜孜不敢少懈者誠知訏謨善政克享天心即所以為子孫萬年之計也

宋文帝元嘉十六年立四學於京師以儒文史為三途而雜以老莊之學其於先王庠序學校之教失之遠矣善乎司馬溫公之言曰天下無二道安有四學可謂切

中文帝之病

漢光武與唐太宗皆不世出之君其勤政納諫禮賢與學亦略相等然建武之治不及貞觀者太宗有房杜王魏為之用光武有鄧禹吳漢輩而不盡其用以此見天下之治全在用人而用人之能盡與不能盡則又治之至與不至所以分也或謂光武之不任鄧禹吳漢未始非保全功臣之善道然不擇其臣之賢否而概不任事則亦光武之失歟

唐太宗貞觀之治人率多魏徵之直諫不知徵之所以能直諫皆因太宗之虛懷道之使諫從善如流故也然當時進諫者多矣太宗獨歸美於魏徵者亦以徵至公為心而不事形迹面從是戒而必盡讜言任強直之責而不顧擅權之譏陳激切之論而不畏誹謗之議四者有一於此則不能直陳魏徵能去之太宗能察之是以君臣一德為近古所罕覯歟

唐太宗之初即位也於放宮女定勳臣之後即置弘文

館選賢才之士以講求天下之政虛懷納諫以收衆益論止盜則先廉吏欲去佞則務至誠其反覆指陳皆切中時事此誠有見於偃武修文之道即初服之規模而經國久遠燕貽子孫之法舉槩見於此矣蓋開創之時武勝而文衰是宜崇文承平之際文興而武弛是宜修武太宗居開創之初天下甫定故崇文以濟武而置館以選舉天下之賢講論天下之政非徒以文詞已也且太宗率將卒習射於顯德殿其不忘武備之意昭昭甚明讀史者慎毋以治天下之道惟在文而不在武斯論得其平而亦萬世保邦之畧也

唐太宗論張元濟尋究盜狀以魏徵之對但歸過煬帝故有非特煬帝無道臣下亦不盡心之語斯語也豈太宗護惜煬帝而為之辭哉蓋為政之道實在上下一心君必導臣以直臣必事君以忠君有所不知臣必竭忠以告之然後幽隱無蔽天下無不平之患也張元濟之尋究盜狀煬帝實不之知告而不赦斯煬帝之罪也有

司以煬帝已令斬決遂不執奏元濟亦不能以所尋實非賊者之六七人上告卒致枉承者二千餘人駢首盡戮是誰之罪歟雖然其所以不上告者亦因煬帝平日之草菅民命有以導之也魏徵既以此戒太宗太宗又以有司及元濟之不入告戒其臣既知深戒乎此則當時之政上必不忍暴刑以虐其下下必不敢欺蔽以愚其上可知已貞觀之所以稱盛治皆由爾時君臣交相儆勉孜孜不怠之一念致之也夫清明每始於兢惕而

究濫總起於怠荒豈外一心而他求也哉

唐太宗以荀悦漢紀賜李大亮亦出於一時之偶然而尹氏起莘乃以為太宗之勵其臣以義不以利若然則魏徵之諫伐馮盎賜絹五百上十漸疏又賜以金甕豈太宗之視魏徵轉不如大亮之不可以利誘乎夫讀史者亦識其大端知其體要而已若必事事臆度而懸揣之以為古人具有深意焉吾未見其有當也

唐元宗躬耕興慶宮側得重農之意抑亦開元之政也

當是時元宗志氣清明留心治理焚珠玉以戒侈賜吐蕃詩書以柔遠天下太平幾致刑措是孰使之然哉亦由元宗勵精圖治用致化理耳元宗能恒保此心勤於為政以養民為先以奉己為後則貞觀之治可得侔矣乃天寶以後卒至荒淫過度百家之產費於一日朱門饜酒肉路旁有餓殍豈向者躬耕重農之心於是而或亡哉良由理不勝欲公不勝私轉愛民之心為剝民之具是知一念之善惡而政教隨之捷於影響可不戒乎

唐明皇幸蜀肅宗即位靈武天下多事安史久而後平三鎮相繼以煽兵戈歲興供餉載道壯者危於鋒刃弱者苦於輸將天下戶口減耗已及三分之二焉然則富庶之盛果足恃乎

唐憲宗初年吐突承璀自東宮得幸承間欲有關說憲宗心憚裴垍使勿言及攻澤潞無功而還垍又疏請斥之以謝天下憲宗即罷其領兵聽言圖治若是其銳也及既定淮蔡志盈意滿信用皇甫鎛等裴度諫之而不

聽度之諫其言切於垍而鎛撓亂國政其罪浮於承璀然而取舍頓異者血氣用事心無所主安樂則荒耳

唐文宗初志以撥亂為務措置乖宜卒召甘露之變其後苟延旦夕保位為幸而顧以衣衫三澣自詡無怪乎柳公綽之嗤其末節也夫為君有為君之體為臣有為臣之體為臣而失為臣之體害止身家為君而失為君之體禍遂蔓延於天下人君當天下已平多難已定雖受四方之奉初無損於聖明即或偶服澣衣亦無不可

特非沾沾焉以是為美德也文宗時祖宗之天下大半棄之矣即使卧薪嘗膽猶恐不及尚何顔服澣衣而無愧且自詡盛德也哉

三代以下言利之朝莫若漢武帝宋神宗蓋由桑弘羊王安石巧說以為不加賦而國用足不知天下之財不在官則在民譬如澤中之水流者日多聚者日涸耳且實而按之當時政治之外固不待言其所聚之財亦安在哉

蕭何與曹參嘗有隙及何沒所薦者惟參參卒守何法而勿失人不多參之能而多何之公也雖然使參常人也則必變何所為且有以議其後漢治幾不忝哉為國之臣不顧己私而惟其治之當韓范上殿爭論下殿不失和氣率用是道然韓范窮經力學夙負經濟才故其所見者大蕭曹起刀筆吏所為有古大臣風余以是為尤難也漢賢相首稱蕭曹不其宜哉

漢博士之置雖發自公孫弘而董仲舒實開其端賢良策云不素養士而欲求賢譬猶不琢玉而求文采也又曰諸不在六藝之科孔子之術者皆絶其道無使並進武帝善其言以仲舒為江都相自後乃置五經博士夫湛深經術孰有過於仲舒者因仲舒之言而置博士反擯仲舒於江都無亦信公孫弘之徒而使賢否混淆不得竟用之過歟

孔明不遇昭烈則抱膝隆中歌梁甫吟以終老耳昭烈不得孔明則亦拊髀自嘆以是終身焉已然昭烈與孔

明何由作合哉故余嘗推司馬德操之冰鑑其功與孔明同良為此也抑又思獻帝時漢室陵夷已不可救使得如德操輩坐鎮朝廷運籌帷幄或尚可挽回萬一余故惜夫漢季之君含祖宗育養之才以為他人資或隱而弗見至於大事弗可為乃欲與婦人女子謀誅奸雄適以自速其斃不亦大可哀哉

孔明用行舍藏之義幾同於顔子而以管仲樂毅自比者豈其志趣規模僅限於二人所成就哉意者公見當

時漢綱陵夷黎民塗炭初不異於春秋戰國之際即有管樂亦不足以拯其溺然猶賴得君而小有所就也三顧之前蓋無有能知卧龍者矣目睹時之凋敝而不忍江河之日下有不禁慨然於管樂之尚能遇主者不然以公之蹟考公之心設僅以管樂自比則白帝託孤之後大星未隕之前保蜀之功亦足以比於管樂矣何必深思大慮惓惓於漢賊之不兩立王業之不偏安至於鞠躬盡瘁死而後已也哉夫自比管樂而管樂實不逮

公此可見公之心之虛而業之廣矣故百世下許公者以為有王佐氣象也

羊陸二人惟相知之深故相憚之極不得已而為相好之事君子觀於抗亡而祜亟亟於滅吳可以知當日二人交歡之時勢矣

唐史載虞世南志性抗烈每論及古先帝王為政得失必存規諷多所補益太宗嘉之亦曰朕有一言之得世南未嘗不悦有一言之失世南未嘗不悵恨羣臣皆若世南天下何由不理是則太宗之取世南世南之見重於太宗豈徒文學哉

世之治也人敦實行而去浮華世之亂也人務虛名而競文藻故文運關乎國運君子於文之厚重澆薄而即以覘時之盛衰隋開皇四年詔公私文翰並宜實録亦一時良法但行之不永有名無實六朝之風未革而隋亦遂以亡蓋六朝之弊始於魏之三祖崇尚文詞横於晉之何王清談誤世遂使瑰麗競尚古質漸失佻達成

風綺靡無行文日繁而政日亂蓋以此也及唐有天下而昌黎韓子出起八代之衰為諸儒之倡始克返華侈而歸質實世道人心有攸賴焉夫言為心聲心之所存而言形之其所係豈淺鮮哉

婁師德之薦狄仁傑可謂智深而勇沉者矣武氏固梟狠多猜使師德暴揚仁傑於衆則武氏必疑為一黨仁傑不得用非唐室福也故師德不欲使人知己薦仁傑仁傑亦不自知為師德所薦逮武氏告之而後有婁公

盛德之歎此並非仁傑感知己之深乃服其韜晦不露且以復唐自任也迨後姚元之張柬之更進迭用皆因仁傑之舉卒以滅周興唐所謂善處危難有濟困之才者吾於師德見之

李光弼大敗史思明於河陽天下之勢遂定當是時實因白孝德奮勇爭先斬賊將劉龍僊而三軍之氣倍增顧未戰而僕固懷恩先賀戰勝曰觀其攬轡安閑知必克蓋孝德義理之氣裕於平時故志壯心安也嘗考段

太尉逸事狀所載孝德用秀實計署秀實為都虞候郭晞士卒縱暴無賴者皆取以懸纛街後遂不復橫是孝德固以愛民為政非武夫戰卒比故臨敵之際神色自閒乃素所涵養然也蓄義理之勇而挾矛大呼亂流竟進是血氣得義理為楨幹而勇乃大勇矣非特孝德之捷為然也光弼之得制全勝亦以是而已矣

疾風知勁草板蕩識忠臣天寶之亂順賊者非明皇素所謂忠臣乎仗節者非明皇素不識面者乎而顔杲卿兄弟不以位卑職小盡其謀猷矢其忠悃一死於禄山一死於希烈君子以是為尤難也

宋李沆為相嘗曰居重位無補惟中外所陳利害一切報罷之朝廷防制纖悉備具或徇所陳行一事即所傷多矣斯言也得失蓋參半焉夫朝廷防制自有章程受之先王百世不易然豈無因時制宜當博採兼聽者乎博採之兼聽之以試其可否果無益於時事罷之可也未嘗試之而一切奏罷豈所以廣言路哉若謂中外所

陳利害皆無足觀而惟朝廷舊制是遵則政久弊生亦將置若罔聞乎夫小人妄陳利害擾國政而乖是非者固常有之矣然不可因此而遂絶中外之陳奏也懲噎廢食豈理也哉

郭子儀李光弼起朔方牙將振難宣忠克摧逆鋒雖立功各不同而國祚復安二人均有力焉其用兵也軍士咸樂子儀之寬而憚光弼之嚴兩者並稱然吾以為用兵其暫也事君其恒也子儀之事君也功蓋唐室而主

不疑權傾天下而衆不嫉朝聞命夕就道用之則竭力勤王舍之則閉門自守光弼晚年頗有嫉讒自安之舉吐蕃寇京師代宗詔光弼入援畏禍遷延不行夫觀其暫者彼觀其恒若此蓋智力可勉强而德量不可勉强故也

或曰孔子言君子無爭韓魏公與范文正公上殿爭論下殿不失和氣不失和氣是也上殿之爭非爭乎不知夫子之所謂爭蓋謂相競以氣而不循乎理耳朝廷之

上社稷之大計係吾一言以定是非安危而惟觀望順從緘口不出一言豈君上所賴哉其所爭者非一身一家之事也國與天下之事也至下殿不失其和則仍歸於無爭也若如或人所云則李林甫以立仗馬諷諸言官可謂息爭端而舜禹皋益吁咈一堂之上不可謂中天郅隆之世矣

晉文之霸成於城濮之戰其命帥也趙衰舉郤縠焉且曰敦詩書而說禮樂詩書義之府也禮樂德之則也

然文之勝楚終不在此其稱舍於墓分曹衛之田以畀宋私許復曹衛以攜之執宛春以怒楚皆譎道也雖幸而勝所失亦已多矣使文公明大義以責楚之不共會諸侯以討楚之有罪其誰不服而必區區用譎豈知德義者哉

韓昭侯任用申不害抑亦殘忍矯偽人也即其藏敝袴曰以待有功夫人而無功則不宜賞人而有功則敝袴不可以賞詩曰彤弓弨兮受言藏之我有嘉賓中心貺之言報有功也昭侯欲以敝袴待有功其視功臣何輕

哉昭侯與申不害同其心術故忍偽乖張至於此而後世傳為美談至以不僭賞目之抑亦愚矣

晏平仲周及三族人服其彰君賜陳氏以家量貸而以公量收晏子識其為奪齊國夫同一施惠於人而晏子與陳氏賢奸各異非公與私之異趣乎

漢法陵遲狗尾致誚唐綱不振墨勅肆行至於關内侯因爛羊頭大將軍告勑纔易一醉叔世風頹爵位失叙

豈惟縉紳之羞亦云國家之憂也宋太祖定法以文武常叅官考滿即遷非循名責實之道罷之又任子之法臺省六品諸司五品登朝嘗歷兩任者然後得請所以示名器不輕假人也淳化中置審官院考課中外職事受代京朝官引對磨勘始復序進之制又誕聖節及三年南郊皆聽奏一人特恩不預焉由是奏薦之恩寖廣雖君恩之逮亦非所以慎名器也仁宗用范仲淹富弼策乃復定磨勘任子法兩地臣僚非有勲德善狀不得

非時進秩京朝官磨勘年限內有無勞績及舉者數取旨朝官須三年無私罪有監司及清望官五人為保任方遷磨勘之法於舊為密焉裁損奏補入仕之路罷聖節奏蔭恩而任子之恩亦殺朝廷之綱紀由是而立名器由是而重而范富之外補亦肇於此矣小人不顧人國而惟己之圖如此哉恐磨勘之嚴而僥倖不得以驟進因奏蔭之殺而姻戚不得以叙官于是惡其興是議者而百方以出之雖仁宗之賢亦不免焉向使磨勘任子之法由是而定則可以傳之後世而無弊宋制多因循范富二公不懼衆人之議毅然行之卒亦不得遂其志焉可歎也夫

殷浩累辭徵辟有似乎清然自其末年達桓溫書一事觀之向之所謂清者有利心焉却利以釣名與攫利同然攫利者人輙輕之而釣名者非具卓識之君子不能別而斥之也殷浩誠士林之蠹哉

漢武帝時財窮民困盜賊蜂起一二言利之臣吏欲賦

民三十以助邊用豈不知民之疲而茫然為之哉無亦伺上意邀恩寵耳自武帝悔悟用田千秋為富民侯由是興利之輩漸去趙過之儔一時並進以是知天下未嘗無人惟在上之嚮用與否耳然千秋之為富民侯蓋亦有說先是千秋為高廟寢郎上急變訟戾太子寃上由是重之蓋千秋覘上頗知太子無他意也其言借高祖之神而啟上悟以是時上猶好神仙耳及帝封禪後見羣臣乃言曰朕即位以來所為狂悖宜悉罷之千秋

遂進罷遣方士之論則度上意之厭神仙而首變其說也由是觀之千秋豈亦出於蘇張詭遇之術歟不然輪臺悔過之後迄於昭帝在位之年一日未嘗離宰相位而所設施究無可稱則千秋之本末可知矣使千秋有王佐才得武帝英明之君迎其悔過之機殫厥忠悃以輔主德一變至道其所施為必有可觀者語云明君良臣相須殷而相得彰吾於武帝末年蓋惜其無良臣云

東漢黨錮之禍此天亡漢而善人君子之厄運也然予

以為時賢亦不能無過者蓋忠直之言小人之讐也小人蟠據於上而遽欲忠直之得信難矣且嶢嶢者易缺皎皎者易汙諸賢相與標榜不為括囊之無咎而為壯趾之征凶亦自速其死也夫死而有益於國家死亦何憾所可惜者死之無益而又使國家有害賢之名是諸賢之所為過甚而未審乎出處之宜也孟子曰位卑而言高罪也位卑者之所言詎非忠言然在聖明固不待卑位之言而季世又孰用其言者言且足以賈罪而諸賢之矜情厲氣又從而甚之何以免哉昔王安石之禍程伯子曰亦吾輩有以取之則知大賢處世不為太高之行凡以言語氣節相鼓者必其涵養有未至窮理有未精也歟

鍾鄧爭入蜀之功濬渾競平吳之績鍾渾不足論而鄧艾之亡王濬之褊君子有譏焉李愬能於破蔡之日以謙抑自處且有以矯蔡人之頑悍示王朝之禮秩不誠度越諸將哉

孫盛書枋頭一事豈尚計一己之聲名榮利者乎計聲名榮利者必不至以死生易之此太史所以重於齊而董狐所以重於晉也其心以為記載在一時而是非昭垂使亂臣賊子不得逃其誅於千載之下雖其身之顛沛流離至死而不顧乃盛於清談盛行之時而獨能不畏強禦以成信史不足多哉

陶侃才望素隆使討蘇峻之役如救焚拯溺刻不容緩敵王所愾以全臣節吾謂長沙之績可以與管葛比肩

王導謝安非其倫矣而左右覬望心懷不平必待溫嶠反覆開陳而後决在侃固所以疾庾亮也其如朝廷何哉豈其時忘運甓之志歟

古弼佐太武常稱之曰社稷臣跡其以弱馬給獵騎則重軍國而輕遊畋也不發牛車運麋鹿則勤民事而緩從禽也夫上有所好在下者惟恐奉行不適上意以獲重譴弼乃權國事之輕重非禮者雖上所命直違之而不予太武亦知其賢信任有加豈非聽言納諫惟期政

理平寧之主哉

北魏房景伯之母因郡民有列其子不孝者使其子立堂下而召其母對食命景伯供食凡二十餘日其子叩頭流血母亦涕泣乞還胡氏以為崔母知教化之原吾以為景伯固一州之長也州之民不知其幾百千萬也使景伯知教化之原在於孝弟而躬親以率之學校以教之獎善以勸之罰惡以懲之興孝舉弟敬老慈幼則州之民靡化於孝弟且無至景伯之堂而母子相陳以傷天倫者矣今州有一人焉列其子之不孝者崔母命景伯供食以愧之且至二十餘日之久設州民復有如是者崔母又將命景伯供食歟又將二十餘日歟是舍一州之政而惟供食以示民之是務將不勝其敝且勞矣教化之原夫寧若是夫所謂原者若網之綱裘之領苟能提綱而挈領則順者不可勝數也孝弟誠教化之原然非平日有以興其天良使民皆知孝弟之在己確然而不可移肫然而不能已亦何能移風易俗胥天下

而丕變哉故就一事論崔母知教化之權就州長論景伯實未盡教化之道也

范甯數進忠言指斥姦黨素為孝武所親徒以疾王國寶卒被譖出為外郡此可見正人難近小人易惑雖素所信任之人而一入讒說黜之無疑也使孝武不出范甯徐邈等國寶之亂未必至此極而王恭輩晉陽之甲亦無辭以興矣語曰善人天地之紀也其言豈欺我哉

牛李爭納維州司馬公以為德裕所言者利也僧孺所

言者義也維州本唐地有故有之地此舉不涉於為利矣且天子以四海為家人之慕義而來者固可以拒之不受而且使歸以斃其命乎況僧孺非扶譽之言為猶可當時牛李之黨已成矣僧孺徒欲以快私忿不知敗德裕之事即所以敗國家之事人臣不忠莫此為甚而司馬公猶以為義乎至胡氏則以為以維州歸吐蕃失祖宗土宇縛送悉怛謀沮歸附之心僧孺以小信妨大計夫以小信妨大計猶為僧孺曲言之綱目大書曰吐

蕃將悉怛謀來歸維州不曰叛而曰來及贈以右衛將軍也又特書於後無有貶辭則知悉怛謀之來歸李德裕之欲受皆出於至正僧孺不過欲沮德裕而為之辭耳吾據綱目書法以斷司馬胡氏之論而牛李之是非已不辨而明也

田疇被劉虞一日之知為虞達表長安及虞討公孫瓚不克而死疇歸祭謁虞墓雖瓚之威有所弗顧後居徐無能相約束結以威信北邊翕然其人之信義才智皆非常人所及逮曹操擊烏桓欲封為侯又固拒不受吾益信疇為當時罕見之人惜乎漢政陵夷不能復振使賢能者攢於下而不伸若疇者僅一見用於劉虞而未遂厥志抱恨以終嗚呼其亦可哀也矣

唐自肅代德順禍亂相仍而宦寺之用事日甚一日中使不已至於監軍監軍不已至於典禁典禁不已至於佐命於是建置天子在其掌握而威權出人主之右原其始由天子之寵信太甚考其終天子欲求其一笑而

不得是豈非勢之日流日下而禍已釀成雖有智者亦僅付之太息流涕而莫可如何然劉蕡不顧己之死生存亡而忠言讜論亹亹數千言使正士覽之而氣壯智者鑒之而遠害雖一時無救於禍敗而千載共仰其忠誠豈不偉哉

唐室藩鎮之禍至德宗之世極矣當是時人各懷不臣之心天子威令不能下行即擁兵觀望未忍逆命者亦不多得況其志雪朝廷之恥而恭順恪謹相率以勤王

事者豈非天下所公與哉李抱真以數騎詣王武俊營開誠布公勸以忠義約為兄弟誓同滅賊雖抱真逼於田悅未必無自全之策而於朱滔田悅諸鎮逆命之秋獨能以誠悟武俊相率勤王此綱目所以褒美特筆書之亦春秋之旨歟且夫師克在和武俊之軍於南宫也兩軍尚相疑貳使抱真微有顧望之志則事不諧矣抱真告其司馬則曰今日之舉繫天下之安危若其不還領軍事以聽朝命亦惟子勵將士以雪讐恥亦惟子是

置已之死生安危於度外而惟以國家之事為重者也卒得武俊之和而朱滔不久敗亡天下於是稍定非抱真之功其誰之功哉乃逆命者未聞有所誅斥而效順者未聞有所褒嘉馴致賞亦有所不受誅亦有所不懼國不可以為國矣吾故以是嘆德宗之闇也

唐之季世民困極矣有張全義者獨能以愛民為先籌其衣食時人為之語曰張公不喜聲伎惟喜佳麥良繭豈非知政本者乎全義雖不如古之名臣亦可謂是時之良臣使僖宗置之相位授以重任彼既能規畫於河南豈不能措置於朝宁所以挽頹波而拯溺俗必更有可觀者而終於是已焉君子以是重為唐惜之

王建起草賊終能得蜀保有一邦其聽軍士王先成條列七事遂以取彭州非有經遠之慮取才之量不能也然建既用其言而不錄其人是能取賢而不能任賢也苻堅得一王猛委任之專遂有天下之半先成所白七事實當時之要務與捫虱而談者何異若能推廣其意

而善行之天下不足平也而建不能宜乎所保有者止一蜀地而已

薛聰仕北魏為侍御史每遷必讓讓必固魏主褒之曰卿天爵自高固非人爵之所能榮也蓋自伏軾結靷之士以順為正不知禮義廉恥之可尊而惟以博金紫取祿位為事夫然故在上者益不知士之可貴而謂爵祿在上之所司可以奔走牢籠天下天下士惟吾命之是從而上日尊士日賤非上之驕亦下之自賤使之也聰

能修天爵而不要人爵可貴在已而不在人於是魏主亦以非人爵所能榮稱之使君不敢目士為惟吾所奔走牢籠者薛聰也自成其貴而并有以成君之美視三代以下驕諂之俗顧不偉歟顧不偉歟

孔子曰鄙夫可與事君也與哉其未得之也患得之既得之患失之苟患失之無所不至矣夷考千古國家之興未始不因得賢者而其衰未始不由用鄙夫代宗廣德元年河北諸州已降有史朝義降將薛嵩田承嗣李

懷僊者叩懷恩馬首乞行間自効懷恩恐賊平寵衰奏留嵩等以為黨援朝廷亦厭兵遂以為節度使河北三鎮之横自此始是後治兵完城自署將吏貢賦不通婚姻相援父死子嗣凡終弟及朝廷有弗從則三鎮連横以拒命流至於李茂貞韓建朱全忠之亂而唐遂以亡嗚呼懷恩之恐賊平寵衰亦細事耳由此一念代宗不悟因循苟且授人太阿其後未嘗無憲宗之剛斷武宗之英明而卒莫之救懷恩鄙夫固不足論獨恨代宗用患得患失之人而弗知自貽其禍其後懷恩亦終至於叛使當時用郭子儀李光弼為將則消患於未然定亂於未萌又安有藩鎮逆命之事乎然是時郭李之不得董兵由魚朝恩程元振居中用事實阻撓之是以知人君欲去外之鄙夫必先去其內之鄙夫欲去內之鄙夫又當先去其心之鄙暗董子曰人君正心以正朝廷正朝廷以正百官正百官以正萬民未有失其本而能治其末者也未有亂其內而能正其外者也故人君治天

下有道曰先正其心

天下之事有敗於怠忽而成於乾惕者亦有得於雍容而失於拘謹者蓋雍容可也怠忽不可也乾惕可也拘謹不可也唐李德裕之相武宗史稱其休沐如令沛然若無事時豈非雍容有度而不過為拘謹者哉夫人之處事亦限於才力之大小譬射之能中百步者百步以外不能保其必中元和以後之相竭蹶從事不暇休沐或繼火乃罷然所理者何亂所服者何鎮是拘謹之無

成而才力之不足有為也德裕遇武宗君臣相資卓然有撥亂之志而兼有禁暴之才故其時內侍斂迹藩鎮屏息至其休沐如令在德裕則可在他人則不可葢德裕之才力比他相為有餘耳

玉之在璞追師知之珠之在蚌鮫人知之惟人之品術極始終之殊致雖古帝猶難知之然知人之道亦驗之於理而已矣唐王楊盧駱一時稱為能文裴行儉以勃等雖有文華而浮躁淺露非能享爵祿者楊子稍沉靜

應至令長餘得令終幸矣其後皆如其言行儉之所以知四子者亦豈外夫揆之以理哉當其時四子之所以行己與夫行儉之所以觀人必不僅如史之所紀學者不以理揆之必以行儉之知人為神奇不測如是則聖人何必以為難哉夫神奇不測非難而平易合道之難其能以理論人者必其自足於理者也

唐綱不振教息風頹專務姑息藩鎮強橫浸淫至於五代割據兼并犯令陵政伺弱乘危以成逆志登受禪之臺竊鼎鼐之座者皆藩鎮也以故朱温秉旄宣武當羣雄觀望之時首發大難逞其兇頑椒殿血流唐祚移矣既而亞子興晉陽之甲弘繼事之志屬均王膏粱之子才能不過中人又朱氏稔惡之後梁之宗社一旦歸唐宜矣莊宗銳始怠終從珂移鎮召禍敬塘一入唐遂以亡背約取危晉亦頓滅智遠之得國頗正而承祐無遠大之志奮誅戮之威使郭威得以藉口一舉而漢祚復移於周蓋五十餘年之間凡五易國而其間以別姓入

繼者又可指數也五代之亂可謂至極至宋而天下始定於一豈勢力所及哉有道故也推其致亂之由皆藩鎮跋扈尾大不掉太祖以杯酒片言解數百年不可解之錮習而天下之治平亦不盡係乎此功德不足以及兆民區區智取術馭豈能久遠乎故運世必有其本也

王安石免役之令不為無補既無追呼刑責之苦且鮮輓輸力作之勞而按戶科配所費實鮮當時士大夫顧以口角爭之且爭之而不能窮其詞如文彥博云惟與

士大夫治天下非與百姓治天下是豈足以折安石之喙乎彥博之說似本於孟子巨室之所慕一國慕之之意不知此正所以與百姓治天下也即當時免役豈能無弊弊在務多斂而取贏也又在今雖免役而與日助役如故仍復受役也彥博不知議及此但云祖宗法制不可更張以失人心至以為與士大夫共治非與百姓共治尤理不足以伸其詞是皆安石逆料必有是論而適合其意者也豈足以移安石之志哉

古人云天下治亂關宰相人主得失係經筵張居正輔政當顯宗沖齡屢進講經史外則總攬朝政明智善斷於時治雖未純亦可謂之小康君雖未哲亦可謂之守道蓋居正以一人而兼宰相經筵之任皆有成效非有大過人之才不能獨其剛愎自用嫉人長護己短懼大權他屬高拱以元老而被斥馮保以奸宦而交通至於廢制守喪心冀留任何不顧義理至此極也雖然顯宗有居正而朝廷清明天下無事太僕寺積金至四百餘萬及居正沒而內則奢侈外則盜賊民不聊生蓋居正心不端而才有餘公不足而智有餘方之房魏韓范非其等夷方之李林甫蔡京大相逕庭大約張說呂夷簡之儔而乘時建立過之謂之忠臣不可謂之奸臣不可吾將謂之才臣焉乃身沒未幾家產籍沒子嗣遠竄雖禍自己召顯宗亦刻薄寡恩哉

徐有功當武氏肆毒於上酷吏恣虐於下守死善道為人所難為其度量過人遠矣卒之保護善類紀綱不至

大壞人心不至大散狄仁傑又培植之而張柬之遂因以復唐祚人但知有功為周行寬政而不知有功為唐之苦心也唐人潘好禮著論以為勝於張釋之特為其持刑一節耳至有功之心事尚未深切言之歟

三代以下稱賢君者漢有文帝唐有太宗皆恭儉惠愛政無繁苛民用以寧然文帝之德雖優於太宗而時少名臣有賈誼而不能盡其用唐之房杜王魏同心一德相贊一庭貞觀之治尤稱盛焉至四年豐穰極矣豈無

致之之故哉朕考其時上嘗與羣臣語及教化封德彝勸帝以刑罰繩天下魏徵勸行仁義上卒從徵言偃武修文與民休息至於四年天下遂大稔流散者歸鄉里斗米三錢夜戶不閉上歸功於魏徵而曰惜乎不使封德彝見之夫人君莫不說順己之人而惡逆耳之言太宗獨從魏徵而遠封德彝其修己固已審矣既臻其盛不忘規諫之人二喜一懼之論尤致意焉此其所以保安常治而不危也歟

千古之學無二端也內不欺己外不欺人者謂之學內負於己外負於人者則不得復謂之學然己不負人強恕者猶能勉焉至寧人負己則非知命不惑者不能唐德宗時四十餘州大水陸贄請賑德宗謂淮西貢賦既缺不必遣賑而贄以秦穆救饑寧人負我無我負人為言德宗乃悟胡氏寅以忠恕知命許之當矣而又謂敬輿之學為誠洙泗之徒夫世有洙泗之學而可以僞為者哉寅蓋有慨於周衰道廢權謀名法清淨之術凡自外於洙泗之學者皆能立功效於一時而後之學者多浮慕焉故以贄為之準的也夫德宗之世羣小用事正人不容德宗復以猜忌御下欲人臣之各盡其情難矣獨贄以忠誠明辨開悟人主而所言亦閒被施行是其為學實無愧於天無怍於人而非曲學取媚之可比人臣致身其尚以贄為法哉

唐憲宗之始即位也稱名相者四人杜黃裳裴垍李絳裴度是也黃裳遇君於初而抱才以沒志未大施裴度克平淮蔡卓乎尚矣獨裴垍李絳出處略同然絳以讒罷垍以病終明哲保身絳猶遜於垍乎朕考唐史所載

垍之言曰垍不敢以私害公又稱其獨賞諫官之能言時事者則垍之所以保身實出於君子之明哲而非委曲從時偷容取媚者所可比夫不敢以私害公不過人臣自善之一端而賞諫官之言事則是以言事君繩愆糾繆格其非心得古大臣之遺則矣

諸葛孔明為三代以下第一流人物約其生平亦曰公

忠二字而已公故無我忠故無私無我無私然後志氣清明而經綸中理故其言曰我心如稱不能為人作輕重所謂止水無心而平量明鏡無心而照形以物為心而不逐於物者也尤不可及者孔明之器識規模三代以下未見其倫比而況區區一隅之人士乎乃數戒羣吏勤攻其過失其虛以受人而不敢自是如此此其所以肩隨於伊呂也歟

唐姚崇宋璟為相有高仲舒者博通典籍有齊澣者練

習時務姚宋每坐二人以質所疑且曰欲知古問高君欲知今問齊君姚宋能知二人之賢亦已難矣又況能知二人之各有所長推斯道也雖虞廷官人工虞水火各當其材者亦不過因是以馴致耳

人臣外而忘家內而忘身并忘已之勳猷節概然後能遇非常之事而處之一如其常苟不能忘其勳猷節槩則猶視君與已為二人而有所牽制何則信道猶未篤自知猶未明也韓魏公之為臣實能忘身忘家并忘其勳猷節概者也故不動聲色而措天下於泰山之安且並不見已之措天下於泰山之安若魏公者亦可謂信道篤而自知明矣信道篤而自知明則雖無魏公之時位亦可以信其能措天下於泰山之安如顏子之簞瓢陋巷不改其樂是也而其氣象規模又穆乎其深遠矣

日知薈說卷四

孔子大學一書用傳古聖王明德新民之道其所從入以致知為始事而誠意次之葢未有意不誠而能修齊治平一以貫之者也未有知之不極其至而意能誠者也見於經傳者至湯武君臣始相與言學高宗成王尤勉勉焉湯武上聖而孟子以為反之葢聖學之難純如此然非謂性之者遂無所為學也觀堯舜禹相傳所以審辨於危微之介者非致知之學乎所以致精致一以守其中者非

誠意之學乎臣鄂爾泰獲侍
皇上講誦於今五年矣曩者嘗承
命序樂善堂文鈔具義藴之深閎風格之高古有目者共識而臣竊觀我
皇上鎔經液史所以究興衰治亂之根源察邪正是非之幽渺者皆不襲前賢之緒論而必求自得於心又時就所言反求諸身私慶
聖心實能以致知誠意之學體驗於當躬而重為四海生民幸也
御極以來動應民志實政實心愜乎天下用能以數月之中俾老幼賢愚皆忻忻然自得於遐荒萬里之外近者
幾務餘暇復自擇論辨之文前集所未載者為日知薈說
命臣等各綴跋語而
御製序文謂錄此以驗諸行事伏念我

皇上今茲治教之日興乃曩者典學致知之明效也而猶不忘素學時以自體察又設誠於內而致行之之大驗也夫湯武以堯舜為必可學故能為湯武高宗成王以湯武為必可學故能為高宗成王以
聖性之高明
聖學之淵粹而加以
聖心之誠一三代聖王之治將復見於今矣臣少備宿衛未暇殫心載籍謹就所夙聞於經書者達其愚

悃言之不文而以承
寵命為愧而已
乾隆元年秋七月少保大學士臣鄂爾泰敬跋

在昔三代聖王之治皆由學而成凡散見於詩書
者其根源可尋繹而見也漢唐以後英明仁厚之
君非無性資之高求治之切者而終無以躋於三
代之隆蓋由學焉而未探其根源故所以濬其知
者不能深而致於行者不能篤耳我
皇上徇齊敦敏夙承
世宗憲皇帝之教自問寢視膳而外耳目心志一用之於
學而他無閒焉故於五經四子之書早洞見其根

源而參考漢唐宋元諸儒之義疏以折衷於至當
循是以觀諸史其治亂安危之幾無微不察也循
是以慎取百家之言其出入離合淺深之數無隱
不燭也循是以懸衡人物推極事理皆灼知獨見
而無匿情用是發為文章言高而旨遠理達而氣
昌得心應手俄頃立就而迥出於前賢思議之表
臣廷玉奉
先帝恩命簡侍講讀十有餘年實親見焉曩者彙集眾體

為樂善堂文鈔既承
命而為之序近復別擇論辨之文二百六十條為日知
薈說仍
命臣跋之伏見
皇上繼序以來凡見諸政教者一準於天理而應乎人
心之不言而同然是以數月之中近自邦畿達於
山陬海隅莫不忻忻然若時雨之沃其心春陽之
被其體葢我

皇上好古敏求日有孜孜以致其知者既深且固故今
之宵衣旰食以行所知者篤實充周時措咸宜由
是以往法天行健恒久不已則德化所成直比隆
於三代豈惟遠過漢唐而已哉臣廷玉讀是編而
為天下臣民慶者彌厚且遠焉微特依
日月之光掛名簡末而與有榮施也
乾隆元年秋七月少保大學士臣張廷玉恭跋

臣聞法天之學與時偕行而惟日不足自古聖帝
明王兢兢業業無敢怠荒胥此志也我
皇上以睿聖之姿夙稟
世宗憲皇帝庭訓沖齡懋學於經史子集靡不綜貫用是
發為文章深醇和懿玉振而金聲
御製樂善堂文鈔臣既承
命而敬為之序矣
御極以來本所學以出治仁育義正粹然純王之道而

萬幾之暇不輟編摩復取曩所論述釐為日知薈說四
卷仍
命臣跋其後臣惟在昔夏先后思日孜孜亦越成湯日
新又新逮周成王日就月將學有緝熙于光明皆
以剛健篤實日新其德而茲編命名獨有取於子
夏之說者葢
皇上之學基之以望道未見之心勵之以自强不息之
力要之以純亦不已之誠故雖

聖學高深已非游夏所能贊而
聖性冲挹惟見義理之無窮則我
皇上之心法治法與先聖同揆者即於是乎在豈但文
章之盛度越百王已哉 臣 載稽傳記惟日周天惟
聖憲天故陽暉所照萬里同晷者清明在躬萬物
皆睹之象也歲度躔次與天相及者體乾行健秉
時御天之象也其在天保之章曰如日之升蓋人
臣望君德業之昭著福祿之綿長皆取義焉 臣 以

遲暮之年幸厠見知之列材識駑下無能發明
聖學於萬一敬述其管蠡窺測所及以竊附於天保詩
人之志焉

乾隆元年秋七月大學士 臣 朱軾謹跋

我
皇上聰明天亶睿哲性成稽古典學孳孳不怠凡天人
之奧蘊聖賢之述作無不極其源流旨趣
宸章炳煥動合典謨玆萃輯歷年論譔區為四卷名曰
日知薈說
御製序文弁首宣示近臣 臣 敏得以與觀乃拜手稽首
颺言曰道術之與治術合而不分者也自唐虞以
精一執中肇開道統其時在廷諸臣亮工熙績稱

極盛焉禹湯文武由之以為治洙泗鄒嶧闡之以
為教詩書所載可考而知也漢唐以後非無英君
誼辟刻意治平然無格致誠正之學裕諸平日故
雖有措注設施非偏而不舉則駁而不純道術治
術歧而為二尚論者每致惜焉我
皇上懋德日新緝熙時敏實有以見政事之綱紀心性
之淵微經史之要眇紬繹發明洞中窾會故筆諸
簡册即可播諸施行

臨御以來仁政仁聞光昭遠邇過化存神之盛良由極
深研幾蘊於素者厚也臣侍從有年學術荒陋無
能贊助萬一仰
聖製之高深惟有恭敬奉持深思熟復庶幾稍窺一二
不至老而無聞臣不勝深幸且為天下蒼生幸也
乾隆元年秋七月都察院左都御史兼翰林院掌
院學士臣福敏恭跋

臣聞帝王之學必求端於天天以剛健中正運行
不息而成歲功帝王法之精一執中懋昭厥德如
禹之思日孜孜湯之聖敬日躋周成之日就月將
悉皆遥接心源恢張治道而先天後天與時偕行
以馴致久道化成之盛我
皇上纘承大統建極綏猷於用人行政阜民敦俗之方
犁然各當蓋由夙遵
世宗憲皇帝庭訓遜敏敬修熟復六經四子之書旁及儒
先之緒言諸史之義法靡不深探力索洞其根源
故舉平日所蘊蓄見諸治教體立用行與在昔聖
帝明王若合符契臣自辛亥歲侍直
内廷敬讀
樂善堂文鈔廣大精微檃括道統嗣後詩賦古文日加
裒積臣基親見
皇上引筆洋洋千言立就而論說尤多自身心性命國
政民生以暨衡論古人一經研剖精義卓立星辰

麗而江河行茲以
萬幾餘暇親揀擇若干條定為日知薈說夫日君象也
易曰日進无疆詩曰如日之升
皇上俯齊典學緝熙光明精神貫注於億萬斯年而朝
乾夕惕法天行健廸知而允蹈馬心源治道一以
貫之凡是書所載包含萬有囊括古今洵典謨之
矩矱官禮之菁華也臣就日近光早得霑沐
聖訓景星慶雲先覩為快今復

賜讀成書承
旨附名卷末益欽
盛德大業富有日新而臣材質謭陋仰荷陶成於敷言
錫極之中誠屬遭逢之厚幸云
乾隆元年秋七月吏部左侍郎兼翰林院掌院學
士臣邵基恭跋

臣謹稽在昔中天之世聿垂典謨之文其間執中
一語舉心法治法一以貫之誠聖學之樞極王道
之綱維也凡典謨中所紀欽天授時知人安民亮
工熙績諸務何一不從執中流出者乎臣恭誦我
皇上御製日知薈說一編尋繹反覆始獲稍窺端緒首
言政事則自體元長人探治本以及治具於任賢
儲材教養兵刑之屬一一提其領要而歸於謹德
禮導和敬以化成天下為之在優游而循其序持

之在兢業而要諸久至哉言乎蔑有加矣繼論心
性溯自於穆流行絪縕化醇之始暨人生而靜感
物而動之餘五行稟為五事五性達於五倫善復
其初者在明善而固執主敬以存誠天人一理體
用一原洵文簡而義該言近而指遠也至於闡發
經學尤為剖晰精微開示明切獨得聖賢之心而
不泥其辭善會古人之意而不襲其迹期於體之
身心純粹而不雜措之治理溥徧而宜民披撥浮

華以見本根陶鑄百家以歸大雅從茲一道德而同風俗悉於經術之昌明決之矣若夫上下千餘年間美任賢從諫懲用佞剥民褒正直忠厚斥僉邪險僻崇敦本務實之圖破迂庸膚末之見悼仁賢之不究厥用惜明良之難以適逢望古慨然及身思見殆情激而懷長何識高而度遠布之邦國天下有不奉為千秋之寶鑑振古之鴻篇者乎抑

臣由

皇言而仰窺

皇心蓋於執中之指不啻神相授而相稽矣外而發之政事內而緼之性情精而剖經義之異同大而鑒人倫之得失莫非本一中為體驗而灼見源流操一中為權衡而不爽豪髮者良由我

皇上天亶聰明遜志懋學以至德而凝至道正值我

國家重熙累洽之期行見海隅日出盡躋於風動時雍有不覺太和元氣洋溢於

宸章

奎藻間矣臣不勝欣忭輒忘其弇鄙矢口而颺言焉

乾隆元年秋七月加禮部尚書銜管國子監祭酒事臣楊名時恭跋

五倫書

（明）朱瞻基 敕命編撰

解題

周延良

《五倫書》六十二卷，明（宣宗）朱瞻基敕命修纂。

本編據明英宗正統十二年（一四四七）[一] 内務府司禮監刊本影印。刻字精緻，頁面疏朗，版本上佳，無漫漶缺損者。

卷首有明英宗朱祁鎮于明正統十二年所爲《御製〈五倫書〉序》，次爲《御製〈五倫書〉目録》，次爲正文。

《序》文，四邊雙欄，半葉七行，行十四字。黑口，雙魚尾，版心槧《〈五倫書〉序》、葉數。

目録，四邊雙欄，半葉九行，黑口，雙魚尾，版心槧《〈五倫書〉目録》、葉數。

正文，四邊雙欄，半葉九行，行十八字，黑口，雙魚尾，版心槧《五倫書》卷次、葉數。正文有句讀。

明宣宗朱瞻基，明仁宗朱高熾第一子。洪武三十一年（一三九八）二月初九日生，母曰昭皇后張氏。永樂九年（一四一一）十一月初十日，册立爲皇太孫。二十二年（一四二四），朱高熾即位，十月十一日，册立爲皇太子。洪熙元年（一四二五）六月十二日，朱瞻基即皇帝位，改元宣德。宣德十年（一四

[一] 案，明王圻《續文獻通考·經籍考》卷一七二載王圻説爲『英宗正統十三年夏五月』（參見道光間刊《粤雅堂叢書》本）。

三五）正月初三日，崩于乾清宫，年三十八，葬景陵，廟號『宣宗』。

明宣宗朱瞻基是明朝第五位皇帝，幼年頗受祖父朱棣、父朱高熾的喜愛與賞識。除了被祖父立爲皇太孫大抵確定爲皇權的繼承人之外，數次隨明成祖朱棣征討蒙古。因是繼統之君，即位後，穩固、安定社會、政權是明宣宗朱瞻基的主要統治策略，在位期間，朝野上下，頗多能臣，文有楊士奇、楊榮、楊溥、蹇義、夏原吉；武有英國公張輔，地方武臣有于謙、周忱等大吏，當時，稱得上政治穩定，百姓安居，經濟得到空前的發展，明宣宗朱瞻基與其父明仁宗朱高熾的統治合爲短短十一年[一]，但却被史學家們稱之爲『仁宣之治』。

明宣宗朱瞻基登基後，延續其祖父朱棣之治，注重倫序教化的建設與發展，他敕命編修的相關書籍有：《御製帝訓》一卷、《外戚事鑒》五卷、《歷代臣鑒》三十七卷、《五倫書》六十二卷[二]。《歷代臣鑒》《五倫書》都是大部頭書。

《五倫書》是明宣宗朱瞻基詔命修撰，并非明宣宗親爲。明王圻《續文獻通考·經籍考》卷一七二載：『英宗正統十三年[三]夏五月，《五倫書》成。先是，宣宗嘗采輯經傳百家嘉言善行之有關乎君臣、父子、夫婦、兄弟、朋友之道者，類分爲六十二卷，命曰《五倫書》。至是，上追承皇考之志，命槧梓以廣

[一] 明仁宗朱高熾在位僅一年。
[二] 參考清黄虞稷《千頃堂書目·儒家類》卷十一。
[三] 案，據明英宗此書製序款識爲英宗正統十二年。

其傳，上親撰序。』[一] 究爲何時開館修撰，歷史文獻中没有明文，唯藉相關記載推定。明黄佐《翰林記·修書》載：

……宣德元年正月乙卯，敕修《歷代臣鑒》《外戚事鑒》，皆命大學士楊榮總之，且諭榮以書館中編纂及繕寫官有不遵約束者，悉聽稽督責罰，敢有違越者，具聞黜之。榮處之適當，人皆悦服。二年九月書成，頒賜在廷諸臣及戚畹。又詔修《五倫書》，正統十年三月書成。景帝時，敕修《君鑒》及《寰宇》。（據文淵閣《四庫全書》卷十三）

根據黄佐的記載，明宣宗朱瞻基在宣德元年敕修《歷代臣鑒》《外戚事鑒》，當時的重臣大學士楊榮爲總裁官（類似于現在的總編）。此二書在宣德二年完成，書成，頒賜在朝廷的各級官員，并且賜予貴戚（戚畹）的住所。此文中説『又詔修《五倫書》』——這裏，未有明宣宗詔修《五倫書》的具體時間，依理推斷，應是在明宣宗宣德二年。按照黄佐之説，《五倫書》是在正統十年完成，與今見此書明英宗朱祁鎮《序》之款所記『正統十二年五月初二日』，其時差爲兩年，明英宗朱祁鎮留款的時間『正統十二年』，兩年間，應是明英宗通覽、檢閲書稿的過程。設以宣德二年開館編修，這樣算來，編修《五倫書》用虚時十九年。《五倫書》爲宏幅巨制，考察的歷史，上自堯、舜、湯、禹，下迄明朝當代，涉及的資料，上起于《尚書》《周易》，下達于明代太祖、成祖等前代皇帝的『實録』，其文獻之巨，自是實況，訖二十

[一] 據道光間刊《粤雅堂叢書》本。

年編成，不爲逾時。

《五倫書》是詔命修撰，誰爲總裁官，史無明文，以理論之，或爲楊榮。楊榮，明建文二年（一四〇〇）進士，生于明洪武三年（一三七〇），卒于正統五年（一四四〇）。楊榮卒後八年，是書編成。楊榮是在辭官歸里，至于武林驛站（今杭州）卒，未辭官之前，有兩年的時間爲《歷代臣鑒》《外戚事鑒》總裁官，《歷代臣鑒》《外戚事鑒》編修完成，繼續編撰《五倫書》——楊榮或仍總《五倫書》之編修。如同明宣宗朱瞻基詔命編修但并未完成就晏朝，由其子明英宗朱祁鎮接續完成一樣，楊榮辭官歸里以至于辭世，没有完成編修《五倫書》的工作而是由他人接續完成的，這僅僅是推定之説，并無實據，姑存一家言。

又，明梅鷟編《南廱志·經籍考》著録《五倫書》，其説曰：『《五倫書》九部，每部六套六十二本。』其下雙行夾注曰：『正統十二年五月十二日序。』此記與今見《五倫書》明宣宗朱瞻基《序》所記作序時間吻合。夾注復曰：『祭酒陳敬宗[一]奏准頒降。今存者九部，七部貯彝倫堂，二部貯東堂，俱藍綾縠藍絹套。外八十二本，查多重卷，又脱首序，有鈔補一套，計十册。天順中，祭酒吴節[二]所藏。其上書云：「發崇志堂本班收。」又鈔補十册書云：「發廣業堂本班收，内一部，嘉靖中新頒。」』[三]可備一見。

[一] 陳敬宗，字光世，慈谿人，明永樂二年進士，天順三年五月卒，年八十三。《明史》本傳載其事跡。
[二] 明王世貞《弇山堂别集·國子祭酒年表》載：『吴節，江西安福人。由進士景泰元年任。』（據文淵閣《四庫全書》本卷六十三）
[三] 據清光緒二十八年，葉德輝刻《觀古堂書目叢刊》本。

根據史料記載，至少有多位當時的官員預修《五倫書》：一、洪武至宣德年間的魏敏，二、宣德年間的周炳，三、永樂至宣德年間的彭琉，四、正統年間的吕原，五、正統年間的劉儼，還有一位官員是正統間的錢幹，因爲史料記載不甚明確，且置于存疑之内。依文獻記載，魏敏、周炳、彭琉、吕原、劉儼都是直接預修《五倫書》的官員，錢幹可以歸于存疑之列。以下就此問題略作考察。

一、關于魏敏預修《五倫書》的記載

清孫奇逢《中州人物考·隱逸·周布衣炳》載周炳與魏敏預修《五倫書》，其文曰：

炳，舞陽人（今河南）。事母焦氏至孝，母嘗病篤，炳哀號籲天，願以身代，遂愈。後復病，滯下，思食獐肉。炳四出求之不得，是日晚，忽有獐入其家，即取供母，母病復瘥，人以爲孝感所致。宣德間，詔修《五倫書》，而炳與魏敏皆與焉。敏，見第八卷。（據文淵閣《四庫全書》卷七）

此文以記載周炳孝義而及于周炳、魏敏預修《五倫書》事。周炳，因爲至孝，在宣德年間受詔預修《五倫書》，這是一個没有問題的結論，魏敏也是當時以孝義著稱的人，孫奇逢載爲『炳與魏敏皆與焉』。據此可知，周炳受詔預修《五倫書》而魏敏亦參與其事。照此所記，魏敏預修《五倫書》是明確的。《中州人物考》第八卷確是記載著魏敏有關孝行事況，但没有及于預修《五倫書》。其實魏敏『博通經、史』具備預修《五倫書》的資質和條件，與事親之孝，在明代的文獻中就有記載，明李賢等編修《明一統

志·河南府·人物·明》

魏敏，鞏縣人（今河南）。性至孝，博通經、史，登洪武戊辰進士第。母病，謁告歸省，未至而母卒。敏即之墓所，哀慟水漿不入口者五日。廬墓三年，旦夕哭奠如初喪。鄉里稱其孝，事聞，表其門。（據文淵閣《四庫全書》卷二十九）

魏敏博通經、史，于洪武戊辰登進士第，洪武戊辰即洪武二十一年（一三八八），以時間推算，魏敏恰在盛年預修《五倫書》，而且，據相關史料記載，洪武二十二年改『六科』爲『給事』，改革後的『給事中』，在編官員八十一人，其中就有魏敏。在時間上恰是就官任所詔修《五倫書》。另，魏敏出仕之後，『授吏科給事中』，與明代章潢的記載也非常吻合，章潢《圖書編·皇朝爵祿沿革歷代總考·六科》載曰：『……皇朝初，統設給事中，洪武六年始分爲六科，二十二年改給事，魏敏、卓敬等八十一人爲士源。……』[一] 清孫承澤撰《春明夢餘録·六科》載：『六科直房，在午門外，東西相向。初在掖門内之西，與內閣相對，所謂「六科廊」是也。以灾移外直房。洪武初，統設給事中。六年，始分爲「六科」。二十二年，改「給事」，魏敏、卓敬等八十一人爲士源。』[二]『給事中』與編修的職責可以互用，『給事中』官員常被任命爲編修直接參與修撰皇家頒示的編纂任務，這種現象在明代初年爲習見，史證殊多，恕不煩引。魏敏作爲『給事中』承擔編修，預修《五倫書》并不難理解。

[一] 據文淵閣《四庫全書》本卷八十四。
[二] 據文淵閣《四庫全書》本卷二十五。

二、關于周炳預修《五倫書》的記載

周炳預修《五倫書》已見前引《中州人物考》。周炳以孝聞名于當世，有關預修《五倫書》事況，除了清孫奇逢《中州人物考》記載，其它文獻多不記。

三、關于彭琉預修《五倫書》的記載

彭琉，字毓敬，江西安福人。永樂十六年（一四一八）進士及第，宣德年間，經楊士奇推薦，入翰林院爲編修，曾預修《宣德實録》。彭琉爲人剛正，爲官廉潔，勤于政事，用心民瘼。在地方爲官，深得百姓的愛戴。明李賢等編修《明一統志·吉安府·人物·明》載：

彭琉，安福人。永樂戊戌進士，宣德間，少師楊士奇薦入翰林爲編修，陞廣東僉事，理學政，官至湖廣副使。爲人剛介，居官泊然如布素，勤于職務，動以古人自勵，致仕，卒于家。（據文淵閣《四庫全書》卷五十六）

據此記載，彭琉在宣德間是經楊士奇推薦進入翰林院爲編修，後升廣東僉事，主管教育。爲人『寡欲甘貧』。彭琉在廣東主管教育任所，世風大變《明一統志·廣東布政司·名宦》載：

彭琉，正統中，廣東按察僉事，提督學校，以成賢化俗爲己任，增修黌舍二十餘間。書籍缺者，求善本刻之，士風丕變。（據文淵閣《四庫全書》卷七十九）

彭琉主管教育，不僅關注『成賢化俗』，而且還增置校舍，添補書籍等教育設施。在楊士奇推薦爲翰林編修的宣德年間，參與過《宣德實録》的修纂，清尹繼善、謝旻等修纂《（雍正）江西通志·人物·吉安府·明》載：

彭琉，字毓敬，安福人，永樂進士。時，營建北京，委琉督軍夫于畿内，督運木于山東，皆如期而集。大學士楊士奇薦之，授翰林編修，預纂《宣德實録》。出爲廣東、山西督學，改副使，參贊廣西軍務，引疾歸。自少至老，讀書不倦，所著有《息庵集》《慎庵集》《備忘録》《豫章書》。（據文淵閣《四庫全書》卷七十七）

彭琉得授翰林編修，即預修《宣德實録》，此際或亦預修《五倫書》。清黄虞稷《千頃堂書目》著録彭琉《息軒集》有曰：『彭琉……安福人，湖廣按察司副使，預修《五倫書》及《宣宗實録》。』[一] 黄虞稷載《宣德實録》爲《宣宗實録》，實即一書二名，『宣德』是明宣宗朱瞻基的年號，『宣宗』是其廟號，兩者并不矛盾。可知，彭琉在宣德間爲編修，預修《宣德實録》，也預修《五倫書》。

[一] 據文淵閣《四庫全書》本卷十八。

四、關于吕原預修《五倫書》的記載

吕原，字逢原，浙江秀水人。其父吕嗣芳，卒于『教諭』任所。少孤貧，成年後，爲鄉里塾師以奉養親母，郡守黄懋感其孝順，推薦爲邑庠生。明英宗正統六年（一四四一），鄉薦第一。翌年（即正統七）及進士第，授編修官，明英宗正統癸亥即正統八年（一四四三），預修《五倫書》，明英宗丁卯即正統十二年（一四四七）進東閣爲太子侍講。有《介庵集》十二卷。明廖道南《殿閣詞林記·閣學·文淵閣學士兼右春坊大學士吕原》載：

吕原，字逢原，浙江秀水人。父，嗣芳，爲萬泉教官，卒于任。原孤貧，假館養母，郡守黄懋舉充邑庠生，正統辛酉，鄉薦第一，明年，進士及第，授編修。癸亥，預修《五倫書》，賜寶鏹。丁卯，被選進學東閣，侍經筵。……（據文淵閣《四庫全書》卷三）

吕原之父、兄皆爲廉官，卒于任所，竟無資歸葬，《明史·吕原傳》載：『吕原，字逢源，秀水人。父嗣芳，萬泉教諭。兄本，景州訓導。嗣芳老，就養景州，與本相繼卒，貧不能歸葬，厝于景。原時至殯所，慟哭久之。奉母歸家，益貧。知府黄懋奇原文，補諸生，遣入學，舉鄉試第一。正統七年，進士及

第，授編修。十二年，與侍講裴綸等十人同選入東閣肄業，直經筵。景泰初，進侍講。……』[二] 呂原除了預修《五倫書》之外，猶預修《歷代君鑒録》（見《殿閣詞林》卷三）明李賢撰《翰林學士文懿呂公神道碑銘》曰：

公諱原，字逢原，姓呂氏，浙之嘉興秀水人。……正統辛酉，遂魁鄉薦。明年，中禮部會試，廷對，賜進士及第第二人，擢翰林編修，得入秘閣，讀所未見書，其學益富。癸亥，與修《五倫書》……（明徐紘《明名臣琬琰續録》卷八。據文淵閣《四庫全書》）

李賢，明宣宗宣德八年進士，比呂原晚兩年及第，與呂原同朝爲官，他所寫的碑銘可信度亦很高。碑銘所記，與廖道南《殿閣詞林記》的内容相同。又，明薛應旂等纂修《浙江通志》亦載呂原生平、仕履[三]。

五、關于劉儼預修《五倫書》的記載

劉儼，字宣化，別號時雨，祖居金陵，元時，自金陵遷江西泰和縣，後再徙江西吉水縣，爲當地望族。明英宗正統七年（一四四二），會雋春闈廷對，擢進士第一，授翰林院編修，正統八年（一四四三），

〔二〕據《二十五史》本卷一百七十六。
〔三〕明嘉靖四十年刊本。

預修《五倫書》。累官春坊大學士、太常少卿，充經筵講官。所著《劉文介公集》三十卷。明李賢《太常少卿文介劉公墓碑銘》載：

……公諱儼，字宣化，别號時雨。上世自金陵徙江西泰和，復徙吉水。以儒術起家，爲望族。……正統壬戌，乃得雋春闈廷對，有鯁直忠愛之詞，遂擢進士及第第一，授翰林修撰，階儒林郎。位既顯，學益進，遂以古文名天下。八年，與修《五倫書》，獲賞賚。十一年，充經筵講官，……（明徐紘《明名臣琬琰續録》卷八。據文淵閣《四庫全書》）

劉儼爲人剛正，不事阿附。明李賢等撰《明一統志·吉安府·人物·明》説：『劉儼，……爲人性剛直。遇事侃侃，不爲勢屈，……』[一]又，《明史·周叙傳附劉儼》載：

劉儼，字宣化。正統七年進士第一，歷官太常少卿。景泰中，典順天鄉試，黜大學士陳循、王文子，幾得危禍。……天順初，改掌翰林院事，卒官，贈禮部侍郎，謚『文介』。儼立朝正直，居鄉亦有令德云。（據《二十五史》本卷一百五十二）

劉儼在明代宗景泰年間主持順天府鄉試，當時閣臣陳循、王文之子鄉試被劉儼黜，幾得殺身之禍。清尹繼善、謝旻等修纂《（雍正）江西通志·人物·吉安府·明》載：

劉儼，字宣化，……儼立朝正直，居鄉亦有惠澤。在翰林時，奉旨修《五倫書》《歷代君鑒》

[一] 據文淵閣《四庫全書》卷五十六。案，李賢與劉儼同朝爲官，所記者自然可信。

《宋元通鑒綱目》，自著有《文介集》《列卿録》。（據文淵閣《四庫全書》卷七十八）

又，清和珅等奉敕撰《大清一統志·吉安府二·人物·明》：

劉儼，字宣化，吉水人。正統七年，進士第一，授修撰，歷太常少卿兼侍讀。主順天鄉試，黜閣臣陳循、王文之子，幾得危禍。天順初，改翰林，掌院事。卒，贈禮部左侍郎，謚『文介』。儼有文學，立朝正直，居鄉有惠澤。嘗預修《五倫書》《歷代君鑒》，總裁《寰宇通志》《宋元通鑒綱目》。（據文淵閣《四庫全書》卷二百五十）

劉儼不僅預修《五倫書》，尚預修《歷代君鑒》，猶爲《寰宇通志》《宋元通鑒綱目》總裁官。劉儼與吕原前後只差一年進士及第，吕原是明英宗正統六年及第，劉儼是正統七年及第，皆授修撰，同爲《五倫書》的編修。

五、關于錢幹『進《五倫書》』之説

錢幹是否預修《五倫書》史無明文，但根據明王直爲錢氏撰寫的碑銘，有『三月，進《五倫書》』云云，至少可以肯定，《五倫書》修纂竣事，是由錢幹進呈給明英宗的。明王直撰《禮部右侍郎謚文肅錢公神道碑》説：

公諱幹，字習禮，吴越武肅王鏐之後。……公生而喜學，父母、兄弟皆鍾愛。凡所師友者，見其文敏而思深，且多出腹稿，莫不奇其才。從學南昌訓導顔子明，而卒業于翰林修撰張伯穎。永樂六年，江西鄉試第一，明年會試，中第十，……（永樂）九年，廷試，取進士，入翰林，爲庶吉士，尋陞檢討參史職。甲辰（永樂二十二年）會試，命公爲同考。八月，仁宗皇帝即位，一新庶政，陞翰林侍讀與知制誥。洪熙元年，賜敕褒贈父母及封其妻，敕同修《太宗皇帝實録》。仁宗皇帝升遐，宣宗皇帝正大位，敕修《仁宗實録》，公亦與焉。……（宣德）五年，兩朝《實録》成，賜金織襲衣、銀幣……（明宣宗）十年乙卯春（一四三五），宣宗皇帝晏駕，今皇帝（朱祁鎮）即位。……秋九月，詔修《宣宗實録》。十二月，賜文綺。丙辰正月，改元正統。……戊午（明英宗正統三）四月，進《宣宗實録》，上御奉天門慰勞甚至，賜白金、文綺、織金衣襲，陞翰林學士。……（英宗正統）十年乙丑，禮部春試，上復命爲考官。三月，進《五倫書》，蒙賞賚。……（明王直《抑庵文後集·碑》卷二十四。據文淵閣《四庫全書》）

爲錢幹作碑銘的王直，與錢幹同朝爲官，皆爲永樂以後到明宣宗、英宗時期的朝廷重臣。王直所記當不會有誤。

錢幹在永樂九年（一四一一）進士及第，明洪熙元年（一四二五），敕命參與修撰《太宗皇帝實録》。明宣宗即皇帝位，敕修《仁宗實録》，錢幹亦參與其事。明宣德五年即公元一四三〇年，兩朝《實録》（即《太宗實録》與《仁宗實録》）完成，明宣宗朱瞻基于宣德十年春晏朝，詔修《宣宗實録》，明英宗正統三年《宣宗實録》修成以進。明英宗正統十年三月，進呈《五倫書》，在時間上，與前引黃佐所記同。據此所載，錢幹出仕以後，從明洪熙元年到明英宗正統三年，凡虛歷十四年，參與了《太宗皇帝實録》《仁宗實録》和《宣宗實録》等三朝實録編修工作，而且每次書成進呈之時，俱得賞賜。按照王直的記載，錢幹進《五倫書》是在明英宗正統十年，同樣得皇帝『賞賚』。今見《〈五倫書〉序》，其款識爲明英宗『十二年』，依理推之，從進呈到槧版前皇帝製序，閲兩年，自可通。以内務府司禮監刻書的人力和財力，兩年竣事，或無窒礙。

《五倫書》是明宣宗詔命編修的書，是按照明宣宗的意見由翰林院儒臣集體完成的，且歷兩朝皇帝，并非明宣宗朱瞻基一朝所爲。清黄虞稷《千頃堂書目·儒家類》録曰：

《五倫書》六十二卷。先是，宣宗萬幾之暇，采輯經、傳、子、史嘉言善行有關于君臣、父子、兄弟、夫婦、朋友之道者，爲是書。英宗正統十三〔二〕年五月，製序頒行。（據文淵閣《四庫全書》卷十一）

此書大約在明宣宗宣德二年開始設館編纂，至明英宗正統十年完稿，歷宣宗、英宗兩朝皇帝。是書卷首之序爲英宗所製，而非宣宗，因爲完稿之際，明宣宗早已晏朝數載，無由作序。

是書至于明末，仍有藏版，明吕毖撰《明宫史·内板書數》：

《五倫書》計六十二本，一千七百一頁。（據文淵閣《四庫全書》卷五）

〔二〕『三』當爲『二』之誤。

依吕毖的記載與今所見此書規制基本吻合，他所記載的頁數爲『一千七百一』，與此書頁數亦相接近。又，清孫承澤《春明夢餘録・文淵閣》：

《五倫書》十二本，一千七百一葉。（據文淵閣《四庫全書》卷十二）

二家所記均屬書版，《明宫史》記爲『六十二本』，《春明夢餘録》記『十二本』，但兩家所記的頁數同。清梁國治等纂修《（乾隆）欽定國子監志・經籍・板片・明》記載著明代書版情形，其載曰：『……子部，儒家類有《爲善陰騭》《孝順事實》《五倫書》《明倫大典》……』據此可知，清代乾隆朝，國子監中仍然藏有《五倫書》書版，乾隆皇帝的藏書之所『昭仁殿』所藏《五倫書》與今見是書同爲一個版本。清于敏中等編《欽定天禄琳琅書目・明版・子部》録曰：

《五倫書》四函三十二册。明宣宗御撰，六十二卷。前，明英宗序。考《明史・藝文志》載《五倫書》六十二卷，宣宗采經、傳、子、史嘉言善行有關于五倫之道者，編輯成帙。正統中，英宗製序刊行。此書橅刻極精，并是當時初印之本，明内府藏本，有『廣運之寶』。

（據文淵閣《四庫全書》卷九）

此所著録者與今見本悉同，書册裝幀順序亦同。今見本在序文款識處鈐陽文朱墨『廣運之寶』印，其它一如著録。所謂『宣宗萬幾之暇，采輯經、傳、子、史嘉言善行有關于君臣、父子、兄弟、夫婦、朋友之道者，爲是書』『明宣宗御撰』云者，屬因襲之説，并未翔加考實，亦無可爲據。

此書以古代界定的五種社會人的倫序關係爲前提，設有君道、臣道、父道、子道、夫婦之道和朋友之道，實即朱祁鎮《序》中所稱的『五常』：君臣、父子、夫婦、昆弟、友朋，故稱『五倫』。

第一卷爲《五倫總論》，第二卷至第二十三卷爲《君道》，所占篇幅多；第二十四卷至第五十三卷爲《臣道》，凡二十九卷，所占篇幅最多；第五十四卷、五十五卷爲《父道》，僅僅兩卷；第五十六、五十七、五十八卷爲《子道》，凡三卷；第五十九卷爲《夫婦之道》，僅一卷；第六十卷爲《兄弟之道》，爲一卷；第六十一至六十二卷爲《朋友之道》。

是書遍及儒家經、傳、史、集與諸子百家之書而取與主題相合者采之，擇要録之，以類相從，是一部重要的古代倫理文獻資料，也是集合古代關于界説『五倫』『定義』資料。如《五倫總論》中引宋張栻之語：『天地位而人生乎其中，其所以爲人之道者，以其有父子之親，長幼之序，夫婦之别，而又有君臣之義，朋友之交也。』（據本編卷一第十二頁）張栻是南宋時期著名的理學家，與朱熹、吕祖謙交善。此中有關社會人的五種倫序都涵蓋了。此語見于張栻文集《南軒集·〈閫範〉序》[一]，《閫範》是吕祖謙編撰的書，請張栻作序，故有此論。卷二《君道》第一子目爲《嘉言》，首引《周易》中認爲屬于『嘉言』的語録：『《易》：首出庶物，萬國咸寧○天行健，君子以自强不息○君子體仁，足以長人；嘉會，足以合

[一] 見文淵閣《四庫全書》本《南軒集》卷十四。

禮；利物，足以和義；貞固，足以幹事。君子行此四德者，故曰「乾，元亨利貞。」……』（據本編卷二第十三頁）這一段文字是從《周易》經傳中摘取的，『首出庶物，萬國咸寧』是《周易·乾》卦『用九』的《彖》辭；『天行健，君子以自强不息。』是《周易·乾》卦『用九』的《象》辭；『君子體仁，足以長人；嘉會，足以合禮；利物，足以和義；貞固，足以幹事。君子行此四德者，故曰：「乾，元亨利貞。」』是《周易·乾》卦『用九』《文言》的判辭，其全文謂：『《文言》曰：元者，善之長也；亨者，嘉之會也；利者，義之和也；貞者，事之幹也。君子體仁，足以長人；嘉會，足以合禮；利物，足以和義；貞固，足以幹事。君子行此四德者，故曰「乾，元亨利貞」』。

采録文獻，悉皆如是，它可類推，例從略。編撰是書的目的，蓋以天地自然之道闡發爲人之道，大抵如明英宗朱祁鎮《序》之所言：

……天之道，非二氣、五行，無以成萬化；人之道，非三綱五常，無以首萬行。三綱五常之道，雖叙于天，然正之使叙，倫而益厚，則在于君。《傳》曰：「惟天下至誠，爲能盡其性，能盡其性，則能盡人之性。」所謂「性」者，莫有大于父子之親，君臣之義，夫婦之别，長幼之序，朋友之信。是故，親吾親以及人之親，立愛，自親始也；長吾長以及人之長，立敬，自長始也。……宣宗章皇帝，纂承大統，益隆繼述。嘗于萬機之暇，采輯經、傳、百家嘉言、善行之有關于君臣、父子、夫婦、兄弟、朋友之道者，類分爲六十二卷，命曰「五倫書」。欲嘉與萬方，講求其理，將以施之于身行，之于家而達之于邦國。俾咸囿仁義、忠孝、慈良之域而後已。……[一]（據本編第一頁）此序强調萬物育化，盡得陰陽、五行之氣，人類『萬行』，非三綱五常，無以成教化。人類社會的運行，應該按照綱常的倫序進行。『父子之親，君臣之義，夫婦之别，長幼之序，朋友之信』成爲綱常倫序最主要的關係。基于這一部文獻，依然可以感受到宋明理學從皇家以至于平民的高度認同觀念。

附記

據嚴紹璗先生考察，《五倫書》現藏日本，蓋有兩個版本：一爲明代内務府司禮監刻本，與本編影印本同。今藏日本『尊經閣文庫』『御茶之水圖書館』；二爲明景泰五年（一四五四）京兆劉氏翠岩舍刊本，與明司禮監刻本不同，今藏東京大學東洋文化研究所。此本僅存卷十九至卷二十三，凡五卷，是殘本[二]。

[一]　朱祁鎮，明宣宗朱瞻基第一子，宣德二年十一月十一日生，其母章皇后孫氏。宣德三年立爲皇太子。明宣宗朱瞻基晏駕，于宣德十年正月初十日即皇帝位，爲明英宗，改元正統。正統十四年八月，親征斡拉次土木，師潰，以其北去，朱祁鈺即位，九月初六日，尊爲太上皇帝。景泰元年自斡拉放回，入居南宫。景泰八年正月，景帝有疾，石亨、徐有貞等閣臣迎朱祁鎮復皇帝位。天順八年甲申崩，前後在位二十二年，享年三十有八。

[二]　參見嚴紹璗《日藏漢籍善本書録》中册，第七三七頁（中華書局，二〇〇七年版）。

御製五倫書序

朕惟天之道非二氣五行無以成萬
化人之道非三綱五常無以首萬行
三綱五常之道雖敘於天然正之使
敘倫而益厚則在於君傳曰惟天下
至誠爲能盡其性能盡其性則能盡
人之性所謂性者莫有大於父子之
親君臣之義夫婦之別長幼之序朋
友之信是故親吾親以及人之親立
愛自親始也長吾長以及人之長立
敬自長始也堯舜禹湯文武聖聖相
承所以繼天立極而致雍熙泰和之
治於悠久者莫不循用是道我國家
以綱常爲治自

皇高祖考太祖高皇帝申明五常之誥
頒示天下
列聖相承若出於一肆數十年海宇乂
寧風俗醇厚良有以也我
皇考宣宗章皇帝纂承大統益隆繼述
嘗於萬幾之暇采輯經傳百家嘉言
善行之有關於君臣父子夫婦兄弟
朋友之道者類分爲六十二卷命曰
五倫書欲嘉與萬方講求其理將以
施之於身行之於家而達之於邦國
俾咸囿仁義忠孝慈良之域而後已
是即帝堯親睦九族帝舜慎徽五典
大禹祗台德先成湯肇脩人紀文武
明德重民五教之所爲也其與易之

財成輔相書之惇典綏猷中庸所謂
脩道之教豈有二哉所以然者非有
求於民生日用彝倫之外亦因其本
然而道之其所當然者耳朕祗嗣天序
追承
皇考之志謹用鋟梓以廣其傳而并敘
述

神功聖德之盛播示將來於乎天地之
大日月之明綱常之道殆與之同其
久遠矣

正統十二年五月初二日

五倫書目録

五倫書卷之一

五倫總論

易家人曰父父子子兄兄弟弟夫夫婦婦而家道正正家而天下定矣○有天地然後有萬物有萬物然後有男女有男女然後有夫婦有夫婦然後有父子有父子然後有君臣有君臣然後有上下有上下然後禮義有所錯

書敬敷五教在寬○后克艱厥后臣克艱厥臣政乃乂黎民敏德○天敘有典勑我五典五

惇哉○君罔以辯言亂舊政臣罔以寵利居成功邦其永孚于休○弘敷五典式和民則

詩刑于寡妻至于兄弟以御于家邦

春秋左氏傳曰君義臣行父慈子孝兄愛弟敬所謂六順也○君人執信臣人執共忠信篤敬上下同之天之道也

春秋穀梁傳曰子之生不免乎水火母之罪也羈貫成童不就師傅父之罪也就師學問無方心志不通身之罪也心志既通而名譽不

聞友之罪也名譽既聞而有司不舉有司之罪也有司舉之王者不用王者之過也

禮記男女有別而後夫婦有義夫婦有義而後父子有親父子有親而後君臣有正○君臣上下父子兄弟非禮不定○大人世及以為禮城郭溝池以為固禮義以為紀以正君臣以篤父子以睦兄弟以和夫婦○父慈子孝兄良弟弟夫義婦聽長惠幼順君仁臣忠十者謂之人義○父子篤兄弟睦夫婦和家之

肥也大臣法小臣廉官職相序君臣相正國之肥也○朝覲之禮所以明君臣之義也聘問之禮所以使諸侯相尊敬也喪祭之禮所以明臣子之恩也鄉飲酒之禮所以明長幼之序也婚姻之禮所以明男女之別也

大戴禮夫婦別父子親君臣嚴三者正則庶物從之矣

論語賢賢易色事父母能竭其力事君能致其身與朋友交言而有信○君君臣臣父父子子

大學為人君止於仁為人臣止於敬為人子止於孝為人父止於慈與國人交止於信

中庸君臣也父子也夫婦也昆弟也朋友之交也五者天下之達道也

孟子人倫明於上小民親於下○內則父子外則君臣人之大倫也父子主恩君臣主敬○父子有親君臣有義夫婦有別長幼有序朋友有信○規矩方圓之至也聖人人倫之至

也○人人親其親長其長而天下平○為人臣者懷仁義以事其君為人子者懷仁義以事其父為人弟者懷仁義以事其兄是君臣父子兄弟去利懷仁義以相接也然而不王者未之有也○親親仁也敬長義也無他達之天下也

孝經天子有爭臣七人雖無道不失其天下諸侯有爭臣五人雖無道不失其國大夫有爭臣三人雖無道不失其家士有爭友則身不

離於令名父有爭子則身不陷於不義
管仲曰惠者主之高行也慈者父母之高行也忠者臣之高行也孝者子婦之高行也主惠而不懈則民奉養父母慈而不懈則子婦順臣忠而不懈則爵祿至子婦孝而不懈則美名附
晏嬰曰君令臣共父慈子孝兄愛弟敬夫和妻柔姑慈婦聽禮也君令而不違臣共而不貳父慈而教子孝而箴兄愛而友弟敬而順夫和而義妻柔而正姑慈而從婦聽而婉禮之善物也

欒共子曰民生於三事之如一父生之師教之君食之
莊周曰君先而臣從父先而子從兄先而弟從長先而少從男先而女從夫先而婦從
說苑人之生莫大乎父子之親君臣之義父道聖子道仁君道義臣道忠
顔之推曰夫有人民而後有夫婦有夫婦而後有父子有父子而後有兄弟一家之親此三者而已矣自玆以往至於九族皆本於三親焉故於人倫為重者也不可不篤
程頤曰天地之間無適而非道也即父子而父子在所當親即君臣而君臣在所當嚴以至為夫婦為長幼為朋友無所為而非道
羅從彥曰君明君之福臣忠臣之福君明臣忠則朝廷乂安得不謂之福乎父慈父之福子孝子之福父慈子孝則家道隆盛得不謂之福乎

朱熹曰父子兄弟為天屬而以人合者居其三焉夫婦者天屬之所由以續者也君臣者天屬之所賴以全者也朋友者天屬之所賴以正者也是則所以綱紀人道建立人極不可一日而偏廢
張栻曰天地位而人生乎其中其所以為人之道者以其有父子之親長幼之序夫婦之別而又有君臣之義朋友之交也

黄榦曰五典者天叙之常禮人道之大端也析
而言之則君臣夫婦朋友者人之屬而天屬
之親惟父子兄弟為然
許衡曰父子之親君臣之義與夫夫婦長幼朋
友亦莫不各有當然之則此天倫也○君知
君道臣知臣道則君臣各得其所矣夫知夫
道婦知婦道則夫婦各得其所矣

五倫書卷之一

五倫書卷之二

易首出庶物萬國咸寧○天行健君子以自强
不息○君子體仁足以長人嘉會足以合禮
利物足以和義貞固足以幹事君子行此四
德者故曰乾元亨利貞○庸言之信庸行之
謹閑邪存其誠善世而不伐德博而化○君
子終日乾乾夕惕若厲無咎○君子進德修

業忠信所以進德也修辭立其誠所以居業
也知至至之可與幾也知終終之可與存義
也○君子學以聚之問以辨之寬以居之仁
以行之○夫大人者與天地合其德與日月
合其明與四時合其序與鬼神合其吉凶○
蒙以養正聖功也○師以衆正可以王矣○
地中有水師君子以容民畜衆○大君有命
開國承家小人勿用○地上有水比先王以
建萬國親諸侯○上天下澤履君子以辨上

下定民志○內君子而外小人君子道長小人道消也○天地交泰后以財成天地之道輔相天地之宜以左右民○火在天上大有君子以遏惡揚善順天休命○謙尊而光○天地以順動故日月不過而四時不忒聖人以順動則刑罰清而民服○雷出地奮豫先王以作樂崇德殷薦之上帝以配祖考○山下有風蠱君子以振民育德○澤上有地臨君子以教思無窮容保民無疆○大觀在上

順而巽中正以觀天下觀盥而不薦有孚顒若下觀而化也觀天之神道而四時不忒聖人以神道設教而天下服矣○風行地上觀先王以省方觀民設教○雷電噬嗑先王以明罰勅法○觀乎天文以察時變觀乎人文以化成天下○天下雷行物與無妄先王以茂對時育萬物○剛健篤實輝光日新其德○天地養萬物聖人養賢以及萬民○重明以麗乎正乃化成天下○明兩作離大人以

繼明照于四方○天地感而萬物化生聖人感人心而天下和平○山上有澤咸君子以虛受人○日月得天而能久照四時變化而能久成聖人久於其道而天下化成○天下有山遯君子以遠小人不惡而嚴○明出地上晉君子以自昭明德○雷雨作解君子以赦過宥罪○損上益下民說無疆自上下下其道大光○有孚惠心勿問元吉有孚惠我德○天下有風姤后以施命誥四方○澤上

有地萃君子以除戎器戒不虞○木上有水井君子以勞民勸相○天地革而四時成湯武革命順乎天而應乎人○澤中有火革君子以治曆明時○聖人亨以享上帝而大亨以養聖賢○木上有火鼎君子以正位凝命○洊雷震君子以恐懼修省○山上有木漸君子以居賢德善俗○山上有火旅君子以明慎用刑而不留獄○隨風巽君子以申命行事○說以先民民忘其勞說以犯難民忘

其死○風行水上渙先王以享于帝立廟○渙汗其大號渙王居无咎○天地節而四時成節以制度不傷財不害民○澤上有水節君子以制數度議德行○水在火上既濟君子以思患而豫防之○易簡而天下之理得矣天下之理得而成位乎其中矣○與天地相似故不違知周乎萬物而道濟天下故不過旁行而不流樂天知命故不憂安土敦乎仁故能愛○居其室出其言善則千里之外

應之況其邇者乎居其室出其言不善則千里之外違之況其邇者乎言出乎身加乎民行發乎邇見乎遠言行君子之樞機樞機之發榮辱之主也言行君子之所以動天地也可不慎乎○天之所助者順也人之所助者信也履信思乎順又以尚賢也是以自天祐之吉无不利○天地之大德曰生聖人之大寶曰位何以守位曰仁何以聚人曰財理財正辭禁民為非曰義○通其變使民不倦神

而化之使民宜之○黃帝堯舜垂衣裳而天下治蓋取諸乾坤○精義入神以致用也利用安身以崇德也○危者安其位者也亡者保其存者也亂者有其治者也是故君子安而不忘危存而不忘亡治而不忘亂是以身安而國家可保也○君子知微知彰知柔知剛萬夫之望○聖人南面而聽天下嚮明而治

書

稽于眾舍己從人不虐無告不廢困窮○人

心惟危道心惟微惟精惟一允執厥中無稽之言勿聽弗詢之謀勿庸○眾非元后何戴后非眾罔與守邦○慎乃有位敬修其可願○惟德動天無遠弗屆滿招損謙受益時乃天道○至誠感神○知人則哲能官人安民則惠黎民懷之○天聰明自我民聰明天明畏自我民明威達于上下敬哉有土○元首明哉股肱良哉庶事康哉○民可近不可下民惟邦本本固邦寧○惟天生民有欲無主

乃亂惟天生聰明時乂○佑賢輔德顯忠遂
良兼弱攻昧取亂侮亡推亡固存邦乃其昌
○德日新萬邦惟懷志自滿九族乃離○能
自得師者王謂人莫己若者亡好問則裕自
用則小○愼厥終惟其始殖有禮覆昏暴欽
崇天道永保天命○惟皇上帝降衷于下民
若有恒性克綏厥猷惟后○立愛惟親立敬
惟長始于家邦終于四海○惟上帝不常作
善降之百祥作不善降之百殃爾惟德罔小

萬邦惟慶爾惟不德罔大墜厥宗○祗爾厥
辟辟不辟忝厥祖○愼乃儉德惟懷永圖○
欽厥止率乃祖攸行○民非后罔克胥匡以
生后非民罔以辟四方○奉先思孝接下思
恭視遠惟明聽德惟聰○惟天無親克敬惟
親民罔常懷懷于有仁鬼神無常享享于克
誠天位艱哉○無輕民事惟難無安厥位惟
危愼終于始有言逆于汝心必求諸道有言
遜于汝志必求諸非道○弗慮胡獲弗爲胡

成一人元良萬邦以貞○天難諶命靡常常
厥德保厥位○德惟一動罔不吉德二三動
罔不凶惟吉凶不僭在人惟天降灾祥在德
○德無常師主善爲師善無常主協于克一
○七世之廟可以觀德萬夫之長可以觀政
○后非民罔使民非后罔事無自廣以狹人
匹夫匹婦不獲自盡民主罔與成厥功○知
之曰明哲明哲實作則天子惟君萬邦百官
承式○明王奉若天道建邦設都樹后王君

公承以大夫師長不惟逸豫惟以亂民○惟
天聰明惟聖時憲○惟口起羞惟甲冑起戎
惟衣裳在笥惟干戈省厥躬○官不及私昵
惟其能爵罔及惡德惟其賢○慮善以動動
惟厥時有其善喪厥善矜其能喪厥功惟事
事乃其有備有備無患○惟后非賢不乂惟
賢非后不食○惟天地萬物父母惟人萬物
之靈亶聰明作元后元后作民父母○天佑
下民作之君作之師惟其克相上帝寵綏四

方○惟天惠民惟辟奉天○天視自我民視天聽自我民聽○建官惟賢位事惟能○皇建其有極斂時五福用敷錫厥庶民○凡厥庶民有猷有為有守汝則念之不協于極不罹于咎皇則受之而康而色曰予攸好德汝則錫之福○無虐煢獨而畏高明人之有能有為使羞其行而邦其昌凡厥正人既富方穀○三德一曰正直二曰剛克三曰柔克平康正直彊弗友剛克燮友柔克沈潛剛克高

明柔克○明王慎德四夷咸賓無有遠邇畢獻方物惟服食器用○志以道寧言以道接○不寶遠物則遠人格所寶惟賢則邇人安○怨不在大亦不在小惠不惠懋不懋○王敬作所不可不敬德○肆惟王其疾敬德王其德之用祈天永命○皇天無親惟德是輔民心無常惟惠之懷○慎厥初惟厥終終以不困不惟厥終終以困窮○惟聖罔念作狂惟狂克念作聖○制治于未亂保邦于未危

○明王立政不惟其官惟其人○至治馨香感于神明黍稷非馨明德惟馨○出入起居罔有不欽發號施令罔有不臧下民祗若萬邦咸休○德威惟畏德明惟明

詩人之好我示我周行○彤弓弨兮受言藏之我有嘉賓中心貺之鐘鼓既設一朝饗之○夜如何其夜未央庭燎之光君子至止鸞聲將將○君子來朝何錫予之雖無予之路車乘馬又何予之玄袞及黼○無念爾祖聿修

厥德永言配命自求多福○明明在下赫赫在上天難忱斯不易惟王○小心翼翼昭事上帝聿懷多福厥德不回以受方國○勉勉我王綱紀四方○亹亹在宮肅肅在廟不顯亦臨無射亦保○不聞亦式不諫亦入○永言孝思孝思維則○昭茲來許繩其祖武○遹求厥寧遹觀厥成○假樂君子顯顯令德宜民宜人受祿于天○不愆不忘率由舊章○威儀抑抑德音秩秩無怨無惡率由群匹

○顒顒卬卬如圭如璋令聞令望豈弟君子
四方為綱○敬慎威儀以近有德○先民有
言詢于芻蕘○价人維藩大師維垣大邦維
屛大宗維翰懷德惟寧宗子維城無俾城壞
無獨斯畏○敬天之怒無敢戲豫敬天之渝
無敢馳驅昊天曰明及爾出王昊天曰旦及
爾游衍○無競維人四方其訓之有覺德行
四國順之訏謨定命遠猶辰告敬慎威儀維
民之則○慎爾出話敬爾威儀無不柔嘉白

圭之玷尚可磨也斯言之玷不可為也○無
易由言無曰苟矣莫捫朕舌言不可逝矣無
言不讎無德不報惠于朋友庶民小子子孫
繩繩萬民靡不承○辟爾為德俾臧俾嘉淑
慎爾止不愆于儀不僭不賊鮮不為則○維
此惠君民人所瞻秉心宣猶考慎其相○明
明天子令聞不已矢其文德洽此四國○儀
式刑文王之典日靖四方○我其夙夜畏天
之威于時保之○載戢干戈載櫜弓矢我求

懿德肆于時夏○宣哲維人文武維后燕及
皇天克昌厥後○保有厥士于以四方克定
厥家○敷時繹思我徂維求定○思無邪○
溫恭朝夕執事有恪○率履不越遂視既發
○聖敬日躋昭假遲遲上帝是祗○不競不
絿不剛不柔敷政優優○天命降監下民有
嚴不僭不濫不敢怠遑
春秋左氏傳曰為國家者見惡如農夫之務去
草焉芟夷蘊崇之絕其本根勿使能殖則善

者信矣○禮經國家定社稷序民人利後嗣
者也○政以治民刑以正邪○君人者將昭
德塞違以臨照百官猶懼或失之故昭令德
以示子孫是以清廟茅屋大路越(戶括切)席大羹
不致粢食不鑿昭其儉也衮冕黻珽帶裳幅
舄衡紞紘綖昭其度也藻率(音律)鞞(補頂切)鞛(布孔切)鞶
厲游纓昭其數也火龍黼黻昭其文也五色
比象昭其物也鍚鸞和鈴昭其聲也三辰旂
旗昭其明也○國家之立也本大而末小是

以能固故天子建國諸侯立家卿置側室大夫有貳宗士有隷子弟庶人工商各有分親皆有等衰是以民服事其上而下無覬覦○唯器與名不可以假人君之所司也名以出信信以守器器以藏禮禮以行義義以生利利以平民政之大節也○民受天地之中以生所謂命也是以有動作禮義威儀之則以定命也○國之大事在祀與戎祀有執膰戎有受脤神之大節也○天生民而立之君使

司牧之勿使失性有君而爲之貳使師保之勿使過度○令名德之輿也德國之基也有基無壞無亦是務乎有德則樂樂則能久○善爲國者賞不僭而刑不濫賞僭則懼及淫人刑濫則懼及善人○古之治民者勸賞而畏刑恤民不倦賞以春夏刑以秋冬○君有君之威儀其臣畏而愛之則而象之故能有其國家令聞長世○施舍可愛進退可度周旋可則容止可觀作事可法德行可象聲氣

可樂動作有文言語有章以臨其下謂之有威儀也○能用善人民之主也○禮上下之紀天地之經緯也民之所以生也是以先王尚之○心能制義曰度德正應和曰莫照臨四方曰明勤施無私曰類教誨不倦曰長賞慶刑威曰君慈和徧服曰順擇善而從之曰比經緯天地曰文九德不愆作事無悔故襲天祿子孫賴之

春秋公羊傳曰君子之祭也敬而不黷黷則怠

怠則忌○君子之爲國也必有三年之委○古者什一而藉什一者天下之中正也什一行而頌聲作矣○君子之善善也長惡惡也短惡惡止其身善善及子孫

春秋穀梁傳曰王者民之所歸往也○古之君人者必時視民之所勤民勤於力則工築罕民勤於財則貢賦少民勤於食則百事廢矣○爲天下主者天也繼天者君也君之所存者命也

周禮惟王建國辯方正位體國經野設官分職
以為民極
禮記毋不敬儼若思安定辭安民哉敖不可長欲不可從志不可滿樂不可極賢者狎而敬之畏而愛之愛而知其惡憎而知其善○天子祭天地祭四方祭山川祭五祀歲徧○凡官民材必先論之論辨然後使之任事然後爵之位定然後祿之爵人於朝與士共之刑人於市與衆棄之○國無九年之蓄曰不足

無六年之蓄曰急無三年之蓄曰國非其國也三年耕必有一年之食九年耕必有三年之食以三十年之通雖有凶旱水溢民無菜色然後天子食日舉以樂○用民之力歲不過三日○凡使民任老者之事食壯者之食○修六禮以節民性明七教以興民德齊八政以防淫一道德以同俗養耆老以致孝恤孤獨以逮不足上賢以崇德簡不肖以絀惡○凡制五刑必即天論郵罰麗於事○德成

而教尊教尊而官正官正而國治君之謂也○大道之行也天下為公選賢與能講信修睦故人不獨親其親不獨子其子使老有所終壯有所用幼有所長矜寡孤獨廢疾者皆有所養男有分女有歸○禮者君之大柄也所以別嫌明微儐鬼神考制度別仁義所以治政安君也○故天生時而地生財人其父生而師教之四者君以正用之故君者立於無過之地也○故用人之知去其詐用人之

勇去其怒用人之仁去其貪○聖人耐（能）以天下為一家以中國為一人者非意之也必知其情辟於其義明於其利達於其患然後能為之○聖人作則必以天地為本○聖王修義之柄禮之序以治人情故人情者聖王之田也修禮以耕之陳義以種之講學以耨之本仁以聚之播樂以安之○先王之立禮也有本有文忠信禮之本也義理禮之文也無本不立無文不行○先王之制禮也以節

事修樂以道志故觀其禮樂而治亂可知也
○聖人南面而聽天下所宜先者五民不與
焉一曰治親二曰報功三曰舉賢四曰使能
五曰存愛五者一得於天下民無不足無不
贍者○君子如欲化民成俗其必由學乎玉
不琢不成器人不學不知道是故古之王者
建國君民教學為先○禮以道其志樂以和
其聲政以一其行刑以防其姦禮樂刑政其
極一也所以同民心而出治道也○先王之
制禮樂也非以極口腹耳目之欲也將以教
民平好惡而反人道之正也○禮節民心樂
和民聲政以行之刑以防之禮樂刑政四達
而不悖則王道備矣○禮義立則貴賤等矣
樂文同則上下和矣好惡著則賢不肖別矣
刑禁暴爵舉賢則政均矣仁以愛之義以正
之如此則民治行矣○大樂必易大禮必簡
樂至則無怨禮至則不爭揖讓而治天下者
禮樂之謂也○大樂與天地同和大禮與天

地同節和故百物不失節故祀天祭地明則
有禮樂幽則有鬼神如此則四海之內合敬
同愛矣○王者功成作樂治定制禮其功大
者其樂備其治辯者其禮具○聖人作樂以
應天制禮以配地禮樂明備天地官矣○為
人君者謹其好惡而已矣君好之則臣為之
上行之則民從之○禮樂不可斯須去身致
樂以治心則易直子諒之心油然生矣易直
子諒之心生則樂樂則安安則久久則天天
則神天則不言而信神則不怒而威致樂以
治心者也致禮以治躬則莊敬莊敬則嚴威
心中斯須不和不樂而鄙詐之心入之矣外貌
斯須不莊不敬而易慢之心入之矣故樂也
者動於內者也禮也者動於外者也樂極和
禮極順內和而外順則民瞻其顏色而弗與
爭也望其容貌而民不生易慢焉故德煇動
於內而民莫不承聽理發諸外而民莫不承
順故曰致禮樂之道舉而錯之天下無難矣

○先王之所以治天下者五貴有德貴貴貴
老敬長慈幼此五者先王之所以定天下也
○立愛自親始教民睦也立敬自長始教民
順也教以慈睦而民貴有親教以敬長而民
貴用命○天子者與天地參故德配天地兼
利萬物與日月並明明照四海而不遺微小
其在朝廷則道仁聖禮義之序燕處則聽雅
頌之音行步則有環佩之聲升車則有鸞和
之音居處有禮進退有度百官得其宜萬事

得其序○政者正也君為正則百姓從政矣
○古之為政愛人為大所以治愛人禮為大所
以治禮敬為大○天無私覆地無私載日月
無私照奉斯三者以勞天下此之謂三無私
○好賢如緇衣惡惡如巷伯則爵不瀆而民
作愿刑不試而民咸服○君民者子以愛之
則民親之信以結之則民不倍恭以蒞之則
民有孫心○下之事上也不從其令從其所
行上好是物下必有甚者矣故上之所好惡

不可不慎也○上好仁則下之為仁爭先人
○王言如絲其出如綸王言如綸其出如綍
故大人不倡游言可言也不可行君子弗言
也可行也不可言君子弗行也則民言不危
行而行不危言矣○君子道人以言而禁人
以行故言必慮其所終而行必稽其所敝則
民謹於言而慎於行○有國者章善癉惡以
示民厚則民情不貳○大臣不可不敬也是
民之表也邇臣不可不慎也是民之道也

大戴禮上敬老則下益孝上順齒則下益悌上
樂施則下益諒上親賢則下擇友上好德則
下不隱上惡貪則下恥爭上强果則下廉恥
○上者民之表也表正則何物不正○上之
親下也如腹心則下之親上也如保子之見
慈母也上下之相親如此然後令則從施則
行○至禮不讓而天下治至賞不費而天下
之士悅至樂無聲而天下之民和因天下之
爵以尊天下之士此之謂至禮不讓而天下

洽。因天下之祿。以富天下之士。此之謂至賞不費而天下之士悅。天下之士悅。則天下之明譽興。此之謂至樂無聲而天下之民和○仁者莫大於愛人。知者莫大於知賢。政者莫大於官賢。有土之君修此三者則四海之內拱而俟○天下器也。今人之置器。置諸安處則安。置諸危處則危。而天下之情與器無以異在天子所置爾○國不務大而務得民心。佐不務多而務得賢臣。得民心者民從之有

賢佐者士歸之○政善則民說。民說則歸之如流水。親之如父母○古者聖王明義以別貴賤。以序尊卑。以體上下。然後民知尊君親上。而忠順之行備矣

論語。敬事而信。節用而愛人。使民以時○慎終追遠。民德歸厚矣○為政以德。譬如北辰居其所而衆星共之○道之以政。齊之以刑。民免而無恥。道之以德。齊之以禮。有恥且格○舉直錯諸枉則民服。舉枉錯諸直則民不服○臨之以莊則敬。孝慈則忠。舉善而教不能則勸○君使臣以禮○君子篤於親則民興於仁。故舊不遺則民不偷○浸潤之譖膚受之愬不行焉可謂明也已矣。浸潤之譖膚受之愬不行焉可謂遠也已矣○足食足兵民信之矣○百姓足君孰與不足。百姓不足君孰與足○政者正也。子帥以正孰敢不正○舉直錯諸枉能使枉者直○先有司赦小過舉賢才○上好禮則民莫敢不敬。上好義則

民莫敢不服。上好信則民莫敢不用情。夫如是則四方之民襁負其子而至矣○其身正。不令而行。其身不正。雖令不從○修己以安百姓○行夏之時。乘殷之輅。服周之冕。樂則韶舞。放鄭聲。遠佞人。鄭聲淫佞人殆○有國有家者不患寡而患不均。不患貧而患不安。蓋均無貧。和無寡。安無傾。夫如是。故遠人不服則修文德以來之。既來之。則安之　天下有道則禮樂征伐自天子出○謹權量審法

度修廢官四方之政行焉○寬則得衆信則
民任焉敏則有功公則說○君子惠而不費
勞而不怨欲而不貪泰而不驕威而不猛○
因民之所利而利之斯不亦惠而不費乎擇
可勞而勞之又誰怨欲仁而得仁又焉貪君
子無衆寡無小大無敢慢斯不亦泰而不驕
乎君子正其衣冠尊其瞻視儼然人望而畏
之斯不亦威而不猛乎
大學○大學之道在明明德在新民在止於至善

○古之欲明明德於天下者先治其國欲治
其國者先齊其家欲齊其家者先修其身欲
修其身者先正其心欲正其心者先誠其意
欲誠其意者先致其知致知在格物物格而
后知至知至而后意誠意誠而后心正心正
而后身脩身脩而后家齊家齊而后國治國
治而后天下平○一家仁一國興仁一家讓
一國興讓○堯舜帥天下以仁而民從之○
上老老而民興孝上長長而民興弟上恤孤

而民不倍是以君子有絜矩之道也○民之
所好好之民之所惡惡之此之謂民之父母
○得衆則得國失衆則失國○君子先慎乎
德有德此有人有人此有土有土此有財有
財此有用德者本也財者末也外本內末爭
民施奪是故財聚則民散財散則民聚○生
財有大道生之者衆食之者寡為之者疾用
之者舒則財恒足矣○未有上好仁而下不
好義者也○國不以利為利以義為利也

中庸致中和天地位焉萬物育焉○故大德必
得其位必得其祿必得其名必得其壽○故
大德者必受命○夫孝者善繼人之志善述
人之事者也○踐其位行其禮奏其樂敬其
所尊愛其所親事死如事生事亡如事存孝
之至也○郊社之禮所以事上帝也宗廟之
禮所以祀乎其先也明乎郊社之禮禘嘗之
義治國其如示諸掌乎○為政在人取人以
身脩身以道脩道以仁○好學近乎知力行

近乎仁。知恥近乎勇。知斯三者，則知所以脩身。知所以脩身，則知所以治人。知所以治人，則知所以治天下國家矣。○凡爲天下國家有九經。曰脩身也，尊賢也，親親也，敬大臣也，體羣臣也，子庶民也，來百工也，柔遠人也，懷諸侯也。脩身則道立，尊賢則不惑，親親則諸父昆弟不怨，敬大臣則不眩，體羣臣則士之報禮重，子庶民則百姓勸，來百工則財用足，柔遠人則四方歸之，懷諸侯則天下畏之。齊明盛服，非禮不動，所以脩身也。去讒遠色，賤貨而貴德，所以勸賢也。尊其位，重其祿，同其好惡，所以勸親親也。官盛任使，所以勸大臣也。忠信重祿，所以勸士也。時使薄歛，所以勸百姓也。日省月試，既廩稱事，所以勸百工也。送往迎來，嘉善而矜不能，所以柔遠人也。繼絕世，舉廢國，治亂持危，朝聘以時，厚往而薄來，所以懷諸侯也。凡爲天下國家有九經，所以行之者一也。○唯天下至誠爲能盡其性。

能盡其性，則能盡人之性。能盡人之性，則能盡物之性。能盡物之性，則可以贊天地之化育。可以贊天地之化育，則可以與天地參矣。○博厚所以載物也，高明所以覆物也，悠久所以成物也。博厚配地，高明配天，悠久無疆。○非天子不議禮，不制度，不考文。○王天下有三重焉，其寡過矣乎。○故君子之道，本諸身，徵諸庶民，考諸三王而不謬，建諸天地而不悖，質諸鬼神而無疑，百世以俟聖人而不惑。○君子動而世爲天下道，行而世爲天下法，言而世爲天下則。遠之則有望，近之則不厭。○唯天下至聖爲能聰明睿知，是以有臨也。寬裕溫柔，是以有容也。發強剛毅，是以有執也。齊莊中正，是以有敬也。文理密察，是以有別也。○唯天下至誠爲能經綸天下之大經，立天下之大本，知天地之化育。夫焉有所倚。○君子篤恭而天下平。

孟子：不違農時，穀不可勝食也。數罟不入洿池，魚鼈不可勝食也斧斤以時入山林材木不可勝用也穀與魚鼈不可勝食材木不可勝用是使民養生喪死無憾也養生喪死無憾王道之始也◯百畝之田勿奪其時數口之家可以無飢矣謹庠序之教申之以孝悌之義頒白者不負戴於道路矣七十者衣帛食肉黎民不飢不寒然而不王者未之有也保民而王莫之能禦也◯老吾老以及人之老幼吾幼以及人之幼治天下可運於掌◯

樂民之樂者民亦樂其樂憂民之憂者民亦憂其憂樂以天下憂以天下然而不王者未之有也◯君行仁政斯民親其上死其長矣◯德之流行速於置郵而傳命◯以德行仁者王◯以德服人者中心悅而誠服也◯尊賢使能俊傑在位則天下之士皆悅而願立於其朝矣◯人皆有不忍人之心先王有不忍人之心斯有不忍人之政矣以不忍人之心行不忍人之政治天下可運之掌上◯賢

君必恭儉禮下取於民有制◯堯舜之道不以仁政不能平治天下◯聖人既竭心思焉繼之以不忍人之政而仁覆天下矣◯欲爲君盡君道◯天下之本在國國之本在家家之本在身◯仁不可爲衆也夫國君好仁天下無敵◯得天下有道得其民斯得天下矣得其民有道得其心斯得民矣得其心有道所欲與之聚之所惡勿施爾也◯君之視臣如手足則臣視君如腹心◯君仁莫不仁君

義莫不義◯以善養人然後能服天下◯孝子之至莫大乎尊親尊親之至莫大乎以天下養◯以佚道使民雖勞不怨以生道殺民雖死不怨殺者◯善政不如善教之得民也善政民畏之善教民愛之善政得民財善教得民心◯易其田疇薄其稅斂民可使富也食之以時用之以禮財不可勝用也◯親親而仁民仁民而愛物◯知者無不知也當務之爲急仁者無不愛也急親賢之爲務◯君

子之守修其身而天下平
孝經愛敬盡於事親而德教加於百姓刑于四海盖天子之孝也○則天之明因地之利以順天下是以其教不肅而成其政不嚴而治
國語先王之於民也茂正其德而厚其性阜其財求而利其器用明利害之鄉以文修之使務利而避害懷德而畏威故能保世以滋大○防民之口甚於防川川壅而潰傷人必多民亦如之是故為川決之使導為民者宣之

使言故天子聽政使公卿至於列士獻詩瞽獻典史獻書師箴瞍音叟賦矇誦百工諫庶人傳語近臣盡規親戚補察瞽史教誨耆艾修之而後王斟酌焉是以事行而不悖○寬肅宣惠君也寬所以保本也肅所以濟時也宣所以教施也惠所以和民也本有保則必固時動而濟則無敗功教施而宣則徧惠以和民則阜若本固而功成施徧而民阜乃可以長保民矣○夫聖王之制祀也法施於民則祀之以死勤事則祀之以勞定國則祀之能禦大災則祀之能捍大患則祀之非是族也不在祀典○愛親明賢政之幹也禮賓矜窮禮之宗也禮以紀政國之常也○與王嘗諫臣逸王罰之古之王者德政既成又聽於民於是乎使工誦諫於朝在列者獻詩使勿兜風聽臚言於市辨妖祥於謠考百事於朝問謗譽於路有邪而正之盡戒之術也○國君服寵以為美安民以為樂聽德以為聰致遠

以為明

五倫書卷之二

五倫書卷之三

老聃曰聖人無常心以百姓心為心〇我無為而民自化我好靜而民自正我無事而民自富我無欲而民自朴

荀況曰天地為大矣不誠則不能化萬物聖人為知矣不誠則不能化萬民〇夫誠者君子之所守而政事之本也〇公生明偏生闇〇聖也者盡倫者也王也者盡制者也兩盡者足以為天下極矣〇選賢良舉篤敬興孝悌收孤寡補貧窮如是則庶人安政矣庶人安政然後君子安位〇君人者欲安則莫若平政愛民矣欲榮則莫若隆禮敬士矣欲立功名則莫若尚賢使能矣是君人者大節也〇仁眇天下故天下莫不親也義眇天下故天下莫不貴也威眇天下故天下莫敢敵也以不敵之威輔服人之道故不戰而勝不攻而得甲兵不勞而天下服是知王道者也〇王者之論無德不貴無能不官無功不賞無罪不罰朝無幸位民無幸生尚賢使能而等威不遺析愿禁悍而刑罰不過百姓曉然皆知為善於家而取賞於朝也為不善於幽而蒙刑於顯也夫是之謂定論是王者之論也〇足國之道節用裕民而善藏其餘節用以禮裕民以政〇輕田野之稅平關市之征省商賈之數罕興力役無奪農時如是則國富矣〇先王明禮義以一之致忠信以愛之尚賢使能以次之爵服慶賞以申重之時其事輕其任以調齊之潢然兼覆之養長之如保赤子若是故姦邪不作盜賊不起而化善者勸勉矣〇君者儀也儀正而景正君者槃也槃圓而水圓君者盂也盂方而水方〇君者人之源也源清則流清源濁則流濁故有社稷者而不能愛人不能利人而求人親愛於己不可得也〇諫爭輔拂之人社稷之臣也國

君之寶也明君之所尊厚也○明主尚賢使能而饗其盛○兵者所以禁暴除害也故仁人之兵所存者神所過者化若時雨降莫不説喜○故為人上者必將慎禮義務忠信然後可此君人者之大本也○脩其道行其義興天下之同利除天下之同害而天下之同歸也○上者下之本也上宣明則下治辨矣上端誠則下愿慤矣上公正則下易直矣治辨則易一愿慤則易使易直則易知易一則

彊易使則功易知則明是治之所由生也

賈山曰天子之尊養三老視孝也立輔弼之臣者恐驕也置直諫之士者恐不得聞其過也學問至於芻蕘者求善無饜也商人庶人誹謗已而改之從善無不聽也

賈誼曰建久安之勢成長治之業以承祖廟以奉六親至孝也以幸天下以育羣生至仁也立經陳紀輕重同得後可以為萬世法程雖有愚幼不肖之嗣猶得蒙業而安至明也○

禮者禁於將然之前而法者禁於已然之後○慶賞以勸善刑罰以懲惡先王執此之政堅如金石行此之令信如四時據此之公無私如天地○為人主計者莫如先審取舍取舍之極定於內而安危之萌應於外矣○以禮義治之者積禮義以刑罰治之者積刑罰刑罰積而民怨背禮義積而民和親故世主欲民之善同而所以使民善者或異或道之以德教或敺之以法令道之以德教者德教

洽而民氣樂敺之以法令者法令極而民風哀哀樂之感禍福之應也

董仲舒曰王者欲有所為宜求其端於天天道之大者在陰陽陽為德陰為刑刑主殺而德主生是故陽常居大夏而以生育長養為事陰常居大冬而積於空虛不用之處以此見天之任德不任刑也○為人君者正心以正朝廷正朝廷以正百官正百官以正萬民正萬民以正四方四方正遠近莫不一於正而

無有邪氣奸其間者是以陰陽調而風雨時羣生和而萬民殖諸福之物可致之祥莫不畢至而王道終矣◯天者羣物之祖故徧覆包函而無所殊聖人法天而立道亦溥愛而無私◯王者上謹於承天意以順命也下務明教化民以成性也正法度之宜別上下之序以防欲也脩此三者而大本舉矣

公孫弘曰因能任官則分職治去無用之言則事情得不作無用之器則賦斂省不奪民時

不妨民力則百姓富有德者進無德者退則朝廷尊有功者上無功者下則羣臣逡罰當罪則奸邪止賞當賢則臣下勸◯人主和德於上百姓和合於下故心和則氣和氣和則形和形和則聲和聲和則天地之和應矣故陰陽和風雨時五穀登六畜蕃嘉禾興朱草生山不童澤不涸此和之至也

王吉曰宣德流化必自近始朝廷不備難以言治左右不正難以化遠◯謹選左右審擇所使左右所以正身所使所以宣德

說苑人君之道清淨無為務在博愛趨在任賢廣開耳目以察萬方◯大道容衆大德容下聖人寡為而天下理矣◯夫有文無武無以威下有武無文民畏不親文武俱行威德乃成既成威德民親以服◯明主者有三懼一曰處尊位而恐不聞其過二曰得意而恐驕三曰聞天下之至言而恐不能行◯有國者不可以不學春秋◯聖人之於天下百姓也

其猶赤子乎飢者則食之寒者則衣之將之養之育之長之唯恐其不至於大也◯聖王貴德而務施緩刑辟而趨民時◯王者盛其德而遠人歸故無憂◯聖王先德教而後刑罰立榮恥而明防禁崇禮義之節以示之賤貨利之弊以變之◯有功而不賞則善不勸有過而不誅則惡不懼◯利之勿害成之勿敗生之勿殺與之勿奪樂之勿苦喜之勿怒此治國之道使民之義也愛之而已矣◯善

為國者遇民如父母之愛子兄之愛弟聞其
飢寒為之哀見其勞苦為之悲○賢君之治
國其政平其吏不苛其賦斂節其自奉薄不
以私善害公法賞賜不加於無功刑罰不施
於無罪不因喜以賞不因怒以誅害民者有
罪進賢舉過者有賞後宮不荒女謁不聽上
無婬慝下不陰害不幸宮室以費財不多觀
游臺池以罷民不彫文刻鏤以逞耳目官無
腐蠹之藏國無流餓之民此賢君之治國也

○將治大者不治小成大功者不小苛○為
國之道食有勞而祿有功使有能而賞必行
罰必當○善言進則不善無由入矣不進善
言則善無由入矣○明王之施德而下下也
將懷遠而致近也○明君在上下有直辭君
上好善民無諱言○聖人重誠敬慎所忽○
德行廣大而守以恭者榮土地博裕而守以
儉者安祿位尊盛而守以卑者貴人衆兵強
而守以畏者勝聰明睿智而守以愚者益博

聞多記而守以淺者廣○聖王之舉事必先
諦之於謀慮而後考之於蓍龜○上不玩兵
下不廢武○聖人之治天下也先文德而後
武力凡武之興為不服也文化不改然後加
誅○王者知所以臨下而治衆則羣臣畏服
矣知所以聽言受事則不蔽欺矣知所以安
利萬民則海內必定矣○道之所在天下歸
之德之所在天下貴之仁之所在天下愛之
義之所在天下畏之○明君之制賞從重罰

從輕食人以壯為量事人以老為程○節欲
而聽諫敬賢而勿慢使能而勿賤○古者聖
王既臨天下必變四時定律曆考天文揆時
變登靈臺以望氣氛○聖王脩禮文設庠序
陳鐘鼓天子辟廱諸侯泮宮所以行德化
新序賢聖之君不以祿私親功多者授之不以
官隨愛能當者處之故曰察能而授官者成
功之君也○聖人不易民而教知者不變法
而治因民而教者不勞而功成據法而治者

吏習而民安之
圭衡曰治天下審所上而已教化之流非家至
而人說之也賢者在位能者在職朝廷崇禮
百僚敬讓道德之行由內及外自近者始然
後民知所法遷善日進而不自知也　朝廷
天下之楨榦也公卿大夫相與循理恭讓則
民不爭好仁樂施則下不暴上義高節則民
興行寬柔和惠則衆相愛四者明王之所以
不嚴而成化也○欽翼祗栗事天之容也溫

恭敬遜承親之禮也正恭嚴恪臨衆之儀也
嘉惠和悅饗下之顏也舉措動作物遵其儀
故形為仁義動為法則
楊雄曰天下為大治之在道不亦小乎四海為
遠治之在心不亦邇乎　導之以仁則下不
相賊涖之以廉則下不相盜臨之以正則下
不相詐脩之以禮義則下多德讓
諸葛亮曰治世以大德不以小惠　親賢臣遠
小人此先漢之所以興隆也親小人遠賢臣

此後漢之所以傾頹也
王通曰推之以誠則不言而信鎮之以靜則不
行而謹惟有道者能之○古之為政者先德
而後刑故其人悅以恕　志以成道言以宣
志詔其見王者之志乎其恤人也周其致用
也悉一言而天下應一令而不可易非仁智
博達則天明命其孰能詔天下乎○天子必
有師然亦何常師之有惟道所存以天下之
身受天下之訓得天下之道成天下之務民

不知其由也其惟明主乎○禮其皇極之門
乎聖人所以嚮明而節天下也其得中道乎
故能辨上下定民志
張蘊古大寶箴有曰大明無私照至公無私親
故以一人治天下不以天下奉一人禮以禁
其奢樂以防其欲左言而右事出警而入蹕
四時同其慘舒三光同其得失又曰勿謂無
知居高聽卑勿謂何害積小就大又曰勿內
荒於色勿外荒於禽勿貴難得貨勿聽亡國

音。又曰。勿謂我尊而傲賢慢士。勿謂我智而拒諫矜己。又曰。衆棄而後加刑。衆悅而後行賞。弱其强而治其亂。伸其屈而直其枉

陸贄曰。君人之柄。在明其德威。立國之權。在審其輕重。德與威不可偏廢也。○捨己以從衆。違欲以遵道。遠憸佞而親忠直。推至誠而去逆詐。杜讒沮之路。廣諫諍之門。掃求利之法務。息人之術。錄片善片能以盡群材。忘小瑕小怨。俾無棄物。○總天下之智以助聰明。順

天下之心以施教令。○從義如轉圜。進善如不及。推廣此道。是致和平。○古之聖王之居人上也。必以其心從天下之心。而不敢以天下之人從其欲。○君人者。以衆智爲智。以衆心爲心。恒恐一夫不盡其心。一事不得其理。孜孜訪問。唯善是求。豈但從諫弗咈而已哉○愚智兼納。洪纖靡遺。蓋之如天。容之如地垂旒黈纊而黜其聰察。匿瑕藏疾而務於包涵。不示威而人畏之如雷霆。不用明而人仰

之如日月。此天子之德也。○君人之道。子育爲心。雖深居九重而慮周四表。雖恒處安樂而憂及困窮。○理國化人。在於獎一善使天下之爲善者勸。罰一惡使天下之爲惡者懲是以爵人必於朝。刑人必於市。惟恐衆之不覩事之不彰。○君天下者。必以天下之心爲心而不私其心。以天下之耳目爲耳目而不私其耳目。故能通天下之志。盡天下之情。○立國而不先養人。國固不立矣。養人而不先

足食。人固不養矣。足食而不先備災。食固不足矣。爲官而備者人。必不贍。爲人而備者官必不窮

韓愈曰。聖人一視而同仁。篤近而舉遠。○道莫大乎仁義。教莫大乎禮樂刑政。施之於天下萬物得其宜。措之於其躬。體安而氣平。○善醫者不視人之瘠肥。察其脉之病否而已矣。善計天下者。不視天下之安危。察其紀綱之理亂而已矣。

柳宗元曰聖人之所以立天下曰仁義仁主恩
義主斷恩者親之斷者宜之而理道畢矣○
聖人之道不窮異以爲神不引天以爲高利
於人備於事如斯而已矣○聖人之爲賞罰
者非他所以懲勸者也賞務速而後有勸罰
務速而後有懲○聖人有制度有法令過則
爲辟故立大中者不尚異教人者欲其誠
李德裕丹扆六箴其宵衣箴曰先王聽政昧爽
以俟雞鳴既盈日出而視伯禹大聖寸陰爲

貴光武至仁反乃不忌無俾姜后獨去簪珥
彤管記言克念前志正服箴曰聖人作服法
象可觀雖在宴游尚不懷安汲黯莊色能正
不冠楊阜慨然亦譏縹紈四時所御各有其
官非此勿服惟辟所難罷獻箴曰漢文罷獻
詔還騄駬鑾輅徐驅焉用千里厥後令王亦
能恭己翟裘既焚筒布則毀道德惟麗慈儉
爲美不過天道斯爲至理納誨箴曰惟后納
誨以求厥中從善如流乃能成功漢鶩沉湎

舉白浮鍾魏叡侈汰淩霄作宫忠雖不忤善
亦不從以規爲瑱是謂塞聰辨邪箴曰居上
處深在察微萌雖有讒慝不能蔽明漢之孝
昭叡過周成上書知詐照奸得情燕蓋既折
王猷治平百代之後乃流淑聲防微箴曰天
子之孝敬遵王度安必思危乃無遺慮亂臣
猖獗非可遽數玄服莫辨觸瑟始仆柏谷微
行豺豕塞路覩貌獻飧斯可戒懼
劉蕡曰爲君者所發必正言所履必正道所居

必正位所近必正人○事天地以教人恭奉
宗廟以教人孝養高年以教人弟長字百姓
以教人慈幼
歐陽脩曰爲人君者以細務而責人專大事而
獨斷此致治之要術也納一言而可用雖衆
説不得以沮之此力行之果斷也知此二者
天下無難治矣○善爲天下慮者不敢忽於
微而杜其漸也○治天下者用人非一端故
取士非以一路若夫知錢穀曉刑獄熟民事

精吏幹勤勞夙夜以辦集爲功者謂之材能之士。明於仁義禮樂通於古今治亂其文章論議與之謀議天下之事可以决疑定策論道經邦者謂之儒學之臣善用人者必使有材者竭其力有識者竭其謀○取士之方必求其實用人之術當盡其材○人主之善馭下者常欲聞難言之言然後下無隱情上無壅聽姦宄不作禍亂不生○禮以治民而樂以和之德義仁恩長養涵澤此三代之所以

深於民者也○治天下在明號令正朝廷在脩紀綱號令所行紀綱所振由人主有賞罰之柄也○刑者聖人所以愛民之具也其禁暴止殺之意必本乎至仁

周敦頤曰聖人在上以仁育萬民以義正萬民○心純則賢才輔賢才輔則天下治純心要矣用賢急焉○古者聖王制禮法脩教化三綱正九疇叙百姓太和萬物咸若○治天下有本身之謂也治天下有則家之謂也本必端端本誠心而已矣則必善善則和親而已矣家難而天下易家親而天下疏也○聖人之道仁義中正而已矣○天道行而萬物順聖德脩而萬民化

程顥曰人主當防未萌之欲及勿輕天下之士○君道以至誠仁愛爲本○人主之學唯當務爲急辭命非所先也○王道坦然本乎人情出乎禮義若履大路而行無復回曲

程頤曰君道在乎稽古正學明善惡之歸辨忠

邪之分曉道之正又在乎君志先定定志者正心誠意擇善而固執之也惟以聖人之訓爲必當從先王之治爲可法而已然天下之患常生於忽微而志亦戒乎漸習故古之君出入閒燕必有誦訓箴諫之官左右前後無非正人以成德業○聖人視億兆之心猶一心者通於理而已○夫以一人之身臨乎天下之廣若區區自任豈能周於萬事故自任其知者適足爲不知惟能取天下之善任天

下之聰明則無所不周○人君欲觀己之施為善否當觀於民民俗善則政化善也○聖人養賢才與之共天位使之食天祿俾施澤於天下養賢以及萬民也養賢所以養萬民也○夫居上位者必有才德威望為民所尊畏則事行而衆心服從○古之聖人設前旒屏樹者不欲明之盡乎隱也○王者法天道行寬宥施恩惠養育兆民○人君至誠益於天下天下之人無不至誠愛戴以君之德澤

五倫書卷五　十七

為恩惠也○豐大之道唯王者能致之所有既大其保之治之之道亦當大也故王者之所尚至大也○人主所以有崇高之位者蓋得之於天與天下之人共戴也必思所以報民古之人君視民如傷若保赤子皆是報民也○治身齊家以至平天下者治之道也建立治綱分正百職順天時以制事至於創制立度盡天下之事者治之法也聖人治天下之道唯此二端而已○為民立君所以養之

也養民之道在愛其力民力足則生養遂生養遂則教化行而風俗美故為政以民力為重也○善言治天下者不患法度之不立而患人材之不成○聖人脩己以敬以安百姓篤恭而天下平惟上下一於恭敬則天地自位萬物自育氣無不和四靈何有不至此體信達順之道聰明睿知皆由是出以此事天饗帝

張載曰天道四時行百物生無非至教聖人之

五倫書卷三　十八

動無非至德○中正然後能貫天下之道此君子所以大居正也○為政必身倡之且不愛其勞又益之以不倦○唯君子為能與時消息順性命躬天德而誠行之也○能通天下之志者為能感人心聖人同乎人而無我故和平天下莫盛於感人心○凡天下疲癃殘疾惸獨鰥寡皆吾兄弟之顛連而無告者也于時保之子之翼也○尊高年所以長其長慈孤弱所以幼吾幼

邵雍曰用天下之目為目其目無所不觀矣用天下之耳為耳其耳無所不聽矣用天下之口為口其口無所不言矣用天下之心為心其心無所不謀矣○聖人所以能立無過之地者以其善事乎心者也○上好德則民用正上好佞則民用邪

司馬光曰王者以仁義為麗道德為威○選賢而進之量能而任之成功者賞敗官者誅此人君之職也○人君之尊與天地同體以剛

健為德以厚重為威照微當如日月發言當如雷霆○信者人君之大寶也國保於民民保於信○人君之職量材而授官一也度功而加賞二也審罪而行罰三也材有短長故官有能否功有高下故賞有厚薄罪有大小故罰有輕重此三者人君所當用心○天子之於萬國能褒善而黜惡抑強而輔弱撫服而懲違禁暴而誅亂然後發號施令而四海之內莫不率從○為人君者視天下有一事

不治以為已過有一民失所以為已憂天下已安已治矣猶復思將來之患而豫防之○明主謀事於始而慮患於微是以用力不勞而收功甚大○仁者非嫗煦姑息之謂也興教化脩政治養百姓利萬物此人君之仁也○國之至治在於審官官之得人在於選士士之嚮道在於立教教之歸正在於擇術○繼體之君謹守祖宗成法苟不隳之以逸欲敗之以讒諂則世世相承無有窮期○切直

之言非人臣之利乃國家之福是以人君夙夜求之懼弗得聞○古之聖王尊禮黃髮屬任以政者蓋以更歷天下之事練習為治之體故也○天下重器也得之至艱守之至艱令民有十金之產猶以為先人所營苦身勞志謹而守之不敢失墜況於承祖宗艱難之業奄有四海傳祚萬世可不重哉可不慎哉○聖人當國家隆盛之時則戒懼彌甚故能保其令聞永久無疆矣○凡守太平之業者

其術無他如守巨室而已今有巨室於此將以傳之子孫為無窮之規則必植其堂基壯其柱石强其棟梁厚其茨蓋高其垣墉嚴其關鍵既成又擇其子孫之良者使謹而守之日省月視欹者扶之弊者補之如是則亘千萬年無頹壞也夫民者國之堂基也禮法者柱石也公卿者棟梁也官吏者茨蓋也將帥者垣墉也甲兵者關鍵也是六者不可不朝念而夕思也○聖帝明王皆消惡於未萌弭

禍於未形天下陰被其澤而莫知其所以然也○宴安怠惰肇荒淫之基奇巧珍玩發奢泰之端甘言卑辭啓僥倖之徒附耳屏語開讒賊之門不惜名器導僭逼之源假借威福授陵奪之柄凡此六者其初甚微朝夕狎翫未覩其害日滋月益遂至深固比知而革之用力百倍矣○為國家者必先實而後文也安國家利百姓仁之實也保基緒傳子孫孝之實也辨貴賤立紀綱禮之實也和上下親

遠近樂之實也決是非明好惡政之實也詰奸邪禁暴亂刑之實也察言行試政事求賢之實也量材能課功狀審官之實也詢安危訪治亂納諫之實也選勇果習戰鬬治兵之實也實之不存雖文之盛美無益也

曾鞏曰為政之要莫如得人百官稱職則萬務咸治○官久於其業而後明功久於其事而後成○名正然後位定位定然後事舉

蘇軾曰王者所宜先者德也所宜後者刑也所

宜先者義也所宜後者利也○聖人之治天下寬猛相資君臣之間可否相濟○聖人之治天下使天下之事各當其處而不相亂天下之人各安其分而不相躐然後天子得優游無為而制其上○古之人君收天下之英雄而不失其心故天下皆爭歸之○得人之道在於知人知人之法在於責實○凡舉大事必順天心天之所向以之舉事必成

蘇轍曰聖人欲有其富則保之以儉欲久其尊

則守之以謙欲安其佚則行之以勞欲得其欲則濟之以無欲○聖人之為天下不務逆人之心人心之所向因而順之人心之所去因而廢之故天下樂從其所為○善治天下者必明於天下之情而後得御天下之術

胡安國曰為國以義不以利如以利則上下交征而國必危矣○舉動人君之大節賢哲量之以行藏其道奸邪窺之以作止其惡四隣望之以厚薄其情故有國者必謹於禮而後

動此守身之本保國之道也○明君以務學為急聖學以立心為要○克謹天戒則雖有其象而無其應弗克畏天災咎之來必矣○天人一理也萬物一氣也觀於陰陽寒暑之變以察其消息盈虛此制治於未亂慎於微之意也○善善而不能用則無貴於知其善惡惡而不能去則無貴於知其惡

范祖禹曰君人者如天運於上而四時寒暑各司其序則不勞而萬物遂矣○朝廷者四方之極也非至公無以絕天下之私非至正無以止天下之邪○治天下之繁者必以至簡制天下之動者必以至靜○危則懼懼則善心生安則泰泰則逸心生○古者聖王正身齊家以率天下其身不正未有能正人者君者本也民者末也君者源也民者流也本正則末正源清則流清矣是以先王之治必反求諸己己正則物莫不應矣○富而逸者民之所欲也與其所欲去其所惡而不王者

未之有也○明君用人而不自用故恭己而成功多疑之君自用而不用人故勞心而敗事○聖人順天理而感人心斂天下之賢者而聚之於朝使之施其所有以為國之有則賢者無不得其所而民物亦無不得其所矣○天地之有四時百官之有六職天下萬事備盡於此如網之在綱裘之挈領雖百世不可易也○明王導天下而使之言故國家可得而治也○天子所以制御天下者賞善罰

惡辨是非枉直使人各得其所物各安其分而不相陵暴也
李侗曰治道必以明天理正人心崇節義厲廉恥為先本末備具可舉而行非特空言而已
胡寅曰為天養人者天子之職也○帝王之德莫不本於格物致知以誠其意正心脩身以齊其家若夫正朝廷正百官以正萬民則自是而推之矣○人主必昭儉德以照臨百官清心寡欲不殖貨利而用君子立乎朝廷則

寵賂之門自塞矣○人君莫大乎脩身而脩身莫先於寡欲欲誠不行則心虛而善入氣平而理勝動無非禮事無不善唐虞之治不越此矣○聖主憂其所當憂然後能樂其所可樂○人君躬行於上卿大夫表式於下以明習人倫為要則三代教化之實也○君以養人為職凡為人害者必去之○國之興也未有不由親賢○自古人君待遇臣下其禮雖一然嚴威儼恪常施於爪牙甲胄之士以折其驕悍難使之氣柔巽謙屈常施於林壑退藏之人以厲其廉靖無求之節故能駕馭人才表正風俗○上好儉而民財豐節力役而民力裕
胡宏曰聖人理天下以萬物各得其所為至極○欲撥亂興治者當正大綱知大綱然後本可正而末可定○為天下者必本於理義理也者天下之大體也義也者天下之大用也理不可以不明義不可以不精理明然後紀

綱可正義精然後權衡可平紀綱正權衡平則萬事治百姓服四海同○天下有三大大本也大幾也大法也大本一心也大幾萬變也大法三綱也有大本然後可以有天下見大幾然後可以取天下行大法然後可以理天下
朱熹曰上有信以惠于下則下亦有信以惠於上矣○以仁為體則無不在所愛之中故是以長人○天下之事其本在於一人而一人

之身其主在於一心故人主之心一正則天下之事無有不正○綱紀不能以自立必人主之心術公平正大無偏黨反側之私然後綱紀有所繫而立君心不能以自正必親賢臣遠小人講明義理之歸閉塞私邪之路然後乃可得而正也○先王養民之政導其妻子使之養其老而恤其幼不幸而有鰥寡孤獨之人無父母妻子之養尤宜憐恤○君之於民一視同仁凡有材能皆使進善則人材

衆多而國賴以興也○欲成天下之務則必從善去惡進賢退奸然後可以有濟○王者知有天而畏之言行必信政教必立喜怒必公用舍必當黜陟必明賞罰必行○克己自新蚤夜思省舉心動念出言行事之際常若皇天上帝臨之在上宗社神靈守之在傍懔懔然不復敢使一毫私意萌於其間○民之視效在君天之視聽在民

張栻曰德者所以為民極也○國之所以為國者以天序天秩實維持之也○善政立而後善教可行所謂富而教之也

呂祖謙曰人主常與慈祥篤實之人處其所以興起善端涵養德性鎮其躁而消其邪日改月化有不在言語之間者矣○人主進德之驗他未即見惟於諫者之言先見之委曲遷就是君德未信於人而猶有所畏也言之剴切侵訐是君德已信於人而既無所畏也

真德秀曰聖人之治天下莫不欲歸吾仁而其行則自近始故親親而仁民仁民而愛物其序不可紊也○人君為天下民物之主痒痾疾痛孰非同體故君道必主於仁而為仁必極其至○為人君者不以己之樂為樂而以天下之樂為樂不以己之憂為憂而以天下之憂為憂○人主之心與天地相為流通而善惡吉凶之符甚於影響○居中而制事者心也古先聖王必於此乎用力故一心正而

萬事莫不正○有修德之實心然後有修德之實事有愛民之實心然後有愛民之實事未有無是心之實而能有其事之實者也○人主以實心為善則人自孚以實德示民則人自化○明君在上既擇天下英賢委以股肱之任而又選公清直亮之士使為耳目之官二者交舉其職而無阿黨朋比之私則紀綱張治道立矣○惟人主之觀人也不以文章而以德行不以虛譽而以實功不以承迎

己意為善而以規弼己過為忠○人主脩德講學則天下安昆蟲草木亦得其所

五倫書卷之三

五倫書卷之四

君道

善行

聖德

黃帝生而神靈弱而能言幼而徇齊長而敦敏成而聰明

顓頊靜淵以有謀疏通而知事

帝嚳生而神靈自言其名普施利物不於其身聰以知遠明以察微順天之義知民之急仁

而威惠而信脩身而天下服取地之財而節用之撫教萬民而利誨之歷日月而迎送之明鬼神而敬事之其色郁郁其德嶷嶷其動也時其服也士帝溉(既同)執中而徧天下日月所照風雨所至莫不服從

唐堯放勳欽明文思安安允恭克讓光被四表格于上下○帝德廣運乃聖乃神乃武乃文○巍巍乎唯天為大唯堯則之蕩蕩乎民無能名焉○其仁如天其知如神就之如日望

之如雲富而不驕貴而不舒

虞舜重華協于帝濬哲文明温恭允塞玄德升聞○帝德罔愆臨下以簡御衆以寛○好問而好察邇言隱惡而揚善執其兩端用其中於民○善與人同舍己從人樂取諸人以為善

夏禹敏給克勤其德不違其仁可親其言可信聲為律身為度

商湯克寛克仁彰信兆民○懋昭大德建中于

民以義制事以禮制心○肇脩人紀從諫弗咈先民時若居上克明為下克忠與人不求備檢身若不及○克齊聖廣淵撫民以寛除其邪虐功加于時德垂後裔○執中立賢無方

周王季克明克類克長克君王此大邦克順克比

文王若日月之照臨光于四方顯于西土○克明德慎罰不敢侮鰥寡庸庸祗祗威威顯

民○穆穆文王於緝熙敬止○不大聲以色不長夏以革不識不知順帝之則○於乎不顯文王之德之純○視民如傷望道而未之見

武王能繼先王之德而配三后于京故詩人美之曰王配于京世德作求永言配命成王之孚成王之孚下土之式永言孝思孝思維則○不泄邇不忘遠

成王祗勤于德夙夜不逮詩人頌之曰夙夜

基命宥密於緝熙單厥心肆其靖之

漢高祖寛仁愛人意豁如也○有大度不事家人生業而性明達好謀能聽

文帝恭儉玄默以道德為麗以仁義為準

光武身濟大業兢兢如不及明慎政體總攬權綱量時度力舉無過事

明帝善刑理法令分明日晏坐朝幽枉必達内外無倖曲之私在上無矜大之色

章帝事從寛厚感陳寵之義除慘獄之科深

元元之愛著胎養之令平徭簡賦人賴其慶而又體之以忠恕文之以禮樂故乃蕃輔克諧群后德讓

唐高祖倜儻不羈豁達大度至性剛直無所矯飾志略弘遠寬仁容衆凡有委任推以赤心皆許便宜從事未嘗限以文法

太宗聰明英武有大志而能屈節下士進賢任能厲精爲政求士若不及從諫如轉圜

玄宗生而聰明睿哲及長寬仁孝友識度弘

遠英武果斷不拘小節

肅宗聰明秀異英睿有謀略仁愛孝友得之天性

憲宗剛明果斷自幼即位慨然發憤志平僭叛能用忠謀不惑羣議卒收成功

宋太祖仁孝豁達有大度專務愛養民力削藩鎮之權專用儒臣分理郡國務農興學慎罰薄歛與世休息三代而降文物仁義之風無讓漢唐云

太宗親錄囚徒洞察微隱斷決庶事日旰忘食宮嬪簡省日用儉素布褐紬絛内服絁絹屢經澣濯乘輿器仗無所損益抑祥瑞之獻卻尊美之號樂忠讜之言徵遺逸之士其於文籍尤所篤好

仁宗恭儉仁恕敬天重民在位四十二年忠厚惻怛所以培國本者厚矣謚之曰仁誠無愧焉

高宗恭儉仁厚繼體守文爲有餘

寧宗池臺苑囿無所增益府庫之財未嘗妄費常以愛民爲心每遇水旱憂形于色御衆臨下率從寬簡

理宗表章理學使濂洛考亭之道大明於天下傳之後世廟號曰理固其宜也

元憲宗剛明雄毅沉斷寡言不樂宴飲不好侈靡

世祖度量弘廣知人善任使信用儒術愛養黎庶每遇災傷免租賑飢惟恐不及

仁宗天性慈孝。聰明恭儉。通達儒術。平居服
御質素。澹然無欲。不事遊畋。不喜征伐。不崇
貨利。有司奏大辟。爲之慘惻者久之

國朝。

太祖高皇帝生而神明。即位以来。昧爽臨朝。日
旰忘餐。虛心清問。從善如流。神謀睿斷。照見
萬里。退朝之暇。即延接儒生。講論經典。取古
帝王嘉言善行書寘殿廡。出入省觀。斥侈靡。
絕游幸。卻異味。罷膳樂。泊然無所好。敦行儉
朴。以身爲天下先

太宗文皇帝外嚴内仁。而雄材大畧。條理精密。
知人善任使。推誠待下。凡所委用。非浸潤所
能間。讒諛之人。終見疎斥。矜過誤。畧小罪。不
以私愛廢大惡。聽言之際。明睿所照。不待其
盡。洞見底藴。臨機剛果。裁制大事。數語而決。
與下人言。開心寫誠。表裏明白。蓋唐虞三代
以来。若漢之高帝。世祖。唐之文皇。宋之太祖。
其寬仁大度。聰明文武。闊遠之規。乾剛之用。

帝皆兼而有之

仁宗昭皇帝天稟純明。孝友之行。出於至性。在
儲位二十年。深明人君之道。曁嗣位。勵志圖
治。推誠任人。每曰爲人君止於仁耳。故弘施
霈澤。悉罷科買。已逋責。詢民隱。急農事。褒舊
勞。舉墜典。屢飭法司。崇寬厚。戒深刻。惟日以
恤人爲務

聖學

商高宗命傅說曰。来汝說。台小子舊學于甘盤。
既乃遯于荒野。入宅于河。自河徂亳。曁厥終
罔顯。爾惟訓于朕志。若作酒醴。爾惟麴糵。若
作和羹。爾惟鹽梅。爾交脩予。罔予棄。予惟克
邁乃訓。說曰。王人求多聞。時惟建事。學于古
訓。乃有獲。事不師古。以克永世。匪說攸聞。惟
學遜志務時敏。厥脩乃来。允懷于茲。道積于
厥躬。惟斆學半。念終始典于學。厥德脩罔覺。
周武王召師尚父太公望問曰。昔黄帝顓頊之
道存乎。師尚父曰。在丹書。王欲聞之。則齋矣

王齋三日端冕師尚父亦端冕奉書而入道書之言曰敬勝怠者吉怠勝敬者滅義勝欲者從欲勝義者凶王聞之惕若恐懼退而為戒書於席之四端為銘焉○王訪于箕子曰於乎箕子惟天陰騭下民相協厥居我不知其彝倫攸敘箕子乃言曰我聞在昔鯀陻洪水汨陳其五行帝乃震怒不畀洪範九疇彝倫攸斁鯀則殛死禹乃嗣興天乃錫禹洪範九疇彝倫攸敘

成王受羣臣之戒作敬之之詩而自為答之之言曰維予小子不聰敬止日就月將學有緝熙于光明佛時仔肩示我顯德行

列國魯哀公問于子夏曰必學而後可以安國保民乎子夏曰不學而能安國保民者未嘗聞也哀公曰然則五帝三王有師乎子夏曰有臣聞黃帝學乎大真顓頊學乎綠圖帝嚳學乎赤松子堯學乎尹壽舜學乎務成跗禹學乎西王國湯學乎威子伯文王學乎鉸時子斯武王學乎郭叔此數聖人未遭此師則功業不著乎天下名號不傳乎千世夫不學不明古道而能安國家者未之有也

漢宣帝甘露三年詔諸儒講五經異同於石渠閣帝親稱制臨決立梁丘易夏侯尚書穀梁春秋博士

光武受尚書通大義召桓榮入說甚善之朝會輒令數奏經義

章帝初即位降意儒術特好古文尚書左氏

傳詔賈逵入講北宮白虎觀南宮雲臺帝善逵說又詔羣臣及諸生諸儒講議五經同異帝親稱制臨決作白虎議奏

唐太宗身屬櫜鞬銳情經術即王府開文學館召名儒十八人為學士與議天下事既即位殿左置弘文館悉引內學士番宿更休聽朝之間與討論古今道前王所以成敗或日仄夜艾未嘗少怠嘗謂侍臣曰梁武帝惟談苦空元帝為周師所圍猶講老子此深足為戒

朕所好者惟堯舜周孔之道如鳥之有翼魚
之有水不可暫無耳又曰若不甲夜視事乙
夜觀書何以為人君也
玄宗開元三年謂宰相盧懷慎曰朕每讀書
有所疑滯無從質問可選儒學之士日使入
內侍讀懷慎薦太常卿馬懷素遂以懷素為
左散騎常侍與褚無量更日侍讀
代宗自幼好學樂善强記及長博通經籍尤
精易象而温恭簡敬動必由禮

憲宗留意典墳每覽前代興亡得失之事皆
三復其言及觀貞觀開元實錄見太宗撰金
鏡書及帝範玄宗撰開元訓誡遂採尚書春
秋史漢等書君臣行事可為龜鏡者集成十
四篇曰君臣道合辯邪正戒權幸慎微行任
賢臣納忠諫謹征伐重刑法去奢泰崇節儉
奬忠直脩德政簡畋獵錄勲賢分為上下卷
目曰前代君臣事迹書於屏風列之座右
穆宗嘗謂兵部侍郎薛放曰為學經史何先

放對曰經者古先聖之至言多仲尼所發明
皆天人之極致誠萬代不刊之典也史則歷
紀成敗雜書善惡各錄當時之事亦是鑒其
興亡帝曰六經所尚不一志學之士白首不
能盡通如何得其要對曰論語者六經之精
華孝經者人倫之大本窮理執要真可謂聖
人至言是以漢朝論語首列學官光武令虎
賁之士皆習孝經玄宗親為孝經注解皆使
當時大治海內久安人知孝節氣感和樂之

所致也帝曰聖人謂孝為至德要道其信然
矣
宋太祖初為周將時酷好看書雖在軍中手不
釋卷聞人有奇書不恡千金購之顯德初從
世宗平淮有人譖之曰趙某私有重車數乘
世宗遣人察之果有籠篋數車令引入面開
之唯書數千卷世宗異之且曰卿方為朕將
帥當堅甲利兵何用書為太祖頓首謝曰第
無奇謀上賛聖德所以聚書觀覽者欲廣聞

見增智慮也世宗曰善

太宗雅好文史於禁中建清心殿收藏圖籍以資觀覽視朝之暇必讀太平御覽三卷有所闕廢即進補之雖隆冬短晷必足其數大臣請少息曰朕開卷有得不以為勞也

真宗嘗講春秋畢邢昺曰春秋一經少有人聽多或中輟帝曰勤學有益最勝他事且深資政理無如經書朕聽政之暇惟文史是樂講論經藝以日繫時寧有倦耶

仁宗嘗命講官講無逸篇曰朕深知享國之君宜戒逸豫侍臣楊安國曰舊有無逸圖宜書于屏間帝曰朕不欲坐席背聖人之言當置之左右又命學士丁度取孝經之天子孝治聖治廣要道四章為圖朝夕閱之嘗以賈昌朝為崇政殿說書昌朝以傳註訓詁不為曲擘至先王治心脩身經理天下之意指物引喻析毫解纏帝獨意嚮堯舜三代昌朝以經開說所質問皆道德之要

英宗以邇英講讀論語畢賜執政講讀官左右史御筵於資善堂內出御書唐人詩分賜在坐翌日呂公著上奏曰陛下日新典學誠以堯舜三代為法則四海不勞而治將來論語終帙進講尚書二書皆聖人之格言為君之要道臣輒於其中及孝經內節要語共一百段進呈聖人之言本無可去取臣今惟取明白切於治道者庶便於省覽或遊意筆硯之間以備揮染亦日就月將之一助也

神宗天性好學至日旰忘食英宗常遣內侍止之帝正衣冠拱手雖大暑未嘗用扇時孫思恭為侍讀一日講孟子至多助之至天下順之寡助之至親戚畔之思恭泛引古今助順之事而不及親戚畔之者帝顧曰微子紂之諸父也抱祭器而入周非親戚畔之耶思恭再拜稱服明睿

哲宗時起居舍人王巖叟嘗因侍講奏曰陛下退朝無事不知何以消日帝曰看文字巖

叟對曰陛下以讀書為樂天下幸甚聖賢之
學非造次可成須在積累積累之要在專與
勤屏絕他好始可謂之專久而不倦始可謂
之勤願陛下特留意帝深然之
孝宗撿身不懈數御經筵留意講誦嘗語大
臣曰人主讀書罕知道雖知之亦罕能行之
或惟作歌詩如陳隋之君竟亦何補唐德宗
亦知學然所行不至與陸贄論事皆下人傳
旨事之是非反覆詰難猶恐未盡傳旨豈能

盡帝嘗御選德殿取尚書及資治通鑑孜孜
讀之法其所以興戒其所以亡口誦心思未
嘗一日去手
寧宗為王時深慕秘閣脩撰朱熹之學每講
官進講必問熹說何如及即位熹進大學講
義一日啓上曰臣所進講義於聖意何如上
曰其要只在求放心熹頓首曰陛下天縱生
知舉此正是要領願推之以見於行
理宗持身甚嚴雖三鳴往决政事退入講堂

講官講經史終日手不釋卷率以為常
元世祖嘗暮召平章政事不忽木坐寢榻下陳
說四書及古史治亂至丙夜不寐帝喜曰朕
所以令卿從許平仲學正欲卿以嘉言入告
朕耳
裕宗少從姚樞竇默受孝經及終卷世祖大
悅設食饗樞等及封燕王守中書令兼判樞
密院每與諸王近臣習射之暇輒講論經典
若資治通鑑貞觀政要王恂許衡所述遼金

帝王行事要略下至武經等書從容聽言之
間苟有允愜未嘗不為之洒然改容
文宗嘗曰昔我祖宗睿知聰明其於致理之
道自然生知朕以統緒所傳實在眇躬夙夜
憂懼自惟早歲跋涉艱阻視我祖宗既乏生
知之明於國家治體豈能周知故立奎章閣
置學士員日以祖宗明訓古昔治亂得失陳
說於前使朕樂於聽聞
國朝丙午五月

太祖皇帝命有司訪求古今書籍藏之秘府以
資覽閱因謂侍臣詹同等曰。三皇五帝之書
不盡傳於世故後世鮮知其行事漢武帝購
求遺書而六經始出唐虞三代之治始得而
見武帝雄才大略後世罕及至表章六經開
闡聖賢之學有功於後世又曰吾每於宮中
無事輒取孔子之言觀之如節用而愛人使
民以時眞治國之良規萬世之師法也○吳
元年九月癸卯新城內殿成命博士熊鼎編

類古人行事可爲鑒戒者書于壁間又命侍
臣書大學衍義於兩廡壁間。
太祖曰前代宮室多施繪畫予用此以備朝夕
觀覽豈不愈於丹青乎○洪武二年三月戊
申謂翰林侍讀學士詹同曰古人爲文章或
以明道德或以通當世之務如典謨之言皆
明白易知無深怪險僻之語至如諸葛孔明
出師表亦何嘗雕刻爲文而誠意溢出至今
使人誦之自然忠義感激近世文士不究道
德之本。不達當世之務有詞雖艱深意實淺
近即使過相如楊雄何裨實用自今翰林爲
文但取通道理明世務無事浮藻○二十年
二月甲辰。御註尚書洪範成先是命儒臣書
洪範揭於御座之右朝夕觀覽乃自爲註至
是成召贊善劉三吾曰朕觀洪範一篇帝王
爲治之要道也所以叙彝倫立皇極保萬民
叙四時成百穀本於天道而驗於人事箕子
爲武王陳之武王猶自謙曰五帝之道我未

能焉。朕每爲惕然遂述其旨爲註。朝夕省覽。
三吾對曰。
陛下留心是書上明聖道下福生民爲萬世開
太平者也
永樂四年正月丙申。
太宗皇帝謂侍臣曰朕昨閒暇作書愛制筆精
妙。甚稱人意因嘆匠藝如此豈是生而能之
亦由精學所致今之學者不及古人政由自
怠之過前代大儒君子皆是積勤以造其極

令人鹵莽厭煩用力未至便謂求道之難譬之耕而不勤可望有獲乎

五倫書卷之四

五倫書卷之五

唐堯命羲和欽若昊天曆象日月星辰敬授人時分命羲仲宅嵎夷曰暘谷寅賓出日平秩東作日中星鳥以殷仲春厥民析鳥獸孶尾申命羲叔宅南交平秩南訛敬致日永星火以正仲夏厥民因鳥獸希革分命和仲宅西

曰昧谷寅餞納日平秩西成宵中星虛以殷仲秋厥民夷鳥獸毛毨申命和叔宅朔方曰幽都平在朔易日短星昴以正仲冬厥民隩鳥獸氄毛

虞舜在璿璣玉衡以齊七政

商成湯時大旱七年太史占之曰當以人禱湯曰吾所為請雨者民也若必以人禱吾請自當遂齋戒剪爪斷髮素車白馬身嬰白茅以身為犧牲禱於桑林之野以六事自責曰政

不節歟民失職歟宮室崇歟女謁盛歟苞苴行歟讒夫昌歟何不雨之極也言未已大雨方數千里

周文王即位之八年六月寢疾五日而地動東西南北不出國有司曰地之動爲人主也羣臣皆恐請興事動衆增國城以移之文王曰天之見妖以罰有罪我必有罪天以罰我請改行其可免乎於是謹其禮秩皮革以交諸侯飭其辭令幣帛以禮俊士頒其爵列等級以賞有功無幾疾止

成王免喪受羣臣之戒乃述其言而作詩曰敬之敬之天維顯思命不易哉無曰高高在上陟降厥士日監在茲○王初即位管蔡及羣弟流言於國曰公將不利於孺子周公居東二年秋大熟未穫天大雷電以風禾盡偃大木斯拔邦人大恐王與大夫盡弁以啓金縢之書乃得周公所自以爲功代武王之說王執書以泣曰昔周公勤勞王家惟予冲人弗及知今天動威以彰周公之德惟朕小子其新逆我國家禮亦宜之王出郊天乃雨反風禾則盡起二公命邦人凡大木所偃盡起而築之歲則大熟

宣王時天大旱王以不雨遇災而懼整身脩行欲以消去之祈于羣神六月乃得雨

列國宋景公時熒惑在心懼召子韋問曰熒惑在心何也子韋曰熒惑天罰也心宋分野也禍當君身雖然可移於宰相公曰宰相所使治國也而移死焉不祥寡人請自當也子韋曰可移於民公曰民死將誰君乎寧獨死耳子韋曰可移於歲公曰歲飢民餓必死爲人君欲殺其民以自活其誰以我爲君乎是寡人之命固盡矣子無復言矣是夕熒惑徙舍

漢文帝二年十一月晦日食帝謂羣臣曰人主不德布政不均則天示之災以戒不治朕下不能治育羣生上以累三光之明不德大矣其悉思朕之過失及知見之所不及以啓告

朕及舉賢良方正能直言極諫者以匡朕之
不逮詔罷衛將軍太僕見馬遺財足餘皆以
給傳置
宣帝本始四年夏四月地震山崩北海琅琊
二郡壞祖宗廟詔丞相御史其與列侯中二
千石博問經學之士有以應變匡朕之不逮
者毋有所諱帝素服避正殿五日
元帝初元五年四月有星孛于參詔曰朕之
不逮序位不明衆僚久曠未得其人元元失

望上感皇天陰陽爲變咎流萬民朕甚懼之
迺者關東連遭災害飢寒疾疫夭不終命其
令大官毋日殺所具各減半乘輿秣馬無乏
正事而已
光武建武七年三月癸亥晦日有食之帝避
正殿寢兵不聽事五日詔曰吾德薄致災讁
見日月戰慄恐懼夫何言哉今方念愆庶消
厥咎其令有司各脩職任奉遵法度惠玆元
元百僚各上封事無有所諱其上書者不得

言聖
明帝永平八年十月壬寅晦日有食之既詔
曰朕以無德奉承大業而下貽人怨上動三
光日蝕之變其災尤大春秋圖讖所爲至譴
永思厥咎在予一人羣司勉脩職事極言無
諱
和帝永元八年詔曰蝗蟲之異殆不虛生萬
方有罪在予一人而言事者專咎自下非助
我者也朕寤寐恫矜思弭憂釁昔楚嚴無災

而懼成王出郊而反風何以匡朕不逮以塞
災變百僚師尹勉修厥職刺史二千石詳刑
辟理冤虐恤鰥寡矜孤獨思惟致災興蝗之
咎○十二年三月詔曰比年不登百姓虛匱
京師去冬無宿雪今春無澍雨黎民流離困
於道路朕痛心疾首靡知所濟瞻仰昊天何
辜今人三公朕之腹心而未獲承天安民之
策數詔有司務擇良吏今猶不改將何以救
其咎罰咎罰既至復令災及小民若上下同

心庶或有瘳
安帝元初二年詔曰朝廷不明庶事失中災異不息憂心惶懼被蝗以來七年于茲而州郡隱匿裁言頃畝今羣飛蔽天為害廣遠所言所見寧相副耶三司之職內外是監既不奏聞又無舉正天災至重欺罔罪大今方盛夏且復假貸以觀厥後其務消救災眚安輯黎元
唐太宗貞觀八年星孛虛危歷氐餘百日帝訪

羣臣虞世南對曰昔齊景公時彗見公問晏嬰對曰公穿池沼畏不深起臺榭畏不高刑罰畏不重是以天見彗為戒景公懼而修德顧陛下勿以功高而自矜勿以太平久而自驕彗雖見未足憂帝曰然吾年十八舉義兵二十四平天下未三十即大位故負而矜之輕天下士上天見變其為是乎吾何得不戒邪
高宗總章元年四月丙辰彗星見於五車帝

避正殿令中御減膳奉常停樂仍令內外九品以上各上封事極言得失勿令有隱太子少師許敬宗等奏星雖孛而光芒小此非國眚不足上勞聖慮請御正殿復常膳帝曰朕獲奉宗廟臨御億兆譴見於天誠朕之不德也不從戊辰彗星滅
玄宗開元七年五月朔日有食之帝素服徹樂減膳命中書門下察繫囚賑飢乏勸農功宋璟等奏曰陛下勤恤人隱此誠蒼生之福

然臣聞日食脩德宜親君子遠小人絕女謁除讒慝所謂脩德也帝深然之
宋太宗端拱二年彗出東井帝避正殿減常膳八月丙辰大赦是夕彗不見詔曰朕以身為犧牲焚於烈火亦未足以答謝天譴當與卿等審刑政之闕失思稼穡之艱難恤物安人以祈玄祐
真宗咸平元年正月甲申彗出營室北呂端等言彗出之應當在齊魯分帝曰朕以天下

為憂豈直一方耶甲午詔求直言避殿減膳
乙未慮囚老幼疾病流以下聽贖杖以下釋
之丁酉彗滅
仁宗時講臣嘗誦尚書洪範五事帝曰王者
之用五事皆本於五行乎王洙對曰五事得
則有休證五事失則有咎證是以聖人克謹
天戒以修其身帝曰人君奉天在於修德夙
夜兢兢戒慎于未形尚恐不至必俟天有譴
告然後修德此豈畏天之道哉○慶曆二年

五月旱丁亥夜雨戊子宰相章得象等入賀
上曰昨夜朕忽聞微雷因起露立於庭仰天
百拜以禱須臾雨至朕及嬪御衣皆沾濕不
敢避去移刻雨霽再拜而謝方敢升階得象
對曰非陛下至誠何以感動天地上曰比欲
下詔罪己避寢減膳又恐近於崇飾虛名不
若夙夜精心密禱為善爾○六年三月朔日
食帝謂宰相曰謫見于天顧歸罪朕躬卿宜
救民疾苦思所以利安之賈昌朝對曰陛下

此言足以弭天變臣敢不孜孜以奉陛下帝
曰人主懼天而修德猶人臣畏法而自新也
○皇祐四年冬無雪帝責躬減膳每見輔臣
憂形于色龐籍等言臣等不能燮理上煩聖
心顧守散秩以避賢路帝曰是朕誠不能感
天而惠不能及民非卿等之過也是夕大雪
神宗熙寧六年三月丙辰以四月朔日當食
自丁巳避殿減膳降天下囚罪一等流以下
釋之其日日食不見乙亥帝乃御殿復膳

哲宗元祐二年旱帝曰朕涉道日淺昧于政
治萬事失中以干陰陽之和乃自冬迄夏旱
暘為虐生民嗷嗷無所告勞永惟災變之來
蓋不徒發非克己思過洗心修德其何以答
塞天變協致太和公卿大夫其勉修廢職共
圖消復
高宗建炎三年六月久雨恒陰下詔以四失
罪己一曰昧經邦之大略二曰昧戡難之遠
圖三曰無綏人之德四曰失馭臣之柄復詔

郎官以上言闕政○紹興十五年四月戊寅
彗星出東方癸未避殿減膳命監司郡守條
上便民事宜提刑巡行決獄丁亥大赦癸巳
彗沒
孝宗躬勤庶政每遇災異樂聞闕失集尚書
所言敬天之事列為兩圖以備觀省謂之敬
天圖
理宗淳熙五年十二月壬午太史奏來歲正
旦日當食詔以是月二十一日避正殿減膳

命百司講行闕政凡可以消弭災變者直言
無隱
元世祖至元三十年有星孛于帝座世祖憂之
夜召中書平章政事不忽木入禁中問所以
銷天變之道奏曰風雨自天而至人則棟宇
以待之江河之為地限人則舟楫以通之天
地有所不能者人則為之此人所以與天地
參也且父母怒人子不敢疾怨惟起敬起孝
故易震之象曰君子以恐懼修省詩曰敬天

之怒又曰遇災而懼三代聖王克謹天戒鮮
不有終漢文之世同日山崩者二十有九日
食地震頻歲有之善用此道天亦悔禍海內
乂安此前代之龜鑑也臣願陛下法之因誦
文帝日食求賢詔世祖悚然曰此言深合朕
意可復誦之遂詳論款陳夜至四鼓世祖善
之
英宗至治二年十一月朔日食御史李端言
近者京師地震日月薄食皆臣下失職所致

帝自責曰是朕之過也因敕羣臣亦當修飭
以謹天戒
國朝丙午八月壬子
太祖皇帝命博士許存仁進講經史存仁講尚
書洪範篇至休徵咎徵之應因語之曰天道
微妙難知人事感通易見天人一理必以類
應稽之往昔君能修德則七政順度雨暘應
期災害不生不能修德則三辰失行旱潦不
時災異迭見其應如響箕子以是告武王以

為君人者之儆戒。令宜體此。下修人事。上合
天道。然豈特為人上者當勉。為人臣者亦當
修省以輔其君。上下交修。斯為格天之本○
吳元年六月久旱。
太祖皇帝日減膳素食。宮中皆然。既而大雨。羣
臣請復膳曰。亢旱為災。實吾不德所致。今雖
得雨。然苗稼焦損必多。縱肉食奚能甘味。得
乎民心。則得乎天心。今欲弭天災。但當謹於
修己。誠以愛民。庶可荅天之眷。乃詔免民今

年田租○洪武元年八月。
太祖謂中書省臣曰。近京師火。四方水旱相仍。
朕夙夜不遑寧處。豈刑罰失中。武事未息。徭
役屢興。賦歛不時。以致陰陽乖戾而然耶。卿
等同國休戚。宜輔朕修省。以消天譴。叅政傅
瓛等對曰。古人有言。天心仁愛人君。則必出
災異以譴告之。使知變自省。人君遇災而能
自警懼。則天變可弭。今
陛下修德省愆。憂形于色。居高聽卑。天實鑒之。

顧臣等待罪宰輔。有乖調燮。貽憂
聖衷。咎在臣等。
太祖曰。君臣一體。苟知謹懼。天心方回。卿等其
盡心力以匡不逮○三年夏久不雨。
太祖謂中書省臣曰。今仲夏不雨。實為農憂。禱
祠之事。禮所不廢。朕已擇明日詣山川壇躬
為禱之。爾中書各官其代告諸祠。且命
皇后與諸妃執爨為昔日農家之食。令皇太子
諸王供饋于齋所。至是日四鼓

太祖素服草屨。徒步出詣山川壇。設槀席露坐。
晝曝于日。頃刻不移。夜臥于地。衣不解帶。皇
太子捧榼進蔬食。雜麻麥菽粟。凡三日。既而
大雨。四郊霑足○四年十月。
太祖謂中書省臣曰。祥瑞災異。皆上天垂象。然
人之常情。聞禎祥則有驕心。聞災異則有懼
心。朕嘗命天下勿奏祥瑞。若災異即時報聞。
尚慮臣庶罔體朕心。遇災異或匿而不舉。或
舉不以實。使朕失致謹天戒之意。中書其行

天下遇有災變即以實上聞○七年五月
太祖以天久不雨躬祀太歲風雲雷雨嶽鎮海
瀆鍾山之神及天下山川京都各府城隍之
神文曰朕受命上帝即位七載民遭兵亂未
獲蘇息加以轉輸戍守之供其苦爲甚方今
仲夏當農民渴雨之期予心惶惶莫知所措
敢祈諸神特降雨澤神不我棄爲達上帝苟
有罪責宜降朕躬毋爲民災神其聽之既而
大雨

永樂十一年春正月朔日有食之先是禮部
以正旦朝賀宴會上請
太宗皇帝曰古者日食天子素服修政用謹天
戒朕既乖於治理上累三光而衆陽之宗薄
食於元旦咎孰甚焉爾文武羣臣尚思勉輔
朕躬調燮陰陽消弭災變新正朝賀宴會之
禮悉罷之○十九年四月
萬壽聖節先期禮部奏行慶賀禮勑文武羣臣
曰比者

上天垂戒奉天等三殿災朕心兢惕寢食不寧
方反躬省愆遑遑夙夜而禮部謂朕初度請
行賀禮此豈所以相朕恭承
天意益蓋重朕之不德也其止勿賀

法祖

商盤庚遷都于殷大家世族安土重遷胥動浮
言小民眩於利害亦不欲徙盤庚乃告諭諸
侯大臣曰昔我高后成湯與爾之先祖俱定
天下法則可修舍而弗勉何以成德乃遂涉

河南治亳行湯之政然後百姓休寧殷道復
興諸侯來朝以其遵成湯之德也
周武王克商大告武成曰嗚呼羣后惟先王建
邦啓土公劉克篤前烈至于大王肇基王迹
王季其勤王家我文考文王克成厥勳誕膺
天命以撫方夏大邦畏其力小邦懷其德惟
九年大統未集予小子其承厥志
成王免喪始朝于先王之廟而作詩曰閔予
小子遭家不造嬛嬛在疚於乎皇考永世克

孝。念玆皇祖。陟降庭止。維予小子。夙夜敬止。

於乎皇王。繼序思不忘

康王爲太子。成王將崩。懼其不任。乃命召公畢公相而立之。成王崩。二公率諸侯以康王見於先王廟。申告以文王武王之所以爲王業之不易。務在節儉。毋多欲。以篤信臨之。遂即位。徧告諸侯。宣告以文武之業以申之。故成康之際。天下安寧。刑錯不用

漢明帝自臨萬幾。約身率禮。遵奉建武制度無違。海内乂安。四夷賓服。斷獄稀少。有治平之風

唐憲宗嘗稱太宗玄宗之盛。謂左右臣曰。朕欲庶幾二祖之道德風烈。不爲宗廟羞。何行而至此乎。翰林學士李絳對曰。陛下誠能正身勵己。尊道德。遠邪佞。進忠直。與大臣言。敬而信。無使小人參焉。與賢者遊。親而禮。無使不肖與焉。去官無益於治者。則材能出。斥宮女之希御者。則怨曠銷。將帥擇。士卒勇矣。官師公。吏治輯矣。法令行而下不違。教化篤而俗必遷。如是可與祖宗合德。號稱中興。夫何遠之有

宋真宗嘗謂儒臣曰。朕每念太祖太宗丕變衰俗。崇尚斯文。垂世教人。實有深旨。朕謹遵聖訓。紹繼前烈。庶警學者。先王之成憲猶指諸掌。孰曰難哉

哲宗嗣位。年益壯。日以進學爲益。呂大防因推祖宗家法以進。曰。自三代以後。唯本朝百

二十年中外無事。蓋由祖宗所立家法最善。臣請舉其略。因疏其事親事長治内待外戚尚儉勤身尚禮寬仁八法以進。曰。此皆祖宗家法。所以致太平者。陛下不須遠法前代。但盡行家法。足以爲天下。帝深然之

高宗建炎三年夏四月乙卯。大赦。舉行仁宗法度。應嘉祐條制與今不同者。自官制役法外。賞格從重。條約從寬。罷上供不急之物

國子監丞張戒上書幾八千言。自謂恐忤聖

意高宗謂宰執曰朕熟覽之甚憂國愛君之心誠可嘉又曰戒言朕有仁宗守成之德而不知太祖創業之志此言良是朕見仁宗在位四十二年德洽民心至今天下誦之朕心仰慕如堯舜文武故當立政用人之事朕嘗置在左右朝夕以為法至於太祖以神武創業朕不及也趙鼎對曰陛下以仁宗為法此乃中興之基至於太祖創業艱難願陛下常留聖慮則施行之事自然若合符節矣

元世祖在潛邸因問張德輝曰祖宗法度具在而未盡施設者甚多將如之何德輝指銀槃喻曰創業之主如製此器精選白金良匠規而成之畀付後人傳之無窮當求謹厚者司掌乃永為寶用否則不惟缺壞亦恐有竊而去之者矣世祖良久曰此正吾心所不忘也

武宗諭詹事曲出曰汝舊事吾其與同僚協識務遵法度凡世祖所未嘗行及典故所無者慎勿行

仁宗御嘉禧殿顧謂侍臣曰卿等以朕居帝位為安耶朕惟太祖創業艱難世祖混一疆宇兢業守成恒懼不能當天心繩祖武使萬方百姓樂得其所朕念慮在茲卿等固不知也

英宗嘗御大安閣見太祖世祖遺衣皆以縑素木綿為之重加補綴嗟嘆良久謂侍臣曰祖宗創業艱難服用節儉乃如此朕焉敢頃刻忘之又謂拜住曰朕以幼沖嗣承大業錦

衣玉食何求不得惟我祖宗櫛風沐雨戡定萬方曾有此樂耶卿元勳之裔當體朕至懷毋忝爾祖拜住頓首對曰創業惟艱守成不易陛下睿思及此億兆之福也

國朝洪武三十五年六月

太宗皇帝諭群臣曰我

皇考肇造鴻業垂法萬年為子孫計思慮至周比者建文信任奸回悉皆更改使天下臣民無所遵法茲予繼承天位恪遵成憲凡

皇考法制為所更改者悉復其舊○七月視朝
罷以建文多改舊制顧侍臣歎息曰只如羣
臣散官一事前代沿襲行之已久何關利害
亦欲改易且陵土未乾何忍紛紛為此於是
天顔愴然變色既又曰凡開創之主其經歷多
謀慮深每作一事必籌度數日乃行亦欲子
孫世守之故詩書所載後王之善必曰不愆
不忘率由舊章於戒警後王必曰率乃祖攸
行曰監于先王成憲此皆老成之言後世輕

佻諂諛之徒立心不端以其私智小見導嗣
君改易祖法嗣君不明以為能而寵任之徇
小人之邪謀至於國弊民叛而喪其社稷者
有之矣豈可不以為戒

永樂二十二年十一月

仁宗皇帝諭侍臣曰守成之主動法祖宗斯鮮
過舉書曰監于先王成憲其永無愆後世嗣
位者往往作聰明亂舊章而卒致喪敗不救
可為鑒戒朕十有餘歲侍

太祖皇帝側親見作祖訓屢更改易而後成書
是時秦晋周世子皆在
太祖閒暇即召太孫及諸世子于前分條逐事
委曲開諭之皆持身正家以至治天下之要
道為天子為藩王能每事遵守豈有不福祿
永遠者朕寤寐不忘今已命司禮監刊印將
賜諸子及弟姪侍臣對曰
陛下此心即
太祖皇帝之心也

聖孝

虞舜微時母死父瞽叟惑於後妻而愛少子象
常欲殺舜舜避逃有小過則受罪順事父及
後母與弟篤謹匪懈其後舜踐帝位載天子
旌旗朝瞽叟夔夔齊栗克盡子道

周文王為世子朝於王季日三雞初鳴衣服至
於寢門外問内竪之御者曰今日安否何如
内竪曰安文王乃喜及日中又至亦如之及
莫又至亦如之其有不安節内竪以告文王

文王色憂行不能正履王季復膳然後亦復
初食上必在視寒煖之節食下問所膳命膳
宰曰末有原應曰諾然後退
武王帥文王也文王有疾武王不說冠帶而
養文王一飯亦一飯文王再飯亦再飯
漢高祖歸櫟陽五日一朝太公太公家令說太
公曰天無二日土無二王皇帝雖子人主也
太公雖父人臣也奈何令人主拜人臣後帝
朝太公太公擁篲迎門却行帝大驚下扶太

公太公曰帝人主奈何以我亂天下法於是
帝下詔曰人之至親莫親於父子故父有天
下傳歸於子子有天下尊歸於父此人道之
極也前日天下大亂朕親被堅執銳師士卒
平暴亂立諸侯偃兵息民天下大安此皆太
公之教也諸王通侯羣卿大夫已尊朕為皇
帝而太公未有號今上尊太公曰太上皇
文帝高祖之子初封代王居代時母薄太后
嘗病三年帝為之目不交睫衣不解帶湯藥

非口所嘗弗進仁孝聞于天下
明帝嘗謁原陵夜夢先帝太后如平生忻對
既寤悲不能寐明旦遂率百官上陵帝從席
前伏御床視太后鏡奩中物感慟悲涕左右
皆泣莫能仰視
晉武帝居文帝喪雖從漢魏之制既葬除服而
深衣素冠降席撤膳哀敬如初喪者有司奏
改服進膳不許遂禮終而後服吉及太后之
喪亦如之

唐高祖性至孝初葬元貞太后時遇祁寒跣行
二十餘里足皆流血毀頓之極哀感行路言
及二親未嘗不流涕有時得珍味及諸方異
膳必先薦享而後方食
太宗謂侍臣曰吾今日生日世俗皆為樂在
朕翻成傷感今君臨天下富有四海而欲承
顏膝下永不可得此子路有負米之恨也詩
云哀哀父母生我劬勞奈何以劬勞之日更
為宴樂乎因泣數行下左右皆悲○貞觀十

三年帝謁獻陵至小次降輿納屨入闕門西
向再拜慟哭俯伏殆不能興禮畢改服入寢
宮執饌以獻閱高祖及太穆后服御悲感左
右步出司馬北門泥行二百步
高宗為皇太子時太宗嘗命遊觀習射太子
辭以非所好願得奉至尊居膝下太宗大喜
乃營寢殿側為別院使太子居之太宗每視
朝太子常侍觀決庶政嘗從幸翠微宮太宗
苦痢增劇太子侍疾旬日之間髮有變白者

太宗泣曰吾聞古之孝者不過文王汝今數
日不食晝夜不離吾側口嘗湯藥盛年髮則
變白汝之孝敬過文王矣吾雖殞歿亦無所
恨及太宗崩靈駕將引帝號呌自投于地扳
轀車咽慟摧裂大軍悲淚不能自勝
玄宗開元十七年謁橋陵至壖垣西闕下馬
望陵涕泗行及神午門號慟再拜且以三府
兵馬供衛遂謁定陵獻陵昭陵乾陵乃還
肅宗至德二載冬迎玄宗自蜀還御望賢宮

南樓帝望樓辟易下馬趨進樓前再拜蹈舞
稱賀玄宗下樓帝匍匐捧玄宗足涕泗嗚咽
不能自勝扶玄宗升殿尚食每進一味帝皆
嘗膳然後進飛龍御馬帝親選試然後進御
宋孝宗受高宗禪高宗即移御德壽宮孝宗攀
戀垂泣步出祥曦殿門冒雨扶駕至宮門弗
肯止高宗麾謝再三命左右扶掖以還○隆
興十五年高宗祔廟詔曰朕欲衰經三年群
臣屢請御殿易服雖嘗詔俟過祔廟勉從所

請然稽諸禮典心實未安行之終制乃為近
古宜體至意勿復有請大臣乃不敢復言時
羣臣皆欲以日易月而上之終喪三年斷自
聖心不為浮議所奪也
元英宗為皇太子時仁宗不豫憂形于色夜則
焚香泣曰至尊以仁慈御天下庶績順成四
海清晏今天降大厲不如罰殛我身使至尊
永為民主仁宗崩帝哀毀過禮素服寢于地
日歠一粥及即位詔太常曰朕將以四時躬

祀太室宜集議其禮毋以朕勞於對越而有
所損其悉遵典禮行之
國朝吳元年四月
仁祖忌日
太祖皇帝詣廟祭畢退御便殿泣下不止已而
謂起居注詹同曰往者吾父以是月六日亡
兄以九日亡母以二十二日亡一月之間三
喪相繼人生値此其何以堪終天之痛念之
罔極愈嗚咽不勝左右皆泣不能仰視○命

懿文太子及諸王往鳳陽祭
皇陵臨遣惻然命之曰吾祖宗去世既遠吾父
母又相繼早亡每念劬勞鞠育之恩惟有感
痛而已今日雖尊為天子富有四海欲致敬
盡孝為一日之奉不可得矣哀慕之情昊天
罔極今鳳陽陵寢所在特命爾等躬詣致祭
以代朕行孔子曰事死如事生事亡如事存
爾等敬之因悲咽不自勝太子諸王皆感泣
永樂二年五月

太宗皇帝將詣
孝陵有司請具法駕
上曰不用但以騎士數人前導已而顧侍臣曰
明日
皇考升遐之日正屬感慕之時何用法駕非為
辟除道路則前導騎士亦可不用○
太宗御右順門永春侯王寧侍側諭及
太祖時事戚然動容寧曰世人竭誠誦經飯僧
奉佛可以福利先親嘿然不荅既而諭之曰

為庶人能繼承家業不失墜或又能擴充增
益於前可以為孝士居官食祿能持身循理
建立功業榮親於當時顯名於後日可以為
孝天子以四海為家能思天位者親之所傳
大業者親之所建天下生民親之所保而敬
以奉天勤以守業仁以臨民使萬物得所四
夷咸賓光昭祖宗傳之子孫可以為孝何必
事佛乃為孝乎既而復曰元季天下鼎沸生
民塗炭父母妻子不相保我

皇考奉
天命戡定禍亂立綱陳紀使強不敢凌弱衆不
敢暴寡天下晏然有莫大之功德則必享莫
大之福矣豈他福之所能及也寧慚而退
十一年。
仁宗皇帝為太子監國南京七月千秋節禮部
請行慶賀禮諭之曰車駕在北京予不得
君父前躬致禮乃可受羣臣禮耶其止之自是
千秋節遇車駕巡狩並免禮

五倫書卷之五

五倫書卷之六

君道

虞舜相堯二十有八載堯崩三年之喪畢舜避
堯之子於南河之南天下諸侯朝覲者不之
堯之子而之舜訟獄者不之堯之子而之舜
謳歌者不謳歌堯之子而謳歌舜然後之中
國踐天子位焉

夏禹在帝舜時帝欲遜以位禹曰朕德罔克民
不依皋陶邁種德德乃降黎民懷之
漢文帝為代王時大臣既誅諸呂欲立之議曰
大王高帝長子宜為高帝嗣願即天子位王
曰奉高帝宗廟重事也寡人不佞不足以稱
羣臣皆伏固請王西向讓者三南向讓者再
遂即天子位○十四年冬詔曰先王遠施不
求其報望祀不祈其福右賢左戚先民後己
至明之極也今吾聞祠官祝釐皆歸福於朕

躬不為百姓朕甚愧之其令祠官致敬無有所祈

光武即位祝曰皇天上帝后土神祇眷顧降命屬秀黎元為人父母秀不敢當羣下百辟不謀同辭秀猶固辭至再至三僉曰皇天大命不可稽留敢不敬承於是建元大赦天下

○中元元年六月辛卯京師醴泉湧出又有赤草生於水涯郡國頻上甘露羣臣奏言地祇靈應而朱草萌生宣帝每有嘉瑞輒以改

元神爵五鳳甘露黃龍列為年紀蓋以感致神祇表彰德信是以化致升平稱為中興今天下清寧靈物乃降陛下情存損抑推而不居豈可使祥符顯慶沒而無聞宜令太史撰集以傳来世帝不納常自謙無德每郡國所上輒抑而不當故史官罕得記焉

明帝永平六年春二月王雒山寶鼎出帝曰祥瑞之降以應有德方今政化多僻何以致茲先帝詔書禁人上事言聖而閒者章奏頗多浮詞自今若有過稱虛譽尚書皆宜抑而不省示不為諂子蚩也

唐太宗時秘書監虞世南上聖德論帝賜手詔稱卿論太高朕何敢擬上古但比近世差勝耳然卿適覩其始未知其終朕慎終如始則此論可傳如或不然恐使後世笑卿也

玄宗御製戒言六篇以示諸王蓋明君臣父子之義齋祭稼穡之事忠王璵等上表請宣付史官及示百僚許之宰臣李林甫等奏曰

臣等伏以聖謨垂訓輝映千古須示朝廷未及天下兼望宣布中外帝手詔謂曰周公聖人攝行王政戒伯禽曰無以魯國驕人朕方聖雖慙豈忘戒子所示庭訓何足以宣布中外耶

後唐明宗登極之年踰六十每夕於宮中焚香祝天曰某胡人因亂為衆所推願天早生聖人為生民主

宋英宗居父濮安懿王喪時仁宗以儲位未建

起復知宗正寺。固辭不拜。既終喪。帝復起之。猶力辭。韓琦言於帝曰。宗正之命初出。外人皆知必為皇子。不若遂正其名。帝從之。召翰林學士王珪草詔。詔下。復稱疾固辭。司馬光言於帝曰。皇子辭不貲之富至於旬月。其賢於人遠矣。然父召無諾。君命召不俟駕。願以臣子大義責之。宜必入。帝從之。遂受命。將入官戒其舍人曰。謹守吾舍。上有適嗣。吾歸矣。因肩輿赴召。行李蕭然。唯書數廚而已。中外

相賀。既為皇子。愼靜恭默。無所猷為。而天下陰知其聖德。及仁宗崩。遺詔令嗣位。驚曰。某不敢為。因反走。韓琦等共抱留之。乃即位

元仁宗當成宗晏駕時。自懷州入燕。誅安西王之黨。諸王闊闊出等勸帝正大位。帝曰。王何為出此言。彼惡人潛結宮壼。構亂我家。故誅之。豈欲覬望神器耶。懷寧王吾兄也。大位當歸之。○帝初即位。平章政事李孟進曰。陛下御極。物價頓減。方知聖人神化之速。敢以為賀。帝蹙然曰。卿等能盡力贊襄。使兆民乂安。庶幾天心克享。至於秋成。尚未敢必。今朕踐阼。曾未踰月。寧有物價頓減之理。朕託卿甚重。茲言非所賴也。孟愧謝

國朝洪武二年四月。淮安寧國鎮江揚州台州府并澤州各獻瑞麥。群臣皆賀。

太祖皇帝曰。朕為民主。惟思脩德致和。以契天地之心。使三光平。寒暑時。五穀熟。人民育。為國家之瑞。蓋不以物為瑞也。昔堯舜之世。不

見祥瑞。曾何損於聖德。漢武帝獲一角獸。產九莖芝。當時皆以為瑞。乃不能謙抑自損。撫輯民庶。以安區宇。好功生事。卒使國內空虛。民力困竭。後雖追悔。已無及矣。其後神爵甘露之侈。致山崩地震。而漢德於是乎衰。由此觀之。嘉祥無徵。而災異有驗。可不戒哉。○五年六月癸卯。句容縣民獻嘉瓜二。同蔕而生。中書省臣率百官以進。禮部尚書陶凱奏曰。陛下臨御。同蔕之瓜。產於句容。句容。

陛下祖鄉也。實為禎祥。蓋由聖德和同國家協
慶故雙瓜連蒂之瑞獨見於此以彰
陛下保民愛物之仁。非偶然者。
太祖皇帝曰。草木之瑞。如嘉禾並蓮合歡連理
兩岐之麥同蒂之瓜皆是也。卿等以此歸德
於朕。朕否德不敢當之。縱使朕有德。天必不
示以一物之祥。苟有過。必垂象以譴告。使我
克謹其身以保其民。不致於禍殃。且草木之
祥生於其土。亦維其土之人應之。於朕何預

若盡天地間時和歲豐。乃王者之禎也。○十
八年四月。五色雲再見。禮部請率百官表賀。
太祖皇帝諭之曰。天下康寧。人無災害。祥瑞之
應。固和氣所召。昔舜有卿雲之歌。在當時有
元愷岳牧之賢相與共致雍熙之治。朕德不
逮。治化未臻。豈可遽以是受賀。前代帝王喜
言祥瑞。臣下從而和之。往往不知省懼。以至
災異之來不復能弭。蓋誇侈之心生。則戒慎
之志怠。故鮮克有終。可以為戒

永樂元年十二月。
太宗皇帝宴閒顧問侍臣曰。今一歲又終。外間
軍民安否如何。對曰。
陛下臨御以來。所施無非仁政。今軍民皆安。正
太平無事之時。曰。太平豈易言。朕惟遵
皇考成憲以為治。如得雨暘時若。年穀豐登。兵
革不興。兆民安樂。朝無奸邪。然後可為太平
無事。○二年九月。周王橚來朝。且獻騶虞。百
僚稱賀。

太宗皇帝既罷朝。謂侍臣曰。適聞群臣言。不覺
惕然。天下之大。如一夫有怨。豈得謂仁。一念
不誠。豈能格天。朕方夙夜斯懼。何可便謂騶
虞是天降祥於朕。侍臣曰。
聖志如此。所以上格天心。
上曰。祥瑞之來。易令人驕。是以古之明主皆遇
祥自警。未嘗因祥自怠。警怠者。國之安危繫
焉。騶虞若果為祥。在朕更當加慎。○十三年
十一月。行在禮部尚書呂震奏。麻林國進麒

麟將至。請於至日率羣臣上表賀。太宗皇帝曰。往者翰林院言修五經四書及性理大全書成。欲上表進。朕則許之。蓋帝王修齊治平之道具於此。有益世教。可以表進。麒麟有無。何所損益。遂已。

謹戒

虞舜勑天之命。惟時惟幾。

商成湯歸自克夏至于亳。誕告萬方。有曰。茲朕未知獲戾于上下。慄慄危懼若將隕于深淵。

太戊時亳有祥桑穀共生于朝。七日大拱。太戊懼。其相伊陟曰。臣聞妖不勝德。君之政其有闕歟。君其修德。太戊修先王之政。明養老之禮。早朝晏退。問疾弔喪。三日而桑枯死

武丁祭湯之明日。有雉雊于鼎耳。武丁懼。祖己曰。王勿憂。先修政事。乃訓于王曰。唯天監下民典厥義。降年有永有不永。非天夭民。民中絕命。武丁修政行德。天下咸驩。殷道復興

周穆王嗣位。怵惕惟厲。中夜以興。思免厥愆

列國衛武公年九十五。猶箴儆於國曰。自卿以下至於師長士。苟在朝者。毋謂我耄老而舍我。必恭恪於朝夕以交戒我。於是作抑戒。使日誦是詩於其側以自警。故沒也謂之睿聖武公

漢明帝永平八年。因日食。詔群司極言無隱。於是在位者皆上封事。各言得失。帝覽章深自引咎。曰。群僚所言。皆朕之過。人冤不能理。吏黠不能禁。而輕用人力。繕脩宮宇。出入無節。

喜怒過差。永覽前戒。竦然兢懼。徒恐薄德久而致怠耳

唐太宗貞觀五年。謂侍臣曰。治國與養病無異也。病人覺愈。彌須將護。若有觸犯。必致殞命。治國亦然。天下稍安。尤須兢慎。若便驕逸。必至喪敗。今天下安危繫於朕身。故日慎一日。雖休勿休

宋太宗遇災知懼。過舉能悔。是以民窮而不怨。兵罷而能戢也

高宗嘗言朕觀古之人君有嗜殺人者蓋不能養性故多恣暴大率知足便無事貴為天子誰能制之若不知足更為侈靡未有不亂如唐明皇是也

孝宗嘗詔講官蕭燧等曰每見陸贄論事未嘗不寒心恐朕亦有德宗之失卿等可條具之

國朝甲辰四月庚子

太祖謂徐達等曰人之行事固欲盡善然一時

智慮有未周及既行之後思之有未盡善亟欲更之已無及矣與其追悔於既往曷若致謹於其初大抵更涉世故則智明久歷患難則慮周近日紀綱法度粗若有緒其間有未盡善者諸公宜執正論亟為更張庶幾上下之間各得其便茍有不善豈徒予之過亦汝等之責也

太祖嘗大宴羣臣宴罷因諭之曰朕本布衣以有天下實由天命當羣雄初起所在剽掠生民惶惶不保朝夕朕見其所為非道心常不然既而與諸將渡江駐兵太平深思愛民安天下之道自是十有餘年收攬英雄征伐四克賴諸將輔佐之功尊居天位念天下之廣生民之衆萬幾方殷朕中夜寢不安抱憂懸于心御史中丞劉基對曰往者四方未定勞煩

聖慮今四海一家宜少紓其憂

上曰堯舜聖人處無為之世尚猶憂之矧德匪

唐虞治非雍熙天下之民方脫於創殘其得無憂乎夫處天下者當以天下為憂處一國者當以一國為憂處一家者當以一家為憂且以一身與天下國家言之一身小也所行不謹或至顛蹶所養不謹或生疢疾況天下國家之重豈可頃刻而忘儆戒哉

戒欲

夏時儀狄作酒禹飲而甘之曰後世必有以酒亡國者遂疏儀狄絕旨酒

商成湯不邇聲色不殖貨利

列國晉文公合諸侯而盟曰吾聞國之昏不由聲色必由姦利好樂聲色者淫也貪姦利者惑也夫淫惑之國不亡必殘自今以來無以美妾儗妻無以邪樂妨正無以姦情害公無以貨利示下其有之者是謂伐其根本流其華葉若此者有患勿憂有寇勿弭不如言者盟示之

楚莊王登强臺而望崩山左江而右湖以臨

彷徨其樂忘死遂盟强臺而弗登曰後世必有以高臺陂池亡其國者

漢文帝時有獻千里馬者帝曰鸞旗在前屬車在後吉行日五十里師行三十里朕乘千里馬獨先安之於是還其馬與道里費而下詔曰朕不受獻也其令四方毋來獻○帝嘗欲作露臺召匠計之直百金帝曰百金中人十家之產也吾奉先帝宮室常恐羞之何以臺為當是時後宮賤瑇瑁而疎珠璣却翡翠之

飾除雕琢之巧惡靡麗而不近斥芬芳而不御抑止絲竹晏衍之樂憎聞鄭衛幼眇之音是以玉衡正而太階平也

光武時宋弘為大司空嘗燕見御座屏風圖畫列女帝數顧視之弘正容曰未見好德如好色者也帝即命撤去笑謂弘曰聞義則服對曰陛下進德不勝其喜

和帝時南海獻龍眼荔枝十里一置五里一堠奔騰阻險死者相繼時臨武長唐羌孫上

書陳狀帝下詔曰遠國珍羞本以薦宗廟苟有傷害豈愛人之本其勅令大官後勿復受獻

順帝時桂陽太守文礱獻大珠詔却之曰海內頗有災異朝廷脩政大官減膳珍玩不御而文礱不惟竭忠宣暢本朝而遠獻大珠以求幸媚封以還之

唐太宗問褚遂良曰舜造漆器諫者十餘人此何足諫對曰奢侈者危亡之本漆器不已將

以金玉為之。忠臣愛君。當諫其漸。若禍亂已成。無所復諫矣。帝曰。然。朕有過。卿亦當諫其漸。且人主惟一心。攻之者衆。或以勇力。或以辯口。或以諂諛。或以姦詐。或以嗜欲。輻輳各求自售。人主少懈而受其一。則危亡隨之。此其所以難也。○帝嘗謂公卿曰。昔禹鑿山治水。而民無謗讟者。與民同利故也。夫羨靡珍奇。固人之所欲。若縱之不已。則危亡立至。朕欲營一殿。材用已具。鑒秦而止。王公已下宜

體朕此意

玄宗詔焚錦繡珠玉于前殿。禁采珠玉及為刻鏤器玩珠繩帖縧服者。復廢織錦坊

五代周太祖時。内出寶玉器數十。有茶籠酒器及金銀結鏤寶裝床几飲食之具。碎之於殿庭。有一玉杯纍擲之不壞。樞密使王峻上請。帝笑而賜之。仍戒左右。今後凡有珍華悅目之物。不得入宮

宋太祖時。三司奏諸場院主吏有羨餘粟及萬石。芻五萬束以上者賞。太祖曰。為人臣者。以此濟上之欲。然非倍取民租。私減軍食。何以致之。自今勿復施行

太宗時。登州海岸林中。嘗有鶻自高麗一夕飛至。絶俊。號曰海東青。夏師趙保中以獻。帝曰。朕久罷游畋。盡放鷹犬。無所事此。遂却之。

仁宗一日晨興。語曰。昨夕因不寐甚飢。思食燒羊。侍臣曰。何不降旨取索。仁宗曰。禁中每有取索。外面遂以為例。恐自此遂夜宰殺。以

備非時供應。則歲月之久。害物多矣。豈可不忍一夕之餒。而啓無窮之殺耶

元仁宗為皇太子時。詹事院臣啓。金州獻瑟瑟洞。請遣使采之。帝曰。所寶惟賢。瑟瑟何用焉。若此者。後勿復聞。賈人有售美珠者。近侍以為言。帝曰。吾服御雅不喜飾以珠璣。生民膏血。不可輕耗。汝等當廣進賢才。以恭儉愛人相規。不可以奢靡蠹財相導。言者慚而退

英宗初即位。有獻七寶帶者。因近臣以進。帝

曰朕登大位不聞卿等薦賢而爲人進帶是以利誘朕也甚還之

國朝甲辰三月江西行省以陳友諒鏤金牀進

太祖皇帝覯之謂侍臣曰此與孟昶七寶溺器何異以一牀工巧若此其餘可知陳氏父子窮奢極靡焉得不亡即命毁之侍臣曰未富而驕未貴而侈此所以取敗

太祖曰既富豈可驕乎既貴豈可侈乎人有驕侈之心雖富貴豈能保乎處富貴者正當抑奢侈弘儉約戒嗜欲以厭衆心况竊天下之技巧以爲一己之奉乎其致亡也宜矣然此亦足以示戒覆車之轍不可蹈也○洪武元年四月命工畫古孝行及身所經歷艱難起家戰伐之事爲圖以示子孫謂侍臣曰朕家本業農祖父皆長者世承忠厚積善餘慶以及於朕今圖此者使後世觀之知王業艱難也起居注詹同等頓首曰

陛下昭德垂訓莫此爲切

太祖曰富貴易驕艱難易忽久遠易忘後世子孫生長深宮惟見富貴習於奢侈不知祖宗積累之難故示之以此使朝夕覽觀庶有所警也○十月司天監進元主所製水精宮刻漏備極機巧中設二木偶人能按時自擊鉦鼓

太祖皇帝覽之謂侍臣曰廢萬幾之務而用心於此所謂作無益害有益也使移此心以治天下豈至滅亡命左右碎之

五倫書卷之六

五倫書卷之七

君道

善行

節儉

唐堯居帝位，薦玉以白繒，茅茨不剪，樸桷不斲，素題不枅，大路不畫，越席不緣，大羹不和，粢盛不穀（穀許委切，糲米后春為八斗曰穀），藜藿之羹，飯於土簋，飲於土鉶，金銀珠玉不飾，錦繡文綺不展，奇怪異物不視，玩好之器不寶，淫泆之樂不聽，宮垣室屋不堊色，布衣掩形，鹿裘禦寒，衣履不敝盡不更，不以私曲之故害稼穡之時。

夏禹菲飲食而致孝乎鬼神，惡衣服而致美乎黻冕，卑宮室而盡力乎溝洫。孔子贊之曰：禹吾無間然矣。

周文王卑服，即康功田功。

漢文帝在位，躬行節儉，身衣弋綈，所幸慎夫人衣不曳地，帷帳無文繡，以示敦朴，為天下先。治霸陵，皆瓦器，不得以金銀銅錫為飾，因山不起墳，終其身節儉之德如一焉。

光武作壽陵，曰：古者帝王之葬，皆陶人瓦器，木車茅馬，使後世之人不知其處。孝文識終始之義，孝景能遵述孝道，遭天下反覆，而霸陵獨完受其福，豈不美哉。今所制地不過二三頃，毋為山陵陂池，裁令流水而已。

章帝南巡過汝南郡，時何敞為太守，有刻鏤屏風為帝張設，詔命侍中黃香銘之，曰：古典務農，雕鏤傷民，忠在竭節，義在修身。敞有懼心。

晉武帝大弘儉約，出御府珠玉玩好之物，頒賜王公，省郡國御調，禁樂府靡麗百戲之技，及雕文游畋之具。有司嘗奏御牛青絲紖斷，詔以青麻代之。

元帝性簡儉沖素，有司奏太極殿廣室施絳帳，帝曰：漢文集上書皁囊為帷，朕當效之。遂令冬施青布，夏施青練帷帳。

南宋武帝清簡寡欲，未嘗有珠玉輿馬之飾，後庭無紈綺絲竹之音。寧州嘗獻虎魄枕光色甚麗。時將北征。以虎魄治金創。命擣碎付諸將。財帛皆在外府。內無私藏。內外奉禁莫不節儉

後魏高祖詔罷尚方錦繡綾羅之工。四民欲造任之無禁。其御府衣服金銀珠玉綾羅錦繡大官雜器太僕乘具內庫弓矢。出其太半班賚百官及京師士庶。逮六鎮戍士。各有差

武帝性清儉。率素服。御飲膳取給而已。不好珍麗。不食二味。所幸昭儀貴人衣無兼綵

南齊高帝性清儉。後宮器物欄檻以銅為飾者改用鐵。內殿施黃紗帳。宮人着紫皮屨。每曰使我治天下十年。當使黃金與土同價

後周武帝身衣布袍。寢布被。無金寶之飾。諸宮殿華綺者皆撤毀之。為土階數尺。不施櫨栱其雕文刻鏤錦繡纂組。一皆禁斷。後宮嬪御不過十人。勞謙接下。自強不息

隋文帝居處服玩務存節儉。上下化之。開皇仁壽之間。丈夫不衣綾綺。而無金銀之飾。常服率多布帛。裝帶至以銅鐵骨角而已

唐太宗貞觀二年八月。公卿奏曰。依禮季夏之月。可以處臺榭。今隆暑未退。秋霖方始。宮中卑濕。請營一閣以居。帝曰。朕有氣病。豈宜下濕。若遂來請。糜費良多。昔漢文帝將起露臺而惜十家之産。朕德不逮漢文。而所費過之。豈為民父母之道也。固請至三。竟不許

肅宗耕籍田。因閱耒耜有雕刻文飾。曰田器

農人執之。在於朴素。豈貴文飾乎。乃命撤之

德宗即位。詔罷梨園使及伶官之冗食者三百餘人。留者隸太常。陝虢觀察使李泌奏虢州盧氏縣山冶近出瑟瑟。請充貢獻。禁人開採。詔曰。瑟瑟之寶。朕不飾器玩。不尚珍奇。常思返朴之風。用明躬儉之德。其出瑟瑟處任百姓求採不禁

文宗銳意求理。每與宰相議政。深惡侈靡。每下詔勑。常以敦本崇儉為先。庶有上行下效

之漸。元夕於咸泰殿觀燈。三宮及諸公主並赴宴。帝方以節儉先天下。衣服咸有制度。延安公主衣裾寬大。即時遣歸。駙馬都尉竇澣待罪。詔奪兩月賜錢

宣宗性尚儉素。先是宮中每有行幸。即以龍腦鬱金藉之於地。至是帝皆不許。時人方之漢文帝

宋太祖性節儉。宮中垂葦簾。緣用青布。常服之衣澣濯至再。魏國長公主襦飾翠羽。戒勿復

用。又教之曰。汝生長富貴。當念惜福。見孟昶寶裝溺器。擣而碎之。曰。汝以七寶飾此。當以何器貯食。所爲如是。不亡何待。皇女嘗以鋪翠襦入宮。帝曰。主家服此。宮闈戚里必相效。京師翠羽價高。小民逐利。傷生浸廣。遂禁止之。又謂之曰。我以四海之富。宮殿悉以金玉爲飾。力亦可辦。但念爲天下守財耳。古稱以一人治天下。不以天下奉一人

真宗大中祥符元年。詔除乘輿供帳存於禮文者如舊。自今宮禁中外進奉物。勿以銷金文繡爲飾。又詔皇親臣庶第宅飾以五采及用羅製幡勝繒帛爲假花者並禁之

仁宗景祐元年五月。禁民間織錦刺繡爲服飾。西川歲織錦上供。亦罷之○寶元二年六月。詔省浮費。自乘輿服御及宮掖所須。宜從簡約。若吏兵祿賜。毋槩行裁減○至和二年春。帝不豫。兩府大臣日至寢閤問安。見上器服簡質。用素漆唾壺盂子。素甆盞進藥。御榻

上衾褥皆黃絁。色已故暗。宮人遽取新衾覆其上。亦黃絁也。然外人無知者。惟兩府侍疾因見之耳

高宗紹興二十七年。詔焚交阯所貢翠羽于通衢。仍禁宮人服用銷金翠羽

寧宗嘉泰元年。以風俗侈靡。命官民營造務遵法制。内出銷金翠羽焚之通衢。禁民無或服用

元憲宗時。回鶻獻水精盆珍珠傘等物可直銀

三萬餘錠帝曰方今百姓疲弊所急者錢耳朕獨有此何為卻之時諸王拔都遣脫必察至行在乞買珠銀萬錠帝以千錠授之仍詔諭之曰太祖太宗之財若此費用何以給諸王之賜王宜詳審之此銀以充今後歲賜之數

世祖時回回孛可馬合謀沙等獻大珠邀價鈔數萬錠帝曰珠何為當留是錢以賙貧者

國朝洪武元年十二月

太祖皇帝退朝還宮皇太子諸王侍

太祖指宮中隙地謂之曰此非不可起亭館臺榭為遊觀之所今但令內史種蔬誠不忍傷民之財勞民之力耳昔商紂崇飾宮室不恤人民天下怨之身死國亡漢文帝欲作露臺而惜百金之費當時民安國富夫奢儉不同治亂懸判爾等當記吾言常存儆戒○八年九月詔改建大內宮殿

太祖皇帝謂廷臣曰唐虞之時宮室朴素後世窮極侈麗習尚華美去古遠矣朕今所作但求安固不事華麗凡雕飾奇巧一切不用惟朴素堅壯可傳永久使吾後世子孫守以為法至於臺榭苑囿之作勞民費財以事遊觀之樂朕決不為之其勅所司如朕之志

永樂十二年二月百官奏事

太宗皇帝退坐右順門所服裏衣袖敝垢納而復出侍臣有贊聖德者

上慨然歎曰朕雖日十易新衣未嘗無但自念

當惜福故每澣濯更進昔

皇妣躬補緝故衣

皇考見而喜曰皇后居富貴勤儉如此正可以為子孫法故朕常守先訓不敢忘言已愴然

侍臣頓首曰

陛下恭儉如此誠萬世之法

惇信

列國齊桓公與魯莊公會于柯魯大夫曹劌手劒從之管仲曰君將何求曹子曰願請汶陽

之田。管子顧桓公曰。君許諾。公曰諾。曹子請盟桓公下與之盟。已盟曹子摽劍而去。要盟可犯而桓公不欺。曹子可讎而桓公不怨。桓公之信著乎天下自柯之盟始焉

晉文公伐原與大夫期五日。五日而原不降。文公令去之。吏曰原不過三日將降矣。君不如待之。公曰得原失信吾不為也。原人聞之曰有君義若此不可不降也。遂降溫人聞之亦請降。於是諸侯歸之。遂侵曹伐衛為踐土

之盟溫之會而成霸功。其信由伐原也

悼公再駕伐鄭鄭人行成。同盟于亳城北。載書有曰或間茲命司慎司盟名山名川群神群祀先王先公七姓十二國之祖明神殛之俾失其民隊命亡氏踣其國家。既盟而鄭背之以從楚。悼公復以諸侯之師伐鄭觀兵於東門。鄭子展出盟。悼公於是赦鄭囚皆禮而歸之。納斥堠禁侵掠。至誠待鄭。鄭遂使良霄告絕于楚。不敢叛晉二十四年

漢光武初朱鮪據洛陽。光武遣岑彭說之降。鮪曰大司徒縯被害時鮪預其謀。又諫更始無遣蕭王北伐。誠自知罪深。彭還具言於帝。帝曰夫建大事者不忌小怨。今若降官爵可保況誅罰乎。河水在斯。吾不食言。彭復往告鮪鮪從城下索曰必信可乘此上。彭趍索欲上。鮪見其誠即許降。後五日乃面縛與彭俱詣河陽。帝即解其縛召見之。拜為平狄將軍。封扶溝侯

唐太宗時或有上書請去佞臣者。曰願陽怒以試之。執理不屈者直臣也。畏威順旨者佞臣也。帝曰朕自為詐。何以責臣下之直乎。朕方以至誠治天下。豈可為此哉○鴻臚卿鄭元璹使突厥還。言於帝曰戎狄興衰以羊馬為候。今突厥民飢畜瘦。此將亡之兆。不過三年。帝然之。群臣多勸乘間擊突厥。帝曰新與人盟而背之不信。利人之災不仁。乘人之危以取勝不武。縱使其種落盡畔。六畜無餘。朕終

不擊。必待有罪。然後討之
宋太祖乾德初。吳越王錢俶來朝。帝待之甚厚。晉王及中外臣僚。表請留俶。帝曰。俶職貢無缺。今又來朝。若利其土宇而留之。何以示信於天下也。俶辭歸國。賜與金帛名馬。別以黃緡封署文書一束付俶曰。俟至國開之。俶開封。乃群臣請留五十餘封。俶大驚。上表稱謝
仁宗時。契丹壻劉三嘏避罪來歸。輔臣議納之以詰契丹陰事。帝以問杜衍。衍曰。中國主

忠信。若自違誓約。納叛亡。則不直在我。且三嘏為契丹近親而逋逃來歸。其謀身若此。尚足與謀國乎。納之何益。不如還之。帝從其言遂還三嘏
國朝永樂元年十二月丁丑。錦衣衛臣奏。福建送至海寇若干人。法當棄市。
太宗皇帝曰。朕嘗許以不殺。今殺之是不信。不信則後來者之路塞矣。俱宥之。令戍邊

剛明

漢高帝六年冬十二月。剖符封功臣。酇侯蕭何食邑獨多。功臣皆曰。臣等被堅執銳。多者百餘戰。小者數十合。今蕭何未嘗有汗馬之勞。徒持文墨議論。顧反居臣等上。何也。帝曰。諸君知獵乎。追殺獸者狗也。發縱指示者人也。今諸君徒能得走獸耳。功狗也。至如蕭何發縱指示。功人也。由是群臣皆莫敢言
武帝聰明能斷。用人行法無所假貸。隆慮公主子昭平君尚帝女夷安公主。隆慮主卒。昭

平君日驕。醉殺主傅。繫獄。廷尉以公主子上請。帝曰。吾弟老有是一子。死以屬我。於是為之垂涕歎息良久。曰。法令者先帝所造也。用弟故而誣先帝之法。吾何面目入高廟乎。又下負萬民。乃可其奏。○建元六年。武安侯田蚡為丞相。蚡驕侈厲人。或起家至二千石。權移主上。嘗請考功地益宅。帝怒曰。君何不遂取武庫。是後乃稍退
昭帝即位。大司馬大將軍霍光受遺詔輔政

左將軍上官桀及桀子驃騎將軍安與光爭權欲害之詐使人為燕王旦上書言光出都肄郎（都試也肄習也）羽林道上稱蹕擅調益幕府校尉專權自恣疑有非常光聞止畫室中不入帝曰大將軍安在桀曰以燕王告其罪不敢入詔召光光入免冠頓首謝帝曰將軍冠朕知是書詐也將軍無罪光曰陛下何以知之帝曰將軍之廣明都郎屬耳（屬近也）調校尉以來未能十日燕王何以得知之且將軍為非

不須校尉是時帝年十四尚書左右皆驚而上書者果亡其後有譖光者帝輒怒曰大將軍忠臣先帝所屬以輔朕身敢有毀者坐之

章帝時皇后兄竇憲以賤直請奪沁水公主園田事覺帝大怒切責憲曰深思前過奪主園田時何用愈趙高指鹿為馬久念使人驚怖國家棄憲如孤雛腐鼠耳憲大震懼皇后為毀服深謝良久乃解使以田還主雖不繩其罪終不授以重任

隋文帝命高熲伐陳軍還以功加上柱國進爵齊國公帝勞之曰公伐陳後人云公反朕已斬之君臣道合非青蠅所間也熲遜位優詔不許是後衛將軍龐晃及將軍盧賁等前後短熲於帝帝怒皆被疏黜突厥犯塞以熲為帥擊破之又出白道進圖入磧遣使請兵近臣言熲欲反帝不答熲破賊而還

唐太宗為秦王時戰柏壁宋金剛敗奔突厥尉遲敬德與尋相來降引為右一府統軍從擊

王世充會尋相叛諸將疑敬德且亂囚之行臺左僕射屈突通尚書殷開山曰敬德剽敢今執之猜貳已結不即殺後悔無及也王曰不然敬德必叛寧肯後尋相者耶釋之引見卧內曰丈夫意氣相許小嫌不足置胸中我終不以讒害良士因賜之金曰必欲去以為汝資是日獵榆窠會世充自將兵數萬來戰單雄信者賊驍將也騎直趨王敬德躍馬大呼橫刺雄信墜乃翼王出率兵還戰大敗之

王顧曰比衆人意公必叛我獨保無他何相報速邪賜金銀一篋○帝嗣位杜如晦爲尚書右僕射領選與房玄齡共筦朝政監察御史陳師合上拔士論謂一人不可總數職陰剸諷如晦等帝曰玄齡如晦不以勳舊進特其材可與治天下師合欲以此離間吾君臣耶遂斥嶺表○帝嘗問房玄齡蕭瑀曰隋文帝何如主也對曰文帝勤於爲治臨朝或至日昃五品以上引坐論事衛士傳餐而食雖

性非厚亦精勵之主也帝曰公得其一未知其二文帝不明而喜察不明則照有不通喜察則多疑於物事皆自決不任羣臣一日萬幾豈能一一中理羣臣既知主意則惟取決受成雖有愆違莫敢諫諍此所以二世而亡也朕則不然擇天下賢才寘之百官使思天下之事關由宰相審熟使安然後奏聞有功則賞有罪則刑誰敢不竭心力以修職業何憂天下之不治乎因勑百司自今詔勑未便

者皆應執奏毋得阿容不盡己意○帝在禁中嘗止樹下愛之曰此嘉木也右衛大將軍宇文士及從而譽之不已帝正色曰魏徵嘗勸我遠佞人我不知佞人是誰意疑是汝今果不謬士及叩頭謝

憲宗時李吉甫嘗言人臣不當彊諫使君悅臣安不亦美乎李絳曰人臣當犯顏苦口指陳得失若陷君於惡豈得爲忠帝曰絳言是也吉甫又嘗言於帝曰賞罰人主二柄不可

偏廢今恩澤已深而威刑未振中外懈怠願加嚴以振之帝顧絳曰何如絳對曰王者之政尚德不尚刑豈可捨成康文景而效秦始皇父子乎帝曰然後旬餘于頔入對亦勸帝峻刑帝謂宰相曰于頔大是姦臣勸朕峻刑卿等知其意乎皆對曰不知也帝曰此欲使朕失人心耳吉甫失色退而抑首不言笑竟日

宋太祖以德州刺史郭貴知邢州國子監丞梁

夢昇知德州貴族人親吏之在德州者多爲姦利夢昇以法繩之貴素與都軍頭史珪善時帝初臨御欲知外事令珪博訪貴遣人以告珪圖去夢昇珪悉記於紙伺便言之會帝問珪邇來中外得人任否珪遽曰文臣未必皆善乃以所記進且曰知德州梁夢昇欺滅刺史郭貴幾至於死帝曰此必刺史所爲不法夢昇眞清強吏也因以所記紙附中書曰以夢昇爲贊善大夫珪譖不能行

五倫書卷二　十七

太宗命姚坦爲益王翊善王稱疾不朝太宗日使視疾逾月不瘳甚憂之召王乳母問狀乳母曰王本無疾徒以姚坦檢束不得自便王不樂故成疾帝怒曰吾選端士輔王爲善王不納規諫而又詐疾欲使朕去正人以自便何可得也且王少必爾輩爲之謀耳因杖之數十召坦慰之曰卿居官王宮能以正爲羣小所嫉大爲不易卿但如是勿慮讒間朕必不聽

仁宗嘗對執政言三司使楊察判開封府王拱辰才望皆美將來兩府有闕進此二人既而梁適罷相執政以二人名聞帝曰可召程戡執政復以異時帝語奏陳帝曰若遽用察等是二人之策得行也執政遂不敢言盖梁適之出或云察等所擠帝之英鑒類此

英宗時王珪爲翰林學士嘗撰先帝謚宜稱皇伯三夫人改封大國執政不以爲然其後三夫人稱卒如初議有密譖之者帝忽召至

五倫書卷七　十八

蘂珠殿傳詔令兼端明殿學士錫之盤龍金盆諭之曰祕殿之職非直器卿于翰墨間二府員缺即出命矣曩有讒口朕今釋然無疑珪謝曰非陛下至明臣死無日矣

神宗時利州路轉運判官鮮于侁上論時政其意專指王安石安石怒毀短之帝曰侁有文學可用安石曰陛下何以知之曰有章奏在安石乃不敢言○帝嘗語輔臣有無人才之歎尚書右丞蒲宗孟率爾對曰人才半爲

司馬光邪説所壞帝曰蒲宗孟乃不取司馬
光邪未論別事只辭樞密一節朕自即位以
來惟見此一人他人則雖迫之使去亦不肯
矣宗孟慚懼至無以為容
元仁宗時左丞相合散嘗奏事帝問曰卿等日
所行者何事合散對曰臣等第奉行詔旨而
已帝曰卿等何嘗奉行朕旨雖祖宗遺訓朝
廷法令皆不遵守夫法者所以辨上下定民
志自古及今未有法不立而天下治者使人

君制法宰相能守而勿失則下民知所畏避
綱紀可正風俗可厚其或法弛民慢怨言並
興欲求治安豈不難哉
英宗性剛明嘗以地震減膳徹樂避正殿有
近臣稱觴以賀帝問何為賀朕方脩德不暇
汝為大臣不能匡輔反為諂邪斥出之嘗戒
羣臣曰卿等居高位食厚禄當勉力圖報苟
或貧乏朕不惜賜汝若為不法則必刑無赦
○司農卿完者不花言先帝以土田頒賜諸

臣者宜悉歸之官英宗問曰所賜者為誰完
者不花對曰左丞相阿散所得為多英宗曰
予嘗諭卿等當以公心輔弼卿於先朝嘗請
海舶之税以阿散奏而止今卿所言乃復私
憾耳非公議也豈輔弼之道於是出完者不
花為湖南宣慰使
國朝洪武二十五年正月右都御史袁泰奏監
察御史胡昌齡等四十一人緘口不言時政
王惟名等四人闒茸不稱職當罪之

太祖皇帝曰言之非難言而當理者為難昌齡
輩安知其終不言乎若闒茸不稱職者罷之
泰復執奏曰昌齡等非不能言但心懷譎詐
不肯言耳
太祖謂泰曰人臣進言於君必有關於國之利
病民之休戚亦豈得輕易若遽以心懷譎詐
罪之此何異張湯腹誹之法於是泰不敢復
言
永樂四年四月錦衣衛奏民有與外國使人

交通者宜執付法司罪之
太宗皇帝問其實對曰以氈衫市之而與之交語甚久特命釋之錦衣衛官復言氈衫於物雖微交通於法難宥
上曰立法以禁奸過輕則民慢用法在體情過重則民急彼小人治生富則以錢易物貧則以物易錢交議價直豈一語可決彼何知國法其釋之既而謂侍臣曰茲事若忽於聽察則愚民以一氈衫獲罪矣侍臣曰古稱視不

爲惡色所蔽爲明聽不爲姦人所欺爲聰政是至聰之下自不能欺○九年三月先是通政司言有指揮首天城衛千戶犯罪繫刑部獄其母致貨託已爲賂部官求免已不敢從并以其貨來首命法司問千戶與指揮有舊乎對曰無曰非故舊而輒以違法干之獨不慮事敗哉此非人情命法司訊之至是法司奏指揮所居近刑部而千戶之母寓其鄰家朝夕饋子食指揮察其有貲槖紿言已與部官厚可以賂免母遂致貨傍有欲發其奸者指揮懼遂自首而隱其實情論法千戶之母當準與贓律指揮當罷職謫屯種諭之曰愛其子以賂求免人之常情且婦人烏知法律其宥之指揮始則欺人取貨終則隱情罔上又汙蔑朝臣此不可恕但罷職屯種何以示懲即械送交阯充軍○十五年八月通政司言甌寧人進金丹及方書諭之曰此妖人也秦皇漢武一生爲方士所欺求長生不死之

藥此又欲欺朕朕無所用金丹令自食之方書亦與毀之毋令更欺人也

五倫書卷之七

五倫書卷之八

伏羲氏王天下以上古男女無別始制嫁娶以儷皮爲禮正姓氏通媒妁以重人倫之本而民始不瀆作荒樂歌扶徠斲桐爲琴繩絲爲絃絃二十有七命之曰離徽以通神明之貺以合天人之和絙桑爲三十六絃之瑟以脩

身理性反其天真而樂音自是興焉

黄帝初作冕垂旒充纊爲玄衣黄裳以象天地之正色旁觀翬翟草木之華乃染五采爲文章以表貴賤衮冕衣裳之制於是興焉命伶倫造律取竹於嶰谿之谷制十二筩以聽鳳凰之鳴而別十二律命榮猨鑄十二鍾協月筩以和五音大容作承雲之樂是爲雲門大卷著之椌楬（上溪江切下群結切柷也）以道其和命曰咸池

唐堯色尚白薦玉以白繒命夔效山林谿谷之音以歌以麋鞈置缶而鼓之拊石擊石以象上帝玉磬之音以致舞獸拌五絃之瑟爲十五絃命曰大章以祭上帝而天下大和

虞舜陟帝位輯五瑞覲四岳羣牧頒瑞于羣后◯協時月正日同律度量衡修五禮五玉三帛二生一死贄◯謂禹曰予欲觀古人之象日月星辰山龍華蟲作會宗彝藻火粉米黼黻絺繡以五采彰施于五色作服汝明予欲

聞六律五聲八音在治忽以出納五言汝聽

夏禹以建寅爲正月色尚黑其社用松牲用玄以黑爲徽號朝燕服收冠而黑衣十寸爲尺作樂曰大夏命皋陶爲夏籥九成以昭其功以五音聽治

商湯以建丑爲正月變服殊號一文一質示不相沿易民視聽色尚白其社用石葬樹松牲用白以白爲徽號朝燕服冔冠而縞衣十二寸爲尺命伊尹作樂曰大濩脩九招六列以

見其善

周武王既克殷。祡于上帝。祈於社。朝成湯之廟。乃出設奠於牧室。以王瑞自太王興故追王太王王季文王。祀先公以天子之禮。改建子為正月。以垂三統。色尚赤。其社用栗。葬樹柏。牲用騂。以赤為徽號。朝燕服冕而玄衣。八寸為尺。其樂大武

成王時周公朝諸侯于明堂。天子負斧依南面而立。三公中階之前北面東上。諸侯之位

阼階之東西面北上。諸伯之國西階之西東面北上。諸子之國門東北面北上。諸男之國門西北面東上。九夷之國東門之外西面北上。八蠻之國南門之外北面東上。六戎之國西門之外東面北上。五狄之國北門之外南面東上。九采之國應門之外北面東上。此周公明堂之位也。周公攝政七年。成王既冠。將復辟而歸。因六年五服之朝。是以即明堂而權制其位。蓋天子無事四時之朝覲於廟。歲以一服。有事而會。不巡狩而同。則為宮於郊設方明而祭之。蕃服世一見。未有與諸侯併朝者也。司士所掌朝儀之位。與朝士所掌外朝之法。皆自有定著。○周公作樂曰勺。又有房中之樂。以歌后妃之德。大司樂以樂德教國子中和祗庸孝友。以樂語教國子興道諷誦言語。以樂舞教國子舞雲門。大卷。大咸。大韶。大夏。大濩。大武。以六律六呂五聲八音六舞大合樂。以致鬼神祇。以和邦國。以諧萬人。

以安賓客。以說遠人。以作動物。乃分樂而序之。以祭以饗以祀。乃奏黃鍾歌大呂舞雲門以祀天神。乃奏太簇歌應鍾舞咸池以祭地祇。乃奏姑洗歌南呂舞大韶。以祀四望。乃奏蕤賓歌函鍾舞大夏。以祭山川。乃奏夷則歌小呂舞大濩。以享先妣。乃奏無射歌夾鍾舞大武。以享先祖。凡六樂者。文之以五聲。播之以八音

漢高祖以十月為歲首。色尚赤。命叔孫通起朝

儀七年長樂宮成諸侯羣臣朝十月先平明謁者治禮引以次入殿門廷中陳車騎戍卒衛官設兵張旗幟傳曰趨殿下郎中俠陛陛數百人功臣列侯諸將軍軍吏以次陳西方東鄉文官丞相以下陳東方西鄉大行設九賓臚句傳於是皇帝輦出房百官執戟傳警引諸侯王以下至吏六百石以次奉賀自諸侯王以下至吏六百石莫不振恐肅敬至禮畢盡伏置法酒諸侍坐殿上皆伏抑首以尊

卑次起上壽觴九行謁者言罷酒御史執法舉不如儀者輒引去竟朝罷酒無一人敢讙譁失禮者○時叔孫通又因秦樂人制宗廟樂大祝迎神於廟門奏嘉至猶古降神之樂也皇帝入廟門奏永安以行步之節猶古采薺肆夏也乾豆上奏登歌獨上歌不以筦絃亂人聲欲在位者徧聞之猶清廟之歌也登歌再終下奏休成之樂美神明既享之也皇帝就酒東廂坐定奏永安之樂美禮已成也

又有房中祠樂高祖唐山夫人所作也凡樂樂其所生禮不忘本高祖樂楚聲故房中樂楚聲也又作昭容樂禮容樂昭容者猶古之昭夏也主出武德舞禮容者主出文始五行舞大抵皆因秦舊事焉

武帝太初元年太中大夫公孫卿壺遂太史令司馬遷等言歷紀廢壞宜改正朔兒寬議以為宜用夏正乃詔卿等造漢太初歷以正月為歲首色尚黃數用五定官名協音律定

宗廟百官之儀以為典常垂之後世時河間獻王德有雅材以為治道非禮樂不成因獻所集雅樂帝下大樂官存肄之

光武以歲首正月為大朝賀其儀夜漏未盡七刻鍾鳴受賀及贄百官二千石以上上殿稱萬歲舉觴御食賜百官宴享大作樂○建武十三年益州傳送公孫述瞽師郊廟樂器葆車輿輦於是法物始備隴蜀平後乃增廣郊祀凡樂奏青陽朱明西皓玄冥及雲翹育

命舞。其後登封泰山，北郊祀后土，用樂皆如南郊。

明帝永平三年，博士曹充上言漢再受命，宜興禮樂，引尚書璇璣鈐曰：有帝漢出，德洽作樂名予。乃詔改大樂官曰大予樂，自是樂凡四品：一曰大予樂，郊廟上陵諸食舉之；二曰周頌雅樂，辟雍鄉射六宗社稷用之；三曰黄門鼓吹樂，天子宴樂群臣用之；四曰短簫鐃歌樂，軍中用之。又采百官詩頌以為登歌。

章帝元和三年，詔博士曹褒著定漢禮。班固以為宜廣集諸儒共議得失。帝曰：昔堯作大章，一夔足矣。乃拜褒為侍中，授以叔孫通漢儀十二篇，曰：此制散畧，多不合經，今宜依禮條正，使可施行。○建初五年，始行十二月迎氣樂：立春之日迎春于東郊，歌青陽，八佾舞雲翹之舞；立夏之日迎夏于南郊，歌朱明，八佾舞雲翹之舞；先立秋十八日迎黄靈于中兆，歌朱明，八佾舞雲翹育命之舞；立秋之日迎秋于西郊，歌西皓，八佾舞育命之舞；立冬之日迎冬于北郊，歌玄冥，八佾舞育命之舞。

三國魏文帝備洛陽宫，朝會禮皆從漢舊儀。初，曹操平荆州，獲杜夔，善八音，夔嘗為漢雅樂郎，尤悉樂事，而好古存正，於是始創定雅樂。時又有散騎郎鄧静善調雅樂，歌師尹商能歌宗廟郊祀之曲，舞師馮肅能曉知先代諸舞，夔悉領之。遠考經籍，近采故事，考會古樂，始設軒轅鐘磬，復先代古樂，自夔始也。

晉武帝受命，更定元會儀，考夏后殷周之典，采秦漢以來舊儀雜用之，至於郊廟明堂禮樂權用魏儀，蓋遵周室肇稱殷禮之義，但改樂章，而使傅玄為詞。又令荀勗、張華、夏侯湛、成公綏等各造郊廟諸樂歌詞。又依古尺作新律吕以調聲韻。既成，遂頒下太常。

唐太宗即位，命中書令房玄齡、祕書監魏徵與禮官學士等因隋之禮，增以天子上陵、朝廟、養老、大射、講武、讀時令、納皇后、皇太子入學、太常行陵合朔陳兵太社等為吉禮六十一篇賔禮四篇軍禮二十篇嘉禮四十二篇凶禮十一篇是為貞觀禮○帝又以隋氏所傳南北之樂梁陳盡吳楚之聲周齊皆胡虜之音乃命太常卿祖孝孫正宫調起居郎吕才習音韻協律郎張文收考律吕平其散漫為之折衷大樂有古鍾十二近代自黄鍾一均變極七音餘五鍾廢而不擊謂之啞鍾莫能通者文收吹律調之皆響徹人咸服其妙祖

孝孫又為旋宫之法曰大樂與天地同和者也造十二和以法天之成數號大唐雅樂玄宗命李鋭與諸學士刊定五禮鋭薨蕭嵩繼之及起居舍人王仲丘請依顯慶祈穀大雩明堂皆祀昊天上帝嵩又請依上元敕父在為母齊衰三年皆從之以高祖配圜丘方丘太宗配雩祀及神州地祇睿宗配明堂新禮成上之號曰開元禮由是唐五禮之文始備

五代晉高祖詔復文武二舞詳定正冬朝會禮及樂章太常卿崔棁與御史中丞竇貞固等草定之其年冬至朝崇元殿廷設宫縣二舞在北登謌在上文舞郎八佾六十有四人冠進賢冠黄紗袍白中單白練褠襠白布大口袴革帶履左執籥右秉翟執纛引者二人武舞郎八佾六十有四人服平巾幘緋絲布大袖繡襠甲金飾白練褠錦縢蛇起梁帶豹文大口袴烏鞾左執干右執戚執旌引者二人

加鼓吹十二按負以熊豹以象百獸率舞按設羽葆鼓一大鼓一金錞一歌簫笳各二人王公上壽天子舉爵奏玄同三舉登歌奏文同舉食文舞舞昭德之曲武舞舞成功之曲禮畢帝大悅賜棁金帛

宋太祖受周禪收攬權綱一以法制欲振起故弊建隆二年四月因太常博士聶崇義上所撰三禮圖詔太子詹事尹拙集儒學之士參議於是翰林學士竇儼詳閲定為十五卷以

聞詔須行焉且圖于國子監講堂之壁○以賓儀無太常儀奏改周樂文舞崇德之舞為文德之舞武舞象成之舞為武功之舞改樂章十二順為十二安蓋取治世之音安以樂之義乾德二年以雅樂聲髙近於哀思不合中和乃詔太常寺和峴改之峴以王朴律準較洛陽司天臺影表石尺製律呂樂始和暢焉

神宗元豐元年始命太常寺置禮局以樞密

直學士陳襄等為詳定官太常博士楊完等為檢討官未幾又命龍圖直學士宋敏求同御史臺閤門禮院詳定朝會儀注○三年帝將有事明堂大臣言秘書監致仕劉几知音樂詔詣太常定雅樂几言律主於人聲不以尺度求合古今異時聲亦隨變猶以古冠服加於今人安得而稱儒者泥古致詳於形名度數間而不知清濁輕重之用故求於器雖合考於聲則不諧且古樂備四清聲沿五季

亂離而廢請增之帝許焉樂成遂用于明堂

元世祖至元六年詔初起朝儀太保劉秉忠等奉旨徵儒生周鐸等十餘人及國子祭酒許衡太常卿徐世隆稽諸古典參以時宜沿情定制而肄習之百日而畢秉忠復奏曰無樂以相須則禮不備詔樂師鄭忠依律運譜被諸樂歌六月而成音聲克諧七年請帝觀禮樂于露階禮文樂節悉無遺失至中統間太常少卿王鏞新製雅樂始成上之帝名曰大

成樂

國朝洪武五年四月

太祖皇帝以海內晏安思化民俗以復于古乃詔有司各行鄉飲於是禮部奏取儀禮及唐宋之制又采周官屬民讀法之旨參定其儀在內應天府及直隸府州縣每歲孟春正月孟冬十月有司與學官率士大夫之老者行之於學校在外行省所屬府州縣亦皆取法於京師其民間里社以百家為一會糧長或

里長主之。百人內以年最長者爲正賓。餘以齒序坐。每季行之於里中。大率皆本於正齒位之說。而賓興賢能春秋習射亦可通行焉。所用酒肴毋致奢靡。若讀律令則以刑部所編申明戒諭書兼讀之。其武職衙門在內各衛親軍指揮使司。及指揮使司。凡鎮守官每月朔日亦以大都督府所編戒諭書率僚佐讀之。如此則衆皆知所警而不犯法矣。制曰可。○六年三月。禮官上考定禮儀。

太祖皇帝謂尚書牛諒曰。禮者國之防範。人道之紀綱。朝廷所當先務。不可一日無也。自元氏廢棄禮教。因循百年。而中國之禮變易幾盡。朕卽位以來。夙夜不忘。思有以振舉之。以洗汚染之習。故嘗命爾禮部定著禮儀。今雖已成。宜更與諸儒參詳考議。斟酌先王之典。以復中國之舊。務合人情。永爲定式。庶幾愜朕心也。○禮部奏定百官常朝班次及奏事等禮儀。

太祖皇帝謂中書省臣曰。朝廷之禮所以辨上下正名分。不以賤加貴。不以卑踰尊。百官在列。班序有倫。奏對雍容。不失其度。非惟朝廷之尊。抑亦天下四方瞻仰所在也。今文武百官朝參奏事。有未閑禮儀者。是禮法不嚴於殿陛。何以肅朝廷乎。自今凡新任官及諸武臣於禮儀有不閑習者。令侍儀司官。日於午門外演習之。且命御史二人監視。有不如儀者糾舉之。百官入朝失儀者亦糾舉如律。○

洪武四年六月。吏部尚書詹同禮部尚書陶凱製宴享九奏樂章成。其曲一曰本太初。二曰仰大明。三曰民初生。四曰品物亨。五曰御六龍。六曰泰階平。七曰君德成。八曰聖道成。九曰樂清寧。先是

太祖皇帝厭前代樂章率用諛詞以爲容悅。甚者鄙陋不稱。乃命凱等更製其詞。至是上之。命協音律者歌之。謂侍臣曰。禮以道敬。樂以宣和。不敬不和。何以爲治。元時古樂俱廢。惟

淫詞豔曲更唱迭和。又使胡虜之聲與正音相雜。甚者以古先帝王祀典神祇飾為舞隊諧戲殿廷。殊非所以道中和崇治體也。今所製樂章頗協音律。有和平廣大之意。自今一切流俗諠譊淫褻之樂悉屏去之○十七年六月。

太祖皇帝諭禮部臣曰。近命製大成樂器。將以頒天下學校。俾諸生習之以祀孔子。朕思古人之樂所以防民欲。後世之樂所以縱民欲。

其故何也。古樂之詩章和而正。後世之歌詞淫以奢。古之律呂協天地自然之氣。後世之律呂出人為智巧之私。天時與地氣不審。人聲與樂聲不比。故雖以古之詩章用古之器數。亦乖戾而不合。陵犯而不倫矣。手擊之而不得於心。口歌之而非出於志。人與樂判然為二。而欲以動天地感鬼神。豈不難哉。然其流已久。救之甚難。卿等宜究心於此。庶幾可以復古人之意。

重祀

虞舜受堯命攝位。肆類于上帝。禋于六宗。望于山川。徧于群神。既即位。歲二月東巡守至于岱宗。柴。望秩于山川。五月南巡守至于南岳。如岱禮。八月西巡守至于西岳。如初。十有一月朔巡守至于北岳。如西禮。歸格于藝祖。用特

周成王用周公為相。制禮作樂。郊祀后稷以配天。宗祀文王於明堂以配上帝。祭天下名山

大川。懷柔百神。咸秩無文。而諸侯祭其疆內山川。大夫祭門戶井竈中霤五祀。士庶人祭祖考而已。各有典禮。而淫祠有禁

漢高祖二年。東擊項籍還入關。詔曰。吾甚重祠而敬祭。今上帝之祭及山川諸神當祠者。各以其禮時祠如故○或言周立后稷之祠。至今血食天下。於是制詔御史。其令天下立靈星祠。靈星謂天田星。乃農祥也。常以歲時祠以牛。春二月及臘。祠以羊彘。民里社各自裁

以祠
文帝十三年。以歲比登。詔有司增雍五畤路車各一乘。駕被具。西畤畦畤寓車各一乘。寓馬四匹。駕被具。河湫漢水玉各加二。及諸祀皆廣壇場。珪幣俎豆。以差加之。○十四年春。詔曰。朕獲執犧牲珪幣以事上帝宗廟。歷日彌長。以不敏不明而久撫臨天下。朕甚自媿。其廣增諸祀壇場珪幣

武帝建元元年五月。詔曰。河海潤千里。其令祠官脩山川之祠。為歲事曲加禮。○元鼎五年十一月辛巳朔旦冬至。立泰畤于甘泉。天子親郊見。朝日夕月。詔曰。朕以眇身託于王侯之上。德未能綏民。民或飢寒。故巡祭后土以祈豐年

宣帝神爵元年三月。下詔曰。蓋聞天子尊事天地。脩祀山川。古今通禮也。閒者上帝之祠闕而不親。朕甚懼焉。朕今親飭躬齋戒奉祀。為百姓蒙嘉氣獲豐年。後制詔太常。夫江海

百川之大者也。今闕焉無祠。其令祠官以禮為歲事。以四時祠江海。自是五嶽四瀆皆有常禮

平帝元始四年正月。郊祀高祖以配天。宗祀孝文以配上帝

光武建武元年。即位于鄗。為壇營于鄗之陽。祭告天地六宗。○二年。立大社大稷于雒陽。在宗廟之右。方壇無屋。有牆門而已。二月八月及臘。一歲三祠。皆太牢具。使有司祠。郡縣置社稷。太守令長侍祠。牲用羊豕

章帝元和二年正月。詔曰。山川百神應祀者未盡。其議增脩群祀宜享祀者。二月東巡狩將至泰山。遣使者奉一太牢祠帝堯於濟陰成陽靈臺。及至泰山。脩光武山南壇兆。柴祭天地群神如故事

三國魏明帝景初元年十月乙卯。營洛陽南委粟山為圜丘。詔曰。昔漢氏之初。承秦滅學之後。採摭殘缺。以備郊祀。自甘泉后土雍宮五

時神祇兆位多不經見並以興廢無常一彼一此四百餘年廢無禘禮古代之所更立者遂有闕焉曹氏世系出自有虞今祀圜丘以始祖帝舜配號圜丘曰皇皇帝天方丘所祭曰皇皇后地以帝妃伊氏配天郊所祭曰皇天之神以太祖武皇帝配地郊所祭曰皇地之祇以武宣皇后配宗祀皇考高祖文皇帝於明堂以配上帝十二月壬子冬至始祀皇皇帝天于圜丘以始祖有虞帝舜配

晉武帝泰始二年正月詔曰有司前奏郊祀權用魏禮朕不慮改作之難衆議紛互遂不時定不得以時供饗神祇配以祖考日夕難企貺食忘安於是二月郊祀宣皇帝以配天宗祀文皇帝於明堂以配上帝

明帝大寧三年七月詔曰郊祀天地帝王之重事自中興以來惟南郊未曾北郊四時五郊之禮都不復設五嶽四瀆名山大川載在祀典應望秩者悉廢而未舉主者其依舊詳處

隋高祖開皇十四年閏十月詔東鎮沂山南鎮會稽山北鎮醫無閭山冀州鎮霍山並就山立祠東海於會稽縣界南海於南海鎮南並近海立祠及四瀆吳山並取側近一人主知灑掃其霍山雩祀日遣使就焉

唐高祖武德初定令每歲冬至祀昊天上帝於圜丘以景帝配五方上帝天文皆從祀○仲春仲秋二時戊日祭太社太稷社以句龍配

稷以后土配又詔州縣祀社稷士民里閈亦相從立社各申祈報用洽鄉黨之懽

太宗貞觀十七年十一月己卯有事于南郊帝升壇皇太子從奠于時累日陰雪是旦猶雲霧晦冥及升壇烟氣四散風景清朗文物昭暎禮畢禮官讀謝天瑞文

玄宗開元五年正月遣褚無量宋璟蘇頲致祭于帝堯帝舜夏禹之祠各令當州刺史上佐爲亞獻終獻十二月戊寅詔曰國之大事

在祀神之所歆惟敬潔誠而齋精意以享則可臻介福致休祥深慮有司未副朕旨所緣宗廟社稷岳瀆等祭宜令禮官博士斟酌務加虔肅合於典禮即詳定以聞○八年三月勅頃歲未登水旱不節今春事方起農桑是憂祈於上帝福茲下土式展郊禋之禮以申誠請之心宜令左常侍元行冲攝侍中祠南郊太常長官分祭華岳温湯○十八年正月丁巳親迎氣於東郊禮畢詔凡海內五嶽四

瀆及諸鎮名山大川及靈跡各令郡縣逐處設祭

憲宗元和二年正月辛卯有事于南郊詔天下名山大川及古聖帝明王忠臣烈士各令以禮致祭

五代周世宗顯德二年七月丙子帝謂侍臣曰朕聞國之大事在祀與戎近代已來急於戎事祭祀之禮幾如墜地且牲牢之具簠簋之數蓋主誠信誠信不至神何享焉今後宜令有司各舉其職務在豐潔

宋仁宗皇祐二年三月詔明堂大饗唯祇奉天地宗廟率遵典禮自餘乘輿服御諸物令三司裁度務從簡儉不須雅飾○帝嘗謂輔臣曰前代禮神有祭玉燔玉今獨燔玉無乃闕禮朕奉事天地祖宗豈於寶玉有惜哉其令有司議如典禮勅內府尋閱美玉適回紇貢玉璞數十剖之皆美制為琮璧九器各二祭玉之備始復於此也

元世祖至元二十八年帝謂中書省臣曰五岳四瀆祠事朕宜親往道遠不可大臣如卿等又有國務宜遣重臣代朕祠之

英宗即位太常禮儀院進享太廟儀詔曰朕祗厥貽謀獲承丕緒念付託之惟重顧繼述之敢忘爰用被服袞冕恭謝于太廟○車駕至自上都詔太常院臣曰朕將以四時躬祀太室宜與羣臣雜議其禮此追遠報本之道毋以朕躬於對越而有所損其悉遵典禮

順帝至正十五年十月丁巳。帝謂右丞相定住等曰。敬天地尊祖宗重事也近年以來闕於舉行當選吉日。朕將親祀郊廟務盡誠敬不必繁文。卿等其議典禮行之。十一月壬辰親祀上帝于南郊以皇太子愛猷識理達臘爲亞獻攝太尉右丞相定住爲終獻

國朝。洪武元年十一月中書及禮部定奏天子親祀圜丘方丘宗廟社稷。若京師三皇孔子風雲雷雨聖帝明王忠臣烈士先賢等祀則

遣官致祭。郡縣宜立社稷。有司春秋致祭。庶人祭里社土穀之神及祖父母父母并得祀竈載諸祀典餘不當祀者並禁止。

太祖皇帝諭之曰。凡祭享之禮載牲致帛交於神明費出己帑神必歆之如庶人陌紙瓣香皆可格神。不以菲薄而弗享者何也。所得之物皆己力所致也若國家倉廩府庫所積。乃生民脂膏。以此爲尊醪俎饌充實神庭徼求福祉以私于身神可欺乎惟爲國爲民禱祈如水旱疾疫師旅之類可也○二十一年二月詔以歷代名臣從祀帝王廟先是禮官奏以風后力牧皐陶夔龍伯夷伯益伊尹傅說周公旦召公奭太公望方叔召虎張良蕭何曹參周勃鄧禹諸葛亮房玄齡杜如晦李靖郭子儀李晟趙普曹彬韓世忠岳飛張浚博尒忽博尒术赤老溫伯顏阿术安童。凡三十六人皆宜從祀于帝王廟。

太祖曰。古之君臣同德者。終始一心載在史傳

萬世不泯國家祀典必合公論。不可徒觀其跡而不究其實若宋趙普負太祖爲不忠不可從祀元臣四傑木華黎爲首不可以其孫從祀而去其祖。可祀木華黎而罷安童。既祀伯顏其阿术亦不必祀。如漢陳平馮異宋潘美皆節義兼善始終可從廟祀於是定以風后力牧皐陶夔龍伯夷伯益伊尹傅說周公旦召公奭太公望召虎方叔張良蕭何曹參陳平周勃鄧禹馮異諸葛亮房玄齡杜如晦

李靖李晟郭子儀曹彬潘美韓世忠岳飛張
浚木華黎博尔忽博尔术赤老温伯顏凡三
十有七人從祀歷代帝王廟

五倫書卷之八

五倫書卷之九

周太王古公幼子季歷娶大任生昌有聖德古
公曰我世當有興者其在昌乎欲傳位季歷
以及昌長子太伯知父志逃去古公乃立季
歷古公卒季歷立是爲王季王季脩古公之
道諸侯順之王季卒子昌立是爲文王

漢文帝元年正月有司請蚤建太子詔曰朕既
不德上帝神明未歆饗也天下人民未有慊
志今縱不能博求天下賢德而嬗焉而曰豫
建太子謂天下何其安之有司固請曰古者
殷周有國乂安皆且千載有天下者莫長焉
用此道也立嗣必子所從來遠矣高帝始平
天下建諸侯爲帝者太祖諸侯王列侯始受
國者亦皆爲其國祖子孫繼嗣世世不絕天
下之大義也今釋宜建而議更選擇非高帝

之志也更議不宜而子啓最長純厚慈仁請建以爲太子帝乃許之

武帝太始三年昭帝生初母拳夫人進爲倢伃居鉤弋宮妊身十四月廼生武帝曰聞昔堯十四月而生今鉤弋亦然廼命其門曰堯母門昭帝年五六歲壯大多知帝常言類我又感其生與衆異甚奇愛之欲以爲嗣命大臣輔之察群臣惟霍光可屬社稷乃使黄門畫者畫周公負成王朝諸侯以賜光及帝游

五柞宮病篤光涕泣問曰如有不諱誰當嗣者帝曰君未諭前畫意邪立少子君行周公之事光即拜卧内床下受遺詔輔少主帝崩太子即位

光武中子陽一名莊幼而聰明睿智容貌壯麗帝異焉數問以政議應對敏達謀謨甚深溫恭好學敬愛師傅所以承事兄弟親密九族内外周洽帝愈珍愛之以爲宜承先序立爲太子

明帝子炟年四歲聰達才敏多識世事動容進止聖表有異壯而仁明謙恕溫慈惠和寬裕廣博親愛九族矜嚴方厲感而不猛既志於學始治尚書遂兼五經周覽古今無所不覩由是帝愛重之立爲太子

晉元帝長子紹幼聰哲爲帝所寵異年數歲常坐置膝上屬長安使來帝因問曰汝謂日與長安孰遠對曰長安近但聞人從長安來不聞人從日邊來帝異之明日宴群寮又問之

對曰日近帝失色曰何乃異間者之言對曰舉頭見日不見長安由是益奇之立爲皇太子

唐太宗廢太子承乾欲立晉王治未決坐兩儀殿群臣已罷獨留長孫無忌房玄齡李勣言東宮事因曰我三子一弟未知所立無忌請帝所欲立帝曰我欲立晉王無忌曰謹奉詔異議者斬帝復曰公等與我意合天下其謂何荅曰王以仁孝聞天下久矣固無異辭有

如不同臣負陛下百死於是遂定
中宗爲皇太子時重照生于東宮高宗喜甚
乳月滿爲大赦天下改元永淳是歳立爲皇
太孫開府置官屬帝問吏部侍郎裴敬彝郎
中王方慶對曰禮有嫡子無嫡孫漢魏太子
在子但封王晉立愍懷子爲皇太孫齊立文
惠子爲皇太孫皆居東宮今有太子又立太
孫於古無有帝曰自我作古如何對曰禮君
子抱孫不抱子孫可以爲王父尸者昭穆同

也陛下肇建皇孫本支千億之慶帝悅
宋太宗欲立皇太子時寇準自鳳翔召還入見
帝曰諸子孰可以付神器者準曰陛下爲天
下擇君謀及婦人中宮不可也謀及近臣不
可也唯陛下擇所以副天下望者帝俛首久
之屛左右曰襄王可乎準曰知子莫如父聖
慮既以爲可願即決定帝遂以襄王爲開封
尹改封壽王於是立爲皇太子命李至李沆
並兼賓客詔太子事以師傅禮太子每見必

先拜至等上表不敢當禮詔答曰朕旁稽古
訓肇建承華用選端良資於輔導藉卿宿望
委以護調蓋將勗以謙沖故乃異其禮數勿
飾當仁之讓副予知子之心至等相率謝太
宗復謂之曰太子賢明仁孝國本固矣卿等
可盡心規誨若動皆由禮則宜贊助事有未
當必須力言至於禮樂詩書義可裨益者皆
卿等素習不假朕之言諭也
真宗春秋高未建儲君衛尉寺丞陳執中進

演要三篇以早定天下根本爲說翌日帝以
他疏示輔臣皆贊曰善帝指其袖中曰又有
善於此者出之乃演要也因召對便殿勞問
久之擢右正言逾月遂立皇子昇爲皇太子
作元良箴以賜之
仁宗既連失三王自至和中得疾中外惴恐
臣下爭以立嗣固根本爲言包拯范鎮尤激
切積五六歳依違未之行韓琦進曰皇嗣者
天下安危之所係自昔禍亂之起皆由策不

早定。陛下春秋高，未有建立，何不擇宗室之賢者以爲宗廟社稷計。帝曰：後宮將有就館者，姑待之。已又生女。一日，琦懷漢書孔光傳以進，曰：成帝無嗣，立弟之子。彼中材之主猶能如是，況陛下乎。願以太祖之心爲心，則無不可者。又與曾公亮、張昇、歐陽脩極言之。會司馬光、呂誨皆有請，琦進讀二疏，未及有所啓，帝遽曰：朕有意久矣，誰可者。琦惶恐對曰：此非臣輩所可議，當出自聖擇。帝曰：宮中嘗

養二子，小者甚純，近不慧，大者可也。琦請其名，帝以宗實告。宗實，英宗舊名也。琦等力贊之，議乃定，遂立爲皇太子。

英宗不豫，召翰林學士承旨張方平至福寧殿。帝憑几而言，言不可辨。方平進筆請書，乃書：來日降詔立皇太子。方平抗聲曰：必潁王也，嫡長而賢，請書其名。帝力疾書之，乃退草制。

高宗以皇嗣未立，語近臣曰：太祖以神武定

天下，子孫不得享之，可憫。同知樞密院事李回曰：藝祖不以大位私其子，發於至誠。陛下爲天下遠慮，合於藝祖，可以昭格天命。紹興二年，詔選太祖七世孫伯琮育禁中。三年，除和州防禦使，賜名瑗。三十年，立爲皇子，更名瑋。三十二年，立爲皇太子，改名眘。

孝宗乾道七年，立第三子惇爲皇太子。初，虞允文相，請蚤建儲貳。孝宗曰：朕久有此意，事亦素定，但恐儲位既正，人性易驕，即自縱逸，

不勤於學，寖有失德。朕所以未建者，更欲其練歷庶務，通知古今，庶無後悔爾。至是乃立之。

金世宗立皇孫璟爲皇太孫，諭之曰：爾年尚幼，以明德皇后嫡孫，惟汝一人。試之以事，甚有可學之資。朕從正立汝爲皇太孫，建立在朕，保守在汝。宜行正養德，勿近邪佞，事朕必盡忠孝，無失衆望，則惟汝嘉。

國朝洪武元年正月戊寅，劉基、陶安言於

太祖曰適聞中書及都督府議倣元舊制設中
書令欲奏以太子為之
太祖曰取法於古必擇其善者而從之苟惟不
善而一槩是從將欲望治譬猶求登高岡而
却步渡長江而回楫豈能達哉元氏胡人事
不師古設官不以任賢惟其類是與名不足
以副實行不足以服衆豈可取法且吾子年
未長學未充更事未多所宜尊禮師傅講習
經傳博通古今識達機宜他日軍國重務皆

令啓聞何必效彼作中書令乎乃命詹同取
東宮官制觀之謂同等曰朕今立東宮官取
廷臣勳德老成兼其職老成舊人動有典則
若新進之賢者亦選擇參用夫舉賢任才立
國之本崇德尚齒尊賢之道輔導得賢人各
盡職故連抱之木必以授良匠萬金之璧不
以付拙工同對曰
陛下立法垂憲之意實深遠矣於是以李善長
等皆兼東宮官乃諭善長等曰朕於東宮官

不別設府僚而以卿等兼之者蓋軍旅未息
朕若有事于外必留太子監國若設府僚卿
等在內事當啓聞太子或有聽斷不明而與
卿等意見不合卿等必謂府僚導之嫌疑由
是而生朕所以特置賓客諭德等官以輔成
太子德性且選名儒為之賓友昔周公教成
王告以克詰戎兵召公教康王告以張皇六
師此居安慮危不忘武備蓋繼世之君生長
富貴泥於安逸軍旅之事多忽而不務一有

緩急罔知所措二公所言不可忘也○七月
戊子
太祖謂皇太子曰天子之子與公卿士庶人之
子不同公卿士庶人之子係一家之盛衰天
子之子係天下之安危尔承主器之重將有
天下之責也公卿士庶人不能脩身齊家取
敗止於一身一家若天子不能正身脩德其
敗豈但一身一家之比將宗廟社稷有所不
保天下生靈皆受其殃可不懼哉可不戒哉

睦親

唐堯克明俊德以親九族

虞舜弟象傲父母使舜完廩捐階瞽瞍焚廩使浚井出從而掩之象曰謨蓋都君咸我績牛羊父母倉廩父母干戈朕琴朕弤朕二嫂使治朕棲象往入舜宮舜在牀琴象曰鬱陶思君爾忸怩舜曰惟茲臣庶汝其于予治象憂亦憂象喜亦喜及為天子封之有庳富貴之也

周成王時囚蔡叔于郭鄰其子胡率德改行周公言諸成王復封之蔡王若曰小子胡率德改行克慎厥猷肆予命爾侯于東土往即乃封敬哉爾尚蓋前人之愆惟忠惟孝爾乃邁迹自身克勤無怠以垂憲乃後率乃祖文王之彝訓無若爾考之違王命

漢文帝時吳王濞稱疾不朝吳使者至帝問之使者曰察見淵中魚不祥今吳王始詐疾而責愈急則計出無聊唯上與之更始可也於是遣使者歸而賜之几杖

武帝時淮南王安屬為諸父帝以其辯博善為文辭甚尊重之每宴見談說得失及方技賦頌昏暮然後罷元朔二年賜几杖不朝

成帝時東平王宇有闕詔削樊亢父二縣王後自新復其削縣詔曰蓋聞仁以親親古之道也前東平王有闕有司請廢朕不忍又請削朕不敢專惟王至親未嘗忘於心今聞王改行自新尊脩經術親近仁人非法之求不

以奸吏朕甚嘉焉傳不云乎朝過夕改君子與之其復前所削縣如故

明帝永平十一年遣諸王歸國特留東平王蒼賜以秘書列仙圖道術秘方至八月飲酎畢有司復奏遣蒼乃許之手詔賜蒼曰骨肉天性誠不以遠近為親疎然數見顏色情重昔時中心戀戀惻然不能言於是車駕祖送流涕而訣復賜乘輿服御珍寶鞍馬錢布以億萬計尋賜王傅手詔曰辭別之後獨坐不樂因

就車歸伏軾而吟瞻望永懷實勞我心誦及
采菽以增歎息日者問東平王處家何等最
樂王言為善最樂其言甚大副是要（要謂如腰帶之腰）腹
矣今送列侯印十九枚諸王子年五歲已上
能趨拜者皆令帶之
章帝建初三年賜東平王蒼琅琊王京書曰
中大夫奉使親聞動靜嘉之何已歲月騖過
山陵浸遠孤心悽愴如何如何間饗衛士於
南宮因閱視舊時衣物聞於師曰其物存其

人亡不言哀而哀自至信矣惟王孝友之德
亦豈不然今送光烈皇后假紒帛巾各一及
衣一篋可時奉瞻以慰凱風寒泉之思頃願
王寶精神加供養苦言至戒望之渴如
和帝待母弟清河王慶尤渥諸王莫得為比
後慶以長別居丙舍帝移幸北宮章德殿慶
得入省宿止後出居邸賜奴婢三百人輿馬
錢帛帷帳珍寶玩好充牣其第慶多被病或
時不安帝朝夕問訊進膳藥所以垂意甚備

順帝永建二年增東海王臻食邑詔曰東海
王臻以近蕃之尊少襲王爵膺受多福未知
艱難而能克己率禮孝敬自然事親盡愛送
終竭哀降儀從士寢苫三年和睦兄弟恤養
孤弱至孝純備仁義兼弘朕甚嘉焉夫勸善
厲俗為國所先曩者東平孝王敞兄弟行孝
喪母如禮有增戶之封詩云永世克孝念茲
皇祖令增臻封五千戶
後魏孝文帝太和十七年宴四廟子孫於宣文

堂帝親與之齒行家人之禮又嘗宴王公侍
臣於清徽堂燭至公卿辭退帝曰燭至辭退
庶姓之禮在夜載考宗族之義卿等且還朕
與諸王宗室欲成此夜飲
唐高祖武德七年宴王公親屬於文明殿帝見
長平王太妃以尊屬從家人禮降階再拜酒
小闌從坐翠華殿帝賦詩王公親屬遞上壽
賜帛各有差
太宗貞觀十年諸王歸藩帝流涕曰友于之

情凡人所重朕於兄弟豈不知同遊處展親
愛耶但以天下事重方成分別不能不悲耳
兄子尚或可求兄弟更不可得也遂嗚咽不
能止○十七年帝謂侍臣曰前代皇王莫不
踈弟而愛子唯漢明帝賜諸王不令子多於
弟良史書之垂美後葉我罔極之恩情鍾諸
弟於是內外諸王同有班賜○十八年幸同
安大長公主第帝以主春秋高常有風疾故
親加省視賜絹五百匹侍主疾者賜絹各有

差
玄宗素友愛近世帝王莫能及初即位嘗為
長枕大被與其兄宋王成器申王成義從兄
豳王守禮弟岐王範薛王業同寢於殿中設
五幄與諸王更處其中謂之五王帳業嘗疾
帝方臨朝須臾之間使者十返帝乃為業煮
藥回飈吹火誤爇其鬚左右驚救之帝曰但
使王飲此藥而愈鬚何足惜又於興慶宮側
賜成器等第宅及於宮之西南置樓題其西

曰花蕚相輝之樓南曰勤政務本之樓帝或
登樓聞王奏樂則召升樓同宴或幸其所居
盡歡賞賚優渥
宣宗敦睦兄弟大中元年作雍和殿於十六
宅數臨幸置酒作樂盡歡諸王有疾常親至
臥內存問憂形于色
宋太祖時太宗為晉王嘗病亟帝往視之親為
灼艾王覺痛帝亦取艾自炙分痛
元仁宗遇冬夜風雪甚寒謂侍臣曰朕與御等

居暖室宗戚昆弟遠戍邊陲曷勝其苦歲賜
錢帛可不徧及耶○衛王阿术哥入見帝諭
省臣曰朕與阿术哥同父而異母朕不撫育
彼將誰賴其賜鈔二萬錠他物援例
國朝永樂三年十月
太宗皇帝賜諸王皇明祖訓且諭之曰
皇考所以垂訓子孫至要之道具在此書朝廷
常守之可以永安
宗社藩王常守之可以長保富貴朝廷與藩王

本同
祖宗所出但能皆以
祖宗之心為心則自然各盡其道前代有帝王
不能保全宗室者如宋太宗亦有宗室不能
自保全者如周三監漢七國此皆是不能以
祖宗之心為心朕與諸弟各勉之○四年五
月秦王尚炳將歸
上諭其從臣曰王前在國中言動時有錯繆朕
遣書戒之頗聞克自省改今日見王應對進

退循循合度甚適朕意此皆爾等輔導之力
長史以下皆叩頭曰此由王天資之美克奉
陛下聖訓臣等庸愚實無所效力
上復諭之曰美玉非資良工不適為器嘉木非
得良匠不適為材人之成德亦然爾等宜益
盡心輔王雖小過必規正之雖小德必助成
之謂小過無害馴至於大過謂小德無益馴
至於無德不可因循但和平以導之從容以
入之積以誠意未有不相信者王能循善行

汝曹亦有令名其往勉之命賜紗衣人一襲
及道里費

封建

黃帝二十五子其得姓者十四其一曰青陽降
居江水其二曰昌意降居若水皆在蜀即其
所封國也
虞舜踐位封其弟象於有庳使吏治其國而納
其貢稅焉
夏少康恐禹祭之絕祀乃封其庶子於越號曰

無余春秋祠禹墓於會稽
周武王既革殷命為天子追思元聖乃封神農
之後於焦黃帝之後於祝帝堯之後於薊帝
舜之後於陳大禹之後於杞又封弟叔鮮於
管叔度於蔡叔振鐸於曹叔處於霍求太伯
仲雍之後得周章時章已君吳因而封之其
弟虞仲封於周北是為虞列為諸侯○封弟
封於衛告之曰往哉封勿替敬典聽朕告汝
乃以殷民世享

成王即位與叔虞戲削桐葉為圭曰以此封若史佚請擇日成王曰吾與之戲耳史佚曰天子無戲言言則史書之禮成之樂歌之遂封叔虞於唐又封周公子伯禽於魯曰生以養周公死以為周公後

漢高祖即位以海内初定子弟少懲秦孤立亡藩輔大封同姓以鎮天下正月丙午以故東陽郡鄣郡吳郡五十三縣立從父兄賈為荊王以碭郡薛郡郯郡三十六縣立弟文信君交

為楚王以雲中鴈門代郡五十三縣立兄宜信侯喜為代王以膠東膠西臨淄濟北博陽城陽郡七十三縣立子肥為齊王諸民能齊言者皆與齊故最為大國○十一年正月詔曰代地居常山之北與夷狄邊趙乃從山南有之遠數有胡寇難以為國頗取山南太原之地益屬代代之雲中以西為雲中郡則代受邊寇益少矣其擇可立為代王者燕王綰相國蕭何等皆曰子恒賢知溫良請立為代

王都晉陽○十二年十月詔曰吳古之建國也日者荊王兼有其地今死亡後朕欲立吳王其議可者羣臣言沛侯濞重厚請立為吳王高祖患吳會稽輕悍無壯王填之諸子少乃立濞

文帝元年十二月立趙幽王子遂為趙王徙瑯琊王澤為燕王呂氏所奪齊楚地皆歸之二年三月有司請立皇子為諸侯王詔曰前趙幽王幽死朕甚憐之已立其太子遂為趙

王遂弟辟彊及齊悼惠王子朱虛侯章東牟侯興居有功可王遂立辟彊為河間王章為城陽王興居為濟北王立皇子武為代王參為太原王揖為梁王

武帝元狩六年四月乙亥立皇子閎為齊王旦為燕王胥為廣陵王皆賜策各以國土風俗申戒焉齊王策曰嗚呼念哉共朕之詔惟命不常人之好德克明顯光義之不圖俾君子怠悉爾心允執其中天祿永終厥有愆不

滅迺凶于乃國而害于爾躬。嗚呼，保國乂民，可不敬與？王其戒之。燕王策曰：嗚呼，小子旦，受茲玄社，建爾國家，封于北土，世為漢藩輔。嗚呼，葷粥氏虐老獸心，以姦巧邊甿，朕命將帥徂征厥罪，萬夫長千夫長三十有二帥降旗奔師，葷粥徙域北州，以安。悉爾心，毋作怨，毋作棐德，毋迺廢備。非教士不得從徵。王其戒之。廣陵王策曰：嗚呼，小子胥，受茲赤社，建爾國家，封于南土，世世為漢藩輔。古人有言

曰：大江之南，五湖之閒，其人心輕。揚州保疆，三代要服，不及以正。嗚呼，悉爾心，祗祗兢兢，迺惠迺順，毋桐好逸，毋迩宵人，惟法惟則。書云：臣不作福，不作威，靡有後羞。王其戒之。

光武建武十五年三月，大司馬吳漢上書請封皇子，不許。重奏連歲，乃詔羣臣議。大司空竇融、固始侯李通、膠東侯賈復、高密侯鄧禹等奏議曰：古者封建諸侯，以藩屏京師。周封八百，同姓諸姬並為建國，夾輔王室，尊事天子，享國永長，為後世法。故詩云：大啓爾宇，為周室輔。高祖聖德，光有天下，亦務親親，封立兄弟諸子，不違舊章。陛下德橫天地，興復宗統，褒德賞勳，親睦九族，功臣宗室咸蒙封爵，多受廣地，或連屬縣。今皇子賴天，能勝衣趨拜，陛下恭謙克讓，抑而未議，羣臣百姓莫不失望。宜因盛夏吉時，定號位，以廣藩輔，明親親，尊宗廟，重社稷，應古合舊，厭塞眾心。臣請大司空上輿地圖，太常擇吉日，具禮儀。制曰

可。四月戊申，以太牢告祠宗廟。丁巳，使大司空融告廟，封皇子輔為右翊公，英為楚公，陽為東海公，康為濟南公，蒼為東平公，延為淮陽公，荊為山陽公，衡為臨淮公，焉為左翊公，京為瑯琊公。徙兄太原王章為齊王。

章帝建初三年，有司奏遣廣平王羨與鉅鹿王恭、樂成王黨俱就國。帝性篤愛，不忍與諸王乖離，遂皆留京師。明年，案輿地圖，令諸國戶口皆等，租入歲各八千萬。七年，帝以廣平

在北多有邉貴乃徙羨為西平王分汝南八
縣為國後又徙封羨為陳王食淮南郡
三國蜀先主章武元年六月使司徒許靖立子
永為魯王理為梁王賜永策曰小子永受茲
青土朕承天序繼統大業遵脩稽古建爾國
家封于東土奄有龜蒙世為藩輔嗚呼恭朕
之詔惟彼魯邦一變適道風化存焉人之好
德世茲懿義王其秉心率禮綏爾士民是饗
是宜其戒之哉賜理策曰小子理朕統漢序

祇順天命遵脩典秩建爾于東為漢藩輔惟
彼梁土畿甸之邦民狎教化易導以禮往悉
乃心懷保黎庶以永爾國王其敬之哉
魏文帝即位遣弟鄢陵侯彰與諸侯就國詔
曰先王之道庸勳親親並建母弟開國承家
故能藩屏大宗禦侮厭難彰前受命北伐清
定朔土厥功茂焉增邑五千并前萬户後進
公爵又封為任城王
晉武帝即位大封同姓封皇叔祖父孚為安平

王詔曰太傅勳德弘茂朕所瞻仰以光導弘
訓鎮靜宇內願奉以不臣之禮其封為安平
王邑四萬户進拜太宰持節都督中外諸軍
事有司奏諸王未之國者所置官屬權未有
備帝以孚明德屬尊當宣化樹教為群后作
則遂備置官屬焉
南宋高祖封族弟遵考為營浦侯詔曰遵考朕
屬之親國戚未遠宗室無多宜蒙寵爵可封
營浦侯食邑五百户

梁武帝天監元年封皇弟中護軍宏為臨川王
南徐州刺史秀為安成王雍州刺史偉為建
安王右衛將軍恢為鄱陽王荊州刺史憺為
始興王自郡王以下列爵為縣六等皇弟皇
子封郡王二千户王之庶子為縣侯五百户
謂之諸侯
陳高祖即位封宗室子弟為侯詔曰維城宗子
實固有周磐石懿親用隆大漢故會盟則異
姓為後啓土則非劉勿王所以糾合枝幹廣

樹藩屏前王茂典列代常規從子持節員外
散騎常侍明威將軍雍州刺史監南徐州擬
持節通直散騎侍郎貞威將軍北徐州刺史
褒從子晃昺從孫假節員外散騎常侍明威
將軍詡楚交切假節信威將軍北徐州刺史吉陽
縣開國侯譓假節通直散騎侍郎信威將軍
祐假節散騎侍郎雄信將軍青州刺史廣梁
太守詳貞威將軍通直散騎侍郎慧紀敬雅
敬泰並枝戚密近劬勞王室宜列河山以光

封建擬可永脩縣開國侯褒鍾陵縣開國侯
晃建城縣開國侯昺上饒縣開國侯詡虔化
縣開國侯譓仍前封祐豫寧縣開國侯詳遂
興縣開國侯慧紀宜黃縣開國侯敬雅寧都
縣開國侯敬泰平固縣開國侯各五百戶
隋高祖受禪進封族子雄爲廣平王尋封清漳
王仁壽初高祖曰清漳之名未允聲望命職
方進地圖指安德郡以示群臣曰此號足爲
名德相稱於是改封安德王

唐高祖受禪以天下未定廣封宗室以威天下
皇從弟及姪年始成童者數十人皆封爲郡
王○武德元年封從父兄子道宗爲略陽公
五年授靈州總管梁師都據夏州引突厥兵
數萬至其城下道宗閉門拒守伺隙而戰賊
徒大敗帝聞而嘉之謂左僕射裴寂曰道宗
能守邊以寡制衆若魏任城王彰臨戎却敵
道宗勇敢有同於彼遂封爲任城王
太宗即位舉宗正屬籍問侍臣曰徧封宗子

於天下便乎尚書右僕射封德彝對曰歷觀
往古封王者今最爲多兩漢以降封帝子及
親兄弟若宗室既遠非有大功如周之郇滕
漢之賈澤不得濫封所以別親踈也先朝惇
睦九族一切封王爵命既隆多貽力役蓋以
天下爲私殊非至公馭物之道帝曰朕理天
下本爲百姓非欲勞百姓以養己之親也於
是宗室率以屬踈降爵郡公惟有功者數十
人封王

宋太祖即位承唐之制宗室襁褓即列土而爵之降至疏屬宗正有籍玉牒有名宗學有教郊祀明堂遇國慶典皆有祿秩所寓州縣月有廩餼凡諸王公侯伯子男皆子孫承嫡者傳襲若無嫡子及有罪疾立嫡孫無嫡孫以次立嫡子同母弟無母弟立庶子無庶子立嫡孫同母弟無同母弟立庶孫曾孫以下準此

仁宗慶曆四年宗室王者四人以盛德武勝軍節度使德文屬尊且賢方漢東平王蒼進封東平郡王加兼侍中

神宗即位謂剏業垂統實自太祖顧無以稱乃下詔令中書門下考太祖之籍以屬近行尊者一人裂土地而王之使常從獻于郊廟世世勿復絕於是有司推擇以泰康惠王德芳孫從式應詔封安定郡王

徽宗即位改封魯王宗爾為商王詔曰宗室諸王追封大國其世襲子孫尚仍舊國甚未稱正名之意如魯王改封商王其子尚襲魯國之類其令太宗正改正以寧遠節度使魯國公仲先改封商國公

高宗紹興元年詔曰太祖皇帝創業垂統德被萬世神祖詔封子孫一人為安定郡王世世勿絕今其封不舉朕甚憫之有司其上合封人名遵故事施行遂以燕懿王玄孫令畤襲封

國朝

太祖皇帝洪武三年四月辛酉以封建諸王告

太廟禮成宴群臣于

奉天門及文華殿

太祖諭廷臣曰昔元失其馭群雄並起四方鼎沸民遭塗炭朕躬率師徒以靖大難

皇天眷佑海宇寧謐然天下之大必建藩屏上衛國家下安生民今諸子既長宜各有封爵分鎮諸國朕非私其親乃遵古先哲王之制為久安長治之道羣臣稽首對曰

陛下封建諸王以衛宗社天下萬世之公議
太祖曰先王封建所以庇民周行之而久遠秦
廢之而速亡漢晋以来莫不皆然其間治亂
不齊特顧施為何如爾要之為長久之計莫
過於此

五倫書卷之九

五倫書卷之十

無懷氏之撫世也以道存生以德安刑其民甘
食而樂居懷土而重生形有動作心無好惡
雞犬之音相聞民至老死不相往来命之曰
無懷氏之民

黃帝順天地之紀幽明之占死生之說存亡之

難時播百穀草木淳化鳥獸蟲蛾治五氣藝
五種撫萬民民不習僞官不懷私市不預價
城郭不閉見利不爭風雨時若人無夭枉物
無疵癘虎豹不妄噬鷙鳥不妄搏裔夷之人
罔不来享鳳凰巢于阿閣麒麟遊于苑囿焉

唐堯治天下五十年不知天下治與不治與億
兆願戴己與不願戴己與問左右左右不知
問外朝外朝不知問在野在野不知乃微服
遊於康衢聞童謡曰立我烝民莫匪爾極不

識不知順帝之則又有老人含哺鼓腹擊壤
而歌曰日出而作日入而息鑿井而飲耕田
而食帝力何有於我哉
虞舜有大聖之德格于父母諧于兄弟孝友之
至通于神明耕歷山人皆讓畔漁雷澤人皆
讓居陶河濱器不苦窳及爲天子天下化之
故孔子稱之曰無爲而治者其舜也歟夫何
爲哉恭己正南面而已矣
夏禹方懋厥德罔有天災山川鬼神亦莫不寧

曁鳥獸魚鼈咸若
商成湯布昭聖武代虐以寬兆民允懷○子惠
困窮民服厥命罔有不悅
周文王爲西伯虞芮之君爭田久而不平相謂
曰西伯仁人也盍往質焉乃如周入其境耕
者讓畔行者讓路入其邑男女異路斑白不
提挈入其朝士讓爲大夫大夫讓爲卿二國
之君相謂曰吾所爭周人所恥吾等小人不
可以履君子之庭祗取辱耳遂相讓以所爭

田爲閑田而退天下聞之歸文王者四十餘
國
康王敬恭神人四夷賓服海内晏然百姓興
於禮義囹圄空虛刑措不用四十餘年有唐
虞世之風焉
漢文帝專務以德化民故當時吏安其官民樂
其業畜積歲增戶口寖息風流篤厚禁網疏
闊斷獄四百有刑措之風天下大和百姓給
足

唐太宗嘗與羣臣語及教化魏徵曰飢者易爲
食渴者易爲飲封德彝非之徵曰五帝三王
不易民而化行帝道而帝行王道而王顧力
行何如耳帝從徵言勤而撫之天下大稔斗
米三四錢終歲斷死刑纔十九人東至于海
南及五嶺皆外戶不閉行旅不齎糧取給於
道路焉帝曰此魏徵勸我行仁義之效惜封
德彝不及見之
宋太祖自建隆以來務農興學慎罰薄斂與世

休息迄于丕平治定功成制禮作樂在位十
有七年之間聲明文物之治道德仁義之風
於漢唐蓋無讓焉
仁宗恭儉仁恕敬天重民吏治黜殘刻之人
決獄多平允之士君臣上下惻怛之心忠厚
之政所以培壅國本者厚矣升遐之日雖深
山窮谷之人莫不奔走悲號而不能已也
金世宗明禍亂之故知吏治之得失即位五載
南北講好與民休息躬節儉崇孝弟信賞罰

重農桑慎守令之選嚴廉察之責却任得敬
分國之請拒趙位寵郡縣之獻孳孳為治夜
以繼日當時羣臣守職上下相安家給人足
倉廩有餘刑部斷死罪或十七人或二十人
號稱小堯舜
元太宗時華夏殷富庶民樂業行旅不齎糧時
稱治平
國朝洪武三年二月
太祖皇帝行後苑見巢鵲伏翼之勞喟然歎曰

禽鳥劬勞若是況人母子之恩乎乃令羣臣
有親老者許歸養時故元鎮撫陳興被俘来
京恩待甚厚興言有母在嵩州年八十餘欲
求歸養即賜白金衣帽遣之興辭
太祖顧謂侍臣曰孝弟之性天下皆同陳興雖
武夫聞朕言即愴然思歸朕始不知其有母
若知之肯令其違遠耶人壽不過百歲今其
母年已八十餘萬一不得相見與有無窮之
痛興歸母子相見其樂宜何如侍臣曰

陛下以孝治天下推測人情無微不燭非惟一
家之老者得所天下之惸獨鰥寡皆蒙其恵
矣
太祖曰人情莫不愛其親必使之得盡其孝一
人孝而衆人皆趨於孝此風化之本也故聖
王之於天下必本人情而為治○洪武二十
二年十一月乙丑
太祖御謹身殿翰林學士劉三吾侍因論治民
之道三吾言南北風俗不同有可以德化有

當以威制。

太祖曰。地有南北。民無兩心。帝王一視同仁。豈有彼此之間。汝謂南方風氣柔弱。故可以德化。北方風氣剛勁。故當以威制。然君子小人何地無之。君子懷德。小人畏威。施之各有攸當。烏可槩以一言乎。三吾悚服稽首而退

勤政

夏禹受舜禪。一饋十起。以勞天下之民

商湯昧爽丕顯。坐以待旦

大戊嚴恭寅畏。天命自度。治民祗懼。不敢荒寧。故享國七十有五年

武丁不敢荒寧。嘉靖殷邦。至于小大。無時或怨。故享國五十有九年

周文王自朝至于日中昃。不遑暇食。用咸和萬民。不敢盤于遊田。以庶邦惟正之供

漢文帝絕秦之跡。除其亂法。躬親本事。廢去淫末。為天下興利除害。變法易故。以育羣生。以安海內

宣帝興于閭閻。知民事之艱難。躬理萬幾。厲精為治。吏稱其職。民安其業

光武每旦視朝。日昃乃罷。數引公卿郎將講論經理。夜分乃寐。皇太子見帝勤勞不怠。乘間諫曰。陛下有禹湯之明。而失黃老養性之道。願頤愛精神。優游自寧。帝曰。我自樂此。不為疲也

南陳文帝起自布衣。知百姓疾苦。國家資用。務從儉約。妙識真偽。下不容姦。每夜刺閨取外

事分判者。前後相續。敕雞人伺漏。傳籤於殿中者。令投籤於階石上。鎗然有聲。云吾雖得眠。亦令驚覺。其自强若此

唐太宗謂裴寂曰。比多上書言事者。朕皆黏之屋壁。得出入省覽。數思治道。或深夜方寢。公輩亦當恪勤職業。副朕此意

憲宗嘗盛夏召李絳對延英殿。帝汗浹衣。絳欲趨出。帝曰。與卿講天下事。乃甚樂也。絳或無所論諍。帝輒詰所以然。又嘗謂宰臣曰。天

下事重不可一日曠廢若遇連假不坐有事
即詣延英請對崔羣以殘暑方甚目同列將
退帝止之曰數日一見卿等雖暑熱朕不為
勞
文宗恭儉儒雅出於天性嘗讀太宗政要慨
然慕之及即位銳意於治每延英對宰臣率
漏下十一刻唐制天子以隻日視朝乃命輟
朝放朝皆用雙日凡除吏必召見訪問親察
其能否故太和之初政事脩飭號為清明

宋太宗每旦朝罷登崇政殿決事日中未食淳
化中謝泌請退朝進食畢然後決事帝不聽
嘗語近臣曰天下事日日聽斷尚恐不及唐
末諸帝多深居何也
真宗即位每旦御前殿中書樞密院三司開
封府審刑院及講讀官以次奏事辰後入宮
上食少時出坐後殿閱武事至日中罷夜則
召侍讀侍講學士詢問政事或至夜分還宮
其後率以為常

仁宗慶曆三年右正言余靖奉使契丹入辭
書所奏事于笏各用一字為目仁宗顧見之
問其所書者何靖以實對仁宗指其字一一
問之盡而後已其聽納不倦如此
國朝洪武元年
太祖皇帝謂侍臣曰朕念創業之艱難日不暇
食夜不安寢侍臣對曰
陛下日覽萬幾未免有勞
聖慮

上曰汝曹不知創業之初其功實難守成之後
其事尤難朕安敢懷宴安而忘艱難哉○十
年九月謂侍臣曰前代庸君暗主莫不以垂
拱無為藉口縱恣荒寧不親政事孰不知治
天下者無逸然後可逸若以荒寧怠政為垂
拱無為帝舜何為曰耄期倦于勤大禹何以
惜寸陰文王何以日昃不食且人君日理萬
幾怠心一生則庶務壅滯貽患不可勝言朕
即位有年常以勤勵自勉未旦即臨朝晡時

而後還宮。夜卧不能安席。披衣而起。或仰觀天象見一星失次。即為憂惕。或量度民事有當速行者。即次第筆記。待旦發遣。朕非不欲燕安。但祗畏天命。不敢故爾。朕言及此者。但恐羣臣以天下無事。便欲逸樂。股肱既惰。元首叢脞。民何所賴。書云。功崇惟志。業廣惟勤。爾羣臣但能以此為勉。朕無憂矣。羣臣皆頓首受命

永樂四年正月。

太宗皇帝御右順門晚朝。百官奏事畢。皆趨出。召六部尚書及近臣諭曰。早朝四方所奏事多。君臣之間不得盡所言。午後事簡。卿等有所欲言。可從容陳論。毋以將晡朕倦於聽納。蓋朕有所欲言者。亦欲及此時與卿等計議

又曰。朕每旦四鼓以興。衣冠靜坐。是時神清氣爽。則思四方之事。緩急之宜。必得其當。然後出付所司行之。朝退未嘗輙入宮中。間取四方奏牘一一省覽。其有邊報及水旱等事。即付所司施行。宮中事亦多。須伺外朝事畢方與處置。閒暇則取經史覽閱。未嘗敢自暇逸。誠慮天下之大。庶務之殷。豈可須臾怠惰。一息惰則百度弛矣。卿等宜體朕此意。相與勤勵無厭斁也。自今凡有事當商略者。皆於晚朝來。庶得盡委曲

制治

伏羲仰則觀象於天。俯則觀法於地。旁觀鳥獸之文。與地之宜。近取諸身。遠取諸物。始畫八

卦以通神明之德。以類萬物之情。造書契以代結繩之政。制嫁娶以儷皮為禮。結網罟以教佃漁。養犧牲以庖廚。以龍紀官。作二十五弦之瑟。以木德王天下

神農斲木為耜。揉木為耒。始教耕種。嘗百草。始有醫藥。作五弦之琴。教人日中為市。交易而退。各得其所。以火德王天下

唐堯之時。天下猶未平。洪水氾濫於天下。草木暢茂。禽獸蕃殖。五穀不登。禽獸偪人。獸蹄鳥

跡之道交於中國。堯獨憂之。舉舜而敷治焉。舜使益掌火。益烈山澤而焚之。禽獸逃匿。禹疏九河。瀹濟漯而注諸海。決汝漢。排淮泗而注之江。然後中國可得而食也。

虞舜三載考績。三考黜陟幽明。庶績咸熙。分北三苗

夏禹之治天下也。六府孔修。庶土交正。厎慎財賦。咸則三壤。成賦中邦。錫土姓。祗台德先。不距朕行

商成湯表正萬邦。纘禹舊服。茲率厥典。奉若天命。（ ）制官刑。儆于有位。曰敢有恒舞于宮。酣歌于室。時謂巫風。敢有殉于貨色。恒于遊畋。時謂淫風。敢有侮聖言。逆忠直。遠耆德。比頑童。時謂亂風。惟茲三風十愆。卿士有一于身。家必喪。邦君有一于身。國必亡。臣下不匡。其刑墨。具訓于蒙士

周文王五畝之宅。樹牆下以桑。匹婦蠶之。則老者足以衣帛矣。五母雞。二母彘。無失其時。老者足以無失肉矣。百畝之田。匹夫耕之。八口之家足以無飢矣

武王列爵惟五。分土惟三。建官惟賢。位事惟能。重民五教。惟食喪祭。惇信明義。崇德報功。垂拱而天下治

成王立太師太傅太保。茲惟三公。論道經邦。燮理陰陽。官不必備。惟其人。少師少傅少保曰三孤。貳公弘化。寅亮天地。弼予一人。冢宰掌邦治。統百官。均四海。司徒掌邦教。敷五典。

擾兆民。宗伯掌邦禮。治神人。和上下。司馬掌邦政。統六師。平邦國。司寇掌邦禁。詰姦慝。刑暴亂。司空掌邦土。居四民。時地利。六卿分職。各率其屬。以倡九牧。阜成兆民。六年五服一朝。又六年王乃時巡。考制度于四岳。諸侯各朝于方岳。大明黜陟

列國齊桓公葵丘之會。諸侯束牲載書而不歃血。初命曰。誅不孝。無易樹子。無以妾為妻。再命曰。尊賢育才。以彰有德。三命曰。敬老慈幼。

無忘賓旅。四命曰士無世官。官事無攝。取士必得。無專殺大夫。五命曰無曲防。無遏糴。無有封而不告

漢高祖初順民心。作三章之約。天下既定。命蕭何次律令。韓信申軍法。張蒼定章程。叔孫通制禮儀。又與功臣剖符作誓。丹書鐵券。金匱石室。藏之宗廟。雖日不暇給。規摹宏遠矣

文帝承高祖掃除煩苛。與民休息之後。加之以恭儉。安養天下。是以當時移風易俗。黎民醇厚。幾致刑措

武帝疇咨海內。舉其俊茂。與之立功。興太學脩郊祀。改正朔。定曆數。協音律。紹周後。號令文章。煥焉可述

宣帝興于閭閻。知民事之艱難。厲精為治。五日一聽事。自丞相已下。各奉職奏事。輙奏其言。考試功能。侍中尚書功勞當遷及有異善厚加賞賜。至于子孫。終不改易。樞機周密。品式備具。上下相安。莫有苟且之意。及拜刺史守相。輙親見問。觀其所由。退而考察所行。以質其言。有名實不相應。必知其所以然。常稱曰。庶民所以安其田里。而亡歎息愁恨之聲者。政平訟理也。與我共此者。其惟良二千石乎。以為太守吏民之本。數變易則下不安。民知其將久不可欺罔。乃服從其教化。故二千石有治理效。輙以璽書勉勵。增秩賜金。或爵至關內侯。公卿缺則選諸所表。以次用之。是故漢世良吏。於是為盛。稱中興焉

明帝遵奉建武制度。無所變更。后妃之家。不得封侯與政。公車以反支日不受章奏。帝聞而怪曰。民廢農桑。遠來詣闕。而復拘以禁忌豈為政之意乎。於是遂蠲其制。尚書閻章二妹為貴人。而章久次當遷重職。帝為後宮親屬。竟不用。是以吏得其人。民安其業。遠近畏服。戶口滋殖焉

唐太宗貞觀元年。以民少吏多。思革其弊。命大加併省。因山川形便。為十道。一曰關內。二曰

河南。三曰河東。四曰河北。五曰山南。六曰隴右。七曰淮南。八曰江南。九曰劍南。十曰嶺南

○帝嘗指殿屋謂侍臣曰治天下如建此屋。營構既成勿數改移苟易一椽正一瓦踐履動搖必有所損若慕奇功變法度不恒其德勞擾實多

宋太祖承五季之亂厭人主苛暴。以聰明仁恕服天下之心。紹周之初市不易肆。藩鎮强盛削之以漸多用儒臣出理郡國。置諸州通判

以分刺史之權。繇是節鎮勢輕禍亂不作。專務養民罷却貢獻禁進羡餘。晚節好讀書。嘗歎曰四凶之罪止於流放。何近代法網之密耶。其并諸國必招之不至然後用兵及其既降皆不加戮

太宗沉謀英斷儉勤納諫閔農愼刑好學重儒。故能削平海內。功業炳然

元世祖詔新立條格省併州縣。定官吏員數。分品從官職給俸祿頒公田。計月日以考殿最。均賦役。招流移。禁勿擅用官物。勿以官物進獻。勿借易官錢。勿擅科差役。凡軍馬勿得停泊。詞訟不得偪越陳訴。恤鰥寡勸農桑驗雨澤。平物價。具盜賊。囚徒起數。月申省部。又須陝西四川西夏中興北京三處行中書條格。定立諸王使臣驛傳稅賦差發。不許擅招民戶。不得以銀與非投下人爲幹脫禁口傳勅旨。及追呼省臣官屬嘗召史天澤問治道。天澤具疏對。言當立省部。以正紀綱。設監司以

督諸郡。霈恩澤以安反側。退貪殘以任賢能。頒俸祿以養廉。禁賄賂以防奸。悉聽之次第舉行

國朝甲辰五月。

太祖皇帝朝罷。退御白虎殿閱漢書。侍臣宋濂孔克仁等在側。

上顧謂濂等曰漢之治道不能純乎三代者其故何也。克仁對曰王霸之道雜故也。

上曰高祖創業之君。遭秦滅學之後。干戈戰爭

之餘。斯民憔悴。甫就蘇息。禮樂之事。固所未講。獨念孝文為漢令主。正當制禮作樂以復三代之舊。乃逡巡未遑。遂使漢家之業終於如是。夫賢如漢文而猶不為。將誰為之。帝王制作。貴不違時。三代之王。盖有其時而能為之。若漢文有其時而不為者也。可不惜哉

五倫書卷之十

五倫書卷之十一

唐堯帝曰。咨汝羲曁和。朞三百有六旬有六日。以閏月定四時成歲。允釐百工。庶績咸熙

虞舜詢于四岳。闢四門。明四目。達四聰。咨十有二牧。曰。食哉惟時。柔遠能邇。惇德允元。而難任人。蠻夷率服。○咨禹。汝平水土。惟時懋哉

○帝曰。棄。黎民阻飢。汝后稷播時百穀。帝曰。契。百姓不親。五品不遜。汝作司徒。敬敷五教在寬。帝曰。皐陶。蠻夷猾夏。寇賊姦宄。汝作士。五刑有服。五服三就。五流有宅。五宅三居。惟明克允。○咨垂。汝共工。○咨益。汝作朕虞。○咨伯。汝作秩宗。夙夜惟寅。直哉惟清。○帝曰。夔。命汝典樂。教胄子。直而溫。寬而栗。剛而無虐。簡而無傲。○帝曰。龍。朕堲讒說殄行。震驚朕師。命汝作納言。夙夜出納朕命。惟允。帝曰。

咨汝二十有二人欽哉惟時亮天工

商高宗相傅說命之曰朝夕納誨以輔台德若金用汝作礪若濟巨川用汝作舟楫若歲大旱用汝作霖雨啓乃心沃朕心

周成王命微子啓爲上公於宋以奉湯祀曰爾惟踐修厥猷舊有令聞恪慎克孝肅恭神人予嘉乃德曰篤不忘上帝時歆下民祗協庸建爾于上公尹茲東夏　嗚呼往哉惟休無替朕命◯命周公治洛曰公明保予冲子公

稱丕顯德以予小子揚文武烈奉答天命和恒四方民居師◯命君陳代周公監殷頑民于下都曰爾惟弘周公丕訓無依勢作威無倚法以削寬而有制從容以和殷民在辟予曰辟爾惟勿辟予曰宥爾惟勿宥惟厥中有弗若于汝政弗化于汝訓辟以止辟乃辟狃于姦宄敗常亂俗三細不宥爾無忿疾于頑無求備于一夫必有忍其乃有濟有容德乃大簡厥修亦簡其或不修進厥良以率其或不良惟民生厚因物有遷違上所命從厥攸好爾克敬典在德時乃罔不變允升于大猷惟予一人膺受多福其爾之休終有辭於永世

康王命畢公保釐東郊曰嗚呼父師今予祗命公以周公之事往哉旌別淑慝表厥宅里彰善癉惡樹之風聲弗率訓典殊厥井疆俾克畏慕申畫郊圻慎固封守以康四海政貴有恒辭尚體要不惟好異商俗靡靡利口惟

賢餘風未殄公其念哉　嗚呼罔曰弗克惟既厥心罔曰民寡惟慎厥事欽若先王成烈以休于前政

穆王命君牙爲大司徒曰今命爾予翼作股肱心膂纘乃舊服無忝祖考　夏暑雨小民惟曰怨咨冬祁寒小民亦惟曰怨咨厥惟艱哉思其艱以圖其易民乃寧嗚呼丕顯哉文王謨丕承哉武王烈啓佑我後人咸以正罔缺爾惟敬明乃訓用奉若于先王對揚文

武之光命。追配于前人◯命伯冏爲太僕正曰惟予一人無良。實賴左右前後有位之士匡其不及。繩愆糾繆。格其非心。俾克紹先烈今予命汝作大正。正于群僕侍御之臣。懋乃后德。交脩不逮。愼簡乃僚。無以巧言令色便辟側媚。其惟吉士。僕臣正。厥后克正。僕臣諛厥后自聖。后德惟臣。不德惟臣。爾無昵于憸人。充耳目之官。迪上以非先王之典。非人其吉。惟貨其吉。若時瘝厥官。惟爾大弗克祗厥

辟。惟予汝辜。王曰。嗚呼。欽哉。永弼乃后于彝憲

漢光武南定河内。而難其守。問於鄧禹曰。諸將誰可使守河内者。禹曰。寇恂文武備足。有牧人御衆之才。非此子莫可使也。乃拜恂河内太守。行大將軍事。帝謂恂曰。河内完富。吾將因是而起。昔高祖留蕭何守關中。今吾委公以河内。堅守轉運。給足軍糧。率厲士馬。防遏他兵。勿令北渡而已。寇恂至河内。果能勝任。

光武喜曰。吾固知寇子翼可任也◯建武元年。遣使策前將軍鄧禹爲大司徒。曰。禹深執忠孝。與朕謀謨帷幄。決勝千里。孔子曰。自吾有回。門人日親。斬將破軍。平定山西。功效尤著。百姓不親。五品不訓。汝作司徒。敬敷五教在寬。今遣奉車都尉授封爲酇侯。食邑萬户。

章帝元和二年。詔三公曰。夫俗吏矯飾外貌。似是而非。朕甚饜食之。甚苦之。安靜之吏。悃愊無華。日計不足。月計有餘。如襄城令劉方吏

民同聲謂之不煩。雖未有它異。斯亦殆近之矣。夫以苛爲察。以刻爲明。以輕爲德。以重爲威。四者或興。則下有怨心。吾詔書數下。冠蓋接道。而吏不加治。民或失職。其咎安在。勉思舊令。稱朕意焉

晉武帝咸寧初。命山濤爲尚書僕射。加侍中。手詔戒之曰。夫用人惟才。不遺疏遠單賤。天下便化矣

元帝以諸葛恢爲會稽太守。臨行。置酒謂曰。

今之會稽昔之關中足食足兵在於良守以
君有蒞政之方是以相屈
成帝咸康四年冊太傅王導爲丞相曰維稽
古昔建爾于上公永爲晉輔往踐厥職敬敷
道訓以亮天工不亦休哉公其戒之
唐太宗謂左僕射房玄齡曰卿爲百司之首佐
理陰陽朕有不逮宜矯其失謂吏部尚書侯
君集曰職在選舉發言朕聽宜昇黜不肖進
用賢才謂戶部尚書唐儉曰朕情存兆庶誠

不懈怠宜知其疾苦體其虛實謂工部尚書
杜楚客曰人君欲奇服異器以散府藏當諫
而勿爲也謂鴻臚卿劉善因曰今遠方之人
朝貢不絕來數則煩迎送拒之便絕通和宜
處之以道令懷而不怨朕欲庶幾唐虞亦欲
卿等齊肩稷契耳書云可愛非君可畏非民
天子者有道則人推而爲王無道則人棄而
不用誠可畏也○貞觀二年以王珪爲侍中
帝謂珪曰國家本置中書門下以相檢察正

以人心所見互有不同苟論難往來務求至
當捨己從人亦復何傷比來或護己短遂成
怨隙或避私怨知非不正順一人之顏情爲
兆民之深患此乃亡國之政煬帝之世是也
當時群臣如此必皆自謂有智禍不及身及
天下大亂家國兩亡其幸免者亦爲時論所
貶終古不磨卿曹各當徇公忘私勿雷同也
○十六年以魏徵爲太子太師時太子承乾
與魏王泰交惡帝曰當今忠蹇貴重無踰魏

徵遣傅太子慰天下之望羽翼固矣即拜太
子太師徵以疾辭詔荅曰漢太子以四皓爲
助我賴公即其義也公雖卧病可擁全之
高宗時薛元超拜中書令帝幸洛陽留輔太
子監國勅曰朕留卿若失一臂顧太子未習
庶事關中事務卿悉專之○龍朔二年五月
丙申以大司憲竇德玄爲司元太常伯左肅
機源直心爲奉常正卿劉祥道正授司刑太
常伯守司宰正卿駙馬都尉薛瓘爲司宗正

卿司刑少常伯侯善業為守祥刑正卿蘭臺
侍郎弘文館學士上官儀為西臺侍郎檢校
左相許圉師為左相司列少常伯郝處俊為
太子左中護左中護賀蘭敏之為左侍極弘
文館學士德玄等所授官並帝自注定及許
圉師等入謝帝謂曰構大厦者必藉群材理
天下者必資良佐比來食祿之官多不稱職
或遞相朋附或忘公徇私庶政未康咸由於
此我所以就中揀擇親注此官宜各用心勿

踵前弊無令後人嗤失鑒也
玄宗以黃門侍郎王丘中書侍郎崔沔吏部
侍郎王易等為諸州刺史因勅宰臣曰朕欲
妙擇牧宰以崇教化亦欲重其資望以勵衣
冠自今已後三省侍郎缺須求曾任刺史者
郎官缺須求曾任縣令者
憲宗以裴垍同平章事謂垍曰以太宗玄宗
之明猶藉輔佐以成其理況如朕不及先聖
萬倍者乎卿其勉之

宋太宗以宋琪李昉平章事李穆呂蒙正李至
參知政事張齊賢王沔同簽署樞密院事帝
謂琪等曰世之治亂在賞當其功罰當其罪
即無不治謂為飾喜怒之具即無不亂卿等
慎之又謂蒙正曰凡士未達見當世之務戾
于理者則怏怏于心及列于位得以獻可替
否當盡其所蘊言雖未必盡中亦當僉議而
更之俾協于道朕固不以崇高自恃使人不
敢言也○帝欲相呂蒙正以其新進藉趙普

舊德為之表率會普以籍田入朝帝遂留為
太保兼侍中謂之曰卿勿以位高自縱勿以
權勢自驕但能謹法度舉賢能明賞罰弭愛
憎何憂不治卿勿面從古人恥其君不如堯
舜卿其念哉普頓首謝遂拜蒙正中書侍郎
同平章事
神宗以進士范育為涇陽令育以養親告歸
既而從張載學有薦之者召見授崇文校書
監察御史裏行帝諭之曰書稱堲讒說殄行

此朕任御史之意也
孝宗即位召張浚赴行在賜手書曰朕初膺
付托以眇然一身當萬機之煩夙夜祗懼未
知攸濟公為元老宜輔朕初政公其疾驅副
朕至意浚遂就道至即引見帝改容曰久聞
公名今朝廷所恃惟公賜坐降問再四浚言
人主以務學為先人主之學本於一心一心
合天何事不濟所謂天者天下之公理而已
必兢業自持使清明在躬則賞罰舉措無有

不當人心自歸醜虜自服遂以浚為少傅江
淮宣撫使封魏國公
元仁宗延祐六年以御史中丞禿禿合為御史
大夫諭之曰御史大夫職任至重以卿勳舊
故特授汝當思乃祖乃父忠勤王室仍以古
名臣為法否則將墜汝家聲負朕委任之意
又諭學士忽都魯兒迷失虞集等曰昔我祖
宗睿知聰明其於致理之道生而知之朕早
歲跋涉艱阻視我祖宗既乏生知之明於國
家治體豈能周知故立奎章閣置學士員以
祖宗明訓古昔治亂得失日陳於前卿等其
悉所學以輔朕志若軍國機務自有省院臺
任之非卿等責也其勿復辭
英宗登極拜住拜平章政事進左丞相帝諭
之曰朕委卿以大任以乃祖木華黎佐太祖
安童相世祖卿念祖宗令聞豈有不盡心者
乎拜住再拜曰陛下委臣以大任臣有所畏
者三畏辱祖宗畏天下事大識見有未盡畏

年少不克負荷無以報聖恩惟陛下時加訓
飭幸甚
國朝吳元年五月置福建行省以福汀漳泉建
寧邵武興化延平八府隸之命中書省參政
蔡哲為參政
太祖諭之曰君子立身行己莫先於辨義利夫
義者保身之本利者敗名之源常人則惟利
是趨而不知有義君子則惟義是守而竟忘
乎利此所以異於常人者也福建地瀕海民

物富庶。番舶往來。私交者衆。往時官吏多為利誘。陷于罪戾。今命卿往。必堅所守。毋蹈其非。拍對曰。臣以菲薄叨承恩命。敢不盡公以報。

太祖曰。公即無私義之謂也。私即亡公利之謂也。要公之一字亦未易言。此心如止水明鏡無分毫私意累之。然後揆事度物。廓然無滯。若使胷中微有芥蔕。即不得為公矣。卿宜勉之。○洪武三年六月。以大都督府都督僉事

張溫兼陝西行都督府僉事。溫先從大將軍攻蘭州有功。及是入謝。

太祖諭之曰。蘭州之捷。可謂奇功。夫將帥之道。有功不伐。則功益顯。恃功驕恣。則名益隳。故仁者不矜其功。而智者克成其名。仁智兼全。所向無敵。若乏仁智。雖有勇士百萬。不足恃也。古者仁智之將。撫摩安輯。見情達變。坐而制勝。以樹勳立名於當時者。國家莫不倚重之。功名始終。萬古不朽。其悍驕恣橫之人。雖能成功。卒至敗亡者。盖勇有餘而仁智不足也。古稱高而不危。滿而不溢。又曰。功盖天下。守之以謙。尔能守此為戒。則可以長保富貴矣。○洪武四年五月丁巳。以李守道詹同為吏部尚書。

太祖諭之曰。吏部者衡鑑之司。鑑明則物之妍媸無所遁。衡平則物之輕重得其當。盖政事之得失在庶官。任官之賢否由吏部。任得其人。則政理民安。任非其人。則瘝官曠職。卿等

居持衡秉鑑之任。宜在公平以辨別賢否。毋但庸庸碌碌充位而已。○洪武十年七月甲申。置通政使司。掌出納諸司文書。敷奏封駁之事。時官制初立。

太祖重其任。頗難其人。刑部主事曾秉正新擢陝西參政。未行。

太祖遂命秉正為通政使。以應天府尹劉仁為左通政。諭之曰。壅蔽於言者。禍亂之萌。專恣於事者。權姦之漸。故必有喉舌之司。以通上

下之情以達天下之政昔者虞之納言唐之門下省皆其職也今以是職命卿等官以通政為名政猶水也欲其常通無壅遏之患卿其審命令以正百司達幽隱以通庶務當執奏者勿忌避當駁正者勿阿隨當敷陳者無隱蔽當引見者無留難毋巧言以取容毋苛察以邀功毋讒間以欺罔公清直亮以處厥心庶不負委任之意

永樂元年十二月丁亥

太宗謂吏部尚書蹇義左都御史陳瑛等曰為國牧民莫切於守令守令賢則一郡一邑之民有所恃而不得其所者寡矣如其不賢當速去之蓋吏部選授出一時倉猝未能悉其才行必考察所行乃見賢否其令巡按監察御史及按察司凡府州縣官到任半歲之上者察其能否廉貪之實具奏

求言

虞舜謂禹曰予違汝弼汝無面從退有後言

夏禹即天子位懸鐘鼓磬鐸鞀（音陶有柄有耳小鼓也）以待四方之士為銘於簨簴（樂器所懸橫曰簨植曰簴）曰教寡人以道者擊鼓諭以義者擊鐘告以事者振鐸語以憂者擊磬有獄訟者搖鞀

商太甲謂伊尹曰既往背師保之訓弗克于厥初尚賴匡救之德圖惟厥終

高宗命傅說曰旨哉說乃言惟服乃不良于言予罔聞于行

列國趙簡子有臣周舍好直諫舍死簡子退朝

常不悅大夫請罪簡子曰大夫無罪千羊之皮不如一狐之腋諸大夫朝徒聞唯唯不聞舍之諤諤是以憂也

漢文帝三年五月詔曰古之治天下朝有進善之旌誹謗之木所以通治道而來諫者也今法有誹謗妖言之罪是使衆臣不敢盡情而上無由聞過失也將何以來遠方之賢良其除之

宣帝地節三年九月地震詔求直言曰乃者

地震朕甚懼焉有能箴朕過失以匡不逮毋諱有司

光武建武六年冬十月丁丑詔曰吾德薄不明寇賊為害強弱相凌元元失所詩云日月告凶不用其行永念厥咎内疚於心其勅公卿舉賢良方正各一人百僚並上封事無有隱諱

晉武帝泰始二年九月散騎常侍皇甫陶傅玄共掌諫職上疏言事詔曰二常侍懇懇於所

論可謂乃心欲佐益時事者也而主者率以常制裁之豈得不使發憤邪二常侍所論或舉其大較而未備其條目亦可便令作之然後主事八坐廣共研精凡關言人主人臣所至難而人主若不能虚心聽納自古忠臣直士之所慷慨至使杜口結舌每念於此未嘗不歎息也故前詔敢有直言勿有所拒庶幾得以發蒙補過獲保高位苟言有偏善情在忠益雖文辭有謬誤言語有得失皆曠然恕之古人猶不距誹謗況皆善意在可採錄乎近者孔晁綦毋和皆按以輕慢之罪所以皆原欲使四海知區區之朝無諱言之忌也

後魏孝文帝承明元年十月詔曰朕纂承皇極照臨萬方思闡遐風光被兆庶使朝有不諱之音野無自蔽之響疇咨帝載詢及芻蕘自今已後群公卿士下及吏民各聽上書直言極諫勿有所隱諸有便宜益治利民可以正風俗者有司以聞朕將親覽與三事大夫論

其可否裁而用之

唐高祖每與杜正倫韋挺虞世南姚思廉論事稱旨帝為設宴具召四人者謂曰我聞神龍可擾以馴然頷下有逆鱗嬰者死人君亦有之卿屬遂犯吾鱗裨闕失朕豈慮有危亡哉思卿至意故舉酒以相樂◯武德元年孫伏伽詣闕以三事上諫帝大悦時軍國多事賦斂繁重伏伽屢奏請改革舊政帝並納之因謂裴寂曰隋末無道上下相蒙主則驕矜臣

唯諂佞上不聞過下不盡忠至使社稷傾危身死匹夫之手朕撥亂反正念在安人平亂任武臣官方委文吏庶得各展器能以裨不逮比每虛心接待冀聞讜言然唯李綱差盡忠款伏伽可謂誠直餘人猶踵獘風俛首而已豈朕所望哉

太宗貞觀元年正月謂侍臣曰正主任邪臣不能致治正臣事邪主不能致治唯君臣相遇有同魚水則可得安天下也昔漢高祖田

舍翁耳提三尺劍而定天下既而規遠流慶子孫此蓋任得賢人之所致也後世稱美不容於口朕雖不明闕於學問至乎大好大惡容或知之幸諸公數相諫○十八年劉洎遷侍中帝謂侍臣曰夫人臣之對帝王多順旨而不逆甘言以取容朕今發問欲聞己過卿等須言朕愆失長孫無忌李勣楊師道等咸曰陛下聖化致太平臣等不見其失劉洎曰陛下化高萬古誠如無忌等言然頃上書有

不稱旨者或面加窮詰無不慙退恐非獎進言者之路帝曰卿言是也當為卿改之時太宗每與公卿言及古今必詰難至再洎復上書諫御筆為飛白荅之曰非慮無以臨下非言無以述慮比有談論遂致煩多輕物驕人恐由茲道形神心氣非此為勞今聞讜言虛懷以改

高宗永徽五年正月以天旱手詔京官文武九品已上及朝集使各進封事極言厥咎又

嘗謂五品已上曰往日不離膝下旦夕侍奉時見五品以上論事或有仗下面奏或有進狀論者終日不絕豈今時無事公等何不言也自今已後宜數論事若不能面奏任各進狀

肅宗乾元二年三月詔曰昔公卿面諫載在簡冊令僕陛奏亦惟舊章所以下竭其忠上聞其過君臣同德豈不盛歟公卿已下有能論時政之非箴朕躬之闕有益於國有利於

人宜盡昌言，以救時弊，朕必當行，終無諱者。朝廷用一人，擢一職，或有不當，亦任奏論。在京文武五品已上正員清資官，各舉賢良方正直言極諫一人，任自封進。兩省官十日一上封事，宜論得失，無假文言。

代宗廣德二年三月，詔曰：為政者宣之使言，作事者稽之于衆，切於求道，務以從人。將明目而達聰，亦理煩而去惑，經國之體，庶無闕焉。文武百官及諸色人等有論時政得失上

封事者，狀出後，宜令左右僕射、尚書及左右丞、御史大夫、中丞等於尚書省詳議可否，具狀聞奏。其所上封事，除常叅官外，有詞理可觀，或幹能堪用者，亦宜具言。詳議官中或見不同者，即任別狀奏聞。

德宗興元元年九月，帝謂宰相曰：今大盜雖除，時猶多艱，宜廣延納，以達衆情。近日朝官諫臣都不陳奏外事，人之利病，朕何以知之？自今每衙及延英坐日，常令朝官三兩人面奏時政得失，庶有弘益。又須精擇諫官，俾極言無隱。

憲宗元和二年十二月，謂宰臣曰：朕近讀《貞觀政要》，粗見當時之事。以太宗神武，每有一事少涉過差，群臣進諫者往復數四。況朕寡昧，自今每有事不得中者，卿須十論，不得一二而已。

五代周世宗顯德元年三月，詔曰：文武班列，親近臣僚，憂國誠堅，致君心切，茍或聞朕躬之

過失，覩時政之否臧，無惜敷陳，以輔寡昧。苦口良藥，逆耳忠言，裨益滋多，翹佇惟切。今後內外臣僚或有所見，及有所裨贊，可具實封章表以聞。或欲面對，便仰閤門使非時引見。

宋太祖建隆二年，詔令每月內殿起居，百官以次轉對，並指陳時政得失。事有急切，許非時入閤上章，不俟次對。

太宗嘗謂門下侍郎、昭文館大學士宋琪等曰：在昔帝王多以崇高自處，顏色嚴毅，左右

無敢貢言者朕與卿等周旋款曲商確時事
蓋欲通上下之情無有壅蔽卿等但直道而
行無得有所顧避琪謝曰臣等非才待罪相
府陛下曲賜温顔令盡愚懇敢不傾竭以副
聖意○雍熙元年六月丁亥詔求直言曰朕
以不敏托於兆人之上夙夜罔敢荒寧賴九
廟儲祥上玄降祐萬務粗治于今九年而數
日前迅雷之中烈火遽作既延災於正殿蓋
示譴於眇躬祗畏震驚罔敢寧處上天儆戒

必有由焉豈非燭理之所不明賞罰之所未
當物情尚多於壅塞政治未洽於和平生民
未息於瘡痍獄訟未除於枉撓賦調未得均
一賢良多所淹滯有一于此足敗政經載深
御朽之誠思啓納言之路卿等列于有位咸
切致君所宜各竭忠規共伸讜議揚朝廷之
缺失陳時務之否臧宜罄乃心必期無隱朕
將親覽用自儆焉
真宗大中祥符八年求直言詔曰朕欽承大

寶祗勵小心膺眷佑之無疆荷靈禧之狎至
少府周慎俄有震驚雖曰因人敢忘克己乃
榮王元儼宫不謹遺燼遽致延燒昏夕之間
撲滅靡及遲明之際士伍駢臻尚賴群心率
力盡瘁殿庭連屬不免致焚宫禁回環率皆
安堵眷兹藩邸自失於防微仰謝宗祊彌深
於省咎亦慮庶務未洽大和或政令匪中或
物情有壅期聞讜論以輔眇躬應文武官並
許直言當從親覽得聞規益勿恡傾輸

仁宗明道元年八月詔群臣直言闕失曰朕
猥以眇躬纂于洪緒既絶畋遊之好又無臺
榭之營十載于兹未嘗暇逸不意掖庭之内
火禁非嚴一夕延燔徧於八殿而端門正寢
禁衛群司猶免俱焚實繄衆力緬思降儆敢
怠省循其令内外臣僚直言朝廷闕失毋有
所隱副朕意焉○康定元年三月詔中外言
闕政曰朕恭承端命撫有多方紹服前人之
明勤經庶政之治居常勵翼罔敢怠荒載惟

眚異之來深原譴告之自度脩應實所冀格
和而乃咎證荐臻恭風示變若豐其蔀方晝
而冥寰懼載懷愍焉如疚蓋朕責躬匪至求
治尚遺德刑未協于中信化未孚于下緣兹
爽戾再集譏祥重念景公退熒舍之災成王
起郊禾之偃曾不旋日合應自天寧予眇沖
靡克通感矧前詔中外率貢讜言亦既累旬
未聞獻可有能究民利病規朕闕違述在位
之阿私圖禦邊之方略朕將裁擇以副憂勤

○慶曆中手詔宰相杜衍曰朕用韓琦范仲
淹富弼皆中外人望有可施行宜以時上之
又開天章閣賜琦等坐咨訪急務
英宗治平四年求直言詔曰蓋聞古之聖賢
在位陰陽和風雨時日月光星辰静黎民阜
蕃以底丕平朕甚慕之朕猥以眇躬託于王
公之上夙夜以思懼不能以承先帝鴻業而
比年以來水潦為沴乃者大雨京師廬室墊
傷被溺者衆大田之稼害于有秋竊迹災變

之來曾不虛發豈朕之不敏于德而不明於
政歟將天下刑獄滯冤賦繇煩苦民有愁歎
亡聊之聲以干其順氣歟不然何天戒之甚
著也今飭躬焦思欲消復大異未聞在位者
之忠言進期自新厥路何由焉應中外臣寮
並許上實封言時政闕失及當時之利病可
以佐元元者悉心以陳毋有所諱執政大臣
皆朕之股肱其協德交脩以輔不逮
神宗熙寧七年求言詔曰朕涉道日淺晦于

致治政失厥中以干陰陽之和乃自冬迄春
旱暵為虐四海之內被災者廣間詔有司損
常膳避正殿冀以塞變歷日滋久未蒙休應
嗷嗷下民大命失待中夜以興震悸靡寧永
惟其咎未知攸出意者朕之聽納不得於理
歟獄訟非其情歟賦斂失其節歟忠謀讜言
鬱於上聞而阿諛壅蔽以成其私者衆歟何
嘉氣之久不效歟應中外文武臣寮並許實
封直言朝政闕失朕將親覽考求其當以輔

政理三事大夫其務悉心交儆成朕志焉
高宗詔自今後行在百官日輪一員面對朕
當扆佇以聽其言
孝宗淸燕每訪政事嘗謂刑部侍郎兼崇政
殿說書汪大猷曰朕思與卿等款語知朝政
闕失民情利病苟有所聞可極論之
金世宗諭宰臣曰朕之言行豈能無過常欲人
直諫而無肯言者使其言果善朕從而行之
又何難也又曰朕自即位以來言事者雖有

狂妄未嘗罪之卿等未嘗肯盡言何也當言
而不言是相疑也君臣無疑則謂之嘉會事
有利害可竭誠言之朕見緘默不言之人不
欲觀之矣又曰朕觀唐史魏徵善諫所言皆
國家大事甚得諫臣之體近時臺諫惟指摘
一二細碎事姑以塞責未嘗有及國家大利
害者豈知而不言歟無乃亦不知也宰臣惶
愧無以對
國朝戊戌十二月庚辰
太祖自宣至徽召故老耆儒訪以民事有儒士
唐仲實姚璉者來見
太祖問之曰喪亂以來民多失業其心望治甚
於飢渴吾深知之仲實對曰自大軍克復民
獲所歸矣又問曰鄧愈築城百姓怨否對曰
頗怨
太祖曰築城以衛民何怨之有必愈所為迫促
以失人心即命罷之又問爾能博通今古必
諳成敗之迹若漢高祖光武唐太宗宋太祖

元世祖此數君者平一天下其道何如仲實
對曰此數君者皆以不嗜殺人故能定天下
于一
主公英明神武兼數君之長驅除禍亂未嘗妄
殺出民膏火措之於衽席之上開創之功超
於前代然以今日觀之民雖得所歸而未遂
生息
太祖曰此言是也我積少而費多取給于民甚
非得已然皆為軍需所用未嘗以一毫奉已

民之勞苦恒思所以休息之曷嘗忘也仲賓
等曰誠如是民之生息可待矣
太祖曰有不便者盍盡言之仲賓等皆拜謝乃
賜諸父老布帛撫慰之而去

五倫書卷之十一

五倫書卷之十二

夏禹聞善言則拜○皋陶曰朕言惠可底行禹
曰俞乃言底可績
商成湯從諫弗咈先民時若
列國魯僖公二十一年夏大旱公欲焚巫尪臧
文仲曰非旱備也脩城郭貶食省用務穡勸
分此其務也巫尪何為天欲殺之則如勿生
若能為旱焚之滋甚公從之是歲也饑而不
害
衛靈公以天寒鑿池宛春諫曰君衣狐裘坐
熊席陬隅有竈是以不寒今民衣弊不補履
決不苴民誠寒矣天寒而起役恐傷民乎公
曰善令罷役
晉平公春築臺叔向曰不可古者聖王貴德
而務施緩刑辟而趨民時今春築臺是奪民

時也夫德不施而又奪其時是重竭也夫牧百姓而重竭之豈所以定命安存而稱為人君於後世哉乎公曰善乃罷臺役

齊景公時雨雪三日公衣狐白之裘謂晏子曰天下不寒何也晏子曰賢君飽知人飢溫知人寒公曰善遂出衣發粟以與飢貧者○公遊於海上而樂之六月不歸令左右曰敢有先言歸者致死不赦顔燭趨進諫曰君樂治海上而六月不歸彼倘有治國者君且安

得樂此海也景公援戟將斫之顔燭趨進撫衣待之曰君奚不斫也昔者桀殺關龍逢紂殺王子比干君之賢非此二主也臣之材亦非此二子也君奚不斫以臣參此二人者不亦可乎景公說遂歸中道聞國人謀不內矣

威王時鄒忌言於王曰今齊地方千里百二十城宮婦左右莫不私王朝廷之臣莫不畏王四境之內莫不有求於王由此觀之王之蔽甚矣王曰善乃下令群臣吏民能面刺寡人之過者受上賞上書諫寡人者受中賞能謗譏於市朝聞寡人之耳者受下賞令初下群臣進諫門庭若市數月之後時時而間進朞年之後雖欲言無可進言燕趙韓魏聞之皆朝於齊此所謂戰勝於朝廷

楚莊王立為君三年不聽朝乃令於國曰寡人惡為人臣而遽諫其君者今寡人有國家立社稷有諫則死無赦蘇從曰處君之高爵食君之厚祿愛其死而不諫其君則非忠臣

也乃入諫莊王立鼓鐘之間左伏楊姬右擁越姬左裯衽右朝服曰吾鐘鼓之不暇何諫之聽蘇從曰臣聞之好道者多資好樂者多迷好道者多糧好樂者多亡荊國亡無日矣死臣敢以告王王曰善左執蘇從手右抽陰刀刎鐘鼓之懸明日授蘇從為相

昭王欲之荊臺遊司馬子綦進諫曰荊臺之遊左洞庭之陂右彭蠡之水南望獵山下臨方淮其樂使人遺老而忘死人君遊者盡以

亡其國願大王勿往遊焉王曰荆臺乃吾地
也有地而遊之子何爲絶我遊乎怒而擊之
於是令尹子西駕安車四馬徑於殿下曰今
日荆臺之遊不可不觀也王登車而拊其背
曰荆臺之遊與子共樂之矣步馬十里引轡
而止曰臣不敢下車願得有道大王肯聽之
乎王曰第言之令尹子西曰臣聞之爲人臣
而忠其君者爵禄不足以賞也爲人臣而諫
其君者刑罰不足以誅也若司馬子綦者忠

臣也若臣者諛臣也願大王殺臣之軀罰臣
之家而禄司馬子綦王曰若我能止聽公子
獨能禁我遊耳後世遊之無有極時柰何令
尹子西曰欲禁後世易耳願大王山陵崩阤
爲陵於荆臺未嘗有持鐘鼓管弦之樂而遊
於父之墓上者也於是王還車卒不遊荆臺
令罷先置

梁君獵見白鴈群欲射之道有行者梁君止
之不止鴈群駭因怒欲射行者公孫襲撫矢
曰君止梁君忿然怒曰不與其君而顧與他
人何也襲曰昔齊景公大旱卜曰當以人祠
乃雨景公下堂頓首曰凡吾所以求雨者爲
民也今必使吾以人祠寡人身當之言未卒
而天大雨爲有德於天而惠於民也今主君
以鴈故而欲射人襲謂主君無異於狼虎也
梁君援其手與上車歸曰幸哉人獵皆得禽
獸吾獵得善言也

漢高祖既入咸陽降秦王子嬰觀宮室帷帳犬

馬重寶婦女以千數意欲留居之樊噲諫不
聽張良曰夫秦爲無道故公得至此爲天下
除殘去賊宜縞素爲資今始入秦即安其樂
此所謂助桀爲虐且忠言逆耳利於行毒藥
苦口利於病願聽樊噲言高祖乃還霸上〇
相國蕭何以罪繫獄數日王衛尉侍前問曰
相國胡大罪陛下繫之暴也上曰吾聞李斯
相秦皇帝有善歸主有惡自予今相國多受
賈豎金爲請吾苑以自媚於民故繫治之王

衛尉曰夫職事苟有便於民而請之眞宰相事也陛下柰何乃疑相國受賈民錢乎且陛下距楚數歲陳豨黥布反時陛下自將往當是時相國守關中關中揺足則關西非陛下有也相國不以此時爲利乃利賈人之金乎且秦以不聞其過亡天下夫李斯之分過又何足法哉帝於是使使持節赦出何何年老素恭謹徒跣入謝帝曰相國休矣相國爲民請吾苑不許我不過爲桀紂主而相國爲賢

相吾故繫相國欲令百姓聞吾過爾

文帝時每朝郎從官上書疏未嘗不止輦受其言言不可用置之言可用采之羣臣爰盎等諫説雖切常假借納用焉

武帝征和四年大鴻臚田千秋曰方士言神仙者甚衆而無顯功臣請皆罷斥遣之上曰鴻臚言是也於是悉罷方士候神人者是後帝每對羣臣自歎鄉時愚惑爲方士所欺天下豈有仙人盡妖妄耳節食服藥差可少病而已

宣帝地節三年廷尉史路溫舒上書曰獄者天下之大命也死者不可復生絶者不可復屬書曰與其殺不辜寧失不經今治獄吏則不然上下相敺以刻爲明深者獲公名平者多後患故治獄之吏皆欲人死非憎人也自安之道在人之死太平之未洽凡以此也俗語曰畫地爲獄議不入刻木爲吏期不對此皆疾吏之風悲痛之辭也唯陛下省法制寬

刑罰則太平之風可興於世上善其言置廷尉平

光武建武中杜詩爲南陽太守初禁網尚簡但以璽書發兵未有虎符之信詩上疏曰臣聞兵者國之凶器聖人所愼舊制發兵皆以虎符其餘徵調竹使而已符第合會取爲大信所以明著國命斂持威重也間者發兵但用璽書或以詔令如有姦人詐爲無由知覺愚以爲軍旅尚興賊虜未殄徵兵郡國猶假

兵符以解趙圍若無如姬之仇則其功不顯
事有煩而不可省費而不得已蓋謂此也書
奏從之○帝嘗輕與期門近出衛尉銚期頓
首車前曰臣聞古今之戒變生不意誠不願
陛下微行數出帝為之回輿而還○帝以二
千石長吏多不勝任時有纖微之過者必見
斥罷交易紛擾百姓不寧朱浮為執金吾上
疏曰堯舜之盛猶加三考大漢之興亦累功
效吏皆積久養老於官至名子孫因為氏姓

自是牧守易代頗簡○二十八年帝大會羣
臣問誰可傅太子者羣臣承望帝意皆言太
子舅陰識可博士張佚正色曰今陛下立太
子為陰氏乎為天下乎即為陰氏則陰侯可
為天下則固宜用天下之賢才帝稱善曰欲
置傅者以輔太子也今博士不難正朕況太
子乎即拜佚為太子太傅以博士桓榮為少
傅賜以輜車乘馬
明帝時王望為青州刺史州郡災害百姓窮

荒望行部道見飢者裸行草食五百餘人愍
然哀之因以便宜出所在布粟給其廩粮為
作褐衣事畢上言帝以望不先表請章示百
官詳議其罪時公卿皆以為望之專命法有
常條鍾離意獨曰昔華元子反楚宋之良臣
不禀君命擅平二國春秋之義以為美談今
望懷義忘罪當仁不讓若繩之以法忽其本
情將乖聖朝愛育之旨帝嘉意議赦而不罪
章帝建初元年大旱穀貴蘭臺校書楊終以

為廣陵楚淮南濟南之獄徙者萬數又遠屯
絕域吏民怨曠乃上疏諫書奏帝下其章司
空第五倫亦同終議帝從之聽還徙者悉罷
邊屯
三國魏文帝時侍中蘇則從行獵槎桎拔失麀
帝大怒踞胡床拔刀悉收督吏將斬之則稽
首曰臣聞古之聖王不以禽獸害人今陛下
方隆堯舜之化而以獵戲多殺羣吏愚臣以
為不可敢以死請帝曰卿直臣也遂皆赦之

唐太宗即位初務止姦慝風聞諸曹按與多有受賂乃遣左右試以財遺之有司門令史受餽絹一匹太宗怒將殺之尚書裴矩進諫曰此人受賂誠合重誅但陛下以物試之即行極法謂陷其入罪恐非道德齊禮之義也帝納之因名文武五品以下謂曰朕欲救之非是有偏憎惡直欲懲戒不更犯耳裴矩能廷折不肯面從每事如此天下何憂不治○鄭仁基息女美而才皇后建請爲充華典冊具

或言其許聘矣魏徵諫曰陛下處臺榭則欲民有棟宇享膏粱則欲民有飽食顧嬪御則欲民有室家今聞鄭已約昏陛下取之豈爲民父母意哉帝痛自咎責即詔停冊○帝使太常少卿祖孝孫教宮人音樂不稱旨帝責之溫彥博與王珪諫曰孝孫雅士乃使之教宮人又從而譴之臣竊以爲不可帝怒曰朕寘卿等於心腹乃附下罔上爲孝孫遊說邪彥博拜謝珪不拜曰陛下責臣以忠直臣所

言豈私曲邪此乃陛下負臣非臣負陛下帝默然而罷明日謂房玄齡曰納諫誠難朕責溫彥博王珪今則悔之○貞觀中發卒修洛陽宮給事中張玄素上書言漢高祖納婁敬之說自洛陽遷長安豈非關中之形勝邪景帝用晁錯之言而七國構禍陛下今處突厥於中國突厥之親何如七國豈得不先爲憂而宮室可遽興乘輿可輕動哉臣見隋營宮室木皆致之遠方二千人曳一柱以木爲輪

則戛摩火出乃鐵鑄爲轂行一二里鐵轂輒破別使數百人齎鐵轂隨而易之盡日不過行二三十里計一柱之費已用數十萬工其餘可知陛下初平洛陽凡隋氏宮室之宏侈者皆毀之曾未十年復加營繕何前日惡之今日效之也陛下襲亡隋之弊恐又甚於煬帝矣帝謂房玄齡曰朕以洛陽土中朝貢道均意欲便民故使營之今玄素所言有理即爲之罷役賜玄素綵二百匹○十八年房玄

齡以徵譴歸第褚遂良言玄齡自義旗之始
翼贊聖功武德之季冒死決策貞觀之初選
賢立政人臣之勤玄齡為最自非罪在不赦
不可遐棄陛下若以為衰老亦當諷諭使之
致仕退之以禮不可以淺鮮之過棄數十年
之勳舊帝遂召出之○帝又嘗與侍臣論安
危之本中書令温彦博曰願常如貞觀初則
善矣帝曰朕比來怠於為政乎魏徵曰貞觀
之初陛下志在節儉求諫不倦比來營繕微

多諫者頗有忤旨此其所以異耳帝撫掌大
笑曰誠有是事○太子太師魏徵薨帝謂侍
臣曰玄成已沒朕遣人至宅就其書函得表
一紙云天下之事有善有惡任善人則國安
用惡人則國亂公卿之內有愛有憎所宜詳
慎若愛而知其惡憎而知其善去邪勿疑任
賢勿貳治可以興矣朕思之恐不免斯事公
卿侍臣可書之於笏
高宗乾封二年八月嘗引侍臣責以不進賢

良司刑少常伯李安期進曰臣聞聖帝明王
莫不勞於求賢逸於任使且十室之邑必有
忠信況天下至廣非無英彥但比來公卿有
所薦引即遭囂謗以為朋黨沉屈者未申而
在位者已損所以人思苟免競為緘默若陛
下虛己招納務於搜訪不忌親讎唯能是用
讒毀亦既不入誰敢不竭忠誠此皆事由陛
下非臣等所能致也帝深然之
睿宗景雲中正月望胡僧婆陁請夜開門然

燈百千炬三日三夜上御延喜門觀燈縱樂
凡三日夜左拾遺嚴挺之上疏極諫上納其
言而止
玄宗開元元年帝講武新豐姚崇為同州刺
史名請行在帝歡甚咨天下事衮衮不知倦
帝曰卿宜遂相朕崇知帝大度鋭於治乃先
設事以堅帝意因跪奏曰臣願以十事聞陛
下度不可行臣敢辭帝曰試為朕言之崇曰
垂拱以來以峻法繩下臣願政先仁恕可乎

朝廷覆師青海未有牽復之悔。臣願不倖邊
功可乎。比來壬佞冒觸憲網皆得以寵自解。
臣願法行自近可乎。后氏臨朝喉舌之任出
小人之口。臣願此輩不與政可乎。戚里貢獻
以自媚于上。公卿方鎮浸亦為之。臣願租賦
外一絕之可乎。外戚貴主更相用事班序荒
雜。臣請戚屬不任臺省可乎。先朝褻狎大臣。
虧君臣之嚴。臣願陛下接之以禮可乎。燕欽
融韋月將以忠被罪。自是諍臣沮折。臣願群

臣皆得批逆鱗犯忌諱可乎。武后造福先寺。
上皇造金仙玉真二觀費鉅百萬。臣請絕道
佛營造可乎。漢以祿莽閹梁亂乎下。國家為
甚。臣願推此鑒戒為萬代法可乎。帝曰朕能
行之。崇乃頓首謝。翌日拜兵部尚書同中書
門下三品。封梁國公遷紫微令
肅宗至德中。關東獻俘百人。詔並處斬。因有
仰天歎者。司膳員外郎李勉偶過問之。對曰。
其被脅制守官非逆者。勉入而上言曰。元惡

未殄遭黠污者半天下皆欲滌心歸化若盡
殺之是驅天下以資凶惡也帝遽命奔騎宥
釋由是歸化日至
德宗興元元年於行宮廡下貯諸道貢獻之
物榜曰瓊林大盈庫陸贄以為戰守之功賞
賚未行而遽私別庫則士卒怨望無復鬭志
上疏諫之帝即命去其榜
憲宗元和五年翰林學士司勳郎中知制誥
李絳面論吐突承璀用兵無功合加顯責。又

承璀於軍中立聖政碑非舊制不可許帝初
甚怒色變絳前語不已辭旨懇切因泣下帝
徐察其意直色稍和卒大開悟遂以絳為中
書舍人。學士如前。亟命軍中曳去所立碑。曰。
微絳言。不知此為損我。翌日又面賜絳紫衣
金魚。親為絳擇良笏賜而勉之
宋。太祖嘗召處士王昭素問治世。對曰。莫若愛
民。問養身。曰。莫若寡慾。帝書其語於屏間
真宗時。王欽若與陳堯叟馬知節同在樞府

因奏事忿爭帝名王旦至欽若猶譁不已知
節流涕曰願與欽若同下御史府旦叱欽若
使退帝大怒命付獄旦從容曰欽若等恃陛
下厚顧上煩譴訶當行朝典願且還内來日
取旨明日召旦前問之旦曰欽若等當黜未
知坐以何罪帝曰坐忿爭無禮旦曰陛下奄
有天下使大臣坐忿爭無禮之罪或聞外國
恐無以威遠帝曰卿意如何旦曰願至中書
名欽若等宣示陛下含容之意且戒約之俟

少間罷之未晚也帝曰非卿之言朕固難忍
後月餘欽若等皆罷○帝以頻歲旱蝗問翰
林學士李迪曰旱蝗荐臻將何以濟迪請發
内藏庫以佐國用則賦寬民不勞矣帝曰朕
欲用李士衡代馬元方為三司使俟其至當
出金帛數百萬借之迪曰天子於財無内外
願下詔賜之以示恩德何必曰借帝悅迪又
言陛下土木之役過甚蝗旱之災殆天意以
儆陛下也帝深然之

仁宗時三司使王拱辰請榷河北鹽既立法
矣猶未下翰林學士張方平言於帝曰河北
再榷鹽何也帝驚曰始立法非再也方平曰
周世宗榷河北鹽犯輒處死世宗北伐父老
遮道泣訴願以鹽課均之兩稅而弛其禁世
宗許之今兩稅鹽錢是也豈非再榷乎帝大
悟曰卿語宰相立罷之方平曰法雖未下民
已戶知之當直以手詔罷不可自有司出也
帝大喜命方平密撰手詔罷之河朔父老相

率拜迎於澶州為佛老會者七日以報上恩
且刻詔書北京過其下者稽首流涕
神宗初即位判國子監范純仁勸帝毋開邊
隙又言變改法度人心不寧書曰怨豈在明
不見是圖願陛下圖不見之怨帝問何謂不
見之怨對曰古人所謂天下之人不敢言而
敢怒者是也帝善之令條古事可為戒者以
聞○羣臣請上尊號及作樂帝以久旱不許
羣臣固請作樂左僕射富弼言故事有災變

皆徹樂。恐上以同天節虜使當上壽故未斷其請。臣以為此盛德事。正當以示夷狄。乞并罷上壽。帝從之。即日而雨。獬又上疏請益畏天戒。遠姦佞。近忠良。帝親書荅詔曰。義忠言親。理正文直。苟非愛君志存王室。何以臻此敢不置之枕席。銘諸肺腑。終老是戒。更須公不替今日之志。則天災不難弭。太平可立俟也。○百官上尊號。司馬光權知審官院。當荅詔。上疏言先帝親郊。不受尊號。天下莫不稱

頌。末年有建言者。國家與契丹有往來書信。彼有尊號而我獨無。以為深恥。於是羣臣復以非時上尊號。昔漢文帝時。單于自稱天地所生日月所置匈奴大單于。不聞文帝復為大名以加之也。願陛下追用先帝本意。不受此名。帝大悅。手詔荅曰。非卿朕不聞此言。其善為荅詞。使中外曉然知朕至誠。非欺衆邀名者。帝遂終身不復受尊號。○帝嘗召知制誥蘇軾。問方今政令得失安在。雖朕過失。指

陳可也。對曰。陛下生知之性。天縱文武。不患不明。不患不勤。不患不斷。但患求治太急。聽言太廣。進人太銳。願鎮以安靜。待物之來。然後應之。帝悚然曰。卿三言。朕當熟思之。凡在館閣。皆當為朕深思治亂。無有所隱。○王安石執政。帝以久旱。避殿減膳。憂形于色。對朝嗟歎。欲盡罷法度之不善者。安石曰。水旱常數。堯湯所不免。不足貽聖慮。但當修人事以應之。帝曰。正為人事之未修爾。今取免役錢

太重。人情咨怨。至出不遜語。安石曰。臣未之聞也。時鄭俠監安上門。因久旱歲饑。征斂苛急。東北流民。每風沙霾曀。扶攜塞道。羸疾愁苦。身無完衣。並城民貿麻糝麥麩。合米為糜。或茹木實草根。至身被鎖械而負瓦揭木。賣以償官。累累不絕。俠乃繪所見為圖。奏疏上之。且云旱由安石所致。去安石。天必雨。疏奏。帝反覆觀圖。長吁數四。袖以入內。翌日命開封體放免行錢。三司察市易。司農發常平倉。

三衛具熙河所用兵諸路上民物流散之故青苗免役權息追呼方田保甲並罷凡十有八事民歡呼相賀是日果大雨輔臣入賀帝以俠所進圖示之安石自不安遂求去位
哲宗元祐八年嘗密訪人材於梁燾燾曰信道不篤言不見聽而詢問人材非臣所敢當也固問之燾曰人材可大任者陛下自知之但須識別邪正公天下之善惡圖任舊人中堅正純厚人望者不牽左右好惡之言以移

聖意天下幸甚帝然之
高宗建炎元年尚書左僕射李綱侍帝論及靖康時事帝曰淵聖勤於政事覽章奏至終夜不寐然卒致播遷何也綱對曰人主之職在知人進君子退小人則大功可成否則衡石程書無益也因勉帝以明恕盡人言恭儉足國用英果斷大事帝皆嘉納之○紹興元年中書舍人兼侍講胡安國上時政論二十一篇其言以爲保國必先定計定計必先建都建都擇地必先設險分土必先制國制國以守必先卹民夫國之有民猶人之有元氣不可不卹也除亂賊選縣令輕賦斂更弊法省官吏皆卹民事也而行此有道必先立政立政有經必先覈實而後賞罰當賞罰當而後號令行人心順從惟上所命以守則固以戰則勝以攻則服天下定矣然欲致此顧人主志何如耳尚志所以立本也正心所以決事也養氣所以制敵也宏度所以用人也寬

隱所以明德也具此五者帝王之能事畢矣論入改給事中常被顧問○王十朋諫曰陛下嘗有鋪翠之禁而以翠羽爲首飾者自若是豈法令不可禁乎抑宮中服澣濯之化衣不曳地之風未形於外乎帝用其言嚴鋪金鋪翠之令取交阯所貢翠羽焚之
孝宗淳熙十五年朱熹既歸投匭進封事言大本急務大本者陛下之心急務則輔翼太子選用大臣振舉綱紀變化風俗愛養民力

脩明軍政凡此六事皆不可緩而本在於陛下之一心一心正則六事無不正一有人心私欲以介乎其間則雖僶精勞心不可為矣疏入夜漏下七刻帝已就寢亟起秉燭讀之終篇明日除主管西太一宮兼崇政殿說書熹力辭乃以秘閣脩撰奉祠○黄洽遷右諫議大夫孝宗時在經筵言宰相代天理物要在為國得人人主之命相任則勿疑宰相重則朝廷尊朝廷尊則廟社安宰相掄材任職

當盡公心君子進則庶職舉庶職舉則天下治帝首肯再三乃曰卿如良金美玉渾厚無瑕天其以卿為朕弼耶

理宗時同知樞密院趙葵上疏曰今天下之事其大者有幾天下之才其可用者有幾吾從其大者而講明之疏其可用者而任使之有勇略者治兵有心計者治財寬厚者任牧養剛正者持風憲為官擇人不為人而擇官用之既當任之既久然後可以責其成效帝嘉納之○帝嘗以廣東安撫使崔與之為參知政事與之力辭帝乃遣使趣之且訪以政事之當行罷者人才之當用舍者與之上疏曰天生人才自足以供一代之用惟辨其君子小人而已忠實而有才者上也才不高而忠實有守者次也用人之道無踰於此帝嘉納之○洪咨夔為禮部郎中進對謂今日急務在進君子退小人如真德秀魏了翁當聚之于朝帝是其言命咨夔洎王遂同為監察

御史咨夔又言資政殿學士提舉洞霄宮袁韶仇視善類諂附史彌遠憸忮傾危詔奪韶職罷祠又言今殘金雖滅隣國方强益嚴守備尤恐不逮豈可動色相賀渙然解體以重方來之憂帝嘉納之

元世祖時竇默為翰林學士嘗與劉秉忠姚樞劉肅商挺侍世祖前默言君有過舉臣當直言都俞吁咈古之所尚今則不然君曰可臣亦以為可君曰否臣亦以為否非善政也明

日復侍帝於幄殿獄者失一鶻帝怒侍臣或從旁大聲謂宜加罪帝惡其迎合命杖之釋獄者不問既退秉忠等賀默曰非公誠結主知安得感悟至此○帝將討日本問趙良弼良弼言臣居日本歲餘覩其民俗狠勇嗜殺不知有父子之親上下之禮其地多山水無耕桑之利得其人不可役得其地不加富況舟師渡海海風無期禍害莫測是謂以有用之民力填無窮之巨壑也臣謂勿擊便帝從

之○時川陝盜起省臣患之請專殺其尤者以止盜朝議將從之侍御史高鳴諫曰制令天下上死囚必待論報所以重用刑惜民生也今從其請是開天下擅殺之路害仁政甚大帝曰善令速止之

仁宗以楊朵兒只為侍御史御史納璘言事忤旨帝怒叵測朵兒只救之一日至八九奏曰臣非愛納璘誠不願陛下有殺御史之名帝曰為卿宥之可左遷為昌平令昌平畿內劇縣欲以是困納璘朵兒只又言以御史宰京邑無不可者但以言事而得左遷恐後之來者用是為戒不肯復言矣帝不允後數日帝讀貞觀政要朵兒只侍側帝顧謂曰魏徵古之遺直也朕安得用之對曰直由太宗太宗不聽徵雖直將焉用之帝笑曰卿意在納璘耶當赦之以成爾直名也

英宗時拜住進右丞相帝幸五臺拜住奏曰自古帝王得天下以得民心為本失其心則

失天下錢穀民之膏血多取則民困而國危薄斂則民足而國安帝曰卿言甚善朕思之民為重君為輕國非民將何以為君今理民之事卿等當熟慮而慎行之

文宗時史惟良上疏言今天下郡邑被害者衆國家經費若此之繁帑藏空虛生民凋瘵此正更新百廢之時宜遵世祖成憲汰冗濫蠶食之人罷土木不急之役事有不便者咸釐正之如此則天災可弭禎祥可致矣帝嘉

納之
國朝辛丑七月甲子
太祖視事東閣時天熱坐久汗濕衣左右更衣
以進皆經澣濯者參軍宋思顏曰臣見
主公躬行節儉舊衣皆澣濯更進禹之惡衣服
誠無以加矣真可以示法於子孫也臣恐
主公今日如此而後或不然願始終如此
太祖喜曰思顏之言甚善他人能言或惟及目
前而不能及於久遠或能及其已然而不能

及於將然今思顏見我能行於前而慮我不
能行於後信能盡忠於我也乃賜之帛以彰
其直復謂思顏曰汝在前朝頗有善譽為主
者不能知汝及歸於我數進讜言斯固可嘉
思顏又曰近句容有虎為害
主上既遣人捕獲之今豢養民間飼之以犬無
益
太祖欣然即命取二虎并一熊皆殺之分其肉
賜百官○洪武十五年八月己丑山東肥城

縣知縣許好問言報國莫如薦舉獻忠莫如
進諫臣既不能薦賢以報國敢不進言以獻
忠周有天下八百年秦併周為正統合四十
餘年而漢興漢有天下四百餘年隋平陳混
一天下甫二十九年而唐興唐有天下二百
八十八年元起沙漠入主中國混一天下八
十餘年而
聖朝隆興先儒云凡能混一天下不及百年皆
為迭興之閏位乃知秦為漢閏隋為唐閏元

為國朝之閏亦明矣伏願
陛下慎刑罰昭勸懲緩差徭容直諫致中和以
丕顯文明之治則
皇祚傳之萬世聖子神孫承繼於無窮矣豈特
八百年而已哉
太祖曰治亂相因盛衰有時雖出於氣運一定
之數然亦由人事之所致也其間保民致治
國祚靈長未有不由創業垂統為子孫繼述
之基本其所以速致亂亡者必反是鑒之往

古事有可徵要之祈天永命固有其道脩德慎罰亦一端耳好問所言頗合朕意

五倫書卷之十二

五倫書卷之十三

君道　善行　養老

有虞氏深衣而養老養國老於上庠養庶老於下庠用燕禮

夏后氏燕衣而養老養國老於東序養庶老於西序用饗禮

殷人縞衣而養老養國老於右學養庶老於左學用食禮

成周玄衣而養老養國老於東膠養庶老於虞庠兼用虞燕夏饗殷食之禮凡五十養於鄉六十養於國七十養於學達於諸侯八十拜君命一坐再至瞽亦如之九十者使人受五十杖於家六十杖於鄉七十杖於國八十杖於朝九十者天子欲有問焉則就其室以珍從凡三王養老皆引年八十者一子不從政九十者其家不從政瞽亦如之

文王為西伯時制其田里教之樹畜導其妻子使養其老五十非帛不暖七十非肉不飽不暖不飽謂之凍餒文王之民無凍餒之老者此之謂也○伯夷辟紂居北海之濱聞文王作興曰盍歸乎來吾聞西伯善養老者太公辟紂居東海之濱聞文王作興曰盍歸乎來吾聞西伯善養老者天下有善養老者則仁人以為己歸矣

漢文帝元年詔曰老者非帛不暖非肉不飽今歲首不時使人存問長老又無布帛酒肉之賜將何以佐天下子孫孝養其親今聞吏稟當受鬻者或以陳粟豈稱養老之意哉具為令有司請令縣道年八十以上賜米肉酒九十以上加帛絮賜物及當稟鬻米者長吏閱視丞若尉致不滿九十嗇夫令史致二千石都吏循行不稱者督之

武帝建元元年四月詔曰古之立教鄉里以齒朝廷以爵扶世導民莫善於德然即於鄉里先耆艾奉高年古之道也今天下孝子順孫願自竭盡以承其親外迫公事內乏資財是以孝心闕焉朕甚哀之民年九十已上以有受鬻法為復子若孫令得身帥妻妾遂其供養之事

宣帝地節三年三月詔賜高年帛後以鳳凰神爵集甘露降賜天下高年帛

平帝元始元年詔天下吏比二千石已上年老致仕者三分故祿以一與終其身

明帝永平二年冬十月帝幸辟雍初行養老禮以李躬為三老（老人知天地人事者）桓榮為五更（知五行更代之事者）三老服都紵大袍冠進賢扶玉杖乘輿到辟雍禮殿御坐東廂遣使者安車迎三老五更於太學講堂帝迎於門屏交禮道自阼階三老升自賓階至階帝揖如禮三老升東面三公設几九卿正履帝親袒割牲執醬而饋執爵而酳（音胤）祝鯁在前祝饐在後五更南面三公進供禮亦如之明日下詔賜榮爵

關內侯三老五更皆以二千石祿養終厥身
章帝建初二年冬行饗禮以故司空伏恭為
三老侍中騎都尉周澤為五更○章和元年
七月詔曰秋令是月養衰老授几杖行糜粥
飲食其賜高年二人布帛各一匹以為醴酪
安帝元初四年七月詔曰月令仲秋養衰老
授几杖行糜粥方今案比之時郡縣不奉行
雖有糜粥糠粃相半長吏怠事莫有躬親甚
違詔書養老之意其務崇仁恕賑護寡獨稱

朕意焉○李充為左中郎將年八十以為國
三老帝常特進見賜以几杖
三國魏文帝黃初中蘇林為博士給事中以老
歸第國家每遣人就問之數加賜遺年八十
餘卒
後魏孝文帝行養老禮詔前司徒山陽郡公尉
元前大鴻臚卿游明根並明允誠素歸老私
第可謂知始知卒希世之賢也元以八十之
年宜處三老之重明根以七十之齡可充五

更之選於是養三老五更於明堂國老庶老
於階下帝再拜三老親袒割牲執爵而饋於
五更行肅拜之禮賜國老庶老衣服有差禮
畢賜步輓一乘詔三老上公祿五更元卿俸
供養終身
後周武帝保定三年以太傅燕國公于謹為三
老帝親幸太學以食之三老入門帝迎拜門
屏間三老荅拜訖升席南面憑几而坐以師
道自居帝跪設醬豆親自袒割三老食訖帝

復跪授爵以酳有司撤訖禮成而出○建德
二年詔曰尊年尚齒列代弘規序舊酬勞招
王明範朕嗣承洪業君臨萬邦眎彼兆庶寘
諸仁壽軍民之間年多耆耋眷言衰暮宜有
優崇可頒授老職使榮霑邑里
唐太宗貞觀元年給復天下一年民八十以上
賜粟帛百歲加板授三年賜孝義之家粟五
斛八十以上二斛九十以上三斛百歲加絹
二匹○十一年車駕在洛陽幸甄權宅禮高

年也權潁川人精曉藥術爲天下之最時年
一百三歲拜朝散大夫賜以粟帛被褥几杖
因詔百歲以上者給侍五人○十九年二月
發洛陽征遼所經州縣賜高年粟帛十月次
營州召父老年七十以上賜繒帛綾錦
高宗顯慶三年賜民八十以上氊衾粟帛五
年民年八十以上版授刺史縣令賜酺三日
婦人八十以上版授郡君賜氊衾粟帛麟德
二年賜民年八十以上版授下刺史司馬縣
令婦人郡縣君
玄宗開元二年九月引京師侍老宴于含元
殿庭詔曰古之爲政先於尚老居則致養禮
傳三代行則就見制問百年蓋皇王之勸人
教黎庶之爲子朕寅奉休曆祇膺聖謨因秋
歸而歲成屬星見於郊祀念其將智左傳老將智而
耄及之尤重乞言禮記內則凡養老三王有乞言俾伸恩於几
杖期布惠於鄉國九十以上宜賜几杖八十
以上宜賜鳩杖所司准式天下諸州侍老宜

令州縣遂穩便設酒食一准京城賜几杖其
婦人則送几杖于其家○十一年正月車駕
幸北都詔太原府父老八十以上賜物五段
版授上縣令賜緋婦人版授上縣君九十以
上賜物七段版授上州長史賜緋婦人版授
郡君百歲以上賜物十段版授上州刺史賜
紫婦人版授郡夫人
肅宗至德元年即位於靈武詔天下耆壽各
賜物五段侍老版授太守縣令仍各賜物五
段
德宗貞元五年以太子少傅兼禮部尚書蕭
昕爲工部尚書前太子少詹事韋建爲秘書
並致仕仍給半祿料後授致仕官者並宜准
此舊例給半祿及賜帛其俸料悉絕帝念歸
老之臣特命賜其半焉致仕官給半祿自昕
等始也
宋太祖時盧縣尉鄢陵許永年七十有五自言
其父瓊年九十九兩兄皆八十餘乞一官以

便養因即擾厚賜之授永鄢陵令給俸以終
養
太宗端拱四年詔賜京城高年帛百歲者加
賜塗金帶再遣使賜孫老貧窮人千錢及米
炭
真宗幸河北賜京城父老衣帛至澶州賜父
老錦袍茶帛又召見大名府父老勞賜之
元成宗詔賜天下高年帛八十人一匹九十人
二匹孝子順孫堪從政者量才任之親年七

十別無侍丁者從近遷除
順帝至正元年十二月詔民年八十以上蒙
古人賜繒帛二表裏其餘州縣旌以高年耆
德之名免其家雜役
國朝洪武二十年閏六月
太祖皇帝謂禮部試尚書李原名曰尚齒所以
教敬事長所以教順虞夏商周之世莫不以
齒為尚而養老之禮未嘗廢是以人興於孝
弟風俗淳厚治道隆平曩者朕詔天下行養

老之政凡耆民年八十以上鄉黨稱善貧無
産業者月給米五斗酒三斗肉五斤九十以
上歲加帛一匹綿一斤若有田産能自贍者
止給酒肉絮帛其應天鳳陽二府富民九十
以上賜爵社士八十以上賜爵里士咸許冠
帶復其家尚慮有司奉行不至爾其以朕命
申之
洪武三十五年十二月
太宗皇帝諭禮部臣曰公侯年老者歷事

皇考多效勞勤今筋力既衰日與羣臣並入朝
參覲其步趨之艱難朕所不忍自今令朔望
朝見任事者不在此例○永樂元年九月禮
部尚書鄭沂戶部左侍郎嚴奇良通政司右
通政丘顯俱以年老賜誥勑令致仕陛辭命
賜宴復賜鈔為道里費顧謂禮部臣曰沂等
昔事
皇考位大臣雖為建文所黜朕已復其官顧今
俱老宜優佚之然君臣之間進退當以禮故

加宴賚令歸用全始終之義自今凡
皇考舊臣老不任事令致仕者優待之禮一視
沂等毋或不及

崇儒

商成湯之於伊尹學焉而後臣之故不勞而王
列國晉平公之於亥唐也入云則入坐云則坐
食云則食雖疏食菜羹未嘗不飽蓋不敢不
飽也

齊宣王欲中國而授孟子室養弟子以萬鍾

使諸大夫國人皆有所矜式

漢高祖十二年冬過魯以太牢祠孔子詔諸侯
王卿相至郡先謁孔子廟而後從政

文帝時天下亡治書者聞齊有伏生故秦博
士治尚書年九十餘老不可致乃詔太常使
人受之太常遣晁錯受尚書伏生所還因上
書稱說詔以為太子舍人

武帝時御史大夫倪寬有俊才初見帝語經
學帝說之曰吾始以尚書為樸學弗好及聞
寬說可觀乃從寬問一篇擢為中大夫其後
詔求為韓詩者徵蔡義待詔久不進見義上
疏曰臣山東草萊之人行能無所比容貌不
及衆然而不棄人倫者竊以聞道於先師自
託於經術也願賜清閒之燕得盡精思於前
帝召見義說詩甚說之擢為光祿大夫給事
中

宣帝即位聞衛太子好穀梁春秋以問丞相
韋賢長信少府夏侯勝及侍中樂陵侯史高

皆魯人也言穀梁子本魯學公羊氏迺齊學
也宜興穀梁時蔡千秋為郎召見與公羊家
並說帝善穀梁說擢千秋為諫大夫給事中
後有過左遷平陵令復求能為穀梁者莫及
千秋帝愍其學且絕迺以千秋為郎選郎十
人從受

元帝即位徵高密相孔霸為師霸上書求奉
孔子祭祀帝下詔曰其令師褒成君關內侯
霸以所食邑八百戶祀孔子焉故霸還長安

子福名數於魯奉夫子祀帝好儒術文辭頗
改宣帝之政言事者多進見人人自以為得
帝意○初元四年詔博士弟子毋置員以廣
學者帝少而好儒及即位徵用儒生委之以
政貢禹薛廣德韋玄成匡衡迭為宰相
平帝詔太師孔光曰聖人之後先師之子德
行純淑道術通明居四輔職年耆有疾令太
師毋朝十日一賜餐賜太師靈壽杖黃門令
為太師省坐置几太師用杖

明帝時九江人鮑駿上書言丁鴻經學至行
帝甚賢之詔徵鴻至即召見說文侯之命篇
賜御衣及綬稟食公車與博士同禮○永平
十五年東巡過魯幸孔子宅祠仲尼及七十
二弟子親御講堂命皇太子諸王說經帝自
制五經要說章句令桓郁校定於宣明殿其
後帝親於辟雍自講所制五經章句已復令
郁說一篇帝謂郁曰我為孔子卿為子夏起
予者商也又問郁子幾人能傳學郁曰臣子

皆未能傳學孤兄子一人學方起帝曰努力
教之有起者即白之
章帝建初四年十一月詔曰蓋三代導人教
學為本漢承暴秦褒顯儒術建立五經為置
博士其後學者精進雖曰承師亦別名家孝
宣帝以為去聖久遠學不厭博故遂立大小
夏侯尚書後又立京氏易建武中復置顏氏
嚴氏春秋大小戴禮博士皆所以扶進微學
尊廣道藝也○元和二年春東巡狩還過魯

幸闕里以太牢祠孔子及七十二弟子作六
代之樂大會孔氏男子二十以上者六十三
人命儒者講論蘭臺令史孔僖因自陳謝帝
曰今日之會寧於卿家有光榮乎對曰臣聞
明王聖主莫不尊師貴道今陛下親屈萬乘
辱臨敝里此乃崇禮先師增輝聖德至於光
榮非所敢承帝大笑曰非聖者子孫焉有斯
言遂拜僖郎中賜褒成侯及孔氏男女錢帛
和帝永元十三年春帝因朝會幸東觀召見

諸儒魯丕賈逵黃香等相難數事帝善丕說特賜衣冠丕因上疏曰說經者傳先師之言非從己出若規矩權衡之不可枉也難者必明其據說者務立其義浮華無用之言不陳於前故精思不勞而道術愈章法異者各令自說師法博觀其義無令幽遠獨有遺失也

安帝延光三年三月幸泰山祀孔子及七十二弟子於闕里自魯相令丞尉及孔氏親屬婦女諸生悉會賜褒成侯以下帛各有差遂

還京師幸太學

三國蜀先主初定成都于時喪亂歷紀學業衰廢乃鳩合典籍沙汰衆學以許慈胡潛並為博士與孟光來敏等典掌舊文

魏文帝詔以議郎孔羨為宗聖侯邑百戶奉孔子祀令魯郡修舊廟置百戶吏卒以守衛之其外廣為室屋以居學者

南宋文帝元嘉十九年以闕里往經寇亂黌校殘毀命魯郡修復學舍採召生徒先廟地特為營造依舊給祠直令四時享祀魯郡民孔景等五戶居近孔子墓側蠲其課役供給灑埽并種松柏六百株

後魏孝文帝太和十九年行幸魯城親祀孔子廟拜孔氏四人顏氏二人為官又詔選諸孔宗子一人封崇聖侯邑一百戶以奉孔子之祀詔兖州為孔子起園柏修飾墳壟更建碑銘褒揚聖德

唐太宗貞觀二十一年二月詔曰左丘明卜子

夏公羊高穀梁赤伏勝高堂生戴聖毛萇孔安國劉向鄭衆杜子春馬融盧植鄭康成服子慎何休王肅王輔嗣杜元凱范甯等二十有一人並用其書垂於國胄既行其道理合崇褒自今有事於大學可並配享廟堂

中宗景龍二年始於修文館置大學士四員學士八員直學士十二員象四時八節十二月以李嶠宗楚客趙彥昭韋嗣立為大學士李適劉憲崔湜鄭愔盧藏用李乂岑羲劉子

玄為學士薛稷馬懷素宋之問武平一杜審
言沈佺期閻朝隱為直學士又召徐堅韋元
旦徐彥伯劉允濟等滿員其後被選者不一
凡天子饗會游豫唯宰相及學士得從春幸
梨園並渭水祓除則賜細柳圈辟癘夏宴蒲
萄園賜朱櫻秋登慈恩浮圖獻菊花酒稱壽
冬幸新豐歷白鹿觀上驪山賜浴湯池給香
粉蘭澤從行給翔麟馬品官黃衣各一帝有
所感即賦詩學士皆屬和當時人所歆慕

玄宗開元二十七年謚孔子為文宣王衣衮
冕二京及州縣學孔子皆南向十哲七十二
賢及從祀諸儒皆贈爵有差
德宗素尚文雅乘輿每幸學士院顧問錫賚
無所不至御饌珍肴輟而賜之又嘗召對於
浴堂移院於金鑾殿對御起草賦詩唱和或
旬日而出
五代周太祖廣順二年六月幸曲阜謁孔子祠
既畢將致敬左右曰仲尼人臣也無致敬之

文太祖曰文宣百代帝王師也得無敬乎即
拜奠於祠前其所奠金器銀罏十數事留於
祠所以備享獻遂幸孔林拜孔子墓
宋太宗淳化五年十一月丙寅幸國子監賜直
講孫奭緋魚後復幸國子監令奭講尚書至
事不師古以克永世匪說攸聞帝曰此至言
也商宗得賢相如此因賜奭五品服
真宗大中祥符元年封泰山次兖州幸曲阜
縣謁文宣王廟幸叔梁紇堂近臣分奠七十

弟子遂幸孔林加謚孔子曰玄聖文宣王遣
官祭以太牢給近便十戶奉塋廟賜其家錢
三十萬帛三百匹以四十六世孫聖佑為奉
禮郎近屬授官賜出身者六人
仁宗慶曆四年幸國子監謁孔子有司言舊
儀止肅揖帝特再拜賜直講孫復五品服
理宗寶慶三年詔曰朕觀朱熹集註大學論
語孟子中庸發揮聖賢蘊奥有補治道朕勵
治講學緬懷典刑可特贈熹太師追封信國

公喻月熹子工部侍郎在入對言人主學問之要帝曰先卿中庸叙言之甚詳朕讀之不釋手恨不與之同時也○淳祐元年春正月下詔曰朕惟孔子之道自孟軻後不得其傳至我朝周敦頤張載程顥程頤眞見實踐深探聖域千載絶學始有指歸中興以來又得朱熹精思明辨表裏混融使大學論孟中庸之書本末洞徹孔子之道益以大明于世朕每觀五臣論著啓沃良多今視學有日其令學官列諸從祀以示崇奬之意遂加追封周敦頤汝南伯張載郿伯程顥河南伯程頤伊陽伯朱熹徽國公

遼義宗幼聰敏好學神冊元年春立為皇太子時太祖問侍臣曰受命之君當事天敬神其有大功德者朕欲祀之何先皆以佛對太祖曰佛非中國教帝曰孔子大聖萬世所尊宜先太祖大悅即建孔子廟詔皇太子春秋釋奠

金熙宗皇統元年二月戊午親祭孔子廟北面再拜退謂侍臣曰朕幼年游佚不知志學歲月逾邁深以為悔孔子雖無位其道可尊使萬世景仰大凡為善不可不勉自是頗讀尚書論語及歷代史書或以夜繼日焉

元太宗初破汴梁用耶律楚材言遣人入城求孔子後得五十一代孫元措命襲封衍聖公付以林廟地

憲宗即位徵儒士高智耀入見言儒者所學堯舜三代之道自古有國家者用之則治不用則否養成其才將以資其用也宜蠲其徭役以勸勉之帝問儒者何如巫醫對曰儒以綱常治天下豈方伎得比帝曰善前此未有告朕者遂詔復海内儒士徭役

武宗即位加封孔子詔曰先孔子而聖者非孔子無以明後孔子而聖者非孔子無以法所謂祖述堯舜憲章文武儀範百王師表萬世者也朕纂承丕緒敬仰休風循治古之良

覲舉追封之盛典加號大成至聖文宣王嗚
呼父子之親君臣之義仰惟聖教之尊天地
之大日月之明奚罄名言之妙尚資神化佑
我皇元
仁宗以宋儒邵雍司馬光張栻呂祖謙及故
中書左丞許衡從祀孔子廟庭
英宗時翰林學士忽都魯都兒謎進宋儒真
德秀大學衍義帝曰脩身治國無踰此書賜
鈔五萬貫後以大學衍義須賜羣臣

五倫書卷十三　二十

國朝永樂四年三月
太宗皇帝視學先是勑禮部臣曰朕惟孔子帝
王之師帝王為生民之主孔子立生民之道
三綱五常之理治天下之大經大法皆孔子
明之以教萬世朕
皇考太祖高皇帝膺君師億兆之任正中夏文
明之統復衣冠禮樂之舊渡江之初首建學
校親祀孔子御筵講書守帝王之心法繼聖
賢之道學集其大成以臻至治朕承鴻業惟

成憲是遵今當躬詣太學釋奠先師以稱崇
儒重道之意其合行禮儀禮部詳議以聞禮
部尚書鄭賜言宋制謁孔子服靴袍再拜
太宗曰見先師禮不可簡必服皮弁行四拜禮

興學

五帝有成均之學
有虞氏太學為上庠小學為下庠
夏后氏太學為東序小學為西序
殷太學為右學小學為左學

五倫書卷十三　二十一

周太學為東膠小學為虞庠○春夏學干戈秋
冬學羽籥皆於東序小學正學干大胥贊之
籥師學戈籥師丞贊之胥鼓南春誦夏絃
大師詔之瞽宗秋學禮執禮者詔之冬讀書
典書者詔之禮在瞽宗書在上庠
漢武帝時文翁為蜀守起學官成都帝乃令天
下郡國皆立學校官
光武建武五年初起太學車駕臨視稽式古
典脩明禮樂文物煥然可觀仍賜博士弟子

各有差

明帝永平二年御明堂朝羣后登靈臺以望雲物饗射禮畢正坐自講諸儒執經問難於前冠帶縉紳之人圜橋門而觀聽者蓋億萬計其後復為功臣子孫别立學舍搜選高能以授其業自期門羽林之士悉令通孝經章句匈奴亦遣子入學

晋元帝時征南軍司戴邈上疏以為喪亂以來庠序隳廢今王業肇建萬物權輿宜篤道崇

儒以勵風化帝信之始立太學

南宋文帝元嘉十五年徵雷次宗至京師開館於鷄籠山聚徒教授置生百餘人會稽朱膺之潁川庾蔚之並以儒學監總諸生時國子學未立帝留心藝術使丹陽尹何尚之立玄學太子率更令何承天立史學司徒參軍謝元立文學并次宗儒學為四學各聚門徒多就業者江左風俗於斯為美後言政化稱元嘉焉又車駕數幸次宗學館資給甚厚

唐太宗大徵天下名儒為學官數幸國子監使之講論學生能明一經者皆得補官增築學舍增廣生員自屯營飛騎亦給博士使授以經能通經者聽得貢舉於是四方學者雲集京師乃至高麗百濟新羅高昌土番酋長亦遣子弟請入國學升講筵者至八千餘人

高宗咸亨元年五月詔曰諸州縣孔子廟堂及學館有破壞并先來未造者遂使生徒無肄業之所先師闕奠祭之儀久致飄露深非

敬本宜令所司速事營造

肅宗時蕭昕為國子祭酒建請崇太學以樹教本帝寤其言詔羣臣有籍于朝及神策六軍子弟肄業者聽補生員

宋太祖建隆二年冬十一月臨國子監詔增葺祠宇塑繪先聖先師之像自為贊書于孔顏之座端令文臣分撰餘贊屢臨幸焉嘗謂侍臣曰朕欲武臣盡令讀書以知為治之道於是臣庶始貴文學矣

太宗端拱二年幸國子監時李覺為博士帝謂文宣王畢即詔覺令對御講書覺曰陛下六龍在御臣何敢輒升高坐帝因降輦令有司張帟幕設別坐詔覺講周易之泰卦從臣皆列坐覺因述天地感通君臣相應之旨帝大悅特贈帛百疋

真宗咸平二年秋七月甲辰幸國子監召學官崔偓佺講尚書大禹謨還幸崇文院賜秘書監祭酒以下器幣

神宗元豐二年頒學令太學置八十齋齋容三十人外舍生二千内舍生三百上舍生一百總二千四百月一私試歲一公試補内舍生間歲一會試補上舍生彌封謄錄如貢舉法上舍之試學官不與考校其上等命以官中等免禮部試下等免解試三年定國子生員取清要官親戚為之額二百人

徽宗崇寧元年詔曰學校崇則德業著德業著則風俗醇故教養人材為治世之急務除京師置外學待其歲考升之太學○大觀二年詔曰學校興崇人材樂育法備令具勸懲已行深慮有司失實尚有遺材傳不云乎進賢受上賞蔽賢蒙顯戮閱前日賓興之數較其試中多寡惟常州為衆苟依常格推恩非古人上賞之意其知州教授特與轉一官

孝宗乾道四年二月幸太學祗謁先聖退御敦化堂命國子祭酒林光朝講中庸遂幸武學謁武成王廟監學官進秩一等諸生推恩

賜帛有差

理宗淳祐元年謁孔子遂臨太學御崇化堂命祭酒曹觱講禮記大學篇監學官各進一秩諸生推恩賜帛有差以紹定三年所製伏羲堯舜禹湯文武周孔顏曾子思孟子道統十三贊就賜國子監宣示諸生復親書朱熹白鹿洞學規賜焉

元太宗初入汴命脩太常禮樂召名儒梁陟王萬慶趙著等使直釋九經進講東宮又令大

臣子孫執經講義俾知聖人之道置編脩所於燕京經籍所於平陽由是文治興焉

世祖既下江南時各郡教授悉以曠官罷御史中丞兼商議中書省事葉李奏曰陛下混一區宇偃武脩文可不作養人才以弘治道令各郡教授實風化所係不宜罷請復立提舉司專提調學官課諸生講明治道而上其成才者於太學以備錄用帝可其奏○至元二十四年葉李為尚書右丞復奏曰善政不

可以徒行人才不可以驟進必訓以德義摩以詩書使知古聖賢行事方畧然後賢良輩出膏澤下流唐虞三代咸有胄學漢唐明主數幸辟雍匪為觀美也乃薦周砥等十人為祭酒等官及凡廟學規制條具以聞世祖皆從之乃大起學舍始立國子監立監官而增廣弟子員

國朝洪武二年十月

太祖皇帝諭中書省臣曰學校之教至元其弊極矣使先王衣冠禮義之教混為夷狄上下之間波頹風靡故學校之教名存實亡況兵變以來人習於戰鬪惟知干戈莫識俎豆朕嘗謂治國之要教化為先教化之道學校為本京師雖有太學而天下學校未興宜令郡縣皆立學禮延師儒教授生徒以講論聖道使人日漸月化以復先王之舊以革汙染之習此最急務當速行之○八年三月命御史臺官選國子生分教北方

太祖諭之曰致治在於善俗善俗本乎教化教化行雖閭閻可使為君子教化廢雖中材或墜於小人近北方喪亂之餘人鮮知學欲求方聞之士甚不易得今太學諸生中年長學優者卿宜選取俾往北方各郡分教庶使人知務學人材可興於是選國子生林伯雲等三百六十六人給廩食賜衣服而遣之○十四年三月頒五經四書于北方學校

太祖謂廷臣曰道之不明由教之不行也夫五

經載聖人之道者也譬之菽粟布帛家不可無人非菽粟布帛則無以為衣食非五經四書則無由知道理北方自喪亂以來經籍殘缺學者雖有美質而無講明何由知道今以五經四書頒賜之使其講習夫君子而知學則道與小人而知學則俗美他日收效亦必本於此也

永樂十五年三月頒五經四書性理大全書於六部并兩京國子監及天下郡縣學

太宗謂禮部臣曰此書學者之根本而聖賢精義悉具矣自書成朕旦夕宮中披閱不倦所益多矣古人有志於學者苦難得書籍如今之學者得此書而不勉力是自棄也爾禮部其以朕意曉諭天下學者令盡心講明無徒視為虛文也

五倫書卷之十三

五倫書卷之十四

君道　善行　育才

成周大司徒以鄉三物教萬民而賓興之一曰六德知仁聖義中和二曰六行孝友睦婣任卹三曰六藝禮樂射御書數○命鄉論秀士升之司徒曰選士司徒論選士之秀者升之學曰俊士升於司徒者不征於鄉升於學者

不征於司徒曰造士○樂正崇四術立四教順先王詩書禮樂以造士

漢武帝建元元年冬十月舉賢良方正直言極諫之士廣川董仲舒策對曰陛下夙寤晨興務以求賢亦堯舜之用心也而未云獲者士不素厲也夫不素養士而欲求賢譬猶不琢玉而求文采也故養士莫大乎太學太學者賢士之所關也教化之本原也願興太學置明師以養天下之士數考問以盡其才則英

俊宜可得矣帝善其對○元朔五年夏六月詔曰盖聞導民以禮風之以樂今禮壞樂崩朕甚閔焉其令禮官勸學興禮以為天下先於是丞相弘等奏請為博士官置弟子五十人復其身第其高下以補郎中文學掌故即有秀才異等輒以名聞其不事學若下材輒罷之又吏通一藝以上者請皆選擇以補右職上從之自此公卿大夫士吏彬彬多文學之士矣

成帝綏和元年時有言孔子布衣養徒三千人今天子太學弟子少於是增弟子員三千人

唐玄宗開元五年始令鄉貢明經進士見訖國子監謁先師學官開講問義有司為具食清資五品以上官及朝集使皆往閲禮焉又勑州縣學生二十五以下八品子若庶人二十一以下通一經及未通經而聰悟有文辭史學者入四門學為俊士郎諸州貢舉省試不第願入學者亦聽

代宗廣德二年詔曰古者設太學教冑子雖年穀不登兵革或動而俎豆之事不廢頃年戎車屢駕諸生輟講宜追學生在館習業度支給廚米是歲賈至為侍郎建言歲方艱歉舉人赴省者兩都試之兩都試人自此始

宋仁宗慶曆三年詔曰夫儒者通天地人之理明古今治亂之源可謂博矣然學者不得騁其說有司務先聲病章句以拘之則吾豪儁

奇偉之士何以顯焉士有純明朴茂之美而無敎學養成之法其飭身勵節者使與不肖之人雜而並進則懿德敏行之人何以見焉此取士之甚弊而學者自以為患議者屢以為言朕慎於改更比令詳酌仍詔宰府加之參定以謂本學校以教之然後可求其實先策論則辨理者得盡其説簡程式則閎博者可見其才至於經術之家稍增新制兼行舊式以勉中人愼法細文罷去明其賞罰俾各

勸焉如此則待士之意周取人之道廣夫遇
人以薄者不可責其厚今朕建學興善以尊
子大夫之行而更制革弊以盡學者之材其
於教育之方勤亦至矣有司其務嚴訓導精
察舉以稱朕意學者其思進德脩業而無失
其時凡所科條可為永式○皇祐四年翰林
學士趙槩言通判陵州孫復經為人師乃命
與胡瑗同為直講既居太學其徒至不能容
取旁官舍處之禮部所得士瑗弟子十常居

四五隨才高下喜自脩飭衣服容止往往相
類遇之不問可知為瑗弟子也
神宗熙寧三年下詔曰化民成俗必自庠序
進賢興能抑由貢舉而四方執經藝者專于
誦數趨鄉舉者狃于文辭與古所謂三物賓
興九年大成亦已盭矣今下郡國招徠儁賢
其教育之方課試之格令兩制兩省待制以
上御史三司三館雜議以聞○四年冬十月
立太學生三舍法初國子生以京朝七品以

上子孫為之太學生以八品以下子弟若庶
人之俊異者為之試論策經義如進士法及
帝即位垂意儒學以天下郡縣既皆有學歲
時月各有試程其藝能以差次升舍其最優
者為上舍免發解及禮部試而特賜之第遂
專以此取士又以慶曆中嘗置太學內舍生
二百人帝漸增至九百人至是乃盡以錫慶
院及朝集院西廡建講書堂四諸生齋舍掌
事直廬始僅足用自主判官外增置直講為

十員率二員共講一經令中書遴選或主判
官奏舉生員釐為三等始入太學為外舍定
額為七百人外舍升內舍員二百內舍升上
舍員百各執一經從所講官受學月考試其
業優等上之中書其正錄學諭以上舍生為
之經各二員學行卓異者主判直講復薦之
于中書奏除官
徽宗大觀二年詔曰古之學者三年通一經
計十五年則五經皆通熙寧中進士以經術

期之尚淺。故止專一經。今已三十餘年。士益習矣。思得多聞博習之材。而慮專門之流弊。可自今學生願兼他經者聽之。兼經多者。許所多量立升進之法。使天下全材異能得而進焉。○政和五年。詔曰。學校以善養人。設師儒。建黌宇。備膳羞。教天下士十有三年。道日益明。士日益衆。庶幾於古。養士之額。尚循前數。有司拘以定額。士游學校外。不被教養。於學者尚多有之。則野有遺材矣。諸路學校額

及百人以上者。三分增一分。百人以下。增一分之半。即陝西河北河東京東路學生數少者。仰提舉學事司具可與不可增及所增數聞奏。○六年。詔曰。學校養士。以待士之自得於先王之學。非專於賓貢而已。士牽於賓貢蔽於流俗。故習尚秦漢隋唐。而不見堯舜三代。比閱時文。觀其志趣。率淺陋卑近。無足取者。先王之遺文具在。讀其書。論其世。可考而知。士不務此。而趨走逐末。則朕稽參成周建立法度。何賴焉。其令太學辟雍提舉學事司自今有能博通詩書禮樂。稽古明道。見天地之大全者。寘之上等。其人材拔俗者。不待考選校定之數。具實狀以聞。朕將不次而用之。

國朝洪武十八年八月癸丑。

太祖皇帝命大都督府官選武臣子弟入國子學讀書。

太祖諭之曰。武臣從朕定天下。以功世祿。其子弟長於富貴。又以父兄早歿。鮮知問學。宜令

讀書知古今。識道理。俟有成立。然後命官。庶幾得其實用也。昔霍光功非不高。身死未久而子孫橫肆卒致夷滅者。不學故也。郭子儀中興唐室。功蓋天下。位極人臣。而心常謙退。保全令名。而福及後嗣者。識道理也。今武臣子弟但知習武事。特患在不學耳。○洪武二十三年正月戊子。通政使茹瑺引奏潮州府學生陳質言。其父戍大寧已死。今有司取其補伍。自念從幼至今。荷蒙國恩教育。願賜卒

業以圖上報。
太祖謂兵部尚書沈溍曰國家得一卒易得一才難此生既有志於學可削其兵籍遣歸進學溍對曰此生學未成效若遽削其兵籍則缺軍伍。
太祖曰國家於人材必養之於未用之先而用之於既成之後譬之稼必豫耕則有穫若刈不待熟則無用且事有輕重難拘一律苟軍士缺伍不過失一力士耳若獎成一賢材以

資任用其繫豈不重乎
永樂三年正月壬子先是
太宗皇帝命翰林院學士兼右春坊大學士解縉等於新進士中選材質英敏者俾就文淵閣進其學至是縉等選脩譔曾棨編脩周述周孟簡庶吉士楊相劉子欽彭汝器王英王直余鼎章敞王訓柴廣敬王道熊直陳敬宗沈升洪順章朴余學夔羅汝敬盧翰湯流李時勉段民倪維哲袁添祿吾紳楊勉二十八人入見。
太宗諭勉之曰人須立志志立則功就天下古今之人未有無志而能建功成事者汝等簡拔於千百人中為進士又簡拔於進士中至此固皆今之英俊然當立心遠大不可安於小成為學必造道德之微必具體用之全為文必並驅班馬韓歐之間如此立心日進不已未有不成者古之文學之至豈皆天成亦積功所致也汝等勉之朕不任爾以事文淵

閣古今載籍所萃爾各食其祿日就閣中恣爾玩索務實得於己庶國家將來皆得爾用不可自怠以孤朕期待之意時庶吉士周忱自陳年少願進學
太宗喜曰有志之士也命增忱為二十九人遂命司禮監月給筆墨紙光祿給朝暮膳禮部月給膏燭鈔人三錠工部擇近第宅居之○
四年三月丙辰進士陳紀等還鄉陛辭
太宗諭之曰為學至以進士發身亦出乎等倫

然道理無窮。古人至老務學不厭。今人苟遂
一得。即不復前進。故遠不逮古。汝等年富力
強。當立志遠大。務進脩。非獨成已之德。將來
國家亦得實才之用。紀等皆叩首謝。復諭之
曰。鄉里父兄所在。不可以一得輒生驕慢。驕
慢。凶德。孔子於鄉黨恂恂似不能言。汝曹勉
之。各賜鈔五錠為道里費

知人

帝堯曰。疇咨若時登庸。放齊曰。胤子朱啓明。帝

曰。吁。嚚訟可乎。帝曰。疇咨若予采。驩兜曰。都。
共工方鳩僝功。帝曰。吁。靜言庸違。象恭滔天
帝曰。咨四岳。湯湯洪水方割。蕩蕩懷山襄陵。
浩浩滔天。下民其咨。有能俾乂。僉曰。於。鯀哉
帝曰。吁。咈哉。方命圮族。岳曰。异哉。試可乃已
帝曰。往欽哉。九載績用弗成

周文王克知三有宅心。灼見三有俊心。以敬事
上帝。立民長伯

列國晉孟孫獵得麑。使秦西巴持歸。其麑母隨
而鳴。西巴不忍。縱而與之。孟孫怒而逐西巴。
居一年。召為太子傅。左右曰。西巴有罪。今以
為太子傅。何也。孟孫曰。夫以一麑而不忍。又
焉忍吾子乎

漢高帝以韓信與曹參灌嬰俱擊魏。帝問酈食
其曰。魏大將誰也。對曰。柏直。帝曰。是口尚乳
臭。安能當吾韓信。騎將誰也。曰。馮敬。曰。是秦
將馮無擇子也。雖賢不能當吾灌嬰。步卒將
誰也。曰。項它。曰。是不能當吾曹參。吾無患。信

等遂與魏戰。大敗魏兵。虜魏王豹。定魏地。○
呂后嘗問帝曰。陛下百歲後。蕭相國即死。令
誰代之。帝曰。曹參可。問其次。帝曰。王陵可。然
陵少戇。陳平可以助之。平智有餘。然難以獨
任。周勃重厚少文。然安劉氏者必勃也。可令
為太尉。呂后復問其次。帝曰。此後亦非乃所
知也

文帝時。周亞夫為中尉。帝戒太子曰。即有緩
急。周亞夫真可任將兵。及景帝即位。以亞夫

為車騎將軍後吳楚七國反乃拜亞夫為太尉將三十六將軍往擊之七國皆平
景帝時桃侯劉舍免相竇太后數言宗屬魏其侯竇嬰帝曰太后豈以臣有愛相魏其者魏其沾沾自喜耳多易難以為相持重遂不用而相建陵侯衛綰
明帝時牟融為大司農是時帝方勤萬機公卿朝會輒延謀政事判折獄訟融經明才高善論議朝廷皆服其能帝數嗟嘆以為才堪

宰相明年代伏恭為司空舉動方重甚得大臣節
三國蜀先主以馬謖才器過人好論軍計丞相諸葛亮深加器異先主臨薨謂亮曰馬謖言過其實不可大用君其察之亮猶謂不然以謖為參軍又違衆議以謖統大衆與魏將張郃戰于街亭謖果違亮節度為郃所破亮流涕而斬之〇先主知劉巴之賢攻成都時令軍中曰其有害巴者誅及三族及得巴甚喜

而諸葛亮亦數稱薦之辟為左將軍西曹掾
晉明帝時王導從兄敦反劉隗勸帝悉誅王氏導率群從弟子姪二十餘人每旦詣臺待罪帝以導忠節有素命還朝服導稽首謝曰逆臣賊子何代無之不意今者近出臣族帝跣而執之曰茂弘方託卿以百里之命是何言邪
隋文帝時薛世雄為將性廉謹凡所行軍破敵之處秋毫無犯帝嘉之嘗從容謂群臣曰我

欲舉薛世雄群臣皆稱善帝復曰世雄廉正節槩有古人之風遂超拜右翊衛將軍〇辛彥之為隋州刺史時州牧多貢珍玩惟彥之所貢並供祭之類帝謂朝臣曰人安可無學彥之所貢稽古之力也遷潞州刺史
唐高祖時皇甫無逸為御史大夫時益部新開長吏橫恣令無逸持節巡撫之有忌無逸專制方面及素不相協者誣陷無逸與王世充蕭銑等交通帝皆審其詐曰無逸在益州極

為清正蓋群小不耐欲誣之也又曰無逸當官執法無所廻避必邪佞之徒惡直醜正共相構扇也所告者遂皆坐斬無逸既反命帝勞之曰公立身行己朕之所悉比多譖訴但為正直致邪佞所憎耳無逸頓首陳謝帝又曰卿不負朕何煩多謝

太宗嘗謂侍臣曰朕今面談公等得失以為鑒戒侍臣拜謝太宗曰長孫無忌善避嫌疑應物敏速至於決斷事理求之古人而總兵

攻戰非其所長也高士廉涉獵古今心術聰俊臨難既不改節為官亦無朋黨所少者骨鯁規諫爾唐倹言辭俊利善和解人稱材䟽行發言啓齒事朕三十載遂無一言論國家得失楊師道性行純善自無愆過而情寔怯懦未甚更事急緩不可得力岑文本性道敦厚文章自其所長而持論常據經遠自當不負於物劉洎性最堅貞有利益然而意尚然諾偏於朋友能自補闕亦可以尚焉馬周見事敏速性甚貞正至於論量人物直道而言朕比任使多所稱意褚遂良學問稍長性亦堅正既寫忠誠甚親附於朕譬如飛鳥依人自加憐愛比日以來每試鞫大獄將有任使亦可以嘉之 ○帝嘗論將帥謂左右曰當今名將惟李勣任城王道宗薛萬徹三人而已然李勣道宗不能大勝亦不大敗萬徹非大勝即大敗

德宗時李藩為徐州從事節度使張建封卒

濠州刺史杜兼誣奏藩搖動軍情及名藩入見帝望見其儀形曰此豈作惡事人乃釋然除祕書郎

憲宗時裴度兼刑部侍郎王承宗李師道謀緩蔡兵乃伏盜京師刺用事大臣已害宰相武元衡又擊度被傷墜溝賊意已死因亡去議者欲罷度安二鎮反側帝怒曰度得全天也若罷之是賊計適行吾倚度足破三賊矣其後賊果平多度之功也

宋太祖幸西都曹州人張齊賢以布衣條陳十策及還語太宗曰我幸西都唯得一張齊賢異時可使輔汝為相也

太宗名李沆入為翰林學士後判吏部銓嘗侍曲宴帝目送之曰李沆風度端凝真貴人也可屬大任

真宗即位召王旦為翰林學士知審官院通進銀臺封駁司旦為人嚴重能任大事避遠權勢不可干以私嘗奏事帝語左右曰為朕

致太平者必斯人也◯駐蹕大名時召楊延昭訪以邊事帝甚悅之指示諸王曰延昭父業為前朝名將延昭治兵護邊有父風深可嘉也又謂宰相曰延昭出疎外以忠勇自效朝中忌嫉者衆朕力為保庇以及於此既而選邊州守臣御筆錄示宰相命延昭知保州兼緣邊都巡檢使

仁宗時范仲淹既坐貶朋黨論方興帝知仲淹之賢可大用故卒置群議而用之慶曆三年春召為樞密副使五讓不許乃就道既至數月以為參知政事每進見必以太平責之◯唐介以言事謫潭倅分珠獄發奏方入帝預料謂近侍曰唐介必不肯買按具奏覆帝覽之果然◯歐陽脩為諫官進朋黨論其言切直人視之如仇帝獨奬其敢言顧侍臣曰如歐陽脩者何處得來

高宗時趙鼎奏淮東宣撫韓世忠保明統制官許世安功賞事帝曰世安勇雖不如呼延

通而曉事過之平居議論多有裨於世忠時延通亦隷世忠軍帝馭諸將至於偏裨亦知其才之所長

元太祖定燕召見耶律楚材身長八尺美髯宏聲太祖甚喜日見親用嘗與西域人占月蝕西域人曰其夜月當蝕楚材曰不蝕至其夜果不蝕楚材曰某夜月當蝕西域人曰不蝕至其夜果蝕太祖常指楚材語太宗曰此人天賜我家爾後軍國庶政當悉委之

國朝吳元年。

太祖御戟門與給事中吳去疾等論政務因謂之曰。吾以布衣起兵與今李相國徐相國湯平章皆鄉里所居相近遠者不過百里君臣相遇遂成大功甚非偶然今掃除羣雄撫有江南人免離亂之苦每終夜思之不能安枕人心難安而易動事機難成而易壞苟撫之失宜施之不當亂由是生今中原未平正焦勞之日豈能坐守一方而忘遠慮乎正當練

兵選將平定中原諸將小心忠謹者惟徐達聽受吾言可任斯寄常遇春果勇有為可以佐之其餘或為偏裨或以守城皆有可用之才天若輔吾諸將足以了之去疾對曰知臣莫若君。

主上知人善任使平定之功不難矣

求賢

舜曰咨四岳有能奮庸熙帝之載使宅百揆亮采惠疇僉曰伯禹作司空帝曰俞。　帝曰疇若予工僉曰垂哉帝曰俞。　帝曰疇若予上下草木鳥獸僉曰益哉帝曰俞。　帝曰咨四岳有能典朕三禮僉曰伯夷帝曰俞

商湯時伊尹耕于有莘之野湯使人以幣聘之囂囂然曰我豈以湯之聘幣為哉我豈若處畎畝之中由是以樂堯舜之道哉湯三使往聘之既而幡然改曰與我處畎畝之中由是以樂堯舜之道吾豈若使是君為堯舜之君哉吾豈若使是民為堯舜之民哉吾豈若於

吾身親見之哉

高宗立思復興殷而未得其佐乃恭默思道夢帝與之良弼高宗以夢所見視群臣皆非也乃使工畫其像徧求於天下得說於傅巖是時說操版築既至高宗曰是也遂以為相與論治道殷國大治

周文王初為西伯將出獵卜之曰非龍非彲非熊非羆非虎非貔所獲霸王之輔於是遇太公於渭水之陽與語大說曰自吾先君太公

曰當有聖人適周周因以興子真是邪吾太公望子久矣故號曰太公望載與俱歸立為師

成王嗣位求忠臣輔助已為政乃作敬之詩有曰佛時仔肩示我顯德行作小毖之詩曰予其懲而毖後患莫予荓蜂自求辛螫肇允彼桃蟲拚飛維鳥未堪家多難予又集于蓼

宣王欲得國子之能導訓諸侯者樊穆仲曰魯侯孝公王曰何以對曰肅恭明神而敬事

耆老賦事行刑必問於遺訓而咨於故實不干所問不犯所咨王曰然則能訓治其民矣乃命魯孝公於夷宮

列國齊桓公設庭燎為士之欲造見者朞年而士不至於是東野鄙人有以九九之術見者桓公曰九九何足以見乎鄙人對曰臣非以為足以見也臣聞主君設庭燎以待士朞年而士不至夫士之所以不至者君天下賢君也四方之士皆以自諭而不及君故不至也夫九九薄能耳而君猶禮之況賢於九九乎夫泰山不辭壤石江海不逆小流所以成高大也詩曰先民有言詢于芻蕘言博謀也桓公曰善乃因禮之朞月四方之士相攜而並至

燕昭王既立卑身厚幣以招賢者謂郭隗曰誠得賢士與之共國孤之願也先生視可者得身事之隗曰古之人君有以千金使涓人求千里馬者馬已死買其骨五百金而還君

怒涓人曰死馬且買之況生者乎馬今至矣不期年而千里馬至者三今王必欲致士先從隗始況賢於隗者豈遠千里哉王遂為隗築宮而師事之於是樂毅自魏往鄒衍自齊往劇辛自趙往士爭趨燕

漢高祖十一年思用賢者乃下詔曰王者莫高於周文伯者莫高於齊桓皆待賢人而成名今天下賢者智能豈特古之人乎患在人主不交故也士奚由進今吾以天之靈賢士大

夫之力定有天下以為一家欲其長久世世奉宗廟亡絶也賢人已與我共平之矣而不與我共安利之可乎賢士大夫有肯從我游者吾能尊顯之布告天下使明知朕意其有意稱明德者郡守必身勸為之駕

武帝元朔元年詔曰夫本仁祖義褒德祿賢勸賞刑暴五帝三王所繇昌也故深詔執事興廉舉孝庶幾成風夫十室之邑必有忠信三人並行厥有我師今或至闔郡而不薦一

人是化不下究而積行之君子壅於上聞也且進賢受上賞蔽賢蒙顯戮古之道也其與中二千石禮官博士議不舉者罪是時天下慎法莫敢謬舉而貢士蓋鮮故有斯詔○元封五年詔曰蓋有非常之功必待非常之人故馬或奔踶而致千里士或有負俗之累而立功名夫泛駕之馬跅弛之士亦在御之而已其令州郡察吏民有茂材異等可為將相及使絶國者

昭帝始元五年詔曰朕以眇身獲保宗廟戰戰栗栗夙興夜寐脩古帝王之事通保傅傳孝經論語未云有明其令三輔太常舉賢良各二人郡國文學高第各一人

宣帝元康元年詔曰朕不明六藝鬱于大道是以陰陽風雨未時其博舉吏民厥身脩正通文學明於先王之術宣究其意者各二人中二千石各一人○丞相丙吉病篤帝自臨問曰君即有不諱誰可代者吉辭謝曰群臣

行能明主所知愚臣無所能識帝固問吉頓首曰西河太守杜延年明於法度曉國家故事前為九卿十餘年今在郡治有能名廷尉于定國執憲詳平天下自以不冤太僕陳萬年事母孝惇厚備於行止此三人能皆在臣右惟上察之帝以吉言皆是及吉薨徵杜延年陳萬年相繼為御史大夫于定國為丞相居位皆稱職帝稱吉為知人

光武建武七年詔曰比陰陽錯謬日月薄食

百姓有過在予一人大赦天下公卿司隸州牧舉賢良方正各一人遣詣公車朕將覽試焉

章帝建初八年詔書辟士四科一曰德行高妙志節清白二曰經明行脩能任博士三曰明曉法律足以決疑能按章覆問文任御史四曰剛毅多略遭事不惑明足照姦勇足斷決才任三輔皆存孝悌清公之行自今已後審四科辟召及刺史二千石察舉茂才尤異者孝廉廉吏務實校試以職

三國蜀先主屯新野訪士於徐庶庶曰諸葛孔明者卧龍也將軍豈願見之乎先主曰君與俱來庶曰此人可就見不可屈致將軍宜枉駕顧之由是先主遂造亮凡三往乃見與論當世之務先主皆稱善由是情好日密關羽張飛等不悅先主解之曰孤有孔明猶魚之有水也願諸君勿復言羽飛乃止

唐高祖武德五年詔曰朕膺圖馭宇寧濟兆民思得賢能用清治本苟有才藝所貴適時潔己登朝毋嫌自進宜令京官五品已上及諸司總管刺史舉一人其有志行可錄才用未申亦聽自舉具陳藝能當加顯擢授以不次賞罰之科並依別格所司頒下詳加搜引務在奬納稱朕意焉

太宗貞觀元年帝謂尚書右僕射封德彝曰比來令卿舉賢才未嘗有所推薦天下事重宜分朕憂對曰臣愚豈敢不盡心但今所見實無奇材異行帝曰前代明王使人如器不

借才於異代皆取士於當時何代無賢才但患遺之不知爾德彝慚而退○三年詔曰白屋之內閭閻之人但有文武才能灼然可取或言行忠謹堪理時務或在昏亂而肆情遇太平而克己亦錄名狀與官人同申○是年以房玄齡杜如晦為僕射帝謂玄齡如晦曰公為僕射當廣求賢人隨才授任比聞聽訟日不暇給安能助朕求賢乎因敕尚書細務屬左右丞唯大事當奏者乃關僕射○十一

年詔令河北淮南諸州長官於所部之内精加訪採其有孝弟淳篤兼閑時務儒術該通可為師範文詞秀美才堪著述明識治體可委字民并志行脩立為鄉里所推者舉送洛陽宮各給傳乘優禮發遣當隨其器能擢以不次若以老病不堪入朝者具以名聞庶巖穴靡遺俊乂可致務盡搜揚之道稱朕意焉

高宗顯慶三年帝謂宰臣曰四海之廣唯在得賢卿等用人多存形跡護避親知不能盡

意甚為不取昔祁奚舉子古人以為美談即使卿等兒姪有材亦須依例進舉

玄宗開元十四年勑天下官人百姓有精於經史道德可尊工於著述文質兼美宜令本司本州長官指陳藝業録狀奏聞其吏部選人亦令所司銓擇各以名薦朕當明試自觀其能若行業可甄待以不次如妄有褒進必加明罰○二十三年詔曰每渴賢良無忘餐寢頃雖虛佇未副旁求其或才有王霸之略

學究天人之際智勇堪將帥之選政能當牧宰之舉者五品已上清官及軍將都督刺史各舉一人孝弟力田鄉閭推重者本州刺史長官各以名聞○二十六年制曰朕之爵位唯待賢能雖選士命官則有常調而安卑退迹尚慮遺才其内外八品以下官及草澤間有學業精博蔚為儒首文詞雅麗通於政術為衆所推者各委本州本司長官精加搜擇具以聞薦○二十九年詔曰士人藏器衆何

以知豈若父子之間自相推薦昔祁奚之舉祁午謝安之任謝玄良史書之咸以為美賢彥之士何代無人寧限嫌疑致有拘忌其内外官有親伯叔及兄弟并子姪中灼然有才術異能嵐標節行通閑政理據資歷堪充刺史縣令者各任以名薦

肅宗乾元元年詔令京官五品以上各舉忠正孝友文儒周慎堪任東宮官者務取實材不得虛薦

德宗貞元四年。詔曰賢良方正能直言極諫
者。高蹈不仕隱居巖穴孝弟力田聞於鄉里
者所在長官具名聞薦諸色人中有清白政
術堪任刺史縣令者常叅官各舉所知朕當
親自策試用之
宋太祖雍熙二年三月。親試禮部貢士四百九
十七人于崇政殿始分三甲錫宴于瓊林苑
進士及第第一人授節度推官寵之以詩遂
為定制帝謂侍臣曰朕親選多士殆忘飢渴

召見臨問觀其才技而用之庶野無遺賢而
朝廷多君子爾
真宗策貢士于崇政殿擢第者千八百餘人
其間有晉天福中隨計者較藝之詳推恩之
廣未之有也帝連三日臨軒初無倦色○景
德二年增置六科曰賢良方正能直言極諫
科博通墳典明於教化科才識兼茂明於體
用科詳明吏理可使從政科識洞韜畧運籌
帷幄科軍謀宏遠材任邊計科。以待京朝官

之被舉及被應選之士
仁宗慶曆四年以科舉進士明經諸科之外。
又有特奏名別頭試之目特奏名者始於晉
天福中以士之貢于鄉而屢絀於禮部或[illegible]
試所不錄者積前後舉數叅其年而差等之
遇親策士則別籍其名以奏徑許赴試至咸
平三年是科至九百餘人焉別頭試者士有
親戚仕本州或為發解官及侍親遠宦距本
州二千里令轉運司類試以十率之取三人

以貢焉宋之取才惟進士諸科名鄉舉公皆
由此選○嘉祐二年進士諸科待試京師者
恒六七千人一不幸有故不應詔往往沉淪
十數年以此毀行於進者不可勝數王洙侍
迩英閣講周禮至三年大比大考州[illegible]以賛
鄉大夫廢興帝曰古者選士如此今率四五
歲一下詔故士有抑而不得進者孰若裁其
數而屢舉之也下有司議咸請易以間歲之
法則無滞才之歎薦舉數既減半主司易以

詳較得士必精且人少則有司易於檢察僞
濫自不能容使寒苦藝學之人得進於是下
詔間歲貢舉貢士諸科悉解舊額之半增設
明經試法凡明兩經或三經五經各問大義
十條兩經通八三經通六五經通五爲合格
兼以論語孝經策時務三條出身與進士等
而罷說書舉人○六年策賢良方正直言極
諫之士于崇政殿時王介蘇軾蘇轍皆在舉
中轍對切直胡宿力請黜之帝不許曰求直
言而以直棄之天下其謂我何

英宗謂輔臣曰館閣所以育俊才比欲選人
出使無可者豈乏才邪又曰卿等爲朕各舉
才行兼善者數人雖親戚世家勿嫌朕當親
閱可否於是韓琦曾公亮歐陽脩趙槩所舉
者凡三十人

高宗謂宰執曰朕思安民之道無過擇監司
郡守可令侍從官公舉仍不限員數中書置
籍朕亦書之屏風寘諸左右

金世宗思得賢才與圖至治一日召宰臣謂曰
卿等職居輔相曾無薦舉何也且卿等老矣
殊無可以自代者乎惟朕嘗言其人可用然
後從而言之卿等既無所言必待朕知而後
進用將復有幾顧張汝霖曰若右丞相者亦
因石丞相言而知也汝霖對曰臣等苟有所
知豈敢不薦但無人爾帝曰春秋諸國分裂
土地褊小皆稱有賢今天下之大豈無人材
但卿等不舉而已今朕自勉庶幾致治他日
子孫誰與共治乎汝霖等皆有慙色一日帝
又謂宰臣曰今之用人太拘資格如此何能
得人汝霖對曰不拘資格所以待非常之才
帝曰昔崔祐甫爲相未踰年薦八百人豈皆
非常才邪

元世祖即位召竇默至上都問曰朕欲求唐魏
徵者有其人乎默對曰犯顏諫諍剛毅不屈
則許衡其人也深識遠慮有宰相才則史天
澤其人也天澤時宣撫河南帝即召拜右丞

相以默為翰林侍講學士○至元二十三年
命侍御史程文海搜賢江南帝素聞葉李名
諭文海曰此行必致葉李來李既至勅集賢
大學士阿魯渾撒里館于院中他日名見披
香殿勞問卿遠来良苦且詢以治道安出李
歷陳古帝王得失成敗之由帝首肯賜坐錫
宴命五日一入議事
仁宗與宰相李孟論用人方孟曰人材所出
固非一途然漢唐宋以来科舉得人為盛今

欲與天下之賢能如以科舉取之猶勝於多
門而進然必先德行經術而後文辭乃可得
真材也帝深然其言決意行之延祐二年春
命孟知貢舉及廷策進士為監試官
國朝洪武六年四月命吏部訪求賢才
太祖皇帝曰世有賢才國之寶也古之聖王恒
汲汲於求賢若高宗之於傅說文王之於呂
尚二君者豈其智之不足也而遑遑於版築
鼓刀之徒盖賢才不備不足以為治鴻鵠之

能遠舉者為其有羽翼也蛟龍之能騰躍者
為其有鱗鬣也人君之能致治者為其有賢
人而為之輔也今山林之士豈無德行文藝
之足稱者宜令有司採舉備禮遣送至京朕
将任用之以圖至治○十九年七月詔舉經
明行脩練達時務之士年七十以下者郡縣
禮送京師
太祖諭禮部郎中鄭居貞曰古之老者雖不任
以政至於咨詢謀謨則老者閱歷多而聞見

廣達於人情周於物理有可資者居貞對曰
人至六十精力衰耗則不能勝事請六十以
上者不遣
太祖曰政為比来有司不體朕意士有耆年便
置不問豈知老成古人所重文王用呂尚而
興穆公不聽蹇叔而敗伏生雖老猶是傳經
豈可槩以耄而棄之也若年六十以上七十
以下者當置翰林以備顧問四十以上六十
以下者則於六部及布政司按察司用之

仁宗皇帝即位之初。命吏部。令在京七品。在外五品以上文官及知縣。於五品以下見任官及軍民中訪舉德性淳篤。行止端方。或材能出衆。政績顯著。或文學有稱。識見優遠者。量材擢用。若有蔽賢及濫舉者。論罪如律。所舉之人後犯贓罪。舉者連坐。日朝廷比年數下詔舉賢。而奉行者率多徇私背公。或以賄賂舉。或以親故舉。所得實用十不三四。政事何由而理。生民何由而安。自今必嚴舉主連坐之法。庶得實材

五倫書卷之十四

五倫書卷之十五

君道

善行

用賢

黃帝得蚩尤。明乎天道。得大常。而察乎地利。得奢龍。而辯乎東方。得祝融。而辯乎南方。得大封。而辯乎西方。得后土。而辯乎北方。得六相而天地治。神明至

唐堯之時。高陽氏有才子八人。蒼舒隤(音頹)敳(魚開切)檮(音桃)戭(音衍)大臨尨降(戶江反)庭堅仲容叔達謂之八愷。高辛氏有才子八人。伯奮仲堪叔獻季仲伯虎仲熊叔豹季貍謂之八元。此十六人者世濟其美。不隕其名。堯未之舉。舜既攝位。舉八愷。使主后土。以揆百事。莫不時序。舉八元。使布五教于四方。父義母慈兄友弟恭子孝。內平外成

商成湯陟丕釐上帝之耿命。乃用三有宅。克即宅。曰三有俊。克即俊。嚴惟丕式。克用三宅三

俊其在商邑用協于厥邑其在四方用丕式
見德○初置二相以伊尹仲虺為之
周文王惟克厥宅心乃克立茲常事司牧人以
克俊有德文王罔攸兼于庶言庶獄庶慎惟
有司之牧夫是訓用違庶獄庶慎文王罔敢
知于茲○脩和有夏亦惟有若虢叔有若閎
夭有若散宜生有若泰顛有若南宮括
武王惟茲四人尚迪有祿後暨武王誕將天
威咸劉厥敵惟茲四人昭武王惟冒丕單稱

德
成王以周公輔政曰惟公德明光于上下勤
施于四方旁作穆穆迓衡不迷文武勤教予
沖子夙夜毖祀王曰公功棐迪篤罔不若時
康王以畢公保釐東郊曰惟公懋德克勤小
物弼亮四世正色率下罔不祗師言嘉績多
于先王予小子垂拱仰成
宣王元年以召穆公為相秦仲為大夫用樊
侯仲山父尹吉父程伯休父虢文公申伯韓

侯顯父南仲方叔張仲之屬並為卿佐共集
兆民是歲西戎殺秦仲王命南仲召虎方叔
吉父征定西戎復先王境土王化復行[illegible]
中興
列國魯君使宓子賤為單父宰子賤辭去因請
借善書者二人使書憲書教品魯君與之至
單父使書子賤從旁引其肘書醜則怒之欲
好書則又引之書者患之請辭去歸以告魯
君魯君曰子賤苦吾擾之使不得施其善政

也乃命有司毋得擅徵發單父單父之化大
治
鄭簡公謂子產曰飲酒之不樂鐘鼓之不鳴
寡人之任也國家之不乂朝廷之不治與諸
侯交不得志子之任也子無入寡人之樂寡
人無入子之朝自是以來子產治鄭城門不
閉國無盜賊道無餓人
齊桓公以管仲為仲父有司請吏於桓公公
曰以告仲父有司又請公曰以告仲父若是

者三在側者曰一則告仲父二則告仲父易我為君乎公曰吾未得仲父則難已得仲父曷為其不易也故王者勞於求人而佚於得賢也

威王與魏王會田於郊魏王問曰王有寶乎威王曰無有魏王曰若寡人國小也尚有徑寸之珠照車前後各十二乘者十枚柰何以萬乘之國而無寶乎威王曰寡人所以為寶與王異吾臣有檀子者使守南城楚人不敢

為寇泗上十二諸侯皆來朝吾臣有盼子者使守高唐則趙人不敢東漁于河吾吏有黔夫者使守徐州則燕人祭北門趙人祭西門徙而從者七十餘家吾臣有種首者使備盜賊則道不拾遺此四臣者將照千里豈特十二乘哉魏王慚不懌而去

秦穆公使賈人載鹽賈人買百里奚以五羖羊之皮使將車至秦穆公觀鹽見百里奚牛肥曰任重道遠以險牛何以肥對曰臣飲食之以時使之不以暴有險先後之以身是以肥也穆公知其君子也與語大悅而任之政

漢高帝既平楚置酒雒陽南宮曰通侯諸將皆言吾所以有天下者何項氏所以失天下者何高起王陵對曰陛下使人攻城畧地因而與之與天下同其利項羽妬賢嫉能有功者害之賢者疑之戰勝而不與人功得地而不與人利此其所以失天下也帝曰公知其一未知其二夫運籌帷幄之中決勝千里之外

吾不如子房填國家撫百姓給餽餉不絕粮道吾不如蕭何連百萬之衆戰必勝攻必取吾不如韓信三人者皆人傑也吾能用之此吾所以取天下項羽有一范增而不能用此其所以為我禽也群臣悅服○帝為趙王如意置貴彊相乃徙御史大夫周昌為之既久帝持御史大夫印弄之曰誰可以為御史大夫者熟視符璽御史趙堯曰無以易堯遂拜堯為御史大夫

文帝時張釋之為謁者既朝畢因前言便宜事。帝曰卑之毋甚高論令今可行也於是釋之言秦漢之間事秦所以失漢所以興者帝稱善拜釋之為謁者僕射帝幸虎圈就車召釋之驂乘徐行行問釋之秦之弊具以質言。至宮。帝拜為公車令

宣帝在民間知百姓苦吏急聞河南丞黃霸持法平。乃召以為廷尉正數決疑獄庭中稱平

三國蜀先主既得益州大饗士卒。自領州牧。以諸葛亮為股肱。法正為謀主關羽張飛馬超。為爪牙。許靖麋竺簡雍為賓友董和黃權李嚴等本劉璋之所授用也吳壹費觀等又璋之婚姻也。彭羕又璋之所排擯也。劉巴者宿昔之所忌恨也皆處之顯任盡其器能有志之士無不競勸

晉武帝時并州刺史王廣言劉宣於帝帝名見嘉其占對因曰吾未見宣謂廣言虛耳今見其進止風儀真所謂如珪如璋觀其性質足能撫集本部乃以宣為右部都尉特給赤幢曲蓋蒞官清恪所部懷之

元帝始以琅邪王徙鎮建康吳人不附會三月上巳帝觀禊乘肩輿具威儀王導及諸名勝皆騎從吳人顧榮賀循覘之驚異相率拜於道左導因進曰顧榮賀循此土之望未若引之以結人心帝乃使導躬造循榮二人皆應命而至由是百姓歸心帝從容謂導曰卿

吾之蕭何也

唐太宗初即位聞景州錄事參軍張玄素名召見問以政道對曰隋主自專庶務不任群臣。以一人之智決天下之務借使得失相半乖謬已多下諛上蔽不亡何待陛下誠能擇臣而分任以事高拱穆清而考其成敗何憂不治帝善其言擢為侍御史○貞觀五年詔百官言得失時馬周客中郎將常何家何武人不涉學周為條二十餘事皆當世所切太宗

怪問何何曰此非臣所能家客馬周教臣言之客忠孝人也帝即召之間未至遣使者四輩敦趣及謁見與語大悅詔直門下省明年拜監察御史

玄宗方躬萬機朝夕詢逮他宰相畏帝威决皆謙憚唯獨姚崇佐裁决故得專任崇病痁移告凡大政事帝必令源乾曜就咨焉乾曜所奏善帝則曰是必崇畫之有不合則曰胡不問崇帝欲崇自近詔徙寓四方館日遣問

食飲起居高醫尚食踵道崇以館局華大不敢居帝使語崇曰恨不處禁中此何避○開元四年以廣州都督宋璟爲刑部尚書西京留守命馳驛詣闕遣內侍將軍楊思勗迎之璟風度凝遠人莫測其際在途竟不與思勗交言思勗素貴幸歸訴於帝帝嗟歎良久益重璟○十三年十一月帝東封還至宋州宴從官謂張說曰懷州刺史王丘餼牽之外一無他物魏州崔沔供帳無錦繡示我以儉濟州裴耀卿表數百言莫非規諫且曰人或重擾則不足以告成朕常置之座隅如三人者不勞人以市恩真良吏矣顧謂刺史寇泚曰比亦屢有以酒饌不豐訴於朕者知卿不借聲於左右也自舉酒賜之於是以丘爲尚書左丞沔爲散騎侍郎耀卿爲定州刺史○二十一年帝以蕭嵩韓休共輔政嵩寬博多可休峭鯁時政得失言之未嘗不盡帝嘗獵苑中或大張樂稍過差必視左右曰韓休知否

已而疏輒至嘗引鑑默不樂左右曰自休入朝陛下殊瘦於舊帝曰吾雖瘠天下肥矣且嵩每啓事必順旨我退而思天下不安寢休敷陳治道多訐直我退而思天下寢必安吾用休爲社稷計耳非爲身也

代宗以太常卿楊綰爲中書侍郎綰性清簡儉素制下之日朝野相賀郭子儀方宴客聞之減坐中聲樂五分之四京兆尹黎幹騶從甚盛即日省之止存十騎中丞崔寬第舍宏

侈亟毁撤之帝方倚綰釐革弊政會綰疾卒
帝痛之曰天不欲朕致太平何奪朕楊綰之
速也
德宗時陸贄爲翰林學士上所親信居艱難
中雖有宰相大小之事上必與贄謀之時謂
之內相
憲宗每有詢訪於翰林學士李絳絳隨事補
益所言無不聽欲遂以相而倖臣吐突承璀
寵方盛忌其進陰有毁短帝乃黜承璀淮南
監軍翌日拜絳中書侍郎同中書門下平章

事封高邑男
文宗開成中以狄兼謩爲御史中丞帝曰御
史中丞朝廷紀綱一臺理則朝廷理朝廷理
則天下理無曠厥職兼謩奏曰凡天下有礙
法不得中道事臣盡得以彈奏帝曰大抵以
顧望畏忌爲心者自失職業卿梁公之後將
嗣家聲不可不留意
宣宗時令狐綯遷翰林學士承旨夜對禁中

燭盡帝以乘輿金蓮華炬送還院吏望見以
爲天子來及綯至皆驚俄同中書門下平章
事輔政十年
宋太祖謂宰相曰深嚴之地當待宿儒處之范
質等對曰竇儀清介重厚然已自翰林遷端
明矣太祖曰非斯人不可處禁中卿當諭以
朕意勉令就職即日再入翰林爲學士
太宗器重寇準嘗曰朕得寇準猶唐文皇之
得魏鄭公也準爲虞部員外郎言事召對稱
旨帝謂宰相曰朕欲擢用寇準當授以何官

宰相請用以開封府推官上怒曰此官豈所
以待準者也宰相請用以爲樞密直學士帝
沉思良久曰且使爲此官可也○呂端爲相
清靜簡易帝戒大臣凡中書事必經呂端詳
酌乃奏聞
真宗咸平初戶部侍郎參知政事李沆以本
官平章事監脩國史改中書侍郎會契丹犯
邊帝北幸命沆留守京師肅然○畢士安拜

參知政事入謝帝曰未也行且相卿士安頓首帝曰朕倚卿以輔相豈特今日邪◯王旦拜平章事兩府凡有大事帝曰曾與王旦議否旦以為可即可其委任如此

仁宗慶曆三年用諫官歐陽脩之言以范仲淹參知政事富弼為樞密副使帝方銳意太平責成輔相命弼主北事仲淹主西事◯帝以富弼同中書門下平章事與文彥博並命宣制之日士大夫相慶於朝帝微覘知之以

語學士歐陽脩曰古之命相或得諸夢卜豈若今日人情如此哉脩頓首賀◯呂夷簡為司徒章獻太后臨朝十餘年天下晏然夷簡之力為多其後雖數為言者所詆帝眷倚不衰

神宗即位首擢司馬光為翰林學士光力辭不許帝曰古之君子或學而不文或文而不學惟董仲舒揚雄兼之卿有文學何辭光曰臣不能為四六帝曰如兩漢制誥可也光曰本朝故事不可帝曰卿能舉進士取高等而云不能四六何也光趨出帝遣內臣至閤門強光受告拜而不受趣光入謝曰帝坐以待公光入至廷中以告置光懷中不得已乃受◯名趙抃知諫院故事近臣自成都還將大用必更省府不為諫官帝曰用趙抃為諫官賴其言爾苟欲用之何傷擢右諫議大夫參知政事◯以張方平代吳奎參知政事方平力辭帝曰卿歷三朝無所阿附左右莫為先容可謂獨立傑出矣先帝已欲用卿今復何

辭◯呂公著以疾丐去位除資政殿學士定州安撫使俄永樂城陷帝臨朝歎曰邊民疲弊如此獨呂公著為朕言之耳徙揚州加大學士將立太子帝謂輔臣曰當以呂公著司馬光為師傅

哲宗以文彥博平章軍國重事序宰臣之上一月兩赴經筵六日一朝因赴都堂議事彥博凝簡莊重顧盼有威事四朝更二府為將相五十餘年英傑之譽聞于四夷◯元祐元

年呂公著拜尚書右僕射兼中書侍郎與司
馬光同心輔政推本先帝之志凡欲革而未
暇與革而未定者一二舉行之民歡呼鼓舞
咸以為便光薨帝獨委之當國
孝宗隆興元年胡銓為起居郎帝曰近日除
臺官外議如何銓曰外人鼓舞謂陛下得人
帝曰卿與王十朋皆朕親擢也○乾道三年
虞允文除知樞密院事兼參知政事會吴璘
卒議擇代帝諭允文曰吴璘既卒汪應辰恐

不習軍事無以易卿凡事不宜效張浚迂闊
軍前事卿一一親臨之即拜資政殿大學士
四川宣撫使尋詔依舊知樞密院事○周必
大為敷文閣待制兼侍讀權兵部侍郎兼直
學士院帝勞之曰卿不迎合無附麗朕所倚
重遂除兵部侍郎兼太子詹事尋拜右丞相
寧宗舊聞朱熹名恨不得熹為講官即位召
待制兼侍講熹至首論經權常變之道次言
為學之道莫先於窮理窮理之要必在於讀

書讀書之法莫貴於循序而致精致精之本
則又在於居敬而持志帝嘉納之熹辭待制
帝手札卿經術淵源正資勸講次對之職勿
復牢辭以副朕崇儒重道之意
理宗召真德秀為翰林學士魏了翁直學士
二人入對帝迎謂曰卿去國十年每切思賢
德秀以大學衍義上進因言于帝曰天之所
助者順人之所助者信天厭夷德久矣陛下
倘能敬德以迓續休命中原終為吾有若徒

以力求之而不反其本天意難測臣實憂之
了翁入對言事剴切反覆利害之端至漏下
四十刻乃退帝皆嘉納之
元太祖命闍里畢與皇太弟國王分撥諸侯王
城邑諭闍里畢曰漢人中若王檝宣撫者可
任使之遂以前職兼判三司副使後又命省
臣總括浮附工匠之數將俾大臣分掌之大
師阿海具列諸大臣名帝曰朕有其人偶忘
姓名良久曰得之矣舊人王宣撫可任是職

遂命樴掌之

世祖至元初旭烈兀遣伯顏入奏事世祖見其貌偉聽其言厲曰非諸侯王臣也其留事朕與謀國事恒出廷臣右世祖益賢之勅以中書右丞相安童女弟妻之至元二年拜光祿大夫中書左丞相諸曹白事有難決者徐以一二語決之衆服曰真宰輔也○帝嘗命書記劉秉忠擬議治天下之大經養民之良法秉忠條上祖宗舊典參以古制之宜於今

者帝善之詔下之日綱舉目張一時人材咸見錄用時秉忠猶未有官稱遂授光祿大夫太保參預中書省事○至元十七年加竇默昭文館大學士默為人樂易平治未嘗評品人物與人居溫然儒者也至論國家大計面折廷諍人謂汲黯無以過之帝嘗謂侍臣曰朕求賢三十年惟得竇漢卿及李俊民二人又曰如竇漢卿之心姚公茂之才合而為一斯可謂全人矣○二十六年皇孫出鎮懷孟帝為選老成練達舊臣護之乃以屬太子家丞王倚陛辭帝目之良久謂侍臣曰倚脩潔人也左右皇孫得人矣及行營幕所在軍政肅然○二十八年帝欲用翰林學士承旨不忽木為丞相固辭帝曰朕過聽桑哥致天下不安今雖悔已無及矣朕識卿幼時使卿從學政欲備今日之用勿多讓也不忽木曰朝廷勳舊齒爵居臣右者尚多今不次用臣無以服衆帝曰然則孰可對曰太子詹事完澤

可向者籍沒阿合馬家其賂遺近臣皆有簿籍唯無完澤名又嘗言桑哥為相必敗國事今果如其言是以知其可也帝曰然非卿無以任吾事乃拜完澤右丞相不忽木平章政事

仁宗初即位拜李孟中書平章政事進階光祿大夫推恩其三世且諭曰卿朕之舊學其盡心以輔朕之不及後孟以貴戚近臣惡其不便於己而心服其公嘗因間請乞解罷政

權避賢路帝曰朕在位必卿在中書朕與卿相與終始自今其勿復言○帝責成監學拜劉賡爲集賢大學士兼國子祭酒吳澄爲司業皆欲有所更張以副帝意

文宗天曆初開奎章閣首擢揭傒斯爲授經郎以教勳戚大臣子孫帝有諮訪必稱旨中書每奏用儒臣必問曰其才何如揭曼碩嘗進太平政要策帝以示臺臣曰此朕授經郎揭曼碩所進其見敬禮如此

五倫書卷十五　十八

國朝吳元年廣東何真率其官屬入朝詔授真江西行省參政

太祖諭之曰天下紛爭所謂豪傑有三易亂爲治者上也保民達變識所歸者次也負固偷安流毒生民身死不悔斯不足論矣頃者師臨閩越卿即輸誠來歸不煩一旅之力使兵不血刃民庶安堵可謂識時達變者矣真叩頭謝曰昔武王伐暴救民諸侯不期而會者八百今

主上除亂以安天下天命人歸四海景從臣本蠻邦之人始者逢亂不過結聚鄉民爲保生之計實無他志今幸遇大明麗天無幽不燭臣愚豈敢上違天命

太祖曰夫能不買禍於生靈者必世享其澤朕嘉卿忠誠念江西地近廣東用是特授爾江西行省參政以表來歸之誠古云令名德之輿也卿令名已著尚懋脩厥德以輔我國家

太宗永樂六年七月壬子武臣有言黃福不宜

五倫書卷十五　十九

復授重任者先時福以行部尚書坐事謫爲辦事官未幾復其官命隨成國公理公務故武臣以爲言

太宗曰福才不逮爾耶對曰此建文舊臣且近有過

太宗諭之曰君臣相與在推誠不可畜疑唐太宗爲君王珪魏徵初皆仇怨一體委任之不疑兩人終能盡心輔政知無不言尉遲敬德亦仇敵也既獲而用之使得其死力皆太宗